기억의 역전

전환기 조선 사상사의 새로운 이해

지은이 노관범(盧官汎, Noh, Kwan-Bum) 서울대학교 국사학과를 졸업하고 동대학원에서 「대한제국기 박은식과 장지연의 자강사상 연구」로 박사학위를 받았다. 주요 논저로 『고전통변』, 「한국사상사학의 성찰」, 「근대 한국유학사의 형성」 등이 있다. 현재 서울대학교 규장각한국학연구원 HK조교수로 있다.

기억의 역전 전환기 조선 사상사의 새로운 이해

초판1쇄발행 2016년 9월 05일
초판2쇄발행 2017년 9월 30일
지은이 노관범
펴낸이 박성모 **펴낸곳** 소명출판 **출판등록** 제13-522호
주소 서울시 서초구 서초중앙로6길 15, 1층
전화 02-585-7840 **팩스** 02-585-7848 **전자우편** somyungbooks@daum.net **홈페이지** www.somyong.co.kr

값 30,000원
ISBN 979-11-5905-106-7 93150
ⓒ 노관범, 2016

이 저서는 2008년 정부(교육과학기술부)의 재원으로 한국연구재단의 지원을 받아 수행된 연구임 (NRF-2008-361-A00007).

규장각학술총서
13

기억의 역전

전환기 조선사상사의 새로운 이해

Reversal of Memory : Rethinking Korean Intellectual Transition in the Early Modern Period

노관범

소명출판

 꼭 20년 전 지은이는 대학원에 갓 진학한 학생이었다. 대학원 첫 학기 '규장각자료연습'을 수강하느라 매주 규장각에 내려왔던 기억이 지금도 새롭다. 수업 발표를 위해 규장각 열람실에서 『오자수언(五子粹言)』이라는 고서를 마이크로필름으로 출력해 열심히 읽었던 일은 인상적인 체험으로 마음에 남아 있다. 『오자수언』은 17세기 조선 유학자 김창협(金昌協)이 선별한, 이른바 '전국한당제자(戰國漢唐諸子)'에 속하는 중국의 다섯 유학자의 글 모음이다. 학부졸업논문으로 19세기 후반 호서 산림의 학문에 관해 고찰했던 경험을 바탕으로 한창 조선 후기 호락학파(湖洛學派)의 주요 학자들의 문집과 저술을 조사, 정리하던 그 시절의 풍경이 떠오른다. 지은이는 19세기 조선 성리학의 근본주의 학풍이 18세기 조선 성리학의 역사적 유산, 곧 호락분열에 대한 반성에서 촉발된다고 생각하였고, 이 학풍에 대해 어째서 서양 근대의 충격에 대응하는 보수적인 성격만 강조하고 조선 유학의 반성에서 기인하는 혁신적인 성격은 언급되지 않는 것인지 의심하였다.

 사실 지은이는 대학원에 진학할 때부터 전통과 근대의 이분법으로 온전한 역사를 갈라놓는 근대주의에 대해 비판적이었다. 서양 근대의 충격이 없었다면 비서양은 영원토록 전통 속에 머물렀을 것이라는 발상이나 비서양의 전통 속에서 반드시 서양 근대를 지향하는 변화가 있었음을 검출하려는 발상이나 모두 서양 근대라는 목적지에 도달하는 장엄한 거대 서사로 비서양의 역사를 개조하려는 근대주의적 사유의 소산은 아니었을까? '서양=근대'와 '비서양=전통'의 이항 대립, 또는 비서양의 전통 내부에서 '근대적인 변화'와 '전통적인 체제'의 이항 대립을 설정하고 근대 또는 근대적인 것을 검출하는 데 여념이 없었던 근대주의의 근본적인 문제점은 전통에 속하는 것과 근대에 속하는 것 사이에 원천석으로 소통이 불가능한 단절을 만들어낸다는 것이다. 흔히 위정척사라는 네 글자로 19세기 조선 성리학을 손쉽게 반근대, 반서양의 보수반동으로 낙인찍는 풍토가 지속된 것도 이 '전통-근대' 패러다임의 영향이었다. 이것은 가히 전통과 근대의 '분단체제'라고 불러도 좋을 정도로 심각하게 느껴졌다.

석사학위논문 연구주제를 박은식으로 정하면서 지은이는 근대주의에서 벗어나 사상사를 연구하는 구체적인 방법의 마련에 몰두했다. 19세기 말 20세기 초 한국의 사상계가 과연 수구에 집착하는 전통 지식인과 개화를 부르짖는 근대 지식인 사이의 화해할 수 없는 대립과 분열로 가득찬 곳이었을까? 신문과 학회지를 유학자들의 문집과 함께 읽어나가면서 지은이는 한문 문집의 '수구'와 근대 매체의 '개화' 사이에서 도리어 양자의 대립적인 이해보다 통합적인 이해를 감지할 수 있었다. 지은이는 박은식을 통해 사습을 개혁하고 시대의 유학을 모색했던 전통 지식인과 구습을 개혁하고 시대의 도덕을 모색했던 개화 지식인이 본질적으로 동일한 문제의식을 갖추고 있었음을 논증하고자 했다. 이것은 '전통-근대' 패러다임에 의해 19세기 조선 성리학을 근대와 대립하는 전통으로 몰아가는 인습적인 사유를 극복하고 전통에 속하는 것과 근대에 속하는 것이 공유하는 역사적 동시성, 양자가 공통적으로 당면한 문제와 이를 둘러싼 문제의식의 동원성을 제시하려는 것이었다.

조선 후기 사상사 자료와 근대 초기 매체 자료를 함께 읽었던 경험은 '전통-근대' 패러다임이 전제하는 전형적인 전통과 전형적인 근대가 실재하는가 하는 의문으로 이어졌다. 사상사의 영역에서 전통과 근대가 동시성과 동원성에 의해 중첩되고 소통 가능한 담론을 공유하는 지점들이 있었는데, 근대주의의 시각에 사로잡혀 마치 전환기의 조선사상을 전형적인 전통과 전형적인 근대라는 양극단의 상호대립으로 부조시키는 편향된 기억을 생산했던 것이 문제라는 생각이 들었다. 근대주의에 의해 발생하는 기억의 편향은 달리 말하면 기억의 전도이다. 그것은 조선의 체제, 조선의 언어, 조선의 관념을 충분히 돌아보지 않고 전환기 조선사상사를 쉽사리 '근대 형성사'로 등치시켜 왔던 20세기의 낡은 인식의 소산이다. 식민지와 냉전의 현실, 그리고 거기에 수반된 '일본-미국' 문명의식이 비틀린 근대의식의 조장에 일조했다. 이 책의 제목 '기억의 역전'은 근대주의가 결과한 이와 같은 '기억의 전도'를 다시 뒤집어 전환기의 조선사상의 역사적 현장성을 회복하기 위해 지은이가 의도적으로 붙인 조어이다. '기억의 전도'에 의해 망각되거나 굴절된 전환기의 사상을 '기억의 역전'으로 다시 소생시키려는 힘겨운 노력이 성공할 수 있을지 아직은 알 수 없다. 자강의 한 걸음 한 걸음으로 나아갈 뿐이다.

이 책 『기억의 역전』이 전환기의 조선사상을 검토하고 있지만 중요한 사상가를 개별적으로 탐구하는 인물 사상사의 형식을 취하지는 않았다. 지은이의 관심사는 그 보다는 근대주의 때문에 우리가 외면하거나 오해했던 전환기의 문제적 지점들을 검출하고 그 역사상을 추세적으로 제시하는 데 있다. 이 책의 제1부 근대 중국의 발견, 제2부 개성 유학의 전개, 제3부 조선 개념의 현장은 각각 사상사, 지역 지성사, 개넘사라는 차이는 있지만 각각의 논문을 관류하는 공통된 의식은 근대주의 비판과 전환기 조선사상사의 재정립이다.

제1부는 전환기 조선사상사에서 근대 중국의 중요성을 환기한 것이다. 20세기 한국 사회에서 일본과 미국이 내재화되고 중국이 외재화되면서 근대 중국에 대한 사회적 기억이 희미해진 결과, 그리고 '근대형성사'의 시각에서 한국의 근대국가 수립을 탈중국적인 네이션의 형성으로 독해한 결과, 우리는 전환기 조선사상에 실재했던 근대 중국에 대한 한국 사회의 인식과 감각을 망각해 왔다. 그러나 1900년대 중국의 근대화 운동과 1910년대 중국의 왕정 붕괴는 동시대 한국의 매체와 지식인에게 한국의 미래를 근대 중국의 진로에서 사유하도록 인도하는 역사적 전기가 되었다. 근대 중국의 진로를 설파했던 양계초와 같은 중국 사상가의 저술은 동시대의 한국사상계에 어필했을 뿐만 아니라 심지어 해방 후에도 민족 국가 수립을 위한 사상적 자원으로 활용되었다. 그럼에도 근대 중국과 조선사상의 관계를 적극적으로 주목하지 못했던 것은 20세기 한국 사회의 지배적인 가치가 근대와 민족에 있었고, 이에 따라 연구자들의 연구관심이 근대와 민족에 편중된 데도 원인이 있겠지만, 근원적으로는 조선과 중국을 전통에 배치하고 일본과 미국을 근대에 배치하는 근대주의와 오리엔탈리즘의 결합 때문에 조선사상사 연구에서 '근대 중국' 그 자체가 자유롭게 사고되지 못했던 데도 원인이 있다는 것이 지은이의 생각이다. 물론 남북분단의 현실에서 동시대의 중국과 직접 연접해 있지 않다는 지리적인 조건이 고전 중국을 넘어 근대 중국에 대한 사유를 제약했음은 말할 나위도 없다.

제2부는 전환기 조선사상사에서 개성을 중심으로 도시 유교의 흐름을 거시적으로 조망한 것이다. 개성은 조선시대의 대표적인 상업 도시

인 바, 연구자들은 조선 후기 상업의 발달이라는 맥락에서 일찍부터 개성 상인의 활동을 주목해 왔고, 또한 조선 후기 실학이라는 새로운 사조의 유행에 개성 지식인의 학문과 사상을 포함시켜 이해해 왔다. 궁극적으로 조선 후기 상업 발달론이 자본주의 맹아론과 연결되고 조선 후기 실학 사조론이 근대사상 맹아론과 연결되는 것이라면, 전통-근대의 이분법으로 볼 때 개성의 상업과 개성의 실학은 명백히 조선의 유학 전통과 대립하는 근대지향성을 의미해야 할 것이다. 그러나 연구자들이 조선 후기 개성에 부과한 근대주의적인 역사해석이 과연 실제 상황과 부합하는 것일까? 적어도 지역 지성사의 측면에서 볼 때 조선 후기 개성의 문제적 현상은 실학의 발흥이라기보다 성리학의 중흥이었다. 도시 지역에 형성된 뒤늦은 유학 전통을 배경으로 문학과 재력을 겸비한 상당수 개성 문인들이 출현하였는데, 이들 개성 문인들이 1900년대 개성 신교육운동과 1910년대 개성 한문학운동의 중심 세력이었다는 것이 제2부의 핵심적인 메시지이다. 지은이는 조선 후기의 유학 전통으로부터 근대사회의 유교적 지역 주체의 형성에 이르는 거시적인 시야에서 유교 전통과 근대 사회의 연속성이라는 새로운 입론을 제기하고 있는 것이다. 개성 유학, 개성 문인, 개성 지역운동의 세 가지 축은 전환기 도시 지역 조선사상의 흐름을 설명하는 중요한 참조가 될 수 있을 것이다. 지금까지 도시 유교와 조선사상의 관계를 적극적으로 주목하지 못했던 것은 항시 조선 후기 사상사를 '근대형성사'의 시각에서 보려고만 할 뿐 '유교형성사'의 시각에서 보려는 노력이 부족했기 때문이고, 더 중요한 것은 근대사상사에서 도시 지역에 유교 교양으로 무장한 유교적인 지역 주체가 결집되는 양상에 대한 집합적인 이해가 모색되지 못했기 때문이다. 조선 후기 유교의 대중적 확산과 유교적 주체의 형성은 전환기의 지역 사회문화운동의 역사적 맥락으로서 중요한 함의를 지닌다.

제3부는 전환기 조선사상사에서 '실학'이나 '아'와 같은 문제적인 조선 개념을 통해 오늘날의 통념 속에서 망각된 당대의 개념을 복원하고 개념사 연구의 새로운 방법을 추구한 것이다. 개념사 연구의 기본적인 관심사는 개념의 변화를 통한 근대 읽기에 있고, 이른바 근대의 문턱에서 발생하는 언어혁명과 그것이 수반하는 전근대 언어의 근대적인 개념화를 중시하고 있는 것처럼 보인다. 이처럼 개념사의 본질적인 관심이 전근대 개념이 아닌 근대 개념에 놓여있는 가운데 전파주의의 과도한 영향으로 한국 근대 개념사 연구는 조선 후기 한국어에서 출발해 근대 한국어로 도착하는 방향에서의 개념화보다는 근대 서양어에서 출발해 근대 한국어로 도착하는 방향에서의 개념화를 추구하는 편향성을 노정하고 있다. 제3부에서 검토하는 실학이나 아는 조선 후기 한국어에서 출발해 전환기 매체 공간에서 담론화된 개념어이다. 실학은 조선시대에 참다운 유학을 가리키는 어휘로 사용되었고 오늘날에는 조선 후기 특정한 학문적 조류를 지칭하는 학술 용어로 고착되어 버렸지만, 실은 조선시대의 실학과 현대의 실학 사이에 전환기 매체에서 발화된 일반적인 실학 개념이 존재하였다. 전환기의 제도적 변화에 수반하여 실학은 신교육과 신학문, 격치학과 실업학, 구학과 신학을 둘러싸고 담론적으로 자주 발화되었다. 지금은 망각된 이 실학 개념을 통해 우리는 재래의 조선 개념이 근대의 문턱에서 겪는 개념화를 예시할 수 있다. '역사는 아와 비아의 투쟁의 기록이다'라는 명제로 잘 알려져 있는 신채호의 아에 대해서는 그간 아의 함의를 둘러싸고 민족과 탈민족의 상반된 견해가 양립하였다. 그런데 전환기 신채호의 신문 논설과

역사 서사를 분석하면 공히 '아와 사회'의 대립이라는 구도를 발견할 수 있다. 이를 통해 개념사적 시야에서 신채호의 아를 둘러싼 문제적인 키워드가 사회였는데, 그 간 신채호 사상 연구에서 국가, 민족, 국수 등의 어휘에 가려져 이 어휘가 그다지 주목받지 못했음을 알 수 있다. 아와 사회의 대립은 신채호의 사상을 내셔널리즘의 시기와 아나키즘의 시기로 양분한 다음 내셔널리즘의 시기는 내셔널리즘의 어법으로 아나키즘의 시기는 아나키즘의 어법으로 설명해 왔던 유형론적이고 환원론적인 사상사 연구의 한계에서 벗어나 신채호의 근원적인 문세의식을 개념적으로 새롭게 설정할 수 있는 중요한 착상이다. 이는 개념사 연구가 사상사 연구를 다시 확인하는 수준에서 그치는 것이 아니라 사상사 연구를 교정하는 수준으로까지 도달할 수 있음을 의미한다. 실학 개념과 아 개념의 사례에서 보듯 전환기 조선 개념의 구체적인 현장에 대한 분석은 한국 근대 개념사를 단순히 서양 근대 개념 수용사로 간주하는 협애한 인식을 극복하는 데 중요한 참조가 되리라 믿는다.

이상으로 이 책『기억의 역전』을 구성하는 세 가지 큰 주제, 근대 중국의 발견·개성 유학의 전개·조선 개념의 현장에 대해 약술하였다. 전환기 조선사상사의 물줄기를 근대주의의 편향된 기억으로부터 벗어나 새롭게 이해하고자 했던 이 책의 시도를 굳이 기억의 역전이라는 제목으로까지 표현한 것은 지은이가 생각하기에 사상사 연구가 아직도 근대주의에서 벗어나지 못하고 있다는 판단 때문이다. 전통과 근대의 용어를 굳이 사용한다면 조선 후기 사상사는 '근대형성사'라기보다 차라리 '전통형성사'에 가깝고 한국근대사상사는 '서양수용사'라기보다 차라리 '전통변용사'에 가깝다는 것이 지은이의 생각이다. 적어도 전환기의 조선사상사는 이와 같은 기억의 역전을 통해 더욱 풍요롭게 설명될 수 있다고 생각한다. 조선의 체제적, 사상적, 언어적 두께는 전환기 조선사상의 핵심적인 조건으로 더욱 진지하게 취급될 필요가 있다.

이 책이 나오기까지 많은 분들의 도움이 있었다. 먼저 지도교수이신 정옥자 선생님께 입은 지난 세월의 학은은 이루 형언하기 어렵다. 박사학위논문 종심 준비로 찾아뵈었을 때 선생님께서는 학문이 성숙해지는 과정을 훈육의 학문, 종합의 학문, 창조의 학문, 존중의 학문, 윤리의 학문으로 구별하여 지은이를 격려하였다. 선생님의 가르침은 지금도 마음에 남아 자기 성찰의 출발이 된다. 정옥자 선생님과 더불어 지은이의 박사학위논문을 심사한 한영우, 금장태, 김인걸, 유봉학 선생님께도 이 자리를 빌어 다시 한번 감사 말씀을 드린다. 지금까지 이 책의 근원적인 문제의식을 지켜올 수 있었던 것은 여러 선생님들의 격려에 힘입었기 때문이다.

이 책은 지난 4년간 지은이의 개별 연구들을 선별해 편집한 것이다. 이 기간 지은이는 한림대학교 한림과학원의 개념사 프로젝트에 참여해 배움을 향상시켰고, 아모레퍼시픽재단의 연구지원을 받아 개성 문인을 탐구하였다. 모두 감사 말씀을 드린다. 아울러 서울대학교 규장각한국학연구원 이상찬 원장님 이하 여러 규장각 선생님들께도 감사의 마음을 드린다. 이상찬 원장님은 지은이가 옛날 규장각 자료연구부에서 일할 때 조선말기 정부공문서철의 신세계에 개안하도록 이끌어 주었다. 한국사상사학회 남동신 회장님께도 감사 인사를 드린다.

이 책에 수록된 개별 논문들은 한국고전번역원 정기학술대회, 국사편찬위원회 한중역사가포럼, 화사이관구선생기념 학술심포지엄, 서울대학교 국사학과 콜로키엄, 서울대학교 사상사 집담회, 경북대학교 사학과 국제학술대회, 연세대학교 국학연구원 워크숍, 연세대학교 역사문화학과 조선학 강좌, 성균관대학교 동아시아학술원 19세기팀 집담회, 한림대학교 한림과학원 워크숍 등에서 발표된 것들이다. 논평해 주신 모든 분들께 감사드린다. 아울러 대학원에서 함께 공부했던 선후배님들에게도 감사의 마음을 전한다. 돌이켜보면 7동 국사학과 대학원 세미나실에서의 추억들이 많았다. 김영인 후배님은 책 전체를 읽고 교정하는 수고를 마다하지 않았다. 감사의 뜻을 전한다.

20년 전 규장각에서 처음으로 고문헌을 출력해 공부했던 대학원생이 20년 후 규장각 연구실에서 처음으로 연구서를 출간하게 되나니 이 심정을 어떻게 표현해야 할까? 지난 20년간 온갖 세월의 희노애락과 세상살이의 풍상을 겪으며 부끄러운 만학이나마 버텨낼 수 있었던 것은 가까이에 가족과 친지가 있었기 때문이다. 삼가 부모님의 은혜를 생각하며 친가 부모님의 함자 노영하, 임명자, 그리고 처가 부모님의 함자 정남득, 이말순을 적는다. 감사하는 마음으로 양가 부모님께 이 책을 헌정한다. 20년 전 우연히 도서관에서 만난 아내 정유신에게도 이 책이 우리 만남의 20주년을 기념하는 선물이 되기를 희망한다. 사랑스런 딸 영인이에게도 이 책이 우리 가족의 따뜻한 이야깃거리가 되기를 바란다. 금년은 정조가 규장각을 창립한지 꼭 4주갑이 되는 특별한 해이다. 비록 늦게 시작하는 만학이지만 계속 분발할 것을 다짐한다.

2016년 8월
관악산 자락에서
노관범

제2부_ 개성 유학의 전개

제3부_ 조선 개념의 현장

1부

근대 중국의 발견

제1장 대한제국기 『황성신문』의 중국 인식

1. 머리말

오랜 기간 한국 근대사 서술의 화두는 근대와 민족이었다. 식민지와 분단의 역사적 세월을 배경으로 근대 문명 실현과 민족 국가 수립이라는 역사적 과제를 향한 사회적 열망이 지속적으로 변주되면서 한국 근대사를 독해하는 중심적인 관점으로 작용한 결과이다. 근대와 민족은 역사적 성찰의 문제이기에 앞서 역사적 실천의 문제로 주어졌고, 한국 사회 내부의 이념적 지형에 따라 한국의 현실과 미래를 놓고 서로 경합하고 충돌하는 대립적 가치의 키워드로 고양되었다.

한국 사회에서 역사적 실천으로서 근대와 민족 사이의 불화는 근대 초기 한국 언론계의 이념적 지형으로 소급되는 것처럼 보인다. 대한제국의 시작을 함께했던 『독립신문』은 '개화'와 '진보'의 시각에서 급진적인 근대주의를 추구한 매체, 대한제국의 종말을 함께했던 『대한매일신보』는 '애국'과 '국수'의 시각에서 비타협적인 민족주의를 추구한 매체로 잘 알려져 있다. 『독립신문』과 『대한매일신보』가 선명하고 분명한 논조로 각각 자신이 추구하는 가치를 설파한 이래, 한국 사회는 자연스럽게 『독립신문』적 관점 또는 『대한매일신보』적 관점을 내면화하여 한국 근대사를 투시해 왔다.

『독립신문』과 『대한매일신보』의 상호 대립적 논조를 역사적 상황의 산물로 대상화하기보다 역사적 관점의 유형으로 주관화하는 방식이 부지불식간에 확산되면서 근대 초기 한국 사회의 현실 인식의 구성에 몇 가지 한계점이 나타나고 있다. 『독립신문』적 관점과 『대한매일신보』적 관점은 이념적 지향점에서 근대 또는 민족의 차이점이 존재하지만, 공통적으로 재래의 조선을 둘러싸고 있던 중국적인 체제에서 벗어나 중국을 타자화함으로써 자신의 가치를 실현하고자 하였다. 『독립신문』적 관점에서 서양 근대문명의 도달을 위한 출발은 조선의 중국적인 체제로부터 벗어나는 데 있었고, 『대한매일신보』적 관점에서 한국 민족주체의 도달을 위한 출발은 조선의 중화적인 이념으로부터 벗어나는 데 있었다. 그러나 과연 한국에서의 근대와 민족이 그러한 발상에 의해서만 설명될 수 있는 것일까? 중국을 타자화하면서 근대와 민족을 각인하는 서사 방식이 동아시아의 평화와 공존이라는 미래적 가치를 실현하는 데에는 또 얼마나 기여할 수 있는 것일까?

이런 견지에서 이 글은 한국의 근대와 민족을 사유하는 대안적인 방향으로 『황성신문』이라는 제3의 매체를 선택하여 『황성신문』의 중국 인식을 검토하고자 한다. 『황성신문』은 『독립신문』적 근대 서사와 『대한매일신보』적 민족 서사의 공통된 전제로 작용하고 있다고 판단되는 '중국의 타자화'를 비판적으로 성찰할 시점을 마련하기 위한 적절한 매체로 판단되기 때문이다. 『황성신문』은 이 두 매체와 다른 제3의 관점을 갖추고 있기 때문에 근대 초기 한국에서 근대와 민족의 문제를 바라보는 시야를 넓힐 수 있는 장점이 있고, 무엇보다 이 두 매체가 각각 대한제국 초기와 후기의 역사적 상황에서 발생한 대한제국기의 특정한 국면을 반영하고 있음과 달리 『황성신문』은 대한제국기 거의 전 기간에 걸쳐 발행되었기 때문에 통괄적인 시점을 획득하는 데에도 유리하다.

이 글의 연구 주제와 관련된 선행 연구로 우선 주목되는 것은 근대 초기 서양 열강의 동아시아 침략에 직면하여 동아시아 삼국의 협력과 제휴를 논했던 당대의 동아시아 담론에 관한 일련의 연구들이다. 아시아 연대론, 삼국공영론, 삼국제휴론, 동양주의, 동아시아 협력론 등 연구자들마다 상이한 개념으로 접근되고 있는 이 연구들은 근대 초기 한국 사회의 국제지역 인식의 중요한 공간적 범주로서 동아시아의 중요성을 일깨워 주는 장점이 있다.[1] 상대적으로 일본발 동아시아 담론의 선도성과 침략성에 관한 이념적 관심이 강한 가운데 대체적으로 특정 매체의 예각적인 이해보다는 담론 지형의 전체적인 조망을 중시하는 경향이 있다. 동아시아 담론에 개재한 인종과 문명의 사유 방식에 주

---

1 이광린, 「개화기 한국인의 아시아 연대론」, 『한국사연구』 61·62, 한국사연구회, 1988; 김신재, 「독립신문에 나타난 '삼국공영론'의 성격」, 『경주사학』 9, 경주사학회, 1990; 김도형, 「대한제국기 계몽주의 계열 지식층의 '삼국제휴론'」, 『한국근현대사연구』 13, 한국근현대사학회, 2000; 조재곤, 「한말 조선 지식인의 동아시아 삼국 제휴 인식과 논리」, 『역사와현실』 37, 한국역사연구회, 2000; 현광호, 「대한제국기 삼국제휴 방안과 그 성격」, 『한국근현대사연구』 14, 한국근현대사연구회, 2000; 백동현, 「대한제국기 언론에 나타난 동양주의 논리와 그 극복」, 『한국사상사학』 17, 한국사상사학회, 2001; 정문상, 「19세기말~20세기초 '개화지식인'의 동아시아 지역 연대론」, 『아시아문화연구』 8, 경원대 아시아문화연구소, 2004; 이헌주, 「1880년대 전반 조선 개화 지식인들의 '아시아 연대론' 인식 연구」, 『동북아역사논총』 23, 동북아역사재단, 2009.

목하는 방향,[2] 동아시아 지역질서 구상을 유형별로 개념화하는 방향,[3] 한국내 동아시아 담론을 외교사적으로 실증하는 방향[4] 등 다양한 연구 방법이 구사되고 있다. 이와 같은 한국 근대 동아시아 담론에 관한 연구 성과들은 한국 근대 중국 인식을 규명하기 위한 중요한 이론적 배경이 될 수 있을 것이다.

아울러 한국 근대 중국 인식을 직접적으로 연구한 성과들도 있다. 먼저 냉전 체제의 극복을 위한 실천적 대안으로서 동아시아에 주목하는 시각에서 한국 근대 언론의 중국 인식을 유형별로 검토한 연구가 있다. 이 연구는 '천한' 중국에서 '개혁 모델'의 중국까지 한국의 언론들이 전달하는 중국상이 일정하게 유형별 스펙트럼을 보이고 있으나 그것들이 공통적으로 사회진화론에 입각해 중국을 인식하고 있다는 사실을 중점적으로 규명하였다는 특징이 있다.[5] 이와 더불어 한국의 중국 인식을 거시적으로 검토하는 작업도 시도되었다.[6] 이 연구는 냉전 체제 하에서 한국 언론의 중국 인식을 검토했던 선행 성과들[7]에 힘입어 한국의 근현대 중국 인식을 통관한 시도라고 생각되는데, 중국이 문명 개화의 낙오자로 타자화된 후 부정적 중국 인식이 확산되면서도 일제

2　　장인성, 「'인종'과 '민족'의 사이 — 동아시아연대론의 지역적 정체성과 '인종'」, 『국제정치논총』 40, 한국국제정치학회, 2000; 김경일, 「문명론과 인종주의, 아시아연대론」, 『사회와역사』 78, 한국사회사학회, 2008.

3　　정용화, 「근대 한국의 동아시아 지역 인식과 지역질서 구상」, 『국제정치논총』 46, 한국국제정치학회, 2006.

4　　현광호, 『한국 근대 사상가의 동아시아 인식』, 선인, 2009. 제1장 「'동아시아 협력론'의 전개」.

5　　백영서, 「대한제국기 한국 언론의 중국 인식」, 『역사학보』 153, 역사학회, 1997.

6　　정문상, 「근현대 한국인의 중국 인식의 궤적」, 『한국근대문학연구』 25, 한국근대문학연구회, 2012.

7　　정문상, 「냉전 시기 한국인의 중국 인식」, 『아시아문화연구』 13, 경원대 아시아문화연구소, 2007; 정문상, 「'중공'과 '중국' 사이에서」, 『동북아역사논총』 33, 동북아역사재단, 2011.

식민지시기 들어와 연대의 대상과 변혁의 모델로서 중국을 적극적으로 인식하는 변화가 나타났음을 제시하였다.

이상의 두 연구는 한국 근대 동아시아 담론 연구에서 포착하지 못하는 중국 인식의 실상을 전달하고 있다는 미덕이 있다. 한국 근대 중국 인식의 복잡성은 '천한' 중국에서 '개혁 모델'의 중국까지, 또는 문명개화의 낙오자에서 연대의 대상과 변혁의 모델까지 걸쳐 있는 다양한 영역들의 존재를 통해 확인할 수 있다. 중국 인식 내부의 이와 같은 다양한 인식 영역들이 반드시 동아시아 담론의 규정력에 의해서만 생성되었다고 보기는 어렵다. 동아시아 담론과는 별도로 인식 주체로서 한국 지식인의 다양한 측면, 그리고 인식 대상으로서 중국의 역사적 변화의 다양한 측면이 주요하게 작용했다고 보인다. 그러나 지금까지의 연구성과들은 중국 인식의 다양성을 모색하기보다 중국 인식의 전형성을 추구하는 경향이 있었다. 청일전쟁 이후 한국 사회에서 개화 지식인들이 중국을 타자화했던 전형적인 양상과 개념적인 구조에 주된 관심을 쏟았고, 신해혁명 이전부터 한국 매체에서 중국을 변혁의 모델과 연대의 대상으로 적극적으로 인식했던 양상들은 상대적으로 소홀하게 취급하였다.

이 점에서 『황성신문』은 한국 근대 중국 인식의 다양성을 적극적으로 논할 수 있는 유력한 매체이다. 언론 매체로서 『황성신문』의 현실적 감각과 독자적 논조에 대해서는, 『황성신문』이 한국 사회의 자본주의적 발전을 위해 자국의 자강과 동아시아의 공영을 이중적으로 지향하였으며,[8] 『황성신문』의 동아시아 담론이 한국 사회에서 민족주의 담

---

8   김윤희, 「러일대립기(1898~1904) 『황성신문』의 이중지향성과 자강론」, 『한국사학보』 25, 고려사학회, 2006.

론으로 이행하는 과도기적 담론으로 그치는 것이 아니라 일본의 보호
국 체제에서 실력 양성을 추구한 독자적인 담론이었다[9]는 적절한 문제
제기가 있다. 필자 역시『황성신문』논조의 현실성과 독자성을 긍정하
면서『황성신문』의 논조 변화가 대한제국기의 중국 인식의 국면별 변
화 과정을 예증하는 중요한 현상의 하나였음을 제시하고자 한다. 『황
성신문』의 논조는 초기에 주로 중국의 후진성에 집중하였으나 후기에
가서 변혁의 모델과 연대의 대상으로 적극적으로 중국을 인식하는 변
화를 보여주었다. 구체적으로『황성신문』의 중국 인식은 세 시기로 나
누어 대별할 수 있다. 첫째, 초기의『황성신문』은 비록 북청사변과 같
은 절망적인 중국의 현실과 직면하였지만 한중 양국의 상호적인 문명
진보의 실현이라는 관점에서 중국의 개혁에 대한 희망을 버리지 않았
다. 둘째, 중기의『황성신문』은 영일동맹과 러일전쟁을 계기로 한중
양국에 부과된 현재적 일체감을 적극적으로 내화하여 객체적인 '한청'
개념을 벗어나 주체적인 '동양' 개념을 회복하고자 하였다. 셋째, 후기
의『황성신문』은 한국 사회에서 전개되는 자강운동의 실천적 맥락에
서 교육, 식산, 입헌을 중심으로 중국의 근대화를 적극적으로 인식하
였고, 미래의 한국 독립을 위한 현실적 연대의 대상으로 중국을 중시하
였다. 『황성신문』의 시기별 중국 인식은 대한제국기 언론 매체에서 생
성된 중국 인식으로 공히 중요성이 있겠지만,『황성신문』의 후기 논조
를 주도했던 박은식이 1910년대에 중국에서 출간한 『한국통사(韓國痛
史)』에서 피력한 적극적인 한중연대의식을 고려[10]하더라도 특히 그간

9　Kim Yun-hee, "The Political Nature of the Oriental Discourse of the Hwangsong sin-
　　mun", *International Journal of Korean History* vol 17 No 2, 고려사학회, 2012.
10　노관범, 「1910년대 한국 유교지식인의 중국 인식」, 『민족문화』 40, 한국고전번역원,
　　2012.

의 연구에서 상대적으로 경시되었던 『황성신문』 후기의 중국 인식에 대한 적극적인 검토가 요망된다고 생각된다. 이하 본문에서는 초기, 중기, 후기로 대별하여 『황성신문』의 시기별 중국 인식을 검토하고자 한다.

2. 두 개의 극점 — 북청사변의 절망과 신축신정의 희망

『황성신문』이 창간된 1898년은 대한제국 수립 초기로 제국의 국제와 국시가 아직 명확히 정해지지 못한 시기였다. 이 시기 한국은 1894년의 경장(更張)과 1897년의 유신(維新)을 거치면서 과거 조선 국가와는 구별되는 근대 국가에 진입하기 시작하였다.[11] 그러나, 제국의 수립이 조선을 부정한 '혁명'의 결과물이 아니라 조선을 계승한 '중흥'의 결과물이었고, 제국의 체제적 지향성을 둘러싸고도 '구본신참(舊本新參)'과 '혁구도신(革舊圖新)'의 상반된 의지가 병존하였기 때문에, 제국 초기 근대 국가로서의 전형성은 아직 완전하게 발현되지는 못한 편이었다.

제국 초기 한국 언론은 제국의 국가적 성격에 대하여 갑오 이전의 구식과 갑오 이후의 신식이 혼재되어 있다는 의미에서 곧잘 '외신내구(外

---

11 대한제국의 국가적 성격과 관련하여 다음 논저가 참조된다. 주진오 외, 「총론 — 한국 근대정치사와 왕권」, 『역사와현실』 50, 한국역사연구회, 2003; 도면회, 「황제권 중심 국민국가체제의 수립과 좌절」, 『역사와현실』 50, 한국역사연구회, 2003; 서영희, 「국가론적 측면에서 본 대한제국의 성격」, 『대한제국은 근대국가인가』, 푸른역사, 2006.

新內舊)'로 표현하였다. 근대의 출발점에서 제국의 전도가 과거로 회귀하는 구식과 미래로 전진하는 신식의 두 갈림길로 분기해 있다고 보고, 한국 사회의 문명화를 실현하기 위해서는 갑오 이후의 여세를 몰아 서양의 신법을 추구해야 한다는 진보의식의 소산이었다. 문명을 향한 진보라는 의미에서의 '문명진보'는 대한제국기 한국의 언론 매체를 지배했던 중심적인 가치의 하나였다.[12]

문명진보의 견지에서 중국은 한국을 비추는 거울로 작용하였다. 이 시기 중국은 청일전쟁의 패배, 무술변법의 실패, 북청사변의 참화를 겪으면서 끝없는 나락으로 추락하고 있었다. 수구 세계에 갇혀 스스로 진보하지 못하다 외세의 거듭된 침략으로 분할과 멸망의 위기에 직면한 중국의 사태는 한국의 현실을 비추는 특별한 거울이었다. 이미 도래한 중국의 사태는 곧 도래할 한국의 사태로 간주되었고, 그렇기에 한국의 언론 매체는 중국을 반면교사로 삼아 현실 문제 해결의 지혜를 얻고자 하였다.

『황성신문』의 중국 인식은 이러한 맥락에서 형성되었다. 『황성신문』은 창간된 첫 달부터, 일본은 매사에 서법(西法)을 준행하여 서양 열강에게 인정을 받는 근대 국가로 성공했지만, 청국은 매사에 구법(舊法)을 묵수한 결과 내정이 부패하여 끝내 외세에 의해 사분오열될 처지에 놓였다고 보고, 한국은 '외신내구'의 망설임을 버리고 속히 서법을 준행하여 중국의 길이 아닌 일본의 길을 걸어야 한다고 주장하였다.[13] 중국의 실패와 일본의 성공이 서법의 시행 여부에서 판가름났다는 광학회 선교사 임락지(林樂知)

12　노관범, 「대한제국기 진보 개념의 역사적 이해」, 『한국문화』 56, 서울대 규장각한국학연구원, 2011.
13　『皇城新聞』 1898.9.12, 논설.

의 「청일양국론(淸日兩國論)」을 게재한 것도 역시 한국이 중국의 길이 아닌 일본의 길을 취해야 한다는 생각에서였다.[14] 일본도 한국이나 중국처럼 국정이 문란하고 인민이 피폐했으나 신법을 수용한 후 동양의 일등국은 물론 세계열강이 되었다는 것이다.[15]

그런데 중국의 실패는 단지 중국이라는 국가의 문명적 후진성을 의미하는 것만은 아니었다. 동양에서 차지하는 중국의 규모에 비추어 중국의 실패는 곧 중국을 넘어 동양이라는 지역 세계 전체의 위기를 의미하는 것이었다. 개별 국가의 관점에서 본다면 중국과 일본이 격돌한 청일전쟁은 서양 근대의 수용 과정에서 중국의 후진성과 일본의 선진성을 예증한 사건으로 설명되겠지만, 지역 세계 전체의 관점에서 본다면 서양 열강의 중국 분점을 열어 주어 동양의 가파른 위기가 초래된 사건으로 간주될 수 있었다.

1898년 청일전쟁을 취급한 『중동전기(中東戰記)』를 읽은 『황성신문』 기자는 청일전쟁을 청국과 일본의 문명사적 대결로 독해하는 관점 대신 서양 열강의 중국 분할을 선도한 일본의 중국 침략으로 독해하는 관점을 제시하고, 일본이 목전의 이익을 위해 동양의 대국을 그르쳤음을 비판하였다.[16] 같은 맥락에서 중국은 '동양의 거릉(巨陵)'과 같은 존재인데 일본이 서세동점의 현실을 망각하고 청국과 화목하기는커녕 자국의 소익을 위해 중국을 침략해 서양의 중국 분할의 선하(先河)가 되었음을 비판하는 논설이 게재되었다.[17] 일본의 문제점은 '우리나라가 어떻게 하면 타국의 이익을 취해 올까 하는 마음'이 '우리 동양 삼국이 어떻

---

14 『皇城新聞』 1898.9.17, 논설.
15 『皇城新聞』 1899.6.28, 논설.
16 『皇城新聞』 1898.12.24, 논설.
17 『皇城新聞』 1899.5.23, 논설.

게 하면 함께 진보하여 서양과 병립할까 하는 마음'보다 항상 앞서 있다는 것이었다.[18] 『황성신문』은 기본적으로 한일청(韓日淸) 삼국이 서로 우의를 닦고 진보를 권면해서 동양의 전국을 유지할 것을 강조하면서도,[19] 중국의 분할이 발생하는 날 동양이 붕괴한다는 판단 때문에 중국이 동양 평화의 주체가 되어야 한다고 생각하였다.[20]

실제로 분할의 위기가 고조된 중국의 사태는 『황성신문』에 공멸의 위기감을 일으킬 만한 비관적인 정세 인식을 유발하였다. 중국은 서양과 일본에게 철도, 항만, 조운, 광산 등 주요 지역의 이권을 침탈낭하면서 분할 아닌 분할을 겪고 있었고,[21] 이렇게 외세에게 항만을 점령당하고 요지를 탈취당한 중국은 이미 독립권을 상실한 국가로 인식되었다.[22] 특히 1900년 북청사변의 와중에서 무기력한 청군이 연합군에게 연전연패하자, 『황성신문』은 청국이 멸망할 징조가 이미 여기에서 나타났다고 단언하였고,[23] 똑같이 도읍이 함락되었어도 동시기 남아프리카의 보어전쟁에서 트랜스발[杜蘭斯拔]과 오렌지자유국[五蓮池自由國]이 애국으로 합심하여 영웅적으로 영국군과 맞싸웠던 것과 비교하여 수치스러운 참패로 보았다.[24]

중국은 왜 멸망의 지경에까지 이른 것인가? 『황성신문』은 이를 '배외'와 '우매'의 두 가지 관점에서 보았다. 먼저 북청사변의 참화는 이념적으로 중국의 문명진보에 적대적인 집권 수구 세력의 반동적인 배외

18　『皇城新聞』 1899.8.17, 논설.
19　『皇城新聞』 1899.6.7, 논설 「朝鮮新報對辨論」.
20　『皇城新聞』 1899.6.13, 논설.
21　『皇城新聞』 1899.3.1, 논설.
22　『皇城新聞』 1899.3.28, 별보.
23　『皇城新聞』 1900.8.28, 논설 「宜鑑於淸國將鑑」.
24　『皇城新聞』 1900.8.29, 논설 「續出南阿風雨一曲」.

사상의 소산으로 인식되었다. 사욕으로 가득한 완고파 대신들의 어리석은 배외사상,[25] 특히 '문명주의'를 추구하는 광서제를 유폐하려 하고 의화단 같은 '배외난당(排外亂黨)'과 암암리에 결탁한 단왕(端王)의 반동적 성격[26]이 부각되었다. 또한 집권 세력의 배외와 더불어 중국 민중의 우매가 문제로 지적되었다. 북청사변 당시 청국 인민이 우매힌 수준은 마치 신라 장군 이사부(異斯夫)의 나무사자에 겁을 먹고 항복한 우산국 인민의 우매함과 다르지 않은 것으로 보였고,[27] 더욱 심각한 것은 북청사변을 겪었음에도 국치를 모르는 청국 일반 민중의 우매함이었다.[28] '배외'가 진보의 적대를 의미하고 '우매'가 진보의 결핍을 의미한다고 할 때, 『황성신문』은 실상 중국 쇠망의 원인을 진보의 적대, 그리고 진보의 결핍으로 독해한 셈이었다.

북청사변을 거쳐 '토붕와해'로 치닫는 청의 국세는 이제 '지나지운(支那之運)이 금이극의(今已極矣)'라는 극언을 듣는 상황까지 왔으나 그것은 동시에 '물극필변(物極必變)'의 희망도 수반하는 것이었다.[29] 광서제가 북경으로 환도한 뒤 마침내 신축신정을 추진하자 『황성신문』은 이를 '유신(維新)'의 '신책(新策)'이라고 특필하였다.[30] 그리고 중국 정부가 대학당장정(大學堂章程)을 반포하자 중국의 진보를 염원하는 입장에서 진보와 직결된 이 교육 개혁안에 지대한 관심을 보였다. 장정의 반포는 청이 북청사변의 참화를 겪고 '신화(新化)'가 아니면 강자가 될 수 없고 '변법(變法)'이 아니면 자강하지 못한다는 각성 끝에 드디어 경장의 일대

---

25 『皇城新聞』 1900.10.10, 논설 「淸國慘禍由乎端剛諸人」.

26 『皇城新聞』 1901.1.21, 논설 「知人難之」.

27 『皇城新聞』 1901.4.24, 논설 「讀史有感」.

28 『皇城新聞』 1901.7.15, 논설 「淸國游歷者說」.

29 『皇城新聞』 1901.8.9, 논설 「支那澆風所由來遠」.

30 『皇城新聞』 1901.9.18, 논설 「淸擧新策晩猶可圖」.

관건이 실행된 것으로 비쳤다.[31] 어려운 한자 대신 쉬운 문자를 창조해 국민 교육에 사용하자는 중국의 문자 개혁 구상에 주목한 『황성신문』은 이를 국문 확장론의 논거로 활용하기도 하였다.[32] 이것은 중국처럼 '상형문자'를 사용하는 세계는 몽매하고 서양처럼 '발음문자'를 사용하는 세계는 개명하다는 문명의식으로 한글의 우수성을 논한 초기의 중국관[33]과는 다른 태도였다. '청(淸)은 본미개지국(本未開之國)'[34]이라 단언한 『황성신문』이 이세 중국외 '미개'보다 중국의 '경장'에 눈길을 돌린 것이다.

중국의 신축신정은 『황성신문』의 중국 인식이 미개에서 경장으로 전이하는 어떤 전기가 되었다. 사실 『황성신문』은 본래 한국과 중국은 서세동점의 역사적 조류에서 동일한 시기에 동일한 수준의 내우외환을 공유하고 있다고 인식하였다. 구체적으로 만한(滿漢) 대립이나 사색당쟁과 같은 정치사회적 분열 요소,[35] 문지 차별로 인한 합리적인 인재 등용의 차단,[36] 의화단이나 동학 같은 배외운동, 제국주의 열강에 의한 국가 이권 침탈 등이 거론되었다. 차이가 있다면 한국의 경우 일본의 야욕과 침탈이 절대적이라는 것이었다.[37] 양국이 공유하는 사회적 동질

31　『皇城新聞』1902.1.14, 논설 「論淸國學校維新之兆」 : 장정의 내용은 각성에 대학당을 설치하고 중국의 경전과 역사, 태서의 정치와 기예 등의 교과를 가르쳐 '實學'을 성취한 인재를 양성하겠다는 것이었다.

32　『皇城新聞』1902.2.13, 논설 「國文學校設立瑣聞」 ; 『皇城新聞』1902.2.14, 논설 「國文宜擴張」.

33　『皇城新聞』1898.9.28, 논설 「國文漢文論」.

34　『皇城新聞』1898.12.24, 논설.

35　『皇城新聞』1899.3.1, 논설.

36　『皇城新聞』1901.12.6, 논설 「天與不取反受其殃」 ; 『皇城新聞』1898.9.7, 논설 「博士言志」 : 중국의 경우 山東의 紀某가 재략이 있는데 중국에서 등용하지 않자 러시아에 등용되어 東三省 총독이 되었고 遼東人 劉雨田이 지모와 재산이 있는데 지방관의 침학으로 청일전쟁 당시 일본군에 투항하여 遼城 함락에 기여했다는 사례를 예시하였다.

성과 역사적 동시성으로 인해『황성신문』은 한국의 독자들에게 중국의 문제점을 거울삼아 한국을 살펴볼 것을 당부하였다.[38] 동일한 문제점을 공유하는 한국과 중국 사이에 그다지 진보의 격차는 없어 보였다.

그러나 신축신정 이후『황성신문』의 논조가 변화하기 시작하였다.『황성신문』은 중국의 신정 추구를 '유신'의 '신책'이라 특필하면서 이와 달리 한국은 문명국으로 이미 '신책'을 거행한지 몇 년 지났으나 아무런 진보가 없이 퇴축하고 있다고 개탄하였다.[39]『황성신문』은 청인 중에는 지각 있는 사람들이 신학문 저술을 출판하고 있는 반면 동시기 한인 중에서는 그러한 신학문 저술을 하는 사람들을 발견할 수 없다고 인식하였다.[40]『황성신문』은 대학당장정의 반포와 같은 중국의 교육 개혁안을 접하자, 한국은 관·사립학교가 허명만 있고 교육의 실제 성취가 없으며 졸업자를 선용할 방법이 없는 비관적인 상황으로 보고 이를 중국과 대비시켰다.[41] 한국의 신정(新政)은 중국보다 앞섰으나 낡았고, 중국의 신정은 한국보다 늦었지만 새롭다는 감각이었다.

37　『皇城新聞』은 한국의 중요한 이권의 태반을 일본이 차지하였음을 지적하고 그것들을 구체적으로 예시하였고(『皇城新聞』1899년 5월 23일, 논설), 러시아의 만주 점거와 일본의 인구 증가 때문에 일본이 福建 점유에 만족하지 못하고 반드시 한국에 달려들 것이라고 보았으며(『皇城新聞』1900년 8월 8일, 논설「韓淸危機」), 한국에 밀물처럼 이식해 들어오는 일본인의 식민을 경고하였다(『皇城新聞』1901.12.20, 논설「湖南富翁能保其業」).
38　『皇城新聞』1901.11.19, 논설「勢如蚌鷸漁人收功」.
39　『皇城新聞』1901.9.18, 논설「淸擧新策晩猶可圖」.
40　『皇城新聞』1901.7.23, 논설「著述書籍開牖新智」.
41　『皇城新聞』1902.1.14, 논설「論淸國學校維新之兆」.

3. 두 개의 개념 공간—영일동맹의 '한청'과 러일전쟁의 '동양'

1902년 1월 영일동맹의 성립은 동아시아에서 한국과 청국의 국제적 지위에 변동이 발생한 중요한 사건이었다. 영일동맹은 북청사변 이후 만주에 가속화된 러시아 세력에 대응하여 영국과 일본이 한청 양국에서의 우월한 지위를 확보하기 위해 체결된 것이었다. 이 동맹의 제1조에는 영일 양국이 한청 양국의 '독립'을 승인한다는 내용과 더불어 청국에 대한 영국의 이익과 일본의 이익, 그리고 한국에 대한 일본의 특별한 정치적, 경제적 이익을 '보호'하기 위하여 한청 양국에 외침이나 소란이 발생할 경우 불가결한 조치를 취하고 간섭을 승인한다는 내용이 있었다.[42] 이것은 독립국으로서 한국과 중국의 주권이 영국과 일본에 의해 공식적으로 침해된 중요한 사건이었다. 『황성신문』의 표현 그대로 '우리의 자유(自由)한 독립 주권과 자재(自在)한 강토 보전을 누가 감히 옹호 유지한다는 맹약을 체결'하느냐고 분노할 차원의 문제였고, 차후에 강요될 조치나 간섭의 광의성과 임의성의 한도를 예측할 수 없는 공포스러운 정략이었다.[43]

영일동맹은 비록 한국의 정도가 더욱 심각했지만 한국과 중국에 동시적으로 입혀진 공동의 굴레가 되었다. 한국과 중국은 영일동맹에 의해 '보호유지'가 규정되는 '한청(韓淸)'(또는 '청한(淸韓)')이라는 운명적 일체를 부여받게 되었다. 여기서 '한청'이란 단순히 대한제국과 대청제국이라는 두 국가를 지시하는 정치중립적 의미는 아니었다. 그것은 20세기 벽두에 영국과 일본에 의해 '보호유지'가 선언된 러일전쟁 전야 혹

---

42 『皇城新聞』1902.2.19, 별보「日英協商全文」.
43 『皇城新聞』1902.2.21, 논설「日英協商關係何如」.

은 그 이후의 한국과 중국이라는 정치적인 의미를 새롭게 함축하고 있었다. 한국과 청국이 주체가 되어 형성된 한청 개념이 아니라 한국과 청국이 제3국에 의해 객체로 규정된 '한청' 개념이었다.

객체적인 '한청' 개념의 형성에서 일본의 역할은 지대하였다. 영일동맹 직전 일본 정부가 '한청 양국' 및 시베리아 어행에 대한 호조(護照) 규칙 요선 구비 이외의 제반 절차를 간소화하자, 일본의 『시사신보(時事新報)』는 더 나아가 일본 내지 여행처럼 한국 여행에 호조를 사용하지 말자고 제안하였다.[44] 또한 일본 정부가 이민보호법 개정안을 일본 의회에 제출했을 때 이민 대상의 외국 개념을 '한청 양국' 이외의 국가로 규정하였다.[45] 이는 일본이 영일동맹에 의해 보장 받을 한국과 중국에서의 일본의 특별한 이익을 강화하기 위하여 양국에 대한 일본의 이민과 식민을 증가시켜 일본의 '한청'을 만들기 위한 조처로 간주되었다.

더욱이 영일동맹 이후 일본은 '청한 양국'에서 일본의 상업, 공업, 광업 등을 조사, 연구하고 경영 자료를 제공하기 위해 조선협회(朝鮮協會)에 이어 '청한협회(清韓協會)'를 조직하였고,[46] 한청 경영에 전력을 기울이기 위하여 한청 경영비의 명목으로 별도의 예산을 편성하였다.[47] 그렇게 볼 때, 영일동맹에 의해 규정된 '한청'이라는 개념 공간은 동아시아 내부에서 한국과 청국을 향한 일본의 제국주의적 팽창과 직결된 것이었음을 알 수 있다. 일본은 자국의 '식민' 또는 '경영' 대상으로 '한청'을 창출하고, 영일동맹을 통해 '한청'의 정치적 성격이 영국과 일본에 의한 '보호유지'에 있음을 공식적으로 선언한 셈이다.

---

44 『皇城新聞』1901.10.7, 논설 「卜自由渡韓」.
45 『皇城新聞』1901.12.23, 논설 「論日本政府移民法改正」.
46 『皇城新聞』1902.4.28, 논설 「論日本人清韓協會組織」.
47 『皇城新聞』1902.11.18, 논설 「論日俄兩國對韓經營」.

영일동맹으로 '한청'에 긴박된 한국과 중국은 영일의 정치적 객체로부터 벗어나 '동양의 구성원으로서 본래적 주체를 회복할 것이 요망되었다. 이 지점에서 원세개(袁世凱)가 광서제에게 전한 밀주(密奏)에서 피력된 변법자강이 주목받았다. 원세개는 영일의 보호에 의지함이 없이 중국의 실력으로 중국을 방어하기 위한 변법자강을 역설하였는데, 『황성신문』은 중국에 대한 '동병상련'과 '동환상휼(同患相恤)'의 마음으로 중국의 개혁에 주목해 왔음을 고백하면서, 원세개의 자강사상에 전적으로 찬동을 표하고 자강의식이 없는 한국 정부를 비판하였다.[48] 『황성신문』은 원세개가 자강사상을 실행하여 구폐의 개혁과 신법의 강구에 힘썼음을 높이 평가하였고,[49] 이제 한국도 더 이상 중국이 버린 낡은 중국을 떠나 새로운 중국을 취해야 한다고 보았다.[50] 『황성신문』은 구체적으로 청국의 역서국(譯書局)을 본받아 문명 각국의 신서적을 널리 구입해 번역, 간행할 것을 주장하였고,[51] 『농기도설(農器圖說)』·『농구기(農具記)』등 중국의 농학 문헌을 접하고 한국의 농기구 개량을 주장하기도 하였다.[52]

그러나 영일동맹 직후 『황성신문』에서 주목한 중국의 변법자강의 활력은 제한적이었다. 신학(新學)의 중요성을 절감하여 학당의 설립과 유학생의 파견이 실행되었지만 중국 정계의 만한 대립 구도에서 만파(滿派)의 정치적 방해로 인해 그다지 실효는 없었던 것으로 나타났다.[53] 오히려 러일전쟁이 발발하기 반년 전 『황성신문』은 중국이 국가 자강의 방책을 전혀 깨닫지 못하고 자포자기에 빠져 있다고 보고 있었다.[54]

---

48 『皇城新聞』, 1902.3.14, 논설「讀袁直督世凱密奏有感」.
49 『皇城新聞』1902.5.28, 논설「讀淸廷彈駁袁直督世凱之奏有感」.
50 『皇城新聞』1902.4.5, 논설「人棄其弊我反取棄」.
51 『皇城新聞』1902.4.30, 논설「宜廣佈新書」.
52 『皇城新聞』1902.8.26, 논설「農器宜改良說」.
53 『皇城新聞』1903.4.7, 논설「論留學生召還」.

중국에 대한 이와 같은 비관적인 인식은 러시아의 동아시아 침략으로 한국, 중국, 일본이 모두 멸망할 것이라는 '아시아망국론'과 연결되어 증폭되었을 가능성이 있다. '아시아망국론'에는 러시아가 만주 경영을 완료하면 한국을 병탄할 필요 없이 곧장 직예성(直隷省)으로 뻗어 북경을 잠식할 수 있다는 것, 국가 권력을 독점하여 화란을 억제한 서태후가 죽은 후 광서제는 위신이 없고 친왕들은 정권을 쟁탈하고 개혁당은 격렬하게 저항하여 중국의 정치적 대혼란이 발생할 텐데, 러시아가 이를 적절히 이용하여 중국의 태반을 점령하면 한국과 일본은 자연히 멸망할 것이라는 내용이 있었다.[55] 물론 중국의 화란을 키워온 서태후가 죽으면 광서제가 분연히 국가 개혁에 매진하여 국가 진흥의 계기가 마련될 것이며 개혁파의 노력으로 호남성과 호북성에서는 민기가 축적되고 민지가 발달하고 있으니 중국은 몰락하지 않을 것이라는 반론도 있었다.[56]

『황성신문』의 중국 인식에서 주요 기제로 작용한 한중의 일체감은 일본 또는 영·일이 '한청'으로 긴박한 맥락에서 생성된 만큼이나 러시아가 '동양'을 위협한 맥락에서도 생성되었다. 시베리아 철도 완공 후 러시아의 증강된 극동군이 중국을 침략해 러시아의 영토가 만주, 북경, 양자강 평원으로 확장되면 동양 전국이 보전되지 못하리라는 우려가 일찍부터 나왔고,[57] 러시아가 '동점(東漸)'을 완수하여 청의 판도를 완전

---

54 『皇城新聞』 1903.8.12, 논설 「閱韓日淸三國地圖有感」 : 신문 기자는 아시아 전체 판국이 붕괴하고 있는데 '黃種三國'이 合心과 同濟를 생각지 않고 小利를 좇고 大義를 망각하여 외세에 멸망할 위기에 처해 있다고 보았다.
55 『皇城新聞』 1903.10.29, 논설 「反對亞細亞亡國」.
56 『皇城新聞』 1903.10.29, 논설 「反對亞細亞亡國」.
57 『皇城新聞』 1899.10.19, 논설 : 이와 관련하여 특히 영국이 보어전쟁으로 동아시아를 돌아볼 여력이 없는 상황에서 러시아의 남진이 우려된다는 관점도 있었다(『皇城

히 장악한다면 이종(異種)과 이문(異文)이 동종(同種)과 동문(同文)을 진멸하여 동양이 멸망할 것이라는 근심도 나왔다.[58] 러시아의 만주 점거는 한국의 존망과도 직결된 문제였다. 영일동맹 체결 두 달 전 『황성신문』이 입수한 청국 이홍장(李鴻章)의 '외교유책(外交遺策)' 중에는 중국이 차라리 러시아에 만주를 양도할 경우 일본의 한국 강점이 뒤따라 마침내 러일전쟁이 일어날텐데, 전쟁의 결과에 따라서는 러시아가 한국을 차지하고 중국이 만주를 회복할 것이라는 내용도 담겨 있었다.[59] 사실 중국의 전략과 무관하게 이미 러시아와 일본 사이에 '만한교환(滿韓交換)', '한국분할(韓國分割)' 등이 거론된 현실에서,[60] 재만 러시아 세력이 중국의 존망은 물론 한국의 존망과도 걸려 있음은 부인할 수 없는 사실이었기에, 이에 대한 적극적인 대처가 요청되었다.

한중 양국은 이중적인 난관에 봉착해 있었다. 한편으로 재만 러시아 세력의 위협으로 양국이 공유하는 '동양'이 파괴될 위험에 처했고, 다른 한편으로 영일동맹의 규정으로 양국이 영일의 보호유지를 받는 '한청'에 긴박될 위험에 처했다. '동양'의 파괴도 '한청'의 긴박도 원하지 않은 『황성신문』은 한국이 재만 러시아 세력에 대한 명확한 입장을 표명하고 관련된 행동을 조처함으로써 난관을 돌파하기를 희망하였다. 즉, 일본을 중심으로 한일청 삼국이 협력하여 러시아 세력을 물리쳐 동양을 회복한다는 구상이었다.

新聞』1899. 11.7, 논설).
58 『皇城新聞』1901.7.2, 논설「答書問」.
59 『皇城新聞』1901.11.28, 외보「李鴻章의 外交遺策」: 이에 대해 『황성신문』은 러시아가 만주를 양도받으면 이에 대응해 일본이 마치 無人之國을 점거하듯 한국을 강점할 것이라고 손쉽게 가정할 수 있다니, '垂亡之淸國에 垂死之老物도 日之占韓을 容易說去'한다고 격분하였다(『皇城新聞』1901.12.5, 논설).
60 『皇城新聞』1900.8.8, 잡보「請者나 絕者나」;『皇城新聞』1900.8.14, 社告;『皇城新聞』1901.8.28, 논설「卞滿韓交換論」.

그렇기에 『황성신문』은 러일의 전쟁 위기가 고조되는 상황에서 일본에게 주전론을 설파하고[61] 만주에서 러시아와 교전하여 대의를 빛내라고 촉구하였고,[62] '만한교환'을 내용으로 러일교섭이 타결되는 것에 대해 극력 반대하였다.[63] 이 때문에 전쟁을 좋아하고 평화를 싫어하는 언론이라는 의심을 받았지만 현실적인 평화가 한국에 치욕적인 '만한교환'을 의미하는 한 결코 찬성할 수 없다는 강경한 입장을 취했다.[64] 『황성신문』은 러일교섭과는 별도로 한러교섭을 벌여 용암포 사건으로 한국 주권을 무시한 러시아를 퇴축시킴으로써 주권 국가로서 한국이 능동적이고 주체적인 외교를 펼칠 것을 요구하였고,[65] 러일전쟁이 발발하자 한국이 일청 양국과 동맹을 체결, 함께 용진하여 시베리아 철도를 파괴하고 오랄령[烏拉嶺] 밖으로 러시아를 구축해 동양 대국을 보전할 것을 제안하였다.[66]

『황성신문』은 한국과 더불어 중국도 러시아를 공격하는 연합전선에 가담하기를 원하였다. 일본의 러시아 공격에 중국이 합세하여 중국이 러시아를 비판하기를 청하는 『일본주보(日本週報)』의 글을 전재하였고,[67] 러일전쟁 발발 전에 러시아에 대한 공수동맹의 성격으로 한청동맹(韓淸同盟)을 체결할 것을 한국 정부에 권고한 적도 있었다.[68] 『황성신

61 『皇城新聞』 1903.10.1, 논설 「日不得不戰」.
62 『皇城新聞』 1903.10.24, 논설 「辨漢城新報趙起逡巡之題」.
63 『皇城新聞』 1903.9.10, 논설 「破滿韓交換之風說」.
64 『皇城新聞』 1903.10.2, 논설 「答客問」.
65 『皇城新聞』 1903.10.28, 논설 「我之關係不宜特人」.
66 『皇城新聞』 1904.2.12, 논설 「論日俄關係之於我韓」.
67 『皇城新聞』 1903.9.29, 30, 별보.
68 『皇城新聞』 1904.2.20, 별보 「正三品慶光國氏上政府書」: 러일전쟁 발발 후 慶光國이 정부 上書에서 제시한 韓日淸 삼국 동맹을 동양 평화의 유지와 한청 강토의 보전을 위한 최대의 장책으로 간주하고 적극 찬동하였다.

문』은 전쟁의 전개 과정에서 중국이 만주를 전장으로 빌려 주고 요서
(遼西)를 수비하는 정도의 소극적인 '하책(下策)'을 사용한 것과 달리 한
국은 적극적인 자위와 방어에 힘써 서북 지방에 침입한 러시아군과 대
결해야 한다고 주장하였다.[69]

그러나 '동양'을 회복하는 대의의 전쟁으로 러일전쟁을 보려는 『황
성신문』의 희망과 달리, 일본의 실질적 관심은 일본의 이익이 극대화
되는 '한청'의 강화에 있었다. 일본이 러일전쟁 기간 제1차 한일협약을
체결해서 실질적으로 한국의 국가 무권을 통제됐을 때, 그것은 영일동
맹의 견지에서 한국에 대한 정당한 간섭으로 해석될 수 있었지만, 한국
과 함께 '한청'에 긴박된 중국으로서는 한국의 사태에서 일체적인 위기
감을 절감하였다. 이와 관련하여 황성신문은 조선이 주권을 상실하고
일본의 보호국으로 전락했음을 보도한 『상해시보』를 전재하면서,[70] 중
국 언론이 한국의 위망을 중국의 위망으로 간주하여 머지않아 중국도
'제이조선(第二朝鮮)'이 되리라는 공포감을 갖고 있음을 지적하였다.[71]
그리고 일본이 할 일이 전쟁의 소리가 아닌 대의의 추구에 있으며, 동
양의 맹주답게 한청의 강토 보전은 물론 한국 자강력의 확립과 청국 국
력의 증식에 힘쓸 것을 충고하였다.[72] 일본이 신의와 공리를 무시하고
동양 내부의 우의를 닦지 못한다면 끝내 동양을 유지할 수 없다는 주장
이었다.[73] 그럼에도 일본의 대한(對韓) 정책에서 『황성신문』이 부각한
동양은 발견되기 어려웠다. 일본이 내정 개혁을 구실로 한국의 해외

---

69 『皇城新聞』 1904.5.31, 논설 「國防當籌」.
70 『皇城新聞』 1904.10.4, 5, 별보.
71 『皇城新聞』 1904.10.7, 논설 「對淸國輿論宜加注意問題」.
72 『皇城新聞』 1904.10.6, 논설 「對淸國輿論宜加注意問題」.
73 『皇城新聞』 1906.12.11, 논설 「世界平和가 在東洋」.

공관 중에서 하필 주청(駐淸) 공관을 먼저 폐쇄하기로 결정한 것은 한국의 동양에서 한일관계 못지않게 중요한 한중관계를 절단해 버린 상징적인 사건이었다.[74]

4. 새로운 중국의 발견 ─자강의 모델과 연대의 대상

1905년 을사늑약으로 한국이 독립을 상실하고 일본의 보호국으로 전락하자 한국 사회에서는 자강운동이 일어났다. 대한자강회(大韓自强會)가 결성되어 한국의 국권 회복을 위해 자강사상으로 교육과 식산의 실력양성 운동을 전개하였다. 물론 한국 사회에서 자강사상이 처음 촉발된 계기는 영일동맹의 충격과 러일전쟁 전야의 국가 위기 상황이었다. 『황성신문』은 외세에 의존함이 없는 주체적인 국가 부강과 정치개혁, 국민 단결을 호소하면서 자강이라는 슬로건을 제창하였다.[75] 앞에서 보았듯이 중국에서 원세개가 제기한 변법자강에도 적극적으로 찬동하였다.[76] 그러나 『황성신문』에서 자강사상이 본격적으로 발현된 것은 자강사상이 사회운동으로 외화한 1906년 이후의 일이었다.

『황성신문』에서 자강사상이 고조되자 이에 따라 중국 인식의 틀도

---

74 『皇城新聞』 1905.3.27, 논설 「駐淸公館撤還之說」.
75 『皇城新聞』 1902.2.26, 논설 「協商關係在我不在彼」; 『皇城新聞』 1903.6.9, 논설 「再佈告全國人民」.
76 『皇城新聞』 1902.3.14, 논설 「讀袁直督世凱密奏有感」; 『皇城新聞』 1902.5.28, 논설 「讀淸廷彈劾袁直督世凱之奏有感」.

자강사상에 의해 규제되었다. 자강운동의 실천적인 전략이 교육과 식산을 중심으로 하고 있었기에, 자연스럽게 이 두 가지 관점에서 중국을 투시하게 되었다. 가령 『황성신문』은 1906년 2월 신문 속간 기념 논설에서 한국의 국권 피탈 원인을 생존경쟁 시대 한국 전체 인민의 '우약(愚弱)'에서 구하고 '우약'을 탈출하기 위해 '문명적 학술'과 '국가적 사상'을 고취하는 신교육의 의무적 시행을 주장한 바 있다. 여기서 『황성신문』은 청나라 봉천학정(奉天學政) 이가구(李家駒)의 교육 개혁안이 의무교육 실시를 목표로 한다는 사실에 주목하였다.[77]

청국의 의무교육 실시는 한국 사회의 지대한 관심을 일으켰다. 신교육이 문명화의 척도라고 할 때 전체 국민의 문명화를 견인하는 의무교육의 실시는 국가 신정(新政)의 핵심적 사항이었다. 갑오경장으로 한국이 청국보다 먼저 신정을 시작했음에도 한국이 착수하지 못한 의무교육을 도리어 청국이 먼저 결행한다는 사실은 한국과 청국의 문명화의 격차를 예고하는 것으로 이해될 수 있었다. 그것은 청의 국가정책과 결합할 수 있는 민간사회의 저력에서 기인하는 것으로 이해되는 면도 있었지만,[78] 무엇보다 청국 정부가 스스로 개혁하지 않다가 일본에게 국권을 강탈당한 한국의 전철을 거울삼아 '분발쇄신'하는 정치를 집행하고자 하는 국가개혁의 의지가 중요하게 작용한 것으로 판단되었다.[79]

---

77 『皇城新聞』 1906.2.13, 논설 「警告同胞」 : 구체적으로 대촌락은 1村에 1塾을 소촌락은 2村에 1塾을 설립하기로 하고 의무 교육을 실시하기 위해 모든 학령 아동을 조사 중에 있다는 사실이었다.

78 『皇城新聞』 1907.9.11, 기서 「張勻說」 : 청국 山東人 張勻은 일개 걸인으로 부지런히 구걸하여 자본을 축적해 팔십 평생에 30여 학당을 설립하였다는 놀라운 일화를 남겼다. 이는 청의 국가 정책을 지원할 민간사회의 저력이 성장해 있었음을 암시하는 사례이다.

79 『皇城新聞』 1908.4.7, 논설 「淸廷의 義務敎育實施」

반면 의무교육의 실시가 문명부강의 발전과 직결되어 있는 중요한 안건이었음에도 불구하고 일본 통감부의 지배를 받는 한국 정부에서는 끝내 이 안건이 실현되지 못했고, 『황성신문』은 이 결과에 대해 '그 국민의 진보를 방해함이 실로 국권을 양여한 것보다 더욱 참혹함이 심하다'는 배반감을 안고 한국 민간 사회가 스스로 '분발자수(奮發自修)'해서 의무교육을 추진할 것을 호소하였다. 이 과정에서 한국과 중국은 진보를 향한 입지가 현격하게 다름이 확인되었다. 정부의 법령에 지원받아 진행되는 중국의 국가적 진보와 정부의 방해로부터 벗어나 '자유진보(自由進步)'를 모색해야 하는 한국의 민간적 진보는 동일한 레벨에서 논할 수 있는 대상이 아니었다.[80]

『황성신문』은 교육뿐만 아니라 식산의 관점에서도 중국의 동향을 주시하였다. 『황성신문』은 한국 부원의 개발로 잠업의 가치를 높이 평가, 작잠사(柞蠶絲)를 길러 세계적인 생산과 소득을 올리는 중국의 잠업을 주목하였고,[81] 작잠(柞蠶)이 만주시장에서 구미 각국으로 활발히 수출되는 품목임을 강조하였다.[82] 또한 중국 농상공부가 강서성 경덕진(景德鎭)에서 산출되는 자기를 정밀하게 개량한 다음 수출을 장려하고 있는데, 한국의 실업가도 평양에서 새로 발명한 자기의 우수성에 주목하여 발전시켜 달라고 하였다.[83] 또한 중국 농상공부에서 수품(繡品) 수출이 호조를 보여서 수업(繡業) 진흥책을 강구하고 있음을 듣고 한국 안주의 수물(繡物)을 가공해서 수출할 필요성을 제시하였다.[84] 이와 같은

---

80 『皇城新聞』1908.4.7, 논설「清廷의 義務教育實施」.
81 『皇城新聞』1909.5.13, 논설「柞蠶會社希望」.
82 『皇城新聞』1909.7.20, 논설「柞蠶營業에 對ᄒᆞ야 復申勸告」.
83 『皇城新聞』1909.6.10, 논설「鍮器와 磁器營業에 對ᄒᆞ야 獎勵ᄒᆞ기를 希望홈」.
84 『皇城新聞』1909.7.24, 논설「清國繡業에 對ᄒᆞ 觀念」.

사례들은 『황성신문』이 중국 실업의 현실적 진보를 높이 평가하고 여기에 자극을 받아 한국 실업의 발전 방안을 강구한 것이라 할 수 있다.

그러나 교육이나 식산보다 더욱 중요한 것은 입헌정치를 향한 중국의 정치적 진보였다. 『황성신문』은 1906년 광서제가 입헌 시행을 결정한 사실에 대해 '전제'와 '압제'를 핵심으로 하는 정치문화가 장기간 지속되어 제국의 내적 역동성이 쇠퇴해 왔던 사정을 청의 입헌 개혁의 주요 배경으로 독해하였다.[85] 비록 광서제는 생전에 구체적인 헌정 준비에 착수하지 못한 채 1908년 서태후와 동시에 서거했으나, 『황성신문』은 광서제 이후 중국의 입헌정치 시행에 대해 낙관하는 입장이었다. 섭정왕 순친왕(醇親王)이 실제 서양 문명을 경험했고 개진을 주장하는 편이라 유신정치를 실행할 가능성이 있다는 것, 군기대신 원세개가 광서제의 유지를 준행하여 헌정을 실시할 가능성이 있다는 것이었다.[86] 중국의 장래는 헌법정치의 성패가 관건인데, 천하대세의 변화, 청국 민족의 각성, 섭정왕의 인격 등으로 볼 때 청국의 장래 헌정이 무난히 성립할 것이라고 전망하고 있었다.[87] 아울러 『황성신문』은 이 시기 청의 현황에 대해 강유위(康有爲), 양계초(梁啓超), 장건(張謇) 등의 노력으로 국내에서 학회와 학교가 크게 증가하여 '문명진보'가 흥성하고 있다고 인식하였다.[88] 섭정왕 대리 이래 중국의 제반 정치가 점차 개량되고 있다고 보았고, 특히 강유위, 양계초 등 무술년의 당인들이 사면받

---

85 『皇城新聞』 1906.9.8, 논설 「淸國의 憲法新政」.
86 『皇城新聞』 1908.11.28, 「淸國前途如何에觀念」.
87 『皇城新聞』 1909.7.14, 논설 「宇內大勢와 韓國」 : 『황성신문』은 구체적으로 '武力帝國主義時代'에서 '平和的經濟主義時代'로 천하대세가 변화하고 있고, 열강에게 넘어간 이권을 회수하려는 움직임이 일어나고 있고, 섭정왕이 성실공평하여 중흥의 군주가 되리라고 보았다.
88 『皇城新聞』 1909.4.24, 논설 「存乎其人」.

아 다시 정계에 진출할 것이라는 소식에 크게 고무되어 있었다.[89] 이와 함께 중국의 헌정 실시 준비와 관련하여 양명학의 교육적 가치가 주목받았다. 중국에서 헌정을 실시할 준비로 전국 주현에 간이식자(簡易識字) 학숙(學塾)을 설치하고 국민필독 독본을 제작하고 매주 각 학교 교사를 불러 교수법을 연구하는 방안이 상주되었는데, 교수법의 일환으로 양명학의 토론과 실천을 강구한다는 내용이 그것이었다.[90]

중국의 입헌 준비는 세계사적 사건으로 이해되었다. 1909년 현재 세계의 최신 역사로 청국, 투르크, 페르시아의 '입헌신사(立憲新史)'와 세르비아와 불가리아의 '독립신사(獨立新史)'를 거론한[91] 『황성신문』은 청국의 입헌 실시를 투르크의 혁명유신, 페르시아의 헌법 부활, 불가리아와 세르비아의 자주독립, 필리핀의 독립 청원과 함께 유사 이래 보기 드문 정치적 격변이라고 해석하였다.[92] 그리고 그러한 관점에서 입헌 정치를 창도한 광서제에게 특별한 소회를 표하였다. 중국의 최신사와 일치하는 광서제의 개인사는 무술변법의 실패로 유폐를 당하고 북청사변의 참화로 몽진을 떠나고 급기야 무신년 서태후와 동시에 서거한 비극의 연속이었지만, 그는 사후 중국에 입헌을 안겨준 군주로 존경받아 기념 동상이 건립되는 영예를 얻었다. 광서제는 더 이상 실패한 군주가 아니었고 중국은 더 이상 실패한 국가가 아니었다. 중국의 혼란

---

89 『皇城新聞』 1909.5.21, 논설 「淸國近聞에 對흔 觀念」 ; 『皇城新聞』은 '夫我東洋에 在 흐야 文明의 大發展과 平和의 大幸福을 基礎홀 者ᄂ 支那版圖이니 我黃種의 前途를 爲흐야 支那政界의 如何를 不得不 注目흐ᄂ 바오 其政治가 漸臻佳良흐ᄂ 것을 不得 不 企祝'한다는 진심을 밝혔다.

90 『皇城新聞』 1909.8.26, 논설 「敎育學이 當爲普通硏究」 ; 중국의 簡字 교육 검토에 자극받은 『황성신문』은 한국의 漢文學者들이 국문학 발달에 유념해야 한다고 주장하였다 (『皇城新聞』 1909.11.27, 논설 「淸國簡字學堂에 對흐야 比較的思想」).

91 『皇城新聞』 1909.5.11, 논설 「各國新史의 觀念」.

92 『皇城新聞』 1909.5.26, 논설 「海外報의 又一獨立問題」.

은 '일시(一時)'였을 뿐이며 따라서 한국도 현재의 '일시'에 대해 실망할 필요는 없는 것이었다.[93]

한국 병합이 임박한 1910년에도 『황성신문』은 중국이 섭정왕 이후 헌정의 예비, 교육과 실업의 장려, 해군의 부흥, 육군의 개혁, 만주의 개간, 국회속개운동 등 제반 사업이 자강사상에 의해 척척 진흥되고 있다고 보았다. 동양의 안위와 존망은 중국에 달려 있다며 중국 중심의 동양관을 피력하였고, 동양 대세의 독법이 중국의 진보 여하에 있음을 강조하였다.[94] 심지어 일본의 한국 병합조약이 조인되기 불과 열흘 전의 논설에서도 중국의 자강과 진보를 높이 평가하였다. 청이 헌법 실시를 준비하고 이를 위해 국회 개설을 준비하고 있다는 점, 해외 유학생이 증가하고 국내의 신식 학교가 증가하고 있다는 점, 육군과 해군의 군사력을 증강하고 있다는 점을 지적하고, 이를 통해 청이 '발분자강의 사상으로 혁구도신(革舊圖新)의 사업을 차례로 여행(勵行)'하여 제반 상황이 호전되고 있다고 인식하였다.[95] 중국의 이와 같은 자강은 끝내 자강하지 못한 채 병합을 맞이할 한국의 현실에서 중국이 미리 보여주는 한국 미래의 성공담을 의미하는 것이었다.

중국의 개혁은 뜻밖에 신속한 면이 있었다. 중국의 입헌 개혁은 국가의 진보가 주체의 노력에 의하여 신속하게 이루어질 수 있다는 교훈을 들려주는 면이 있었다. 일순간의 회오(悔悟)에 의해 야매(野昧)한 사람이 문명을 추구하게 된다는 것, 일순간의 변화에 의해 쇠약한 국가가 열강과 동등하게 전진하게 된다는 것, '세계진화'는 본질적으로 이와 같은

---

93 『皇城新聞』 1909.5.11, 논설 「各國新史의 觀念」.
94 『皇城新聞』 1910.2.3, 논설 「淸國現狀에 對호 觀念」.
95 『皇城新聞』 1910.8.12, 논설 「淸國斷髮令에 對호야」.

'실로 불가측'한 뜻밖의 성격을 지닐 수 있으며, 이는 한국의 진보가 중국의 진보에서 더 많은 시사점을 얻을 수 있음을 뜻하는 것이었다.[96]

물론 이 시기 중국을 향한 『황성신문』의 일차적인 관심은 한국의 독립운동에서 촉발되는 면도 있었다. 『황성신문』은 한국의 장래에 대해 안으로 교육과 실업으로 실력을 향상하고 밖으로 세계적 지식을 갖추어 적극적으로 통상한다면 향후 동양에서 일로청(日露淸) 삼국의 세력이 정립(鼎立)할 때 한국의 독립이 실현될 것이라고 보았다.[97] 중요한 것은 한국의 독립을 위해 요청되는 한국의 정치적 연대 대상이었다. 『황성신문』이 한국의 '제이국민(第二國民)', 즉 미래 세력인 학생에게 여름 방학을 맞이하여 중국으로의 수학여행을 권장하였을 때, 그것은 한국 청년이 동양에서 일본만 있는 것이 아니라 중국이 있음을 알아 중국을 직접 체험하고 중국 청년과 교류하여 우의를 다짐으로써 후일 한국 독립에 유리한 한중연대의 환경이 조성될 것이라는 전망 때문이었다.[98]

5. 맺음말

이상으로 대한제국기 『황성신문』의 중국 인식에 관해 살펴보았다. 『황성신문』은 대한제국의 거의 전 기간에 발행된 매체로 특정한 시기

---

96 『皇城新聞』 1906.9.8, 논설 「淸國의 憲法新政」.
97 『皇城新聞』 1909.7.15, 논설 「宇內大勢와 韓國」.
98 『皇城新聞』 1909.7.27, 논설 「我韓學生에게 淸國의 夏期旅行을 勸홈」.

에만 발행된『독립신문』과『대한매일신보』와 달리 대한제국기의 전체적인 현실 인식을 통괄적으로 독해하는 데 적절하다. 또한 근대와 민족의 가치에 집착하여 중국의 타자화를 수반하며 서양 근대 또는 한국 민족에 도달하고자 했던 두 매체와 달리 중국을 중심으로 하는 동아시아라는 지역 세계의 현실성과 보편성을 간과하지 않았다. 우리는『황성신문』의 논조를 국면별로 분석함으로써 한국 사회에서 형성된 중국 인식의 중요한 측면을 포착할 수 있다.

『황성신문』초기의 중국 인식은 동아시아 세계의 문명진보를 중심으로 하였다. 청일전쟁 이후 서양의 침략으로 분할과 멸망의 위기에 처한 '미개'한 중국이 북청사변의 극점을 통과하여 신축신정을 통해 문명진보의 '경장'을 추진하고 있음에 주목하였다.『황성신문』은 동아시아 삼국의 공통된 진보를 희망하면서, 앞섰지만 낡은 한국의 신정과 늦었지만 새로운 중국의 신정을 대비시켜 상호 분발을 촉구하였다. 이와 같은 초기 인식은 문명진보라는 견지에서 중국의 후진성에 주목한 한국 근대 중국 인식의 전형성을 담지하면서도 중국의 진보 가능성에 개방적이었던『황성신문』의 특징적인 면모라 할 수 있다.

『황성신문』중기의 중국 인식은 동아시아 세계에서 한중 양국의 독립 회복을 중심으로 하였다. 한중 양국은 영일동맹으로 영국과 일본에 의해 보호유지를 받는 종속적인 '한청'에 긴박될 것을 강요당하였고, 재만 러시아 세력의 군사적 위협으로 국토와 주권을 침식당하고 '동양'이 멸망할 위험에 처하였다.『황성신문』은 영일동맹의 종속으로부터 벗어나기 위한 중국의 변법자강에 전적으로 찬동하였고, 일본에게 러일협상보다 러일전쟁을 촉구하여 한일청 삼국의 군사적 협력으로 러시아를 격파할 것을 제안하였다. 한일청 삼국이 '동양'을 회복하여 일본의 선도와 한국과 중국의 자강으로 평화를 유지하기를 희망하였다. 이와 같은 중기 인식은 영일동맹과 러일전쟁을 계기로 한중 양국에 부여된 현재적 일체감을 적극적으로 내화하여 한국과 중국의 역사적 동시성을 확보한『황성신문』의 특징적인 면모라 할 수 있다.

『황성신문』후기의 중국 인식은 동아시아 세계에서 한국의 미래로서 중국의 성공을 낙관하는 양상을 특징으로 하였다.『황성신문』은 중국이 투철한 자강사상으로 교육과 식산의 진보를 추구하고 있음에 주목하였고, 나아가 광서제의 유지에 따라 중국이 입헌 정치를 실시하기로 결정한 것을 세계사적 사건으로 평가하였다.『황성신문』은 한국의 멸망이 임박할수록 중국의 개혁과 진보를 부각했을 뿐만 아니라, 한중 양국의 미래세력이 상호 유대를 강화하여 한국 독립의 토대를 구축할 것을 제언하였다. 이와 같은 후기 인식은『황성신문』이 한국 사회에서 자강운동이 전개됨에 따라 자강의 모델로 중국의 제반 국가 개혁을 투시했을 뿐만 아니라 한국의 독립을 위한 연대의 대상으로 중국을 명시했다는 점에서『황성신문』의 중국 인식에서 가장 중요한 성격을 지닌다고 할 수 있다.

결론적으로『황성신문』은 근대 동아시아의 중심 공간을 서양 침략의 최전선에 있는 중국으로 보았고, 동아시아의 최전선인 중국을 지켜내기 위해 한중일 삼국의 상호 진보와 상호 협력을 강조하였으며, 종국적으로 러일전쟁 이후 중국의 근대화를 적극적으로 인식하고 한국의 미래를 위하여 성공적인 결과를 기원하였다.『황성신문』의 최종적인 관점에서 중국은 한국의 근대적 개혁을 위한 현실적 모델이 되었고, 한국의 민족적 독립을 위한 연대의 대상이 되었다. 그렇다면 한국에서 근대와 민족은 중국을 배제하는 방식이 아니라 중국과 연결시키는 방식으로 사유되어야할 문제일지 모른다. 『독립신문』적 관점과 『대한매일신보』적 관점으로 근대와 민족을 사유했던 20세기를 지난 지금 대안적인 사유를 얻기 위해 『황성신문』적 관점을 새롭게 주목할 필요가 있을지 모른다.

제2장 국망 후 한국 유교지식인의 중국 인식

1. 머리말

한국 근대사상사의 중요한 키워드로 서양 대신 중국을 상정할 수 있을까? 폴 코헨이 지적한 바 냉전 체제 하에서 서양 학계가 동양을 인식했던 충격-반응, 전통-근대의 이분법적인 연구 모델[1]은 한국 근대사상사 서술에서 여전히 힘을 잃지 않고 있다. 서양의 충격에 대하여 조선이 보인 반응 양식에 따라 조선말기 사상계를 위정척사론, 동도서기론, 문명개화론 등으로 분류하는 유형론적인 이해가 보편적으로 통용되고 있고, 서양 근대라는 목적지를 향하여 조선 후기 전통 주자학이 실학사상으로 변화하고 실학사상이 다시 근대사상으로 변화한다고 하는 목적론적인 이해가 변함없이 지속되고 있다. 서양의 충격에 대한

---

1   폴 코헨, 장의식 역, 『미국의 중국근대사 연구』, 고려원, 1995.

사상적 반응을 연구하고 근대라는 목적을 향한 사상적 변화를 연구하는 것이 지배적인 관심사가 되어 있는 지금 근대 한국의 중국 인식에 관한 연구가 어떤 의의를 지닐 수 있을까?

물론 역사적으로 오랜 한중관계를 돌아볼 때 근대 한국의 중국 인식은 그 자체로 일정한 가치를 지니고 있다. 정치적으로 조책(朝冊) 관계에 의한 외재적 중국 인식과 문화적으로 중화(中華) 이념에 의한 내재적 중국 인식이 혼재하는 가운데 근대에 들어와 이와 같은 중국 인식이 어떻게 변화해 나갔는지를 연구하는 것은 흥미로운 작업이 될 수 있다. 더구나 20세기의 시대적 환경으로 한국의 타자 인식에서 일본과 미국이 내재화되고 중국이 외재화되어 왔던 상황, 특히 냉전 체제 하에서 발생한 한중관계의 단절로 인해 한국 현대의 중국 인식이 위축되어 충분한 중국론이 정립되어 있지 못한 현실[2]을 돌아볼 때 근대 한국의 중국 인식을 검토하는 일은 이와 같은 냉전 체제의 척박한 현실을 극복하는 실천적인 작업이 될 수 있을 것이다.

근대 한국의 중국 인식을 검토하는 작업에서 고려해야 할 중요한 포인트는 역사적 동시성의 감각이다. 한중 양국은 근대에 들어와 동아시아 지역에서 동시적인 역사적 변화를 경험하고 있었고 그러한 변화에 대한 상호 인식을 통해 자아 인식의 준거점을 얻을 수 있었다. 이를테면 대한제국기의 주요 한국 언론에 비친 중국의 표상을 분석한 연구 성과에 따르면 중국의 모습은 '천한 청(淸)'이라는 부정적 인식에서 '동양 평화(東洋平和)의 일원'이라는 수평적 인식을 거쳐 '개혁 모델로서의 중국'이라는 긍정적 인식에 이르기까지 일정한 유형별로 복합적으로 구

---

2   류준필, 「곤혹과 패론」, 『한국학연구』 27, 인하대 한국학연구소, 2012.

성되어 있었다.[3] 이러한 중국의 이미지는 곧 동시기 한국의 이미지로 등치될 수 있는 성질의 것이었는데, 청(淸) 제국과 마찬가지로 대한제국 역시 노후한 모습과 역동적 모습, 그리고 동양평화의 일원이라는 모습을 지니고 있었다. 중국이 근대 이전에 정치적 계서성과 문화적 동질성의 측면에서 인식되었다면 근대 이후에는 역사적 동시성의 측면에서 인식되는 변화가 발생하고 있었던 셈이다.

근대 한중 양국에서 역사적 동시성이 가장 극적으로 표출된 시기를 꼽으라면 1910년대가 아닌가 싶다. 1910년 대한제국이 멸망하였고 1912년 청 제국이 멸망하였다. 한국에서의 '병합'과 중국에서의 '혁명'이 지닌 역사적 성격이 결코 동일시될 수는 없겠지만 양국의 수천 년 계속된 왕정(王政)의 역사적 붕괴라는 점에서 그 동시적인 충격은 유교적 소양을 지닌 실천적 지식인에게 작지 않았을 것으로 보인다. 이 점에서 1910년대 국가를 상실한 한국의 지식인이 동시기의 중국을 어떻게 인식했을까 하는 문제가 흥미롭게 제기될 수 있다. 특히 한국의 실천적 지식인은 '병합'을 전후하여 간도나 연해주에 망명하여 현지에서 독립운동을 전개하면서 중국의 정세를 관찰하고 있었는데, 이들의 중국 인식은 한국 근대의 역사적 조건으로 인해 발생한, 한국 안에서의 중국 인식이 아닌 한국 밖에서의 중국 인식이었다는 점에서 주목된다.

1910년대 한국 밖에서 중국을 인식했던 한국 지식인들이 해외 망명 인사로 한정되는 것은 아니다. 한국의 근대는 무엇보다 '개항'의 시대였으며 철도와 기선에 의한 교통 혁명의 결과 한국에서 중국을 향한 공간적 이동이 전례 없이 증가하였고 중국을 직접적으로 경험할 수 있는

---

3   백영서, 「대한제국기 한국 언론의 중국 인식」, 『역사학보』 153, 역사학회, 1997.

영역이 대폭 확장되었다. 조선 후기의 중국 경험 영역이 대체로 책문 (柵門)에서 북경에 이르는 전형적인 연행길에 한정된 것이었다면 한국 근대의 그것은 만주에서 광동까지 그리고 그 너머로 무한히 확장된 것 이었다. 이러한 직접적 중국 경험의 혁명적인 확장은 근대 한국의 중 국 인식을 특징짓는 중요한 문제라고 생각된다.

이에 이 글은 1910년대 한국 유교 지식인의 중국 인식이라는 주제로 유인석(柳麟錫, 1842~1915), 박은식(朴殷植, 1859~1925), 이병헌(李炳憲, 1870~ 1940)의 세 사람을 선별하여 이들의 중국 인식을 검토하려 한다. 유인석 과 박은식은 화서학파(華西學派)에 속하는 인물이고 이병헌은 한주학파 (寒洲學派)에 속하는 인물인데 조선 말기에 시대를 풍미했던 유력 학파 의 인물이라는 공통점이 있다. 이 가운데 유인석은 한국 근대 의병운 동의 대표적인 인물로 1908년 연해주에 망명한 후 십삼도의군과 성명 회를 결성하여 러시아에서 독립운동을 이끌었다. 박은식은 한국 근대 계몽운동의 대표적인 인물로 1911년 서간도로 망명한 후 이듬해 관내 로 넘어가 상해에서 신규식(申圭植)과 동제사를 조직하고 중국에서 독 립운동에 종사하였다. 이병헌은 대한제국기에 계몽운동의 세례를 받 은 후 1914년 중국으로 떠나 강유위(康有爲)를 만난 이래 줄곧 공교(孔敎) 에 주력하여 식민지 조선에서 유교개혁을 실험하였다.

그런데 이 글에서 이들 세 사람에게 갖는 주된 관심은 이들이 1910년 대에 한국의 중국 인식과 관련하여 주목할 만한 문헌을 거의 동시적으 로 산출하고 있었다는 점에 있다. 유인석의 경우 생애 말년 그의 사상 적 정수를 보여주는 『우주문답(宇宙問答)』을 1912년 완성한 뒤 이를 신 해혁명 후 중국의 실권자인 원세개(袁世凱)에게 보내고 다시 소책자로 만들어 중국에서 적극적으로 홍보하였다. 박은식의 경우 한국 근대 역사학의 대표적인 책자라 할 수 있는 『한국통사(韓國痛史)』를 1915년 중국 상해에서 출간하였다. 『한국통사』는 대동서국(大同書局)에서 각국 근사(近史) 시리즈로 출판된 기획 도서의 하나였다. 이병헌의 경우 1914년과 1916년 두 차례 중국에 가서 심양, 북경, 곡부, 상해, 항주, 홍콩 등지를 여행한 뒤 남통(南通)에 있던 김택영(金澤榮)의 도움을 받아 자신의 여행기를 『중화유기(中華遊記)』라는 이름으로 한묵림서국(翰墨林書局)에서 출간하였다. 『중화유기』는 중국에서 정식으로 출간된 한국 최초의 중화민국 여행기였다.

이렇게 유인석의 『우주문답』, 박은식의 『한국통사』, 이병헌의 『중화유기』 등은 모두 1910년대 중국에서 출판되거나 중국에서 배포된 한국의 역사적인 중요 문헌이었고 그 주요 독자들은 일차적으로 중국 현지에 살고 있는 중국인과 한국인이었다. 이들 세 문헌은 내용상 비록 서로 같은 분야로 범주화시킬 수는 없지만 개별적으로도 해당 분야에서 고전적인 가치를 지니고 있다고 생각되며 공통적으로도 신해혁명 이후의 근대 중국에 직면하여 중국에 대한 사상적 비평, 중국에 대한 역사적 성찰, 그리고 중국에 대한 직접적 견문을 기록한 한국 유교지식인의 작품이라는 점에서 시대적 가치를 지닌다고 판단된다.

그러면 1910년대 이들 세 사람의 상기한 문헌들에 대한 선행 연구는 어떻게 진행되고 있었을까? 먼저 유인석의 경우 『우주문답』에 대하여 서양사상의 반대와 유교사회의 재건으로 그의 정치사상을 요약한 연구가 일찍부터 나왔으며,[4] 동양삼국 연대론, 서양 기술문명 수용론, 사회계층론 등으로 나누어 『우주문답』의 주요 내용을 검토한 연구가 있

---

4   김도형, 「의암 유인석의 정치사상 연구」, 『한국사연구』 25, 한국사연구회, 1979.

다.[5] 대개의 연구는『우주문답』의 사상적 성격을 둘러싸고 이를 전통적인 위정척사론에 머물러 있었다고 볼 것인가 아니면 그 이상으로 변화된 모습, 이를테면 민족주의적인 의미를 부여할 수 있는가 하는 구도 위에서 진행되었다.[6] 이는 유인석의 만년 사상이 보수적인 위정척사론을 탈피하여 서양 근대를 향해 얼마나 가까워졌는지, 전형적인 민족주의적 성격을 얼마나 확보했는지를 보고자 한 것이다.[7]

그런데『우주문답』은 처음부터 유인석 한 개인의 내면적인 독백이 아니라 그가 연해주에서 독립운동을 하면서 중국에 공식적으로 발신한 정치적인 언설이었기 때문에 집필 의도를 이해하는 것이 중요하다.

---

5 유한철,「1910년대 유인석의 사상 변화와 성격 -「우주문답」을 중심으로」,『한국독립운동사연구』9, 독립기념관 한국독립운동사연구소, 1995.
6 『우주문답』이 중화질서의 재구축과 유교적인 문명국가 건설을 내용으로 하였으며 전형적인 위정척사론이 전편을 관류하고 있다고 주장한 연구가 있으며(장현근,「중화질서 재구축과 문명국가 건설 - 최익현·유인석의 위정척사사상」,『정치사상연구』9, 한국정치사상학회, 2003), 역시 유교적인 당위에 대한 동경과 이상으로 중화질서를 재구축하려 하였다는 주장이 거듭 제기되고 있다(함영대,「'우주문답'과 유교적인 문명의식」,『태동고전연구』27, 한림대 태동고전연구소, 2011). 반면, 유인석의 위정척사사상을 국수주의적이고 전근대적인 문화민족주의의 원형으로 평가한 연구가 있고(문중섭,「의암 유인석 위정척사사상의 논리적 기반과 민족주의적 특성」,『한국시민윤리학회보』21-2, 한국시민윤리학회, 2008), 유인석이 전통적인 소중화론의 플롯 위에 경술국치와 신해혁명의 역사적 사건을 계기로 새로운 서사 담화를 창안하였음을 중시하여 후기 유인석의 사상이 전통 중화주의의 반복이 아니라 초기 민족주의의 발신이었음을 주장한 연구가 있으며(이황직,「초기 근대 유교계열의 민족주의 서사에 대한 연구」,『문화와 사회』11, 한국문화사회학회, 2011),『우주문답』에 담긴 서양기술 수용론, 오민론, 동양삼국 연대론 등을 근거로 유인석이 연해주에 망명하여 기존의 위정척사론에서 사상이 변이하였음을 지적한 연구도 있다(이애희,「의암 유인석의 연해주에서의 의병투쟁과 사상적 변이에 관한 연구」,『동양철학연구』69, 동양철학연구회, 2012).
7 유인석의 위정척사론을 예외적으로 보수주의가 아닌 근본주의로 보는 연구도 있다. 한국 근대사상사를 '친일개화-수구보수'의 구도로 보는 시각을 비판하고 일본제국주의의 협력자와 저항자를 '친일보수주의-유교근본주의'로 대별하는 가운데 유인석을 보수주의자가 아닌 근본주의자로 분류하는 관점이다(이나미,「일본제국주의에 대한 협력과 저항의 논리」,『담론 201』9-2, 한국사회역사학회, 2006).

이런 견지에서 『우주문답』의 집필 목적은 신해혁명 직후 중국의 공화제 시행에 대한 전면적인 반대였으며, 중국에서 왕정을 회복함으로써 유교적 대도가 보존되고 한국의 군주제가 수호되며 서양화의 조류가 저지될 수 있을 것으로 기대하였다는 지적[8]은 중요한 의미를 지닌다. 『우주문답』의 이와 같은 중국관은 근대주의와 민족주의의 시야에서 도식적으로 논의하기보다는 차라리 당대의 동아시아적 현실에서 역사적으로 논의할 성질의 것이다. 『우주문답』은 무엇보다 한국의 국권을 다시 회복하고자 노력한 해외 독립투사의 실천적인 정치사상이 담긴 책자였기 때문이다.

다음으로 박은식의 『한국통사』에 관한 연구를 살펴본다면 박은식의 역사학을 신채호의 역사학과 더불어 한국의 대표적인 근대 민족주의 역사학으로 평가하는 가운데[9] 박은식의 대표작 『한국통사』에서 표방한 국혼론적 역사관에 깊은 관심을 기울여 왔다.[10] 아울러 한국근대사를 성찰하는 『한국통사』의 구체적인 역사인식에 대해서는 그것이 어떤 사상과 연계되어 출현하였는지 자강(自強), 인도(人道), 혁명(革命) 등의 키워드와 연결시켜 이해하는 노력이 경주되어 왔다.[11] 그 밖에 『한

---

8   오영섭, 「의암 유인석의 동양문화 보존책」, 『강원문화사연구』 9, 강원향토문화연구회, 2004.

9   김용섭, 「우리나라 근대 역사학의 성립」, 『한국의 역사인식』 하, 창작과비평사, 1976.

10   홍이섭, 「박은식의 『한국통사』와 『한국독립운동지혈사』」, 『한국사의 방법』, 탐구당, 1968; 신일철, 「박은식의 「국혼」으로서의 국사개념」, 『한국사상』 11, 1974; 이만렬, 「박은식의 사학사상」, 『숙대사론』 9, 1976; 한영우, 「1910년대 박은식의 민족주의 사학」, 『한국민족주의역사학』, 일조각, 1994.

11   『한국통사』에 자강에 입각해 개진된 사론이 많이 수록되었음을 보인 연구(신용하, 「박은식의 역사관」, 『박은식의 사회사상 연구』, 서울대 출판부, 1982), 『한국통사』와 『한국독립운동지혈사』를 비교하여 전자는 자강주의가 후자는 인도주의가 중심적인 키워드로 작용하고 있음을 지적한 연구(윤병희, 「백암 박은식의 역사의식―『한국통사』와 『한국독립운동지혈사』를 중심으로」, 『수촌박영석화갑기념 한민족독립운동사논총』, 1992), 『한국통사』 안에 자강주의, 인도주의, 혁명주의 등의 세 가지

국통사』의 한국근대사론을 대원군집권기, 고종친정기, 대한제국기로 구분하여 구체적으로 설명한 연구도 있다.[12] 현재까지 『한국통사』는 주로 사학사적인 관점에서 연구되어 왔는데, 망국의 시기 국혼을 강조한 한국근대사의 고전적인 작품이라는 통념에 갇혀서 이 책이 중국에서 출간되었고 중국인에게 메시지를 전달하고 있었다는 사실이 그다지 주목받지 못하였다. 다행히 『향강잡지(香江雜誌)』, 『국시보(國是報)』, 『사민보(四民報)』 등 박은식이 간여한 중국 언론을 직접 발굴하여 박은식의 재중 활동과 중국 정세 인식을 치밀하게 분석한 연구가 나외[13] 『한국통사』의 '한중적(韓中的)' 이해에 보탬이 된다. 『한국통사』 역시 종래의 민족주의적 시각에서 벗어나 동아시아적인 시야에서 그 역사인식이 새롭게 논의될 필요가 있다.

다음으로 이병헌에 관한 연구는 먼저 이병헌의 생애를 고찰하고 「유교복원론(儒敎復原論)」과 「역사교리착종담(歷史敎理錯綜談)」을 중심으로 유교개혁론 및 역사인식 전반에 대하여 설명한 연구가 있다.[14] 역시 이병헌의 문제작 「유교복원론」을 중심으로 그의 유교 종교화 운동에 대해 검토한 연구가 있으며,[15] 이병헌의 '유교복원론'에 대하여 유교와 근대를 화해시킨 담론으로 평가한 연구도 나왔다.[16] 나아가 이병헌의 유

중요한 키워드가 사상적으로 내재해 있었음을 보인 연구(노관범, 「『한국통사』의 시대사상 - 자강, 인도, 혁명의 삼중주」, 『한국사상사학』 33, 한국사상사학회, 2009)가 있다.

12 노관범, 「『한국통사』의 한국근대사론」, 『백암학보』 3, 백암학회, 2010.
13 배경한, 「중국망명 시기(1910~1925) 박은식의 언론 활동과 중국 인식」, 『동방학지』 121, 연세대 국학연구원, 2003.
14 유준기, 「진암 이병헌의 유교개혁론」, 『한국사연구』 47, 한국사연구회, 1984.
15 설석규, 「진암 이병헌의 현실인식과 유교복원론」, 『남명학연구』 22, 경상대 남명학연구소, 2006.
16 이상익, 「'유교의 이중성'과 '근대의 이중성' - 진암 이병헌의 '유교복원론'을 중심으로」, 『한국철학논집』 21, 한국철학회, 2007.

교개혁론을 한국 근대 유교개혁론의 맥락, 중국 근대 지성사의 영향, 금문경학의 체계와 구조 등 다양한 관점에서 종합적으로 연구한 성과가 있다.[17] 이병헌은 한국 근대 공교운동의 대표적인 인물이었기 때문에 그에 대한 일반적인 연구 관심은 대개 유교개혁론이라는 논제로부터 제기되고 있으며, 따라서 주된 이용 사료도 「유교복원론」에 집중해 있고 산헐적으로 『역사교리착종담』이 이용되는 형편에 있다. 따라서 이병헌이 중국을 어떻게 보았는지, 그리고 그것이 『중화유기』라는 여행기에서 어떻게 드러났는지에 대한 검토는 본격적으로 논구되지는 못한 상태에 있다. 한국인의 중화민국 여행은 한국 근대 중국 인식의 역사적 인식틀을 기초하는 중요한 요인으로 고려할 필요가 있으므로 『중화유기』의 역사적 가치 역시 이런 면에서 살펴야 할 것이다.[18]

이상에서 보듯 유인석의 『우주문답』, 박은식의 『한국통사』, 이병헌의 『중화유기』는 1910년대 중국에서 출간되거나 배포된 한국 유교지식인의 중요한 문헌으로 역사적 가치가 있으며, 근대주의와 민족주의의 시야를 넘어 이들 문헌에 내포된 중국 인식의 역사적 성격과 그 의미를 너른 시야에서 조명할 필요가 있다. 이에 아래에서는 이들 세 문헌을 중심으로 1910년대 한국의 중국 인식을 살펴보기로 한다.

---

17 금장태, 『유교개혁사상과 이병헌』, 예문서원, 2003.
18 현재 한국 근대 중화민국 여행에 관한 연구로 1923년 개성 상인 孔聖學과 孫鳳祥의 중국 여행에 대해 살핀 논문(이은주, 「1923년 개성상인의 중국 유람기 「중유일기」 연구」, 『국문학연구』 25, 국어국문학회, 2012), 1930년 조선 유생 朴淵祚와 安承龜의 孔廟 慰問에 대해 살핀 논문(김항수, 「조선 유림의 곡부 공묘 방문」, 『한국사상과문화』 16, 한국사상문화학회, 2002) 등이 있다.

2. 유인석의 『우주문답』─중화제국 수립의 소망

유인석(柳麟錫)이 지은 『우주문답(宇宙問答)』은 한국 유학사상사에서 특기할 만한 문헌이다. 이이(李珥)의 「동호문답(東湖問答)」, 홍대용(洪大容)의 「의산문답(醫山問答)」과 더불어 조선 유학의 삼대 문답이라 칭해도 좋을 정도의 걸출한 작품이다. 이 작품은 세계 문명이 도리를 추구하는 '중국'의 '상달(上達)' 문명과 형기를 추구하는 '외국'의 '하달(下達)' 문명으로 이원적으로 구성되었고 상달 문명과 하달 문명의 일진일퇴로 문명이 전개되었다고 보고 있다. 침략적인 서양 세력의 확장으로 세계 문명이 현재 일대 위기에 처해 있는데, 중국에서 최상의 상달 문명을 구현하여 이를 바탕으로 한국이 독립을 회복하고 동양이 평화를 구축하고 나아가 전 세계가 경쟁, 상잔, 전쟁으로 가득 찬 서양의 하달 문명에서 해방되어야 한다고 주장하고 있다.

『우주문답』의 전체적인 종지는 위와 같은데 이처럼 하달 문명에서 상달 문명으로 세계 문명을 전환하기 위한 중국의 특별한 역할과 사명을 강조하고 있음이 특징적이다. 여기서 중국과 외국의 문명적 차별성을 상달과 하달에서 마련한 것은 상달의 핵심적인 내용이 유교적인 정교와 예악과 윤리로 설정되어 있고 하달의 핵심적인 내용이 욕망과 이익과 싸움으로 설정되어 있기 때문에[19] 유교적인 화이관에 입각해 도출된 전통적인 역사철학의 반복으로 읽힐 수 있을지 모른다. 하지만 『우주문답』의 기본적인 역사 관념이 설령 유교적인 화이관에 입각해 있다 할지라도 그와 같은 관념을 표상하는 언설들이 신해혁명이라는

---

[19] 柳麟錫, 『毅菴集』 권51 「宇宙問答」 1~2면.

특정한 정치적 계기에 의해 등장하였음에 주의해야 한다. 『우주문답』은 혁명 후 중국에 다시 수립되어야 할 문명을 상달 문명으로 보고 왕정을 회복하고 유교를 독존하고 윤리를 강화하고 의발을 복고하는 일이 시급하다고 보았다.[20]

여기서 '복고'의 정치적 함의는 두 가지 방향에서 나온다. 우선 중국이 문명의 주체로서 취할 수밖에 없는 당위적인 측면이다. 중국이 천하에서 상달 문명을 구현하는 유일한 국가이기 때문에 만일 중국이 외국의 하달 문명을 수용하여 상달 문명이 소멸된다면 그것은 천하를 위해 불행한 일이 될 것이다. 이를테면 미국의 경우 대통령을 통해 공화정을 추구할 수 있는 것은 미국의 국가 원리가 단지 내부적인 중국(衆國)의 결합에 있기 때문이지만 중국의 경우 제왕을 통해 왕정을 추구해야 하는 것은 중국이 천하에 일통(一統)의 질서를 실현해야 하는 책무가 있기 때문이다.[21] 다음으로 중국이 국가의 주체로서 취할 수밖에 없는 현실적인 측면이다. 중국에 복고가 절실히 요청되는 까닭은 중국의 운세가 극히 쇠약하고 외국의 운세가 극히 강성한 상태에서 중국과 외국이 맞부딪쳐 있는데 외국의 강력한 하달과 맞설 수 있는 가장 진선진미한 중국의 상달이 상고에 있기 때문이다. 물론 중국의 상달 문명을 보완할 수 있는 것이라면 외국의 하달 문명과 접해도 동요하지 않을 인재를 파견하여 기계 문명을 학습하게 할 수도 있다.[22] 그러나 중요한 것은 중국의 국가적인 통일[致一]과 자강을 위한 본질적인 방도로 복고가 매우 중요하다는 것이다.[23]

---

20 柳麟錫, 『毅菴集』 권51 「宇宙問答」 5~6면.
21 柳麟錫, 『毅菴集』 권51 「宇宙問答」 3~4면.
22 柳麟錫, 『毅菴集』 권51 「宇宙問答」 9~10면.
23 柳麟錫, 『毅菴集』 권51 「宇宙問答」 8면.

그러면 여기서『우주문답』이 제기하는 것처럼 중국이 1910년대에 복고주의에 입각해 중국의 상달 문명을 수호해야 하는 이유는 무엇일까. 그것이 단순히 중국이 세계의 대종이고 천지의 중심이기 때문에 세계와 천지의 안정성과 영속성을 위해 끝까지 상달 문명을 수호해야 한다는 원론적인 차원에서 나온 말일까. 여기서『우주문답』의 제작 시기가 세계사에서 본다면 제국주의 국가의 세계 침략과 상호 충돌이 극심했던 제1차 세계대전 발발 직전이었다는 사실에 유의해 보자.『우주문답』은 당대에 대하여 과학기술의 발달로 천지가 대통하는 운세를 맞이했지만 그것은 국가와 국가가 서로 싸우며 만물을 착취하여 끝내 사람과 사물이 모두 멸절할 상태에 놓일 수 있는 운세라고 보았고,[24] 전쟁과 맹약을 일삼는 습관으로 본다면 춘추전국시대와 비슷한 면도 있지만 이를 최상의 문명이라고 즐기기만 할 뿐 공맹과 같은 성현이 나타나 그릇된 문명을 비판함이 없는 현실로 본다면 춘추전국시대보다도 못한 때라고 비판하였다.[25]

　　극도에 도달한 세계혼란을 구원해야 한다는 소망이 어느 때보다 절실한 시점에서『우주문답』은 왕도사상에 입각하여 중국에 의한 대일통에 희망을 두었다. 현실의 중국은 자기 보전도 어려운 형세를 맞이하고 있었지만 이치로 본다면 중국의 상달 문명이 부활되어 세계가 개조되기를 기다리는 이외에 다른 대안이 없다고 보았다.[26]『우주문답』은 서양 각국이 형기를 추구하는 하달 문명에 머무르고 있지만 이들도 천리로부터 본성을 받은 것이 동일할진대 중국의 옛 상달 문명의

24　柳麟錫,『毅嚴集』권51「宇宙問答」19면.
25　柳麟錫,『毅嚴集』권51「宇宙問答」26면.
26　柳麟錫,『毅嚴集』권51「宇宙問答」92면.

정수와 접한다면 거기에 감화되어 스스로 혁신할 가능성이 있음에 주목하였다. 이를테면 화지안(花之安, Ernst Faber, 1839~1899)의 『자서조동(自西徂東)』에 대하여 옛 중국과 현재의 중국을 분리하여 옛 유교 성현을 찬미하고 다만 그 성현의 언설로 기독교를 수식한 책이라고 보면서 화지안보다 더 뛰어난 서양인이 있다면 '자서조동(自西徂東)'에서 '자동조서(自東徂西)'가 나올 수 있으리라 보았다. 이런 견지에서 중국에서 복고를 통해 상달 문명을 현재에 훌륭하게 실현함으로써 서양을 감화시키는 것이야말로 천지에 문명을 개벽하여 세계혼란을 종식할 수 있는 절대적인 방안으로 여겨졌다.[27]

다른 한편으로 한국사에서 본다면 『우주문답』은 시기적으로 대한제국이 멸망한 직후에 나온 작품이었다. 그리고 『우주문답』의 작자 유인석의 활동 시기로 본다면 1908년 러시아 연해주로 망명한 뒤 현지에서 독립운동에 뛰어들던 시기의 작품이었다. 러시아 연해주에서의 독립운동은 1909년 미주에서 설립된 국민회의 의결로 이상설(李相卨)이 현지에 파견되면서 활성화되기 시작하였는데, 유인석은 이상설과 협력하여 의병을 조직, 1910년 십삼도의군의 총재가 되어 고종으로부터의 재정 지원과 현지 파천을 기대하였고 '병합' 직전에는 성명회를 결성하여 '대한 일반인민 총대 유인석'의 명의로 대한제국의 수교국 정부에 선언서를 발송해 병합조약의 무효를 선언하였다.[28] 따라서 『우주문답』에서 신해혁명 직후 중국이 나아갈 방향에 대하여 무엇보다 왕정을 회복하고 유교의 이상적인 제도들을 구비하기를 희망한 것은 한국 독립운동의 맥락에서도 논할 필요가 있다.

27　柳麟錫, 『毅菴集』 권51 「宇宙問答」 92~93면.
28　박민영, 「국치 전후 이상설의 연해주 지역 독립운동」, 『한국독립운동사연구』 29, 독립기념관 한국독립운동사연구소, 2007.

한국의 독립운동이 이상적으로는 독립운동 주체의 독자적인 세력에 의해 자주적으로 전개되는 것이 마땅하겠지만 운동의 전략적인 수행을 위해서는 한국의 독립을 지원하는 외국을 확보하는 일이 중요한 문제였다. 『우주문답』은 한국의 독립을 지원할 최적의 외국을 중국이라 확신하고 그 근거를 의리와 형세의 두 측면에서 제시하였다. 의리의 측면이란 한중 양국이 단군과 요 이래 왕정 시절 오랜 기간 평화롭게 선린 관계를 누리며 쌓아온 역사적 신뢰감과 친밀감을 가리킨다. 이에 관해 특히 조선이 명에 지성으로 사대하여 명으로부터 재소지은(再造之恩)을 얻었고 명이 멸망한 후 삼백 년 동안 대명의리를 지킨 사실이 부각되었다. 형세의 측면에서는 이른바 양국 사이의 보거순치(輔車脣齒)가 거론되었다. 한중 양국은 지리, 인종, 문물, 학술이 모두 같고 고금의 휴척(休戚)도 모두 같은 아주 특별한 관계로 서로에게 그 이상의 파트너가 없다는 것, 그렇기 때문에 『우주문답』은 중국이 속히 유교적인 왕정으로 '귀정성립(歸正成立)'하기를 학수고대하였던 것이다.[29]

물론 중국의 유교적인 왕정 회복은 그 이상의 의미가 있었다. 그것은 중국을 한국의 독립운동을 지원할 가장 신뢰할만한 외국으로 끌고 가기 위한 전략적인 요청이었지만 동시에 조선 후기 대명의리론의 시야에서 제기되는 중화 도통의 중단 없는 연속이라는 의미도 있었다. 명이 멸망한 후 오직 조선이라는 소중화에 보존되었던 중화 문명이 이제 조선이 멸망한 후 중국이라는 대중화에서 다시 부활하고 그렇게 해서 대중화가 회복된 다음 다시 동점(東漸)하여 소중화가 회복되는 방식으로 중화 문명을 재건해야 한다는 의미가 있었다.[30] 그렇기에 망국민

---

29   柳麟錫, 『毅菴集』 권51 「宇宙問答」 79~80면.
30   柳麟錫, 『毅菴集』 권51 「宇宙問答」 82~84면.

으로서 조선의 유학자가 할 일은 소극적인 자정(自靖)이 아니라 적극적으로 중화 문명을 천하에 확장하는 일이었으며, 이것이 유인석이 1913년 병석에서 '퇴청화양(退淸化洋)'으로 치닫는 중국의 시사를 근심하며 밤잠을 이루지 못한 이유였다.[31]

『우주문답』의 중국 인식은 1912년 유인석이 중국 정부 및 각성의 인사에게 보낸 서한에서도 이미 찾아 볼 수 있다.[32] 그는 조선과 중국은 대중화와 소중화의 관계인데 조선이 일본에게 병탄 당한 뒤 자신이 아령(俄領)에 체류하며 중국이 흥립하기를 매일 희망했다면서 중국의 흥립 여하에 조선의 성쇠가 달려 있으니 반드시 중국에 유교적인 왕정을 회복하라고 조언하였고,[33] 역시 중국이 흥립하면 거기에 힘입어 조선이 부지된다는 일념으로 왕정을 회복하라고 조언하였다.[34] 특히 중화민국의 수도를 정하는 문제조차 중국의 근심이 북쪽에 있으니 남경으로 옮기지 말고 북경에 그대로 수도를 두어 조선을 돌아보기를 요청할 정도로[35] 한중 관계의 시야에서 중국의 국무를 판단할 것을 강조하였다.

한중 관계의 시야에서 중국은 한국의 전통적 파트너인 동시에 근대적 파트너였다. 양국은 근대에 형성된 개념으로서 '동양'이라는 역사적 공간 속의 국가들이었고 『우주문답』은 그러한 동양의 이상적인 내부 구조를 제시하고 있다. 이에 따르면 중국은 동양의 종주로서 일본과 숙혐을 풀고 조선과는 일가처럼 지내며 일본을 책망하여 조선의 복국을 성사시켜야 하고, 일본은 중국에 정성을 바치고 조선에 사죄하여 나

---

31 柳麟錫, 『毅菴集』 권37 「病床記語」.
32 柳麟錫, 『毅巖集』 권25 「與中華國政府」; 柳麟錫, 『毅巖集』 권25 「與中國諸省士君子」.
33 柳麟錫, 『毅巖集』 권25 「與中華國政府」.
34 柳麟錫, 『毅巖集』 권25 「與中國諸省士君子」.
35 柳麟錫, 『毅巖集』 권25 「與中華國政府」.

라를 돌려주며 함께 자강에 힘써야 하고, 조선은 일본의 사죄를 받아들여 중국 및 일본과 잘 지내며 역시 자강에 힘써야 한다. 이 동양의 범위에는 티베트, 몽골, 베트남도 들어오는 것으로 되어 있어 사실상 청대의 중국적인 세계 질서와 다르지 않다.[36] 한국의 독립은 다름 아니라 이와 같은 중국 중심의 '동양'을 회복하기 위한 선결 조건을 의미할 수 있었다.

그렇게 볼 때 유인석이 1905년 을사늑약 직후 원세개에게 문인을 보내 중국 북양군과 한국 의병의 연합으로 일본군을 물리치기를 청한 것도,[37] 다시 1909년 연해주에서 오녹정(吳祿貞)에게 서한을 보내 한국의 항일 의병을 중국이 조속히 지원하기를 청한 것도,[38] 다시 1912년 중화민국이 성립하자 중국 정부 및 각성 인사에게 서한을 보내 유교적인 왕정을 회복하기를 청한 것도, 그 연장선에서 『우주문답』을 지은 것도, 전근대 중국적인 세계질서 및 그 일부로서의 한중관계를 근대에 들어와 항일의 공동 전선에 투영시켜 한국의 독립을 꾀한다는 전략에 기초한 것이었다고 볼 수 있다. 이를 위해 중국의 유교적인 왕정 회복, 곧 중화민국이 아닌 중화제국의 수립은 결코 포기될 수 없는 일이었던 셈이다.

---

36 柳麟錫, 『毅菴集』 권51 「宇宙問答」 16~18면.
37 柳麟錫, 『毅菴集』 권41 「送白景源入中國」.
38 柳麟錫, 『毅菴集』 권16 「與吳御史」.

3. 박은식의『한국통사』 - 한중 연대의식의 발현

박은식(朴殷植)이 지은『한국통사(韓國痛史)』는 한국사학사에서 특기할만한 문헌이다. 이는 박은식의 역사학에서 보아도『한국독립운동지혈사(韓國獨立運動之血史)』와 짝을 이루는 책이며 그가 소망한 대로 조국의 독립을 목도하고 건국사를 지었더라면 전체 삼부작의 한국 근현대사로 편성될 수 있었을 것이다.『한국통사』는 국혼론적인 역사의식으로 나라가 멸망해도 역사가 보존된다면 다시 나라를 회복할 수 있다는 믿음으로 집필된 것이다. 책의 전체적인 구성은 한국의 역사와 지리의 대강을 논한 서장 부분, 그리고 대원군의 집권(1863년)부터 105인 사건(1911년)까지 약 50년간 당시의 한국 현대사를 논한 본장 부분으로 이루어져 있고, 책의 전체적인 내용은 자강의 견지에서 한국의 국망을 성찰하고 인도의 견지에서 일본의 침략을 비판하며 혁명의 견지에서 한국의 독립을 전망하는 시각 위에서 꾸며져 있다.[39]

『한국통사』는 그간 국혼과 국수를 강조한 민족주의 역사서로 인식되어 왔다. 그것은 한국근대사학사의 주된 연구 관심이 근대 역사학의 전형성을 민족주의 역사학의 형성에서 구하였기 때문이다. 이에 따라 민족주의 역사학의 관점에서『한국통사』는 마치 전적으로 한국인을 독자로 상정하여 한국의 민족적 자부심을 고양시켜 망국민의 절망적인 상실감을 치유할 수 있도록 지어진 책인 듯 간주되어 왔다. 하지만『한국통사』는 일차적으로 중국 현지의 독자들에게 한국 근대사를 올

---

39 노관범,「『한국통사』의 시대사상 - 자강, 인도, 혁명의 삼중주」,『한국사상사학』33, 한국사상사학회, 2009.

바르게 인식시키려는 목적으로 상해의 중국 출판사의 기획도서로 출간된 것이었다. 그렇기 때문에 민족주의보다 너른 시야에서 이 책에 담긴 '한중적(韓中的)' 시각을 정직하게 복원할 필요가 있다.

『한국통사』의 한중적 시각은 중국 독자들에게 한국 근대사에 몰입할 수 있도록 한중 양국의 우호적인 관계를 부각하거나 한국 근대사를 중국 근대사의 규모로 확대하거나 심지어 한국 근대사와 중국 근대사를 다같이 통사(痛史)로 보는 등 다양한 방법으로 한중 연대의식을 드러내는 심리적 시각을 뜻한다.

이를테면 『한국통사』는 한국이 중국과 연대하여 자강을 이룩할 수 있었을 역사적 기회를 설명하면서 이를 충분히 살리지 못한 것을 대단히 애석하게 여기고 있다. 즉, 1879년 청의 이홍장(李鴻章)이 조선의 이유원(李裕元)에게 편지를 보내 일본이 류큐를 합병한 것을 경계하여 서양 각국과 조약을 체결할 것을 권고한 사실을 특기하였고, 이홍장의 충고가 순망치한을 막으려는 진지한 마음에서 나왔는데 조선 정부가 귀담아 듣지 않고 일본을 막기 위한 자강에 힘쓰지 않아 결국 제2의 류큐가 되고 말았음을 통탄해 하였다.[40] 이 대목은 조선 정부의 서양 열강과의 수교가 실은 청 정부가 조선의 자주외교를 인정하고 권유한 데서 시작하였다고 보는 것으로 조선에 대한 청의 우호적인 태도를 부각하는 것이다.

또, 『한국통사』는 1885년 대원군이 이홍장의 묵계와 원세개의 주선으로 환국한 사실을 기록하면서 대원군이 청에서 천하시세를 관찰하였고 또 청인에게 대인으로 존경받았는데 그러한 대원군이 돌아와 다

---

40 『韓國痛史』제2편 제12장 「淸廷認我自主外交」.

시 정권을 잡았으면 방명(邦命)을 재조할 수 있었을 것이라고 파격적인 해석을 내리는 태도를 보이기도 하였다.[41] 원세개의 주선으로 귀국한 대원군에게 방명의 재조까지 기대한다는 것은 1880년대의 조청관계를 기본적으로 상호 유대의 낙관적인 시각에서 읽겠다는 의지가 없이는 불가능한 일이다. 원세개는 고종의 폐위를 기도하고 조선속방화 정책을 추구하는 등 사실 1880년대 정치사적인 조청관계는 결코 순탄하지 않았지만 『한국통사』는 이 문제에 대해 중일간의 톈진조약 체결 상황을 서술하면서 원세개의 책동을 이홍장이 저지하였다는 식으로 처리하고 있어 그다지 문제 삼지 않고 있다.[42] 오히려 갑신정변 이후 갑오경장 이전 10년간의 정치사에서 가장 핵심적인 정치사의 이슈를 청의 정치적 간섭이 아닌 조선 왕실과 외척 세력에 의한 극도의 내정 부패에서 읽어 내고 있다.[43]

『한국통사』의 시각에서 볼 때 1894년 이후의 한국 근대사는 단순히 한국의 국망사로 취급되는 것만이 아니라 동시에 중국이 침략을 받는 역사적 과정으로 이해된다. 그렇기에 청일전쟁에 관한 서술에 있어서도 한반도 및 인근 해역에서 전개된 전투에 서술을 한정하지 않고 적극적으로 중국 내지에서 발생한 전투에 대해서도 자세히 소개하고 있다.[44] 뿐만 아니라 청일전쟁에서 청이 패배한 이후 삼국간섭을 거쳐 제국주의 열강이 청을 분할했던 사건을 특기하면서, 중국의 토지와 민중이 일본의 수십 배인데 일본에 대패했던 청일전쟁의 아픔을 생각하고 중국 인민은 모두 마음을 고쳐서 진보해야 한다고 충고하고 있다.[45] 이

---

41 『韓國痛史』 제2편 제23장 「大院君還國」.
42 『韓國痛史』 제2편 제21장 「中日天津條約」.
43 『韓國痛史』 제2편 제25장 「內政腐敗之極度」.
44 『韓國痛史』 제2편 제38장 「日人侵入中國內地之戰況」.

대목은『한국통사』의 저자가 직접 중국인에게 역사의 교훈을 들려주는 화법을 사용하고 있는 것으로 중국 근대사 역시 한국 근대사와 마찬가지로 통사(痛史)에 포함될 수 있음을 보여주는 대목이라 하겠다.

러일전쟁 역시 일본과 러시아가 한국 및 만주를 놓고 격돌했다는 점에서 한국 근대사는 물론 중국 근대사와 직결된 사건이었고『한국통사』는 이 점을 놓치지 않고 전쟁의 전개 과정을 상세히 서술하고 있다. 즉, 러일전쟁의 구체적 전황을 한반도, 여순, 요동, 해상의 네 지역으로 나누어 한국에서의 전쟁 이상으로 중국에서의 전쟁이라는 인상을 서실적으로 전달하고 있는 것이다.[46] 사실 일본이 러일전쟁을 일으킨 구체적인 명분으로 이등박문이 '한국독립'과 더불어 '만주환청(滿洲還淸)'을 운위하는 장면[47]을 볼 때『한국통사』가 제시하고 싶었던 것은 러일전쟁이 한국과 중국 모두에 관련된 공통의 전쟁이었다는 것으로 여겨진다.

아마도『한국통사』가 그려내고 있는 한중 연대의식의 극적인 사건은 중국 지사 반종례(潘宗禮)가 인천항에 정박 중 을사늑약의 소식을 듣고 민영환(閔泳煥)의 유서를 읽은 다음 일본의 한국 국권 강탈에 항거하는 뜻에서 바다에 투신한 사건일 것이다.[48] 이 사건은『한국통사』의 저자가 직접 중국인에게 소식을 듣고 반종례를 위하여 조문을 지었던 일을 배경으로 선별된 것이겠지만, 근본적으로는 한국인 민영환의 죽음과 중국인 반종례의 죽음이 나란히 일본의 한국 강탈에 항거하는 의혈의 공동전선이었음을 보이고자 한 것이었다.

---

45 『韓國痛史』 第2편 第41장 「列强分割中國之軍港」.
46 『韓國痛史』 第3편 第26장 「日俄在韓境之戰」; 第27장 「日俄旅順之戰」; 第28장 「日俄在遼東各地之戰」; 第29장 「日俄海洋各戰」.
47 『韓國痛史』 第3편 第14장 「伊藤博文以大使來韓」.
48 『韓國痛史』 第3편 第39장 「中國志士潘宗禮蹈海」.

이처럼『한국통사』는 한국의 통사를 한국과 중국 모두의 통사로 일체화하는 가운데 일본에 대한 반침략의 주체 역시 한국과 중국 모두에 의해 공동으로 형성되는 것으로 본다. 한중 연대의식의 강인한 소산이다. 이와 같은 한중 연대의식은 105인 사건과 관련해『한국통사』에서 마련한 마지막 장에 이르러 극점에 달한다.[49] 중국 매체의 논설을 빌려 일본이 한국에서 자행한 반인도주의적인 잔학함을 비판함으로써 일본의 한국 침략은 단순히 한국만의 문제가 아니라 한국과 중국의 공동의 문제로 승화되고 있는 것이다. 일본의 현재의 한국 침략은 곧 일본의 미래의 중국 침략과 연속적인 것으로 이해되기 때문에 일본에 대한 반침략을 매개로 한중 연대의식이 공고해질 수 있었다.

그러나, 한중 연대의식의 역사적 성격이 설령 19세기 후반에서 20세기 전반에 이르는 동아시아 역사의 전개 과정에서 규제되는 측면이 있다 할지라도『한국통사』에서 의식하고 있었던 한중 연대의식이 그것으로 한정되는 것만은 아니었다. 박은식은 기본적으로 한국과 중국의 관계는 역사상, 지리상, 종족상, 인민감정상 균히 굳게 결합되어 풀리지 않는 근저가 있다고 보고 있었다. 일본이 백방으로 계책을 꾸미며 한국에 대한 야욕을 관철하고자 하였을 때 일본이 대상으로 삼은 것은 전통적인 한중관계의 단절과 이간이었다고 보고 있었다.[50] 그것은 한중 연대의식의 역사적 근원으로 근대사 이전으로 소급되는 장구한 한중 관계가 있었음을 암시하는 것이었다.

한편 박은식의『한국통사』는 앞서 살펴본 유인석의『우주문답』과 달리 1910년대 중국의 정치적 현실에 대한 직접적인 인식을 드러낸 책

---

49 『韓國痛史』제3편 제61장「一百二十人之黨獄」.
50 『韓國痛史』제3편 제58장「日人倂合之最終」.

자는 아니다. 『한국통사』의 지대한 관심사는 한중 연대의식을 발현시켜 한국 근대사를 한중의 근대사로 제시하는 데 있었기 때문이다. 그럼에도 『한국통사』가 한국 근대사의 해석에 투영시키고 있는 중심적인 사상들을 고찰함으로써 이에 대한 유추를 통해 중국 당대의 정치적 현실에 대한 이 책의 인식을 간접적으로 규명하는 것이 불가능한 것은 아니다.

앞에서 언급했듯이 『한국통사』는 한국 근대사를 자강, 인도, 혁명이라고 하는 세 가지 키워드로 접근하였다.[51] 『한국통사』는 먼저 자강의 관점에서 한국의 국망을 성찰하였다. 즉, 국가 존망을 결판하는 결정적인 요인을 자강정신에 입각한 주체적인 서양 문명 수용으로 보고 고종친정기에 국왕을 필두로 지배층이 자강정신이 없이 고식적인 외세의존으로 자기연명을 하는 가운데 결국 국망에 이르렀다고 진단하였다. 『한국통사』는 자강의 관점에서 한국의 국망을 말했지만 이는 중국 독자들에게 자강의 관점에서 역시 자강하지 못한 청말민초 중국의 암담한 현실을 성찰하도록 이끌었으리라 생각된다.

아울러 『한국통사』는 인도의 관점에서 일본의 침략을 비판하였다. 이것은 일본의 한국 침략에 내재한 기만적인 국권 강탈과 야만적인 인권 탄압을 비판한 것이다. 『한국통사』가 인도의 관점에서 제시한 일본의 침략 역시 중국 독자들에게 청일전쟁, 북청사변, 러일전쟁 등에서 보여준 일본의 중국 침입에 대한 기억을 떠올리며 반침략의 역사적 과제를 성찰하도록 이끌었으리라 생각된다.

끝으로 『한국통사』는 혁명의 관점에서 한국의 독립을 전망하였다.

---

51   노관범, 「『한국통사』의 시대사상－자강, 인도, 혁명의 삼중주」, 『한국사상사학』 33, 한국사상사학회, 2009.

즉, 한국 근대사가 단지 한국의 국망사와 일본의 침략사로 환원되는 것이 아니라 그와 같은 국망과 침략의 이면에서 한국의 역사 발전의 질서가 형성되고 있었음을 혁명의 시각에서 통찰한 것이다. 『한국통사』는 한국 혁명사의 중요한 부분적 사건들로 대원군 집권, 갑신정변, 동학운동 등을 응시하였다. 그리고, 동학당과 일진회의 사례를 들면서 혁명의 선결 조건으로 국민사상의 계몽을 중시하였고 혁명에 의해 민권 수립이 실현된다 해도 민당의 올바른 사상 정립이 중요함을 강조하였다. 『한국통사』가 혁명의 관점에서 한국의 독립을 전망한 것은 중국 독자들에게 신해혁명을 거쳐 등장한 신생 중화민국의 방향에 대하여 어떤 시사점을 주었을 것으로 보인다. 즉, 청 제국을 쓰러뜨리고 중화민국을 건설한 것은 민권 수립을 위한 필연적인 역사 진행이었지만, 단지 혁명 그 자체가 중요한 것이 아니라 민당으로 결집한 혁명 세력이 얼마나 국가를 위한 올바른 사상을 정립하고 있는지 자문하도록 하였을 것이다. 『한국통사』의 혁명사관에서 본다면 1910년대 중국의 정치적 현실에서 혁명세력을 탄압하는 북경 정부의 반혁명적인 태도도 문제이지만 북경 정부에 대한 혁명세력의 무분별한 저항도 다 같이 중화민국의 국가적 생존을 저해하는 위험한 처사로 해석될 수 있었다. 『한국통사』의 중국 인식은 한중연대의식을 기반으로 하면서도 한국의 사례를 통해 중국의 당대적 현실을 응시하고 있었던 셈이다.

4. 이병헌의 『중화유기』 –중국의 이중성의 관찰

이병헌(李炳憲)의 『중화유기(中華遊記)』는 한국 근대 중국 여행기로 특기할만한 문헌이다. 그는 강유위로부터 금문경학에 입각한 공교사상을 받아들여 식민지 조선에서 직접 공교를 실험했던 인물인데, 공교의 수용과 실천을 위해 평생 다섯 차례 중국에 다녀왔다. 이 가운데 1914년의 첫 번째 중국 여행과 1916년의 두 번째 여행을 하나의 여행기로 묶어서 중국 남통 한묵림서국에서 출판한 책이 바로 『중화유기』이다. 『중화유기』는 2권 1책인데, 제1권은 1914년의 여행을 기록한 여행기로 각각 「계주록(啓輈錄)」, 「요새견문록(遼塞見聞錄)」, 「주연록(駐燕錄)」, 「성지추감록(聖地追感錄)」 등으로 구성되어 있고, 제2권은 제1권에 이어진 「호산유범록(湖山遊汎錄)」과 1916년의 여행을 기록한 「중화재유기(中華再遊記)」로 구성되어 있다. 따라서 이 책은 앞서 살펴본 『우주문답』과 같은 사상서도 아니고 『한국통사』와 같은 역사서도 아닌 문학적인 여행기이기 때문에 책의 내용은 추상적인 중국 인식보다는 구체적인 중국 견문이 중심을 이루고 있다. 중국 인식 역시 이러한 중국 견문에 의한 상황적인 성격을 지닐 것임을 예상할 수 있다.

『중화유기』의 중국 인식과 관련하여 주목할 것은 여정의 포괄성에 의해 확보되는 중국의 전체성과 다양성의 포착이다. 조선시대 전형적인 중국 여행은 중국에 외교적인 사명을 띠고 떠나는 정기적인 또는 비정기적인 사행이었으며, 명 영락제(永樂帝) 이후 중국의 수도가 연경으로 고정된 다음부터 사행의 일반적인 여정은 압록강 건너 책문에서 중국 황제가 거주하는 연경까지의 연행 코스였다. 박지원(朴趾源)의 『열하일기(熱河日記)』가 특별한 여행기일 수 있었던 것도 문학적인 작품성 못지않게 연행 코스의 밖에 놓여 있던 열하의 장소성에서 기인하는 면이 크다.

연행 코스로 제한되어 있던 중국 여행의 여정이 확장되기 시작하는 것은 개항 이후이다.[52] 이를테면 유인석은 1896년 을미의병이 실패한 후 곡부 공묘(孔廟) 곁으로 망명하려 하였는데 여의치 않자 이필희(李弼熙)가 대신 공묘에 가서 을미의병의 기의와 실패를 고유(告由)하고 연성공(衍聖公) 공영이(孔令貽)에게 공자 화상을 얻어 유인석에게 전한 일이 있었다.[53] 산동 지방으로의 여행이 열렸음을 뜻하는 사례이다. 또, 개성 문인 이신전(李莘田)은 1895년 상해를 거쳐 오, 초 일대를 유람하고 돌아와 『남유음고(南遊吟稿)』라는 시집을 낸 일이 있었다.[54] 강소 지방으로의 여행이 열렸음을 뜻하는 사례이다.

『중화유기』의 여정은 이와 비교하면 안동, 심양, 북경, 천진, 곡부, 상해, 항주, 홍콩 등 만주 지방에서 광동 지방까지 전례 없이 확장된 여행 영역을 포괄하고 있고, 체류했던 각각의 지역마다 서로 다른 다양한 견문을 쌓고 있어서 한국의 본격적인 근대 중국 여행기로 손색이 없다. 다만 1914년의 중국 여행을 기록한 현전 초고의 이름이 『노월일기(魯越日記)』인 데서 알 수 있듯 『중화유기』의 핵심적인 여행 지역은 주관적으로는 산동과 절강이었다. 산동에서는 유교 종교화의 꿈을 안고 곡부와 그 인근에 집중했다면 절강에서는 중국의 문학과 역사를 순례한다는 발상으로 항주와 그 인근에 집중하였다.

---

52 황해도 유학자 柳應斗가 개항 전인 1871년 이미 중국 上海 방면을 유람하였다는 의심스러운 기록이 전해지기는 한다(柳應斗, 『豊西集』 권9 附錄 「年譜」 辛未條).

53 柳麟錫, 『毅菴集』 권13 「與衍聖公」; 柳麟錫, 『義菴集』 권37 「山斗齋聖祠事實約束」.

54 王性淳, 『尤雅堂稿』 권3 「南遊吟稿序」.

『중화유기』의 중국 인식을 여정에 따라 특징적인 대목을 거론하면 다음과 같다. 먼저 「계주록」(1914.1.14.~2.15.)에서 인상적인 대목은 조선의 용만(龍灣) 부근 이노수(李魯洙) 집에서 머물다 발견한 『강유위전(康有爲傳)』에 얽힌 일화이다.[55] 이노수는 중국어에 능숙하여 갑오년 이전 원세개가 조선에 진주할 때 십수년간 통역을 담당했던 인물로, 그 집에 있는 『킹유위전』을 보니 무술찬정(戊戌贊政) 당시 강유위가 광서제에게 환약을 진상하여 사술로 마음을 미혹시켰다고 서술하고 원세개의 처사를 명신의 탁견으로 간악한 정상을 뽑아버렸다고 서술하여 완선히 시비가 전도된 해석을 내놓고 있었다고 한다. 이미 『무술정변기(戊戌政變記)』를 통해 일찍부터 근대 중국의 정세에 개안해 있었던[56] 그에게 무술변법의 정당성을 폄하하는 『강유위전』의 보수적 시각은 결코 용납될 수 없었을 것이다.

다음으로 「요새견문록」(1914.2.16.~2.24.)에서 인상적인 대목은 심양을 관광하고 중국에 대한 조선의 화이관에 관해 논한 일이다.[57] 심양은 청이 입관(入關)하기 전 수도였던 곳으로 조선의 삼학사가 끌려가 죽음을 당한 곳이었기에 중국을 바라보는 조선의 화이관을 논하기 적당한 장소였다. 『중화유기』는 조선이 화이관에 의해 명과 청을 차별적으로 인식한 것이 옳지 않은 일이었다고 보았다. 명이 조선을 구원했던 일이나 청이 조선을 우대했던 일이나 다를 것이 없는데 존화양이를 내세우면서 명을 높이고 청을 물리치는 것은 잘못이라는 것이다. 이와는 반대로 동족인 청을 배격하고 상국인 명에 의뢰했던 것을 비난하고는

---

55 『中華遊記』 권1 「啓輈錄」 2면.
56 李炳憲, 『李炳憲全集』 「我歷抄」 壬寅條.
57 『中華遊記』 권1 「遼塞見聞錄」 5~7면.

오로지 단군천조(檀君天祖)만 모시고 4천년 국성을 발휘하자는 주장도 잘못이라고 보았다. '내단외기(內檀外箕)', '연만조한(聯滿阻漢)'의 발상 역시 존화양이의 논리적 역전에 불과했기 때문이다. 따라서 명이든 청이든 그 후예는 모두 조선의 동족이니 제휴할 대상이며, '단기(檀箕)'를 같이 시조로 보고 '한만(漢滿)'과 같이 연합하여 기자와 공자의 교화를 강구하는 것이 단군의 구강인 동삼성(東三省)에 유입한 한족(韓族)의 대책이라고 진단하였다.

다음으로 「주연록」(1914.2.25.~3.19.)에서 인상적인 대목은 북경에서 체류하며 중국의 신문잡지를 관찰한 일이다. 북경 거리 가판대에서는 『북경일보(北京日報)』, 『대자유보(大自由報)』, 『황종보(黃鍾報)』, 『국권보(國權報)』, 『일지신문(日知新聞)』, 『순천시보(順天時報)』 등이 두루 진열되어 있었는데, 중국의 초기 신문은 기십 종에 불과했다가 신해혁명 후 수백 종으로 증가하였으나 아직 문명열강에는 미치지 못한다고 평가하였다. 신문 발행은 원기를 보태고 국성을 모아 중국을 구하는 중요한 일인데 한갓 파괴만 말하고 건설할 줄 모르는 풍조 때문에 진척되고 있지 않다고 애석해 하였다.[58] 사실 이병헌은 한국에서 신문과 잡지를 문명의 척도로 보고 있었으며 그랬기에 심양의 성경도서관(盛京圖書館)에 들러서는 신문잡지가 무려 수십 종이나 있다는 사실에 놀라기도 하였다.[59] 그는 중국의 언론인에 관심이 많았고 조선에서 이미 신문으로 이름을 알고 있었던 북경일보 주필 김자순(金子順)을 찾아 서로 필담을 나누기도 하였다.[60] 그는 『공교회잡지(孔敎會雜誌)』를 읽다가 문득 공교가

---

58 『中華遊記』 권1 「駐燕錄」 10면.
59 『中華遊記』 권1 「遼塞見聞錄」 5면.
60 『中華遊記』 권1 「駐燕錄」 13면.

종교가 아니며 공자가 종교가가 아니라는 주장을 논파한 글과 만났는데 그 입론이 흡족하지 않아 아예 스스로 북경에 체류하면서 즉석에서 「종교철학합일론(宗教哲學合一論)」을 짓기도 하였다.[61] 이처럼 그가 북경에서 중국의 신문잡지에 적극적인 관심을 보인 것은 중국 정치의 중심으로서 북성의 장소성에 대한 고려였을 것이다.

다음으로 「성지추감록」(1914.3.20.~3.24.)에서 인상적인 대목은 이병헌이 공림(孔林) 안을 거닐다 지성선사문선왕묘(至聖先師文宣王墓)를 만나 온갖 감흥을 느끼며 공자의 마음을 생각한 것이다. 공자보다 훨씬 후대에 중국의 밖에서 태어나 평생 공자의 글을 읽으며 앙모하던 차에 공자의 묘를 만난 감흥, 공자를 비조로 하는 후세 유학자의 학설들이 난립하며 서로 대립하는 현실을 근심하던 차에 공자의 묘를 만난 감흥, 그러했기에 곡부의 공묘와 공림은 그에게 글자 그대로 '성지'로 다가왔다. 더욱이 공림은 공씨의 세장지(世葬地)인데 수풀 하나에 깨끗하고 질서 있게 무덤이 모여 있어서 화복설의 유행으로 묘지가 어지러운 조선과 비하면 천양지차였다.[62]

다음으로 「호산유범록」(1914.3.25.~5.23.)에서 인상적인 대목은 상해와 홍콩에서 중국의 도시 문화를 체험하고 이를 비평한 사실이다. 이병헌은 박은식과 함께 홍콩을 관광하였는데, 영국인이 홍콩을 경영한지 수십 년밖에 안 되는데 홍콩이 거의 국체를 이루었다며 앵글로색슨 민족은 어디에 있든 열 사람만 있으면 나라 하나를 만든다는 말이 빈말이 아님을 알겠다고 하였다. 또 홍콩 시내에 빅토리아 여왕의 동상을 보고는 빅토리아 시대 60년의 영국의 영화를 떠올리며 태동(泰東)에

---

61 『中華遊記』권1 「駐燕錄」 12~13면.
62 『中華遊記』권1 「聖地追感錄」 21~22면.

서는 여주(女主)로 흥한 일이 없는데 서구에서는 훌륭한 임금의 첫 번째로 빅토리아를 꼽는 데서 보듯이 이것이 동서의 반비례 현상이며 전제와 입헌의 차이에서 기인하는 것이라고 강조하였다.[63]

반면 홍콩과 달리 상해의 도시 체험에서는 동서문명의 비교의식이 나타나지 않는다. 상해의 고층 건물에 엘리베이터를 타고 옥상에 올라 옥상의 화려한 노천 카페를 즐기며 상해 전경을 구경한 일이 기록되어 있지만 특별한 비평은 없다.[64] 오히려 상해로 오는 배 안에서 중국 사회의 퇴영적인 모습을 지적하였다. 즉, 중국의 하근인(下根人)은 탐욕스럽고 도의가 없으며 사기 치고 신용이 없는데, 상등인(上等人)도 당견(黨見)이 너무 심해 곧장 맞서 서로 공격하며 국가가 무엇인지도 모르니, 이런 때에 '공화'를 말하고 '자유'를 말하는 사람은 참으로 성인이 아니면 바보라고 하여 중국의 국민적 수준을 낮추어 보았다.[65]

다음으로 「중화재유기」(1916.6.7.~10.5.)에서 인상적인 대목은 공묘의 공자 신위 앞에서 도고문(禱告文)을 1편 읽는 장면이다. 이병헌은 세계 질서가 매약자(昧弱者)를 도태시키는 천연의 공례를 따르고 있는데 조선은 일본에게 병탄 당하였고 중국은 일본에게 국토를 잠식당하고 있어서 일종의 유교망국론이 형성되어 있음을 비통해 하였다. 그는 조선과 동문(同文) 동교(同敎)의 중화대국이 떨치고 일어나야 지리 관계로나 민족 역사로나 서로 연관이 있는 조선이 회복될 가망이 있는데 중국이 위로는 지사의 당견이 더욱 심각해지고 아래로는 국민의 공덕이 부진하여 점점 비관적인 상황으로 접어들고 있음을 개탄하였다. 그는 중국이

---

63 『中華遊記』 권2 「湖山遊汎錄」 15면.
64 『中華遊記』 권2 「湖山遊汎錄」 3면.
65 『中華遊記』 권2 「湖山遊汎錄」 2면.

'조국'의 성훈(聖訓)을 보수할 줄 모르는 것을 개탄하고 자신은 동방에 돌아가 조국의 혼을 부르는 새로운 유교를 일으키겠다고 맹세하였다.[66]

이상으로 『중화유기』에 보이는 중국 인식의 특징적인 장면들을 소개하였다. 이 책은 지은이가 중국을 여행하면서 여행지에서 만난 상황에 따라 자신의 주관적인 감상을 기록한 글이라 작자의 중국 인식이 산만하게 흩어져 있다. 그러나 이를 전체적으로 종합해서 본다면, 『중화유기』는 『우주문답』처럼 중국이 강성해져야 한국이 독립할 수 있다는 생각을 하고 있었지만, 『우주문답』과 달리 중국이 유교적인 왕성을 회복하는 것이 아니라 입헌군주제를 도입해야 한다고 생각하였다. 중국 국민의 정치적 수준을 감안하여 공화는 무리라고 생각했지만 서양 국가의 문명적 수준을 따라잡기 위해서는 입헌이 필요하다고 생각하였다. 이 점은 혁명의 세계사적 보편성을 인정하면서도 혁명 세력의 사상적 수준을 강화하는 일에 관심을 쏟았던 『한국통사』의 의식세계와 통하는 면이 있었다. 『중화유기』는 여행기로서 근대 중국의 다양성을 전달하였다. 근대 중국에는 곡부와 항주 같은 유교 전통의 세계, 그리고 상해와 홍콩 같은 서양 근대의 세계가 병존해 있었다. 근대 중국에는 서양과 비교되는 현상, 그리고 조선과 비교되는 현상이 병존해 있었다. 이처럼 근대 중국에서 유교 전통의 장소성과 서양 근대의 장소성이 어우러진 이중성을 제시하고, 서양과 비교되는 현상과 조선과의 비교되는 현상이 어우러진 이중성을 제시한 것이 『중화유기』의 미덕이라 할 수 있다. 특기할 점이 있다면 중국의 종족 문제에서 『우주문답』이 유교적인 특성상 한족(漢族) 위주의 사고를 하고 있었다면 『중화유기』는 한족 위주의 사고와 만주족 위주의 사고 모두를 비판하고 한만 모두를 종족

66　『中華遊記』 권2 「中華再遊記」, 22면.

적 협력 대상으로 보았다는 점이다. 이 역시 중국의 종족적 이중성을 의식한 것인데, 후일 『중화유기』의 작자는 대종교적인 역사인식으로 『역사교리착종담』과 같은 역사서를 편찬하기도 하거니와, 이와 같은 대종교적인 인식과 유교적인 인식이 균형을 이루고 있었기 때문에 『중화유기』의 독특한 관점이 나오지 않았을까 한다.

5. 맺음말

이상으로 1910년대 한국 유교지식인의 중국 인식을 간략히 살펴보았다. 구체적으로 유인석의 『우주문답』, 박은식의 『한국통사』, 이병헌의 『중화유기』, 이렇게 세 문헌을 중심적인 연구 대상으로 설정하였다. 다른 문헌이 아닌 이 세 문헌에 집중한 동기는 이들 문헌들이 개별적으로도 1910년대 한국 지성사에서 상당히 가치 있는 문제작이었기 때문이다. 즉 이것들은 각각 한국 의병운동의 대표자인 유인석이 만년의 사상적 정수를 담은 사상서, 한국 계몽운동의 대표자인 박은식이 필력을 집중한 한국 근대 역사학의 고전적인 역사서, 한국 근대 유교개혁운동의 대표자인 이병헌이 완성한 우리나라 최초의 본격적인 중화민국 여행기라는 위상을 지녔기 때문이다. 동시에 이것들은 공통적으로 1910년대 한국의 독립운동을 위해 국외에 망명했거나 중국을 여행한 한국의 유교지식인이 중국 현지에서 출판했거나 중국 현지에서 배포한 문헌이었다는 점에서 특별한 성격을 갖추고 있었다.

유인석의『우주문답』은 중국의 신해혁명에 대응하여 중국에서 유교적인 왕정을 회복하기를 촉구하는 의도로 지은 책자인데 기본적인 중국 인식은 다음과 같다. 세계에는 도리를 추구하는 중국의 '상달' 문명과 형기를 추구하는 외국의 '하달' 문명이 있으며, 중국과 외국 사이의 일진일퇴하는 과정이 곧 세계의 역사였다. 그런데 상달 문명의 부단한 약화와 하달 문명의 지속적인 강화로 전 세계가 현재 서양의 하달 문명에 의해 약육강식의 대혼란에 빠져 있고 조선 역시 이러한 혼란 속에서 끝내 일본에 의해 망국을 맞이하였다. 마침 청이 불러난 뒤 중국에서 중화 국가가 수립될 기회가 찾아 왔으니 중국은 중화제국을 수립하고 철저한 복고 정책을 통하여 최상의 상달 문명을 구현해 스스로 자강함은 물론 서양 세력을 감화시켜 세계의 대혼란을 안정시켜야 한다. 또한 중국은 동양의 종주가 되어 과거 중국적인 세계질서를 회복하여 중국 중심의 동양을 창출해야 하는데, 그러자면 한국의 독립은 그와 같은 중국 중심의 동양 창출의 선결 조건이라 할 수 있으니, 한국과 중국이 역사적으로 소중화와 대중화의 한 가족으로 역사적 신뢰감과 친밀감을 공유했음을 생각해서, 중국은 중화제국을 수립한 뒤 속히 한국에 개입해야 한다. 중국에서 유교적 왕정 국가의 수립은 어느 의미에서 명이 멸망한 후 조선이 홀로 간직한 중화 문명을 다시 중국에 전달하여 중화 도통의 연속성을 확보하는 조선 국가의 역사적 책임이 걸린 문제이기 때문에 반드시 실현되어야 하는 문제이기도 하다.

박은식의『한국통사』는 중화민국이 수립된 후 중국에서 한국 독립운동이 전개되는 과정에서 나온 역사서이다. 이 책은 종래 민족주의적 시각에서 국혼과 국수를 강조한 역사서라고 이해되어 왔으나 실제로는 이와 함께 재중 한국 독립운동의 실천적 관심의 특성상 한중 연대의식에 입각해 한국근대사를 돌아보는 '한중적' 시각이 상당히 반영되어 있다. 즉 한국 근대사는 어느 의미에서 중국 근대사이고 정확히 말하면 한중 근대사라는 생각이 그것이다. 그래서 청일전쟁은 단순히 조선 안에서 일어난 전쟁이 아니라 조선의 밖 곧 중국의 안에서 일어난 전쟁이었으며, 러일전쟁 역시 단순히 한국을 둘러싸고 일어난 전쟁이 아니라 중국의 만주까지 둘러싸고 일어난 전쟁이었다는 것이 이 책의 시각이다. 그렇기에 한국과 중국 전체를 시야에 넣어 두 전쟁의 전황을 자세히 서술하고 있다. 삼국간섭을 거쳐 제국주의 열강이 청을 분할했던 사건을 특기하면서 중국 인민에게 일본에 대패했던 청일전쟁의 아픔을 생각해 마음을 고쳐먹고 진보할 것을 충고한 것은 이 책이 한국의 통사(痛史)로 중국의 통사(痛史)에 감정을 이입한 결과이다. 일본에 대한 한중의 공동의 대응을 강조하는 시각에서 이 책은 을사늑약에 항거하여 한국인 민영환의 죽음을 서술한 데 이어 중국인 반종례의 죽음을 나란히 서술함으로써 일본의 한국 강탈에 항거하는 한중의 의혈의 공동 전선을 성공적으로 제시하였다. 가히 한중 연대의식의 강인한 소산이라 할 만하다. 이와 같은 한중 연대의식은 105인 사건에 관한 서술에서 극점에 도달한다. 일본이 사건 관련자에게 가한 잔학한 고문에 대해 중국 매체를 인용하여 일본의 비인도적인 잔학함을 통렬히 꾸짖음으로써 일본의 야만적인 한국 지배를 중국이 통렬히 비판하는 형상을 심어 놓는 데 성공하였다.

이병헌의 『중화유기』는 조선시대의 일반적인 중국 여행이 개항 후 혁명적으로 확장되는 과정에서 나온 한국의 본격적인 근대 중국 여행서이다. 『중화유기』의 중국 여행은 1914년 1월 14일에서 5월 23일까지의 제1차 여행과 1916년 6월 7일에서 10월 5일까지의 제2차 여행을 아우르고 있으며, 주요 여정은 심양, 북경, 곡부, 상해, 항주, 홍콩 등지였다. 『중화유기』는 여행기로서 근대 중국의 다양한 모습을 전달하였다. 근대 중국은 곡부와 항주 같은 유교 전통의 세계와 상해와 홍콩 같은 서양 근대의 세계가 병존하는 이중적인 세계였다. 곡부가 공묘를 보며 공자와 자신 사이의 성속의 거리를 응시하는 성지였다면, 홍콩은 영국의 근대적인 도시 경영을 관찰하며 중국과 서양 사이의 문명적 거리를 체감하는 도시였다. 또한 근대 중국은 서양과 비교되는 현상과 조선과 비교되는 현상이 병존하는 이중적인 세계였다. 중국은 서양과 비교할 때 전제와 입헌의 차이에서 기인하는 현격한 문명적 격차가 있었지만 조선과 비교할 때 공림의 정돈된 묘제와 조선의 어지러운 묘지의 차이에서 감지되는 유교적 질서의 격차가 있었다. 아울러 근대 중국에는 종족적으로 한족과 만주족의 종족적 이중성이 놓여 있었는데, 이 책은 한족 위주의 사고와 만주족 위주의 사고 모두를 비판하고 한만 모두를 종족적 협력 대상으로 보았다. 이처럼 근대 중국에서 유교 전통의 장소성과 서양 근대의 장소성이 어우러진 이중성을 발견하고, 서양과 비교되는 중국적 현상과 조선과 비교되는 중국적 현상이 어우러진 이중성을 발견하고, 종족적으로 한족과 만주족 사이에 어우러진 이중성을 발견한 것이 이 책의 미덕이라 하겠다.

1910년대의 중국은 신해혁명 후 정치적 격변의 세월을 보내고 있었고, 1910년대의 한국 유교지식인은 나라를 잃은 망국민의 처지에 놓여 있었다. 그렇기에 이 시기 한국 유교지식인은 중국의 정치체제에 대한 관심이 지대했으며 근대 한중관계의 안정성을 통해 한국의 독립을 희구하였다. 중국이 오랜 부진에서 벗어나 강국으로 부상하여 한국이 독립을 회복하기를 바라는 마음은 『우주문답』과 『중화유기』에서 명시적으로 표출되었고『한국통사』역시 그와 같은 마음을 공유하고 있었기에 한중 연대의식을 고수하였다. 그러나 그러기 위해서 중국이 어떤 정치체제를 설계해야 하는가 하는 문제에 대해서 각각의 의견은 서로 같지 않았다.『우주문답』은 유교적인 중화제국이 수립되어 최상의 중국 문명을 실현해야 한다고 보았고,『중화유기』는 중국의 국민적 수준을 고려해 공화는 어울리지 않으니 전통적인 전제를 변통하여 입헌으로 전환해야 한다는 입장이었으며,『한국통사』는 비록 한국 근대사에 대해 서술한 것이지만 혁명을 통해 민권을 수립하는 근대사의 보편성을 긍정하되 올바른 국가사상이 없는 민당의 매국적 행태를 경계하였다. 근대 한중관계의 새로운 정립이라는 문제에 대해서도 각각의 의견은 역시 서로 같지 않았다. 똑같이 한국의 독립을 추구했지만『우주문답』은 전근대의 중국적 세계질서가 근대 동양이라는 지역체제에 복원되기를 희망했고 그 선결조건으로 한국의 독립을 제시하였으므로 이를테면 역사상의 조명관계를 곧 미래의 한중관계로 생각했을 것으로 보인다. 반면『한국통사』는 혁명 후 민권시대의 진입을 보편적인 근대사로 인식했기 때문에 근대 한중관계의 시작을 실질적으로 한중 양국의 혁명 세력 사이의 연대에서 생각했을 것으로 보인다. 그럼에도 근대 한중관계는 전근대 한중관계로부터 단절되는 것은 아니며 역사적인 한중관계의 소중한 경험들이 양국의 연대를 강화시킨다고 생각했을 것으로 보인다. 한편『중화유기』가 근대 한중관계에서 국가 대 국가로서 양국 관계의 성격을 어떻게 설정했을지는 단언하기 어렵다. 대신 종족 대 종족으로서 만주 지역에서 한족 및 만주족과 함께 살아가는 한국 민족에게 필요한 한중관계의 슬기로운 관념에 대해서 구상한 것이 있음은 확인할 수 있다. 곧 종족의 관점에서 만주족에 대한 한족의 우월성을 강조하는 존화양이론적 시각과 역시 종족의 관점에서 한족에 대한 부여족의 우월성을 강조하는 대종교적인 시각의 편협성을 버리고, '단·기'를 같이 시조로 보고 '한·만'과 같이 연합하는 수평적인 공존의 자세이다. 한중관계가 단지 한국과 중국의 국가적인 관계에 그치는 것이 아니라 그 내부의 민족적인 관계들까지 포함하는 것이라고 할 때 부여족과 한족과 만주족의 관계를 성찰한 『중화유기』의 열린 시각은 근대 한국의 중국 인식에서 대단히 주목되는 것이라 하겠다.

제3장 해방 후 한국에서 양계초 정치사상의 재현

1. 머리말

1945년 식민지 조선 사회는 일본제국주의의 지배로부터 해방되어 마침내 근대 국민국가 건설의 도정에 오르게 되었다. 하지만 미소 양국이 한반도를 분할 점령한 후 임시정부 수립을 위한 양자간 협상이 결렬됨에 따라 결국 1948년에는 이념과 체제가 상이한 두 국가, 곧 대한민국과 조선민주주의인민공화국이 각각 남과 북에서 수립되었다. 이렇게 형성된 한 민족 두 국가 체제는 21세기 오늘날까지 부단히 계속되고 있으며, 따라서 한국 현대사의 기점을 설정할 때에 그 역사적 개시를 1945년으로 소급하는 것은 당연한 일이라 할 것이다.

그런데 1945년의 역사적 의미는 한편으로 한국현대사의 시작이라는 점에서 주어질 수도 있지만 다른 한편으로는 한국근대사의 새로운 전개라는 점에서도 추구될 수 있다. 만일 한국 근대사의 중요한 부분을 한국 근대 국민국가 건설을 위한 제반 운동의 역사에서 구한다고 할 때, 근대 조선 사회가 1876년의 개항, 1894년의 경장, 1897년의 제국 선포 등 일련의 역사적 사건들을 거치다가 결국 일본에게 국권을 강탈당해 스스로 국민국가를 형성하지 못했던 현실을 돌아본다면, 일본의 식민지로부터 벗어난 1945년이야말로 근대 국민국가 수립이라는 이월된 과제를 뒤늦게 완수하는 새로운 출발점이었다고 볼 수 있는 것이다.

이러한 견지에서 본다면 근대 국민국가 수립 운동의 형성과 전개라는 관점에서 1900년대 후반 대한제국기의 지성사적 상황과 1940년대 후반 해방 공간의 지성사적 상황은 그 사이에 존재하는 역사적 격차에도 불구하고 서로 상통하고 유비되는 지형들이 존재했을 것이라고 상상해 볼 수 있다. 실제로 해방 공간에서 정치적, 사회적 지도자로 활동했던 인사들 중에는 청년기에 애국계몽의 세례를 받고 성장한 경우도 적지 않았기 때문에, 이들이 대한제국기에 수용한 정치사상이 해방 공간의 정치적 상황에서 다시 재현되거나 변주되는 격세유전의 양상들도 충분히 존재할 수 있는 것이다.

그렇게 볼 때 20세기 벽두 대한제국의 지식인들에게 상당한 영향을 미친 청말의 사상가 양계초(梁啓超)의 정치사상이 해방 공간에서 다시 어떻게 조명되고 있는지 살펴보는 것도 이와 관련하여 의미 있는 작업이 되리라 생각된다. 한말의 역사적 상황을 청말의 역사적 상황과 동일시하고 양계초의 정치사상에서 국민국가 수립의 방향을 모색한 한국 지식인들이 있었듯이 마찬가지로 해방 후 조선의 역사적 상황을 이와 동일시하여 양계초의 정치사상에서 재차 근대 국민국가 수립의 방향을 모색한 지식인들이 있었을 가능성은 충분히 상정될 수 있다고 생각된다.

물론 지금까지 양계초 사상의 조선 유입에 관해 연구한 기존의 연구성과들을 살펴본다면 양계초의 정치사상의 역사적 영향을 1945년 이후의 한국사에서까지 진지하게 고려하는 것은 어쩌면 거의 불가능한 일인 것처럼 보일 수 있을 것이다. 양계초의 저작물은 그의 문집『음빙실문집(飮冰室文集)』이나 『음빙실자유서(飮冰室自由書)』, 『중국혼(中國魂)』등을 중심으로 주로 대한제국기 자강운동 과정에서 수용된 것으로 보이기 때문이다.[1] 양계초에 대해 비판적인 입장을 취한 보수 유림들 역시 양계초에 대한 그들의 학술적인 반응은 대개 대한제국기에 집중되어 있었다.[2] 이것은 1910년대 식민지 체제에서 정치적 계몽을 목적으로 하는 사회운동이 원천적으로 차단된 상황에서 양계초 사상이 자연스럽게 퇴조했을 가능성을 암시하기도 한다.

이 점에서 이관구(李觀求, 1885~1953)가 해방 공간에서 완성한 『신대학(新大學)』은 이와 같은 통념을 초월하는 상당히 이색적인 책자로 주목된다. 이 책은 양계초의 저작물을 『대학』의 형식으로 편집하여 양계초의 정치사상을 통해 한반도에서의 근대 국민국가 수립의 문제를 검토한

---

1 한국 근대에 양계초의 저술과 사상이 유입된 현상에 대해서는 다음 논저가 참고된다. 葉乾坤,『양계초와 구한말문학』, 법전출판사, 1980; 신승하, 「구한말 애국계몽운동시기 양계초 문장의 전입과 그 영향」『亞細亞硏究』41-2, 고려대 아세아문제연구소, 1998; 김영희, 「대한제국시기 개신유학자들의 언론사상과 양계초」『한국언론학보』43-4, 한국언론학회, 1999; 牛林杰,『한국 개화기 문학과 양계초』, 박이정, 2002; 전동현, 「대한제국시기 중국 양계초를 통한 근대적 민권개념의 수용」『중국근현대사연구』21, 한국중국근현대사학회, 2004.

2 田愚,『艮齋集私箚』권1「梁集諸說辨」; 曺兢燮,『巖棲集』권16「讀飮冰室文集」; 柳永善,『玄谷集』권9「新書論」: 이 중에 특히 田愚의 업적은 양계초의『음빙실문집』을 조목조목 비판한 것으로 유림 사회에서 이보다 더 높은 수준의 학술적인 비판은 보기 드물다.

것인데, 1900년대 한국 사회의 양계초 수용 양상이 1940년대에도 이어지고 있음을 입증해 준다. 또한『대학』이라고 하는 주자학의 도학적 경세론의 사유 형식이 근대 국민국가 수립을 위한 사상의 체계화에 활용되고 있어서 20세기 한국 지성사의 다채로운 구성을 입증해 준다.

이관구는 황해도 출신으로 1910년대 국내 독립운동의 주요한 흐름이었던 대한광복회와 관계된 인물로서 주로 독립운동가로 알려져 왔지만, 본고에서 검토할『신대학』을 포함하여『신중용(新中庸)』,『의용실기(義勇實記)』,『언행록(言行錄)』,『홍경래전(洪景來傳)』등 많은 저술을 남긴 저술가이기도 하다. 그의 생애와 저술에 대해서는 기초적인 연구가 축적된 가운데[3] 현재 그의 전집이『화사유고(華史遺稿)』[4]로 출판되어 보다 풍부하고 심층적인 연구가 가능해진 상태에 있다. 이 글에서 검토하고자 하는 것은 이관구의 많은 저술 중에서『신대학』이다.『신대학』의 저자와 내용에 대해서는 선행 연구에서 충분히 검토한 상태에 있거니와,[5] 이 글의 주된 연구 관심은『신대학』과 양계초의 저작물의 상호 관계를 보다 세밀히 검토하여『신대학』의 정치사상에 대한 이해의 폭을 넓히는 데에 있다. 다만,『신대학』이 이관구가 저술한 책이 아니라 편집한 책이고, 이관구가 양계초의 저작을 편집한 방식에 대한 미시적인 검토를 통해서 이관구의 정치사상에 접근하는 연구 방법을 취

---

3 李觀求와 관련된 주요 선행 연구로 다음 논저가 참고된다. 조동걸,「대한광복회 연구」,『한국사연구』42, 한국사연구회, 1983; 조준희,「대한광복회 연구 ─ 황해도지부와 평안도지부를 중심으로」,『국학연구』6, 국학연구소, 2001; 정욱재,「화사 이관구의『신대학』연구」,『한국사학사학보』10, 한국사학사학회, 2004; 박환,「화사 이관구의 민족의식과 항일독립운동」,『숭실사학』23, 숭실대 사학회, 2009; 박영석,『화사 이관구의 생애와 민족독립운동』, 선인, 2010.

4 화사선생기념사업회,『화사유고』, 경인문화사, 2011.

5 정욱재,「화사 이관구의『신대학』연구」,『한국사학사학보』10, 한국사학사학회, 2004년.

할 수밖에 없기 때문에 온전한 연구 결과에 이르는 데에 한계점이 있을 것으로 예상된다. 그럼에도 해방 공간에서 양계초 사상으로 한국 근대 정치사상을 구상한 이관구의 학술적 작업은 한국 현대 지성사의 입체적인 이해를 위해 여전히 중요한 의의를 지니고 있다고 생각된다.

2. 『신대학』의 체제 — 『대학장구』와의 비교

이관구가 해방 후에 편찬한 『신대학』은 제명이 말하듯이 주자학의 핵심적인 문헌인 『대학』의 경세론을 계승하되 달라진 시대 상황을 반영하여 완성한 『대학』의 속편이다. 그러나 '속대학'이라 명명되지 않고 '신대학'이라 명명된 사실에서 볼 수 있듯 이 책은 엄밀히 말해 『대학』의 전통적인 사상 내용을 재현하는 속편이 아니라 『대학』의 전통적인 사상 형식으로 새로운 사상 내용을 천명하는 신편이다. 이 점은 이관구가 『신대학』을 집필한 이유를 설명한 서문에 잘 드러나 있다. 즉, 그가 처음 『대학』을 접한 유년기에는 단지 글을 외우기만 했는데 성년이 되어 다시 『대학』을 읽어 보니 마치 문제만 나와 있는 것처럼 글이 너무 간단해 기본적인 가르침을 충분히 보충해서 설명할 필요가 있었고, 게다가 그 기본적인 가르침도 옛날과 오늘날이라고 하는 시대의 변화, 구법과 신법이라고 하는 법제의 변화를 고려하여 충분히 현대화해서 해석할 필요가 있었다. 이 때문에 '고금동서의 성철'의 논의를 참고하고 자기 견해를 첨가하여 『신대학』을 완성하였는데 시세의 변화를 감안하여 새롭게 내용을 구성했지만 대학의 기본 정신인 치평의 도를 추구하고 있음에는 변함이 없다고 강조하였다.[6]

이관구가 『신대학』을 집필한 동기는 이처럼 강목과 고금의 두 가지 관점에서 제시되었다. '강'으로 구성된 『대학』에 대하여 '목'을 부여해 내용을 부연할 필요성, '고'로 둘러싸인 『대학』에 대하여 '금'을 입혀 내용을 혁신할 필요성이 그것이다. 내용의 부연이라는 측면에서 본다면 이것은 전근대 지성인들이 『대학』을 부연해 『대학』 속편을 집필한 학술적인 작업과 일치하는 방향으로 볼 수도 있다.[7] 하지만 내용의 혁신이라는 측면에서 본다면 이것은 유례를 찾기 어려운 독창적인 시도였다고 생각된다.

먼저 『신대학』의 제1장 「총론(總論)」을 보기로 한다. 『신대학』의 「총론」은 마치 『대학장구』의 경1장과 상응하는 부분이라 하겠는데 두 문장으로 구성된 「총론」을 여기에 상응하는 경1장의 구절과 비교하면 다음과 같다.

---

6 李觀求, 『新大學』「新大學序」 3~4면. (『화사유고』 제1권) : 이 논문에서 이용하는 『新大學』은 특별한 주기가 없는 한 경인문화사 영인본이며 인용되는 면수도 모두 영인본의 면수이다.

7 朱熹가 『大學』을 표장하여 『大學章句』를 지은 이래 중국에서 眞德秀의 『大學衍義』가 나오고 丘濬의 『大學衍義補』가 나왔던 것은, 그리고 조선에서 李珥의 『聖學輯要』가 나오고 權常愼의 『國朝大學衍義』가 나오고 宋秉璿의 『武溪謾輯』이 나왔던 것은, 『大學』의 내용을 부연하여 시대의 『大學』을 창조한 일종의 『大學』 속편 작업이었다고 할 수 있다(Noh Kwan Bum, "Academic Trends within Nineteenth—Century Korean Neo—Confucianism", *Seoul Journal of Korean Studies* 29−1, Kyujanggak Institute for Korean Studies, 2016).

〈1-1〉『신대학』「총론」과『대학』경1장의 비교 ①

新大學之道, 在明明德, 在新民, 在格物, 在致知, 在理財, 在治國平天下.
　　ー『新大學』

大學之道, 在明明德, 在新民, 在止於至善.
　　ー『大學章句』

〈1-2〉『신대학』「총론」과『대학』경1장의 비교 ②

物有本末, 事有終始, 知其先後而實行之, 則近道矣.
　　ー『新大學』

物有本末, 事有終始, 知其先後, 則近道矣.
　　ー『大學章句』

　논의의 편의상 먼저 〈1-2〉를 보면『신대학』은 사물에는 본말과 시종
이 있으니 선후를 알아야 도에 가까울 것이라는『대학』의 구절을 차용
하되 단지 이와 같이 아는 데서 그치지 않고 반드시 실행해야 도에 가까
울 것이라고 강조하여 지행합일의 정신을 환기하고 있어서 주목된다.
　또, 〈1-1〉에서 보듯『신대학』은 기본 원리를 '명명덕', '신민', '격물',
'치지', '이재', '치국평천하'의 6가지로 제시하였는데 이것은『대학』의
기본 원리를 '명명덕', '신민', '지어지선'이라는 3강령으로 제시한『대학
장구』의 관점과 다르다.『대학장구』는 3강령의 하위 항목으로 이른바

8조목을 두어 '격물', '치지', '성의', '정심', '수신', '제가', '치국', '평천하'를 마련하였는데, 이를『신대학』의 위 6항목과 비교하면, '격물'과 '치지'는 일단 동일한 항목으로 포함되었고 '치국'과 '평천하'도 '치국평천하'로 항목이 합쳐지는 변화가 없는 것은 아니지만 기본적으로 이어진 반면, '제가'는 '이재'로 명칭이 바뀌는 중요한 변화가 발생하였고, 나머지 '성의', '정심', '수신'은 모두 버려지고 아예 수용되지 않은 사실을 볼 수 있다. 이렇게 해서 마련된『신대학』의 여섯 항목은 곧 이 책의 기본적인 편장 방식과 일치한다. 전체 8장으로 구성된 이 책에서 제1장「총론」과 제8장「결론」을 제외한 본장이 각각 '명명덕'(제2장), '신민'(제3장), '논격물'(제4장), '논치지'(제5장), '논이재'(제6장), '치국평천하'(제7장)이기 때문이다.

이와 같은『신대학』의 체제를 조금 더 알기 쉽게『대학장구』의 체제와 비교하여 도표로 나타내면 다음과 같다.

〈표 1〉『신대학』과『대학장구』의 체제 비교

新大學	
제1장	總論
제2장	明明德
제3장	新民

제4장	格物
제5장	致知

제6장	理財
제7장	治國平天下
제8장	結論

大學章句	
經1章	
傳1章	明明德
傳2章	新民
傳3章	止於至善
傳4章	本末
傳5章	格物致知
傳6章	誠意
傳7章	正心
傳8章	修身
傳9章	齊家
傳10章	治國平天下

〈표 1〉에서 보듯『신대학』의 체제는 본래『대학장구』의 체제로부터 적지 않은 변화가 발생하였음이 확인된다. 그리고 그것은 위에서 말한 대로『신대학』이『대학』의 3강령과 8조목을 선별적으로 수용한 데서 기인하는 것이다.『대학장구』의 편장 중에서『신대학』에 수용되지 못한 것은 전3장 '지어지선'장, 전4장 '본말'장, 전6장 '성의'장, 전7장 '정심'장, 전8장 '수신'장 등이다. 전5장 '격물치지'장은『신대학』에 들어와 '격물'장과 '치지'장으로 분화되었으며 전9장 '제가'장은『신대학』에서 '이재'장으로 명칭이 바뀌었다. 이와 같은 체제의 변화는 몇 가지『신대학』이 추구하는 시대적인 가치와 연결되어 있다고 보인다.

첫째,『신대학』이 '지어지선'장을 마련하지 않은 것은 '명명덕'에서 출발하여 '신민'을 거쳐 '지어지선'에 도달하는 전통적인 대학지도(大學之道)의 도덕적인 이상주의를 부정했다는 의미가 있다. '지어지선'을 신대학지도(新大學之道)에서 삭제함으로써 신대학이 추구하는 새로운 가치가 보편적인 도덕주의에 있지 않음을 명시한 것이다. '지어지선'이 사라진 결과『대학』의 편장 항목들은 더 이상 3강령과 8조목의 위계질서로 엮일 필요가 없게 되었다.

둘째,『신대학』이『대학장구』의 '성의'장, '정심'장, '수신'장 등을 마련하지 않은 것은 보편적인 도를 실현하는 도덕적 주체를 형성하는 데 필요한 심성론과 수양론을 부인했다는 의미가 있다.『신대학』의 기본적인 관심사는 일반적인 도덕적 주체의 형성이 아니라 국민국가를 구성하는 정치적 주체의 형성이었으며 이를 위해 필요한 국민 도덕과 국민 정신을 중시하였다. 그런데 이와 같이 새롭게 요청되는 국민 도덕과 국민 정신에 관해『신대학』은 제2장 「명명덕」과 제3장 「신민」에서 서술함으로써 별도의 편장이 불필요해진 것이다.

셋째, 『신대학』이 『대학장구』의 '제가'장을 제6장 「이재」로 변용했음은 이미 언급했지만 그 밖에 『대학장구』의 '격물치지'장과 '치국평천하'장에 대해서도 내용상 상당한 변용이 발생하였다. 『신대학』의 제4장 「격물」은 과학에 관한 내용을 담고 있고 제5장 「치지」는 철학, 제6장 「이재」는 경제학, 제7장 「치국평천하」는 정치학에 관한 내용들을 담고 있어서 이미 『대학장구』에서는 상상할 수 없는 내용으로 구성되었다. 다만, 제7장 「치국평천하」에는 말미에 『대학장구』의 '평천하'장의 언설들을 별도로 수집하여 채록함으로써 상징적으로 『대학』의 전통적인 치국평천하의 이상을 포기하지는 않았음을 암시하였다.

넷째, 『신대학』이 『대학장구』의 '본말'장을 마련하지 않은 것은 본말이 3강령과 8조목에는 포함되지 않기 때문에 상대적으로 중요성이 떨어진다고 간주한 듯하다. 그 대신 『신대학』은 제1장 「총론」에서 『대학장구』 경1장 '본말'에 대한 구절을 조금 변형하여 그대로 채록해 주는 태도를 보였다. 이는 앞서 〈1-2〉에서 확인한 바이다.

결국 『신대학』은 기본적으로 『대학』의 형식을 차용하여 체제를 마련하였지만 그것은 내용상 『대학장구』의 전통적인 도학적 경세론에서 벗어나 국민 도덕과 국민 정신의 확립, 그리고 과학, 철학, 경제학, 정치학에 관한 지식의 계발 등을 포함하는 전혀 새로운 『대학』이었다. 그럼에도 이관구는 『신대학』이 『대학』으로부터 학술적으로 단절된 것이라 생각하지 않았다. 과거의 『대학』에 주석을 다는 훈고적인 방식이 아니라 이를 고쳐서 현재의 『대학』으로 변용하는 실천적인 방식을 통해 시대의 『대학』이 창조될 수 있다고 본 것이다.

3. 『신대학』의 내용 — 양계초 저작과의 비교

앞에서 보았듯이 『신대학』은 『대학장구』의 기본적인 체제에 변화를
주어 3강령과 8조목을 중심으로 하는 『대학』의 전통적인 경세사상에
서 상당히 달라진 모습을 노정하였다. 이 점은 『신대학』의 내용을 살
펴볼 때 더욱 확연히 드러난다. 이관구는 『신대학』의 「총론」에서 『대
학』의 내용을 현대화하여 부연 설명하겠다고 밝힌 바 있고 이를 위해
'고금동서의 성철'의 논의를 끌어오겠다고 했기 때문에 『대학』의 본래
내용 이외에 많은 지식들이 그 내용으로 첨가되어 있을 것임을 예상할
수 있다. 그런데 실제 그가 참조한 '고금동서의 성철'의 학설은 각각의
원전에서 직접적으로 옮겨진 것이 아니라 거의 모두 양계초의 저작을
편집한 방식으로 옮겨진 것이기 때문에 사실상 『신대학』의 내용은 전적
으로 양계초의 저작에 의지해서 구성된 것이라 해도 과언이 아니다.

양계초의 저작이 『신대학』에 얼마나 반영되었는지는 『신대학』의 모
든 장절을 양계초의 저작과 비교하는 방법을 통해 알 수 있다. 먼저 『신
대학』 제1장 「총론」과 제8장 「결론」의 경우 「총론」은 앞 절에서 보았듯
『대학』 경1장의 두 언설을 수정하여 채록한 것이고 「결론」은 『음빙실
문집』 제7책 「신민의(新民議)」의 '서론(緒論)'을 옮겨와 『신대학』의 학문
적 성격이 '이론을 위한 이론'이 아니라 '사실을 위한 이론'에 놓여 있음
을 서술한 것이다. 어떠한 책자이든 서론과 결론은 가장 자유롭고 가장
생생하게 지은이의 목소리가 담겨야 하는 곳인데 그와 같은 서론과 결
론조차 각각 『대학』과 『음빙실문집』에서 거의 그대로 내용을 전재하
여 구성한 사실이 놀랍다.

이와 같은 현상은 『신대학』의 본론에서도 예외가 아니다. 『신대학』 제2장 「명명덕」 제1절 「서론(緖論)」은 이관구 스스로 지은 것으로 생각되지만 제2절 「공덕(公德)」은 양계초의 『신민설(新民說)』의 제5절 「논공덕(論公德)」에서 내용을 취하였다. 『신대학』에서 추구하는 명덕이 사실상 근대 국가의 주체로서 국민의 공덕임을 명시한 것이다. 『신대학』 제3장 「신민」 제1절 「서론(敍論)」은 양계초의 『신민설』 제1절 「서론(敍論)」을 그대로 전재한 것이다. 이어서 제2절 「신민위금일오조선제일급무(新民爲今日吾朝鮮第一急務)」는 『신민설』 제2절 「논신민위금일중국제일급무(論新民爲今日中國第一急務)」에서, 제3절 「석신민지의(釋新民之義)」는 『신민설』 제3절의 동일 편명에서, 제4절 「취우승열패지리증신민지결과이취법지소의(就優勝劣敗之理證新民之結果而取法之所宜)」는 『신민설』 제4절의 동일 편명에서, 제5절 「논진취모험(論進取冒險)」은 『신민설』 제7절의 동일 편명에서, 제6절 「논권리사상(論權利思想)」은 『신민설』 제8절의 동일 편명에서, 제7절 「논자유(論自由)」는 『신민설』 제9절의 동일 편명에서, 제8절 「논의력(論毅力)」은 『신민설』 제15절의 동일 편명에서, 제9절 「논자존(論自尊)」은 『신민설』 제12절의 동일 편명에서 내용을 취하였다. 제10절 「금조혼의(禁早婚議)」은 양계초의 『음빙실문집』 제7책 「신민의(新民議)」에 수록된 동일 편명에서 내용을 취하였다. 따라서 『신대학』 제2장 「명명덕」과 제3장 「신민」은 거의 전적으로 양계초의 『신민설』을 채집해서 완성했음을 볼 수 있으며, 심지어 『신민설』에 포함되어 있지 않고 『음빙실문집』에 따로 수록된 「신민의」까지 끌어와 신민에 관한 양계초의 저작을 종합하는 효과를 보여 주었다. 그만큼 이관구가 양계초의 신민사상에 심취해 있었다는 증거이다.

이어서 『신대학』 제4장 「논격물」은 『음빙실문집』 제11책 「격치학연혁고략(格致學沿革考略)」및 같은 책 제6책 「논학술지세력좌우세계(論學術之勢力左右世界)」에서 내용을 취하였는데, 제1절 「서론(敍論)」은 「격치학연혁고략」의 '도언(導言)'및 '도언' 시작 전의 세주를 거의 그대로 전재한 것이다. 제2절 「논우주만유생기(論宇宙萬有生起)」는 예외적으로 양계초의 저작물에서 내용을 찾기 어렵다. 제3절 「세계격물발명론(世界格物發明論)」은 「격치학연혁고략」 제1절 '상고 격치학사(上古格致學史)'제2절 '중고 격치학사' 제3절 '근고 격치학사'에서 주요 구절을 채집하였고, 다시 「논학술지세력좌우세계」에서 주요 구절을 채집하였다.

『신대학』 제5장 「논치지」는『음빙실문집』제13책 「근세문명초조이대가지학설(近世文明初祖二大家之學說)」을 전재한 것이다. 제1절 「서론(敍論)」은 「근세문명초조이대가지학설」의 '서언(緖言)'을 그대로 전재하였고, 제2절 「논실험학(論實驗學)」은 「근세문명초조이대가지학설」의 '배근학설(培根學說)'에서 주요 구절을 채집하였다. 이 과정에서『음빙실문집』의 원문에 실린 '배근왈(培根曰)', '배근이위(培根以爲)' 등 베이컨의 말을 전혀 삭제하는 특징을 보여 주었다. 「논치지」 제3절 「논궁리(論窮理)」는 「근세문명초조이대가지학설」의 '적가아학설(笛卡兒學說)'에서 주요 구절을 채집하였다. 역시 '적가아이위(笛卡兒以爲)' 등 데카르트를 표시하는 단어를 삭제하였다. 제4절 「논실험법(論檢點法)」은『음빙실문집』 제13책 「근세제일대철강덕지학설(近世第一大哲康德之學說)」 중에 '강덕지「검점」학파(康德之「檢點」學派)'와 '논순지(論純智)'에서 주요 구절을 채집하였다. 역시 '강덕왈(康德曰)', '강덕이위(康德以爲)' 등 칸트를 표시하는 단어를 삭제하였다.『신대학』 제4장 「논격물」 제3절 '세계격물발명론'과 마찬가지로 마지막 문단에서 '태동학자(泰東學者)'의 문제점을 비판하고 있다.

『신대학』 제6장 「논이재」는『음빙실문집』제12책 「생계학학설연혁소사(生計學學說沿革小史)」를 전재한 것이다. 제1절 「서론(敍論)」은 「생계학학설연혁소사」의 「발단(發端)」을 거의 그대로 전재한 것이다. 제2절 「논생계학지계설급연혁(論生計學之界說及沿革)」은 『음빙실문집』 제12책 「생계학학설연혁소사」의 제1장 「본론지계설급기서목(本論之界說及其書目)」, 제2장 「상고 생계학(上古生計學)」, 제3장 「중고 생계학」, 제4장 「십육세기 생계학」에서 주요 구절을 채집하였다. 제3절 「중상주의(重商主義)」는 『음빙실문집』 제12책 「생계학학설연혁소사」 제5장 「중상주의」 제6장 「십칠세기 생계학」에서 주요 구절을 채집하였다. 제4절 「중농수의(重農主義)」는 『음빙실문집』 제12책 「생계학학설연혁소사」, 제8장 「중농주의」에서 주요 구절을 채집하였다. 제5절 「생계지원인급관계(生計之原因及關係)」는 『음빙실문집』 제12책 「생계학학설연혁소사」, 제9장 「사밀아단학설(斯密亞丹學說)」에서 주요 구절을 채집하였다.

『신대학』 제7장 「치국평천하」 제1절 「서론(敍論)」은 『음빙실문집』 제10책 「논민족경쟁지대세(論民族競爭之大勢)」 중에서 첫 네 문단을 채집하였고, 말미에 미국과 소련에 의해 민족통일이 이루어지지 못할 것을 염려하는 이관구의 글이 있다. 제2절 「논국가사상(論國家思想)」은 『신민설』 제6절 「논국가사상」에서 주요 구절을 채집하였다. 제3절 「논입법급행정(論立法及行政)」은 『음빙실문집』 제9책 「논입법권(論立法權)」 제1절 「논입법부지불가결(論立法部之不可缺)」, 제2절 「논입법행정분권지리(論立法行政分權之理)」 및 『음빙실문집』 제13책 「낙리주의태두변심지학설(樂利主義泰斗邊沁之學說)」에서 주요 구절을 채집하였다. 제4절 「논정부여인민권한(論政府與人民權限)」은 『음빙실문집』 제10책 「논정부여인민지권한(論政府與人民之權限)」을 거의 그대로 전재하였다. 제5절 「논정체지종류급각국정체변천(論政體之種類及各國政體變遷)」은 『음빙실문집』 제9책 「중국

전제정치진화사론(中國專制政治進化史論)」 제1장 「논정체지종류급각국정체변천지대세(論政體之種類及各國政體變遷之大勢)」를 거의 그대로 전재하였다. 제6절 「논민족주의여민족제국주의상선(論民族主義與民族帝國主義相嬗)」은 『음빙실문집』 제6책 「국가사상변천이동론(國家思想變遷異同論)」을 거의 그대로 전재한 것이다. 제7절 「이상세계대동지치(理想世界大同至治)」는 『음빙실문집』 제13책 「근세제일대철강덕지학설」 중에 '논자유여도덕법률지관계(論自由與道德法律之關係)'의 후반부를 거의 그대로 전재하였고, 이어서 역시 『음빙실문집』 제13책 「정치학대가백륜지리지학설(政治學大家伯倫知理之學說)」 중에 '4. 논주권(論主權)'과 '5. 논국가지목적(論國家之目的)'을 거의 그대로 전재하였다. 제8절 「최대다수최대행복의(最大多數最大幸福義)」는 『음빙실문집』 제10책 「정치학학리척언(政治學學理摭言)」 중 '최대다수최대행복의'를 거의 그대로 전재하였다. 마지막 문단의 두 줄은 이관구가 덧붙인 문장이다. 제9절 「논군주전제정체유백해어군주(論君主專制政體有百害於君主)」는 『음빙실문집』 제9책 「논전제정체유백해어군주이무일리(論專制政體有百害於君主而無一利)」에서 주요 구절을 채집하였다. 제10절 「고치국평천하지도(古治國平天下之道)」는 양계초의 저작과 관계없이 유가의 경서, 곧 『대학』에서 몇몇 구절을 채집하였다. 이상의 내용을 도표로 정리하여 『신대학』와 양계초 저작의 관계를 나타내면 다음과 같다.

〈표 2〉에서 보듯 『신대학』 전체 8장 36절 중에서 양계초의 저작에서 내용을 취하지 않은 것은 제1장 「총론」과 제2장 제1절 「서론」, 그리고 제4장 제2절 「논우주만유생기」, 제7장 제10절 「고치국평천하지도」 뿐인데, 이것은 『신대학』의 모든 장절의 내용을 양계초의 작품으로 채우려 하였던

〈표 2〉『신대학』과 양계초 저술의 대응 관계

李觀求,『新大學』		梁啓超,『飮氷室合集』		
장	절	문집	제목	장절
1.總論	.			
2.明明德	1.緖論			
	2.公德	專集4	新民說	論公德
3.新民	1.敍論	〃	〃	敍論
	2.新民爲今日吾朝鮮第一急務	〃	〃	論新民爲今日中國第一急務
	3.釋新民之義	〃	〃	釋新民之義
	4.就優勝劣敗之理證新民之結果而取法之所宜	〃	〃	就優勝劣敗之理證新民之結果而取法之所宜
	5.論進取冒險	〃	〃	論進取冒險
	6.論權利思想	〃	〃	論權利思想
	7.論自由	〃	〃	論自由
	8.論毅力	〃	〃	論毅力
	9.論自尊	〃	〃	論自尊
	10.禁早婚議	文集7	新民議	禁早婚議
4.論格物	1.敍論	文集11	格致學沿革考略	導論
	2.論宇宙萬有生起			
	3.世界格物發明論	文集11	格致學沿革考略	上古格致學史, 中古格致學史, 近古格致學史
		文集6	論學術之勢力左右世界	
5.論致知	1.敍論	文集13	近世文明初祖二大家之學說	緖言
	2.論實驗學	〃	〃	培根學說
	3.論窮理	〃	〃	笛卡兒學說
	4.論檢點法	〃	近世第一大哲康德之學說	康德之「檢點」學派, 論純智
6.論理財	1.敍論	文集12	生計學學說沿革小史	發端
	2.論生計學之界說及沿革	〃	〃	本論之界說及其書目, 上古生計學, 中古生計學, 十六世紀生計學
	3.重商主義	〃	〃	重商主義, 十七世紀生計學
	4.重農主義	〃	〃	重農主義
	5.生計之原因及關係	〃	〃	斯密亞丹學說
7.治國平天下	1.敍論	文集10	論民族競爭之大勢	.
	2.論國家思想	專集4	新民說	論國家思想
	3.論立法及行政	文集9	論立法權	論立法部之不可缺, 論立法行政分權之理

		文集13	樂利主義泰斗邊沁之學說	.
	4.論政府與人民權限	文集10	論政府與人民之權限	.
	5.論政體之種類及各國政體變遷	文集9	中國專制政治進化史論	論政體之種類及各國政體變遷之大勢
	6.論民族主義與民族帝國主義相嬗	文集6	國家思想變遷異同論	.
	7.理想世界大同至治	文集13	近世第一大哲康德之學說	論自由與道德法律之關係
		〃	政治學大家伯倫知理之學說	論主權, 論國家之目的
	8.最大多數最大幸福義	文集10	政治學學理摭言	最大多數最大幸福義
	9.論君主專制政體有百害於君主	文集9	論專制政體有百害於君主而無一利	
	10.古治國平天下之道			
8.結論	.	文集7	新民議	緒論

文集은 『飮氷室文集』, 專集은 『飮氷室專集』이고, 저본은 1989년 中華書局 刊本 『飮氷室合集』이다.

기본적인 편집 태도에서 비추어 본다면 약간의 예외에 해당한다고 볼 수 있다.[8]

---

8 『신대학』의 제1장 「총론」은 〈1-1〉과 〈1-2〉, 그리고 〈2-1〉에서 본 것처럼 『대학장구』에 총론 격의 經一章이 있듯이 이를 의식하여 『대학』에서 구절을 변형하여 채록한 것이기 때문에 굳이 양계초의 저작을 찾을 필요는 없었던 것으로 보인다. 그리고 『신대학』은 총론과 결론을 제외한 본론의 모든 章에서 제1절에 「서론」을 두고 있으며 그 「서론」은 예외 없이 양계초의 특정한 저작을 발췌한 것이기 때문에 제2장 「명명덕」의 서론에서만 예외가 발생한 것은 『신대학』이 '명명덕'의 중심 내용을 국민국가의 공덕으로 설정한 다음 이와 관련하여 본절에 해당하는 제2절에서는 『新民說』의 「論公德」을 활용할 수 있었지만 제1절에 들어갈 적당한 양계초의 다른 글을 찾지 못했던 것으로 보인다. 제4장 제2절 「논우주만유생기」의 경우 현재 정확한 이 글의 출처를 파악하기 어렵지만 제4장의 주제가 格致學, 곧 과학이기 때문에 과학의 중심적인 내용으로 천문학적 지식을 전달하고 하는 의도에서 비록 양계초의 글이 아니라 할지라도 삽입한 것으로 보인다. 제7장 제10절 「고치국평천하지도」는 『대학장구』의 傳十章 「治國平天下」의 구절들을 채록하여 본론의 맨마지막 절에 배치하여 상징적으로 책제로 선택한 '新大學'의 시각적 효과와 궁극적 지향을 드러낸 것

『신대학』이 인용한 양계초의 저작은 크게 양계초의 문집인『음빙실문집』에 수록된 여러 글과『음빙실문집』에 수록되지 않고 단행본으로 편찬된『신민설』로 구분된다. 그런데『신민설』과 나머지『음빙실문집』에 속한 글들이『신대학』의 체제에 들어와 이용되는 양상은 서로 같지 않다.『신민설』은『신대학』에서 제2장「명명덕」과 제3장「신민」 전체, 그리고 제7장「치국평천하」의 제2절「논국가사상」에서 활용되었다. 이 부분은『신대학』전체를 놓고 볼 때 근대 국민국가를 만들기 위한 국민 도덕과 국민 정신의 수립이라는 가장 실천적인 성격의 메시지가 직접적으로 발출되고 있다. 반면 그 밖의『음빙실문집』에 속한 글들은『신대학』에서 제4장「논격물」, 제5장「논치지」, 제6장「논이재」, 제7장「논치국평천하」의 대부분에서 활용되었다. 이 부분은 개별 인민들의 지식 계몽을 위해 과학, 철학, 경제학, 정치학에 관한 중요한 학설들을 집성한 학술적인 성격의 지식이 상대적으로 강하게 전달되었다. 따라서『신대학』은 처음부터 양계초의 저작 중에서 우선적으로 『신민설』을 선택하여 그것을『신대학』의 중심적인 장(章)으로 편제하고 나머지 여러 가지 중요한 현대 학문들에 관한 지식을『음빙실문집』의 글에서 얻었다고 말할 수 있다.[9]

『신대학』은 원칙적으로 양계초의 저작을 발췌하거나 전재하여 내용을 구성하였지만 그것이 단지 발췌와 전재에만 머물렀던 것은 아니다. 양계초의 저작이 분량상 방대하기 때문에 그것을 축약할 필요성도 있었으며 양계초의 저작이 청말의 중국인 독자를 대상으로 작성된 것이

으로 보인다.

9   정욱재,「화사 이관구의『신대학』연구」,『한국사학사학보』10, 한국사학사학회, 2004, 116~126면.

기 때문에 해방 후 한국인 독자를 대상으로 화법을 고칠 필요성도 있었다. 더러 양계초의 저작을 정밀하게 읽고 중요한 지점이라 생각되는 부분에서 자신의 안설(按說)을 과감하게 개진하기도 하였고 더러 양계초의 저작을 허술하게 읽고 발췌하거나 전재하는 과정에서 실수를 범하기도 하였다. 이를 간단히 몇 가지 소개하면 다음과 같다.

첫째, 양계초의 지작을 축약하여 내용을 구성하였다. 예컨대『신대학』제5장「논치지」제2절「논실험학」과『음빙실문집』제13책「근세문명초조이대가지학설」'배근학설'을 비교해 보자.『신대학』은 '배근학설'의 서두 부분에서 간단히 인물과 시대 배경을 소개하는 도입부를 삭제하고 곧장 베이컨의 학설로 들어갔다. 즉, '배근학설'은 서두에서 15세기 '고학 부흥' 및 '신교 확립' 후 학풍이 변화하고 있으나 학자들이 아직 그리스의 플라톤과 아리스토텔레스에 집착하며 궤변과 공상에 빠져 있었는데 베이컨이 나와 학문이 '실제'로 돌아갔으며 그가 실험을 선으로 하고 이론을 후로 하는 영국학계의 선구자가 되었다고 서술하였지만[10] 이 부분이 모두 삭제된 것이다.

또『신대학』은 '배근학설'의 내용 중에 나오는 인용문 형식을 모두 제거하고 일반적인 서술형으로 바꾸어 놓았다. 이를테면 다음과 같은 비교이다.

〈2-1〉『新大學』제5장「論致知」제2절「論實驗學」과『飮冰室文集』제13책「近世文明初祖二大家之學說」〈倍根學說〉의 비교 ①

---

10 『飮冰室文集』13,「近世文明初祖二大家之學說」2면.

『新大學』p. 223 (강조는 인용자)

笛卡兒嘗於人曰, <u>實驗之法, 倍根發之無餘蘊矣. 雖然有一難言.</u>

『飮冰室文集』13, p. 5

<u>實驗之法, 倍根發之無餘蘊矣. 雖然有一難言.</u>

또 『신대학』은 '배근학설'의 결미 부분을 삭제하였다. 아래에서 보듯 결미 부분에서 주자의 인용문을 삭제하였고 후속으로 데카르드를 소개하기 위해 베이컨의 한계점을 지적했던 부분을 삭제하였다.

〈2-2〉『新大學』제5장 「論致知」제2절 「論實驗學」과 『飮冰室文集』제13책 「近世文明初祖二大家之學說」 '倍根學說'의 비교 ②

『新大學』p. 233 (강조는 인용자)

若其現象累起而不誤則我之<u>所測</u>者是也, 若其不相應則更立他之推測而以求<u>之可也.</u> 然則實驗與推測常相隨, 棄其一而取其一, 亦無是處也.

『飮冰室文集』13, p. 5 (강조는 인용자)

若其現象果累起而不誤則我之<u>所推測</u>者是也, 若其不相應則更立他之推測而以求之. <u>朱子所謂因其已知之理, 而益窮之也.</u> 故實驗與推測常相隨, 棄其一而取其一, 亦無是處. <u>吾知當倍根自從事於試驗之頃, 固不能離懸測, 但其不以此教人, 則理論之缺點也. 故原本數學以定物理之說, 不能不有待於笛卡兒矣.</u>

『신대학』은 나머지 장에서도 이와 같은 방법으로 양계초의 저작을 축약하고 있다. 이는 양계초의 원문 내용을 가급적 원의를 해치지 않는 범위 내에서 조금 간결하게 가다듬고 싶었던 이관구의 기본적인 편집의식을 뜻하는 것이다.

둘째, 양계초의 저작에서 중국인 독자를 상정한 표현들을 한국인 독자를 위해 거의 모두 고쳤다. 예를 들어 『신대학』 제3장 「신민」 제2절 「신민위금일오조선제일급무」와 『음빙실전집』 제4책 「신민설」 제2절 「논신민위금일중국제일급무무」의 다음 내용을 비교해 보자.

〈3-1〉 『新大學』 제3장 「新民」 제2절 「新民爲今日吾朝鮮第一急務」와 『飮冰室專集』 제4책 「新民說」 제2절 「論新民爲今日中國第一急務」의 비교

『新大學』, p.37 (강조는 인용자)
夫吾國解放後四星霜而效不覩者何也, 則於新民之道未有留意焉者也.

『飮冰室專集』 4 「新民說」, p.2 (강조는 인용자)
夫吾國言新法數十年而效不覩者何也, 則於新民之道未有留意焉者也.

양계초의 『신민설』은 중국에서 신법을 말한 지 수십 년이 지났는데 효과를 보지 못하고 있는 이유가 신민을 위한 방법에 관심을 갖지 못했기 때문이라고 서술하였다. 이에 대해 『신대학』은 이 부분을 조선이 해방된 지 4년이 지났는데도 효과를 보지 못하고 있는 이유가 신민을 위한 방법에 관심을 갖지 못했기 때문이라고 바꾸어 서술하였다. 양계초의 설법을 1940년대 조선의 현실에 맞게 전달하고자 표현을 고친 것이다. 이와 같은 수정 방식은 아래의 예에서도 확인된다.

〈3-2〉『新大學』제3장 「新民」 제7절 「論自由」와 『飮冰室專集』 제4책 「新民說」 제9절 「論自由」의 비교

『新大學』 pp.131~132 (강조는 인용자)

吾朝鮮不然. 自事大思想, 浸潤於國民之頭顱以後, 於古人之言論行事, 非惟辨難之事不敢出於口, 抑且懷疑之念不敢萌於心.

『음빙실전집』 4, 「新民說」 p.47 (강조는 인용자)

中國不然. 於古人之言論行事, 非惟辨難之事不敢出於口, 抑且懷疑之念不敢萌於心.

양계초의『신민설』은 중국이 서양과 달리 자유 관념이 박약했던 양상을 서술하면서 특히 고인의 언행에 대하여 감히 비평도 못하고 회의도 못했던 것을 비판하였다. 이에 대해『신대학』은 양계초가 말한 '중국'을 '조선'으로 단어를 바꾼 다음 특히 조선의 경우 사대사상이 국민의 뇌수에 젖어 있어서 고인의 언행을 비평하거나 회의하지 못한다고 바꾸어 서술하였다. 양계초의 설법에 조선의 현장감을 부여하기 위해서 원문에 없는 구절도 더 첨가하는 양상을 잘 볼 수 있다.[11]

---

[11] 『신대학』이 양계초의 저작물에 대해서 중국인 독자를 위해 상정한 표현을 한국인 독자를 위해 모두 고친 것은 아니다. 가령 양계초가 말한 '중국'을『신대학』은 대개 '조선'으로 고쳐 주었지만 간혹 부주의한 탓으로 그대로 남겨 둔 경우도 있다. 예를 들어『신대학』제3장 「신민」, 제10절 「금조혼의」와『음빙실문집』제7책 「신민」, '금조혼의'를 비교하면 이를 알 수 있다. 『음빙실문집』 '금조혼의'에서 사용된 '중국'이 그대로 여과 없이『신대학』의 「금조혼의」에 사용되었음을 볼 수 있지만, 『음빙실문집』에서 '금조혼'이라고 한 것을『신대학』에서 '계조혼'이라고 고친 것은 표현의 수위를 조절한 것이다. "故吾以爲中國欲改良辜治而敎民之道其必自戒早婚始. 子思子曰, 君子之道造端夫婦, 若夫婦背其道, 則不徒其家道索矣, 而將及國家衰退矣." (『新大學』186

셋째, 양계초의 저작을 정밀하게 읽고 중요한 지점이라 생각되는 부분에서 자신의 안설(按說)을 과감하게 개진하기도 하였다. 그것은 두 가지 방식으로 구분되는데 하나는 양계초가 안설을 서술한 것에 상응하여 이관구가 이를 조선의 상황에 맞게 자신의 안설을 작성한 경우이고, 다른 하나는 양계초가 안설을 작성하지 않았는데 어떤 장절의 말미에서 스스로 조선의 상황을 개탄하며 자신의 안설을 작성한 경우이다. 가령 『신대학』 제6장 「논이재」 제3절 「중상주의」와 『음빙실문집』 제12책 「생계학학설연혁소사」, 제5장 '중상주의'를 비교하면 전자의 사례를 얻는다. 양계초는 '중상주의' 결미에서 중상주의가 16세기 이후 유럽 생계학의 진보에 저해가 되었지만 자신이 살고 있는 중국을 위해서는 이것이 최선의 방법이라고 평하였다. 중국 상인이 모험진취의 정신이 풍부해서 유럽의 식민지에서 많은 중국 상인이 활동하고 있으나 국가의 상업이 발달하지 못하는 것은 정부에서 이를 보호하고 권장하지 않기 때문이라고 보았다.[12] 이관구는 양계초의 이와 같은 안설에 상응하는 구절을 마련하였다. 곧 중상주의에서 추구하는 수출 장려와 수입 제한의 두 가지 정책이 없으면 조선의 생계계가 보존될 수 없다고 하였고 콜베르[哥巴]와 그린빌[格林威爾]의 중상주의적인 상업 정책이 조선의 생계계를 위해 가장 적합하다고 보았다.[13]

반면, 『신대학』 제5장 「논치지」 제4절 「논검점법」은 『음빙실문집』 제13책 「근세제일대철강덕지학설」 중에 '강덕지「검점」학파(康德之「檢點」學派)'와 '논순지(論純智)'에서 주요 구절을 채집하여 내용을 구성한 것

면) "故吾以爲今日之中國欲改良羣治其必自禁早婚始"(『飮冰室文集』7, 113면).

12 　『飮冰室文集』12, 「生計學學說沿革小史」 제5장 '重商主義' 21~22면.

13 　『新大學』 제6장 「論理財」 제3절 「重商主義」 298면.

인데, '논순지(즉순성지혜)(論純智(卽純性知慧))'에서 '2. 서물원리학(즉철학)지기초(庶物原理學(卽哲學)之基礎)' 중 '논도학위철학지본(論道學爲哲學之本)'을 결미로 잡아 내용을 구성하는 바람에 실제 양계초의 원저에서 마지막 절이었던 '논자유여도덕법률지관계(論自由與道德法律之關係)'는 '논치지'의 범위를 넘어섰다고 판단한 듯 모두 삭제하였다. 대신 말미에 서양 근대 철학에 비추어 '대동학자 대환(泰東學者 大患)'을 맹렬히 비판하였다. 자기의 이목이 없이 그저 고인의 이목으로 자기 이목을 삼는 태도, 자기의 심사가 없이 그저 고인의 심사로 자기 심사를 삼는 태도, 말하자면 철학적 주체성이 없이 단지 고인을 숭배하는 풍조를 비판한 것이다. 아무리 '대성거철(大聖巨哲)'의 언설이라도 실물에서 시험해 입증되지 않는다면, 본심으로 반성해서 타당하지 않다면, 믿지 말아야 하고 그래야만 천고의 미몽을 박차고 탁월한 홍유(鴻儒)가 될 수 있는데, 불행히도 한국의 도학계는 '한학 수입 이래' 조금도 창조가 없었다는 것이다. 따라서, 베이컨, 데카르트, 칸트가 했던 방식으로 격치학에서 정성을 다해야 한국의 문명향상을 이룩할 수 있다고 천명하였다.[14]

넷째, 더러 양계초의 저작을 허술하게 읽은 듯 발췌하거나 전재하는 과정에서 실수를 범하기도 하였다. 가령 『신대학』 제6장 「논이재」 제3절 「중상주의」는 『음빙실문집』 제12책 「생계학학설연혁소사」 제5장 '중상주의'에서 내용을 취한 것인데 전재하는 과정에서 약간의 착오를 일으켰다. 곧 『신대학』은 중상주의가 금화의 외국 유출 방지를 안국이민(安國利民)의 유일한 법으로 내세우는 학설이라 소개하면서 이를 콜베르주의[哥巴主義]라고도 칭하는 것은 중상주의를 국가 정책으로 추진한 덕국(德國)

---

14 『新大學』 제5장 「論致知」 제4절 「論檢點法」 265~266면.

의 명상이 콜베르였기 때문이라고 서술하였다.[15] 그러나『음빙실문집』은 콜베르를 법국(法國)의 명상이라고 올바르게 기록하였다.[16]

또한 양계초의 저작을 앞서 살펴본 것처럼 한국인 독자를 위해 표현을 고치는 작업을 하면서 중국의 상황을 무리하게 한국의 상황으로 유비시키다가 표현이 모호해지는 사태가 발생하기도 하였다. 가령『신대학』제3장「신민」제7절 '논자유'는『음빙실전집』제4책「신민설」제9절 '논자유'에서 내용을 취한 것인데, 그중에서 양계초는 중국에서 1897~1898년에는 온 나라가 서학을 추종하다 1899~1900년에는 온 나라가 서학을 기피하다 지금은 다시 서학을 추종한다며 무상한 세태를 비판한 부분이 있다. 이관구도 이를 본따 한국이 근 수십 년간 온 나라가 일본을 흉내 내다 근일에는 일본을 기피하고 온 나라가 서학을 추종하는데 오늘 서학을 기피하다가도 내일이면 다시 추종할 것이라며 역시 무상한 세태를 비판하였다. 여기서 오늘 서학을 기피하다가도 내일이면 다시 추종할 것이라는 말[今日避西學若厲, 又明日則厲又爲羶矣.]은 당대의 한국의 현실과 맞지 않으며 양계초가 지금은 다시 서학을 추종한다는 말[今則厲又爲羶矣.]을 그대로 따오는 과정에서 의미가 모호해진 것이다.[17]

이상으로『신대학』이 양계초의 저작을 발췌하거나 전재하여 내용을 구성하는 방식들을 살펴보면, 양계초의 원래 저작을 원형 그대로 옮겨오고자 하는 의식보다는 조선의 독자를 위해 양계초의 저작을 가급적 간결하게 축약하고 조선의 현장에 맞게 표현을 바꾸고 중요한 논점이

---

15 『新大學』제6장「論理財」제3절「重商主義」289면.

16 『飮冰室文集』12,「生計學學說沿革小史」제5장 '重商主義' 16면.

17 『飮冰室專集』4,「新民說」제9절「論自由」48면;『新大學』제3장「新民」제7절「論自由」133~134면.

라고 생각되는 지점에서 과감하게 자신의 안설을 피력하는 양상을 확연히 볼 수 있다. 이것은 이관구 개인의 독특한 편집 방식이었다기보다는 대한제국기에 형성된 한국 사회의 양계초 독법에서 유래하는 것이라고 판단된다.

이와 관련하여 대한제국기에 출간한 양계초의 『월남망국사』에 주목할 필요가 있다. 이는 현채(玄采)가 번역한 것인데 『월남망국사』의 특정한 부분이 축약된 대신 양계초의 또 다른 작품 「멸국신법론(滅國新法論)」과 「일본지조선(日本之朝鮮)」이 추가되었다. 애국계몽과 국권회복이라는 번역 목적의 실현을 극대화하기 위해 『월남망국사』 원본의 부분적인 변형도 불사한 것이다. 특히 「일본지조선」은 조선망국사를 서술하려는 목적에서 일본 언론이 은폐한 1904~1905년 일본의 한국 치안권 장악 과정을 서술한 작품인데, 현채가 『월남망국사』에 「일본지조선」을 담은 사실은 베트남의 망국을 통해 한국의 망국을 고발하는 뚜렷한 목적의식을 보인 것이다.[18] 또 양계초의 원본 『월남망국사』는 「월남소지(越南小志)」를 통하여 전통적인 중월관계를 중화주의적 시선으로 채색하였는데, 현채의 번역본은 「월남소지」 대부분을 삭제하여 베트남의 망국에 대한 중국의 시선을 배제하고 청조의 베트남에서 대한제국의 베트남으로 서사의 발상을 전환하는 데 성공하였다.[19]

이처럼 한국인 독자를 위해 양계초의 원래 저작에서 전달하는 메시지를 한국의 현실적 상황에 맞게 적응시켜 메시지의 설득력을 제고하

---

18 김남이, 「20세기 초 한국의 문명전환과 번역」 『어문논집』 63, 민족어문학회, 2011, 146~152면 : 김남이는 베트남의 망국에서 한국의 망국을 환기하는 『월남망국사』의 메시지의 확장에 대해 '환승' 내지 '합승'을 언급하였다.
19 송명진, 「『월남망국사』의 번역, 문체, 출판」 『현대문학의 연구』 42, 한국문학연구학회, 2010, 175~181면.

는 번역 풍토가 조성되었다는 사실은 이후 양계초 저작을 이용하는 편집 작업에 상당한 영향을 미쳤을 것이라고 생각된다. 적어도 이관구의 『신대학』이 양계초의 작품을 적절히 선별하고 편집하여 체계를 구성하되 중간중간 원본의 구절이나 문단을 삭제하고 대신 조선의 상황을 전달하는 새로운 구절이나 문단을 삽입한 것은 1900년대 『월남망국사』에서 마련한 편집 기법이 1940년대에도 지속되고 있음을 의미하는 것으로 생각된다.

4. 『신대학』의 정치사상―민족과 신민

8·15 해방 후 조선의 민족적 과제는 전체 민족 구성원이 정치적 주체가 되는 근대 국민국가의 수립이었다. 그러나 미국과 소련이 한반도를 분할 점령하여 그들의 이념과 국익에 맞게 상이한 방식으로 군정을 실시함에 따라 조선에서 근대 국민국가 수립의 역사적 과제는 무엇보다 한반도를 에워싼 미소 양대 외세를 어떻게 인식할 것인가 하는 문제와 부딪치게 되었다. 이 문제에 대하여 『신대학』은 양계초의 국가사상 연구에 기대어 미국과 소련의 양대 세력이 조선의 38도선에서 접경한 것을 '민족제국주의'의 작용으로 이해하였다.[20]

『신대학』의 이러한 이해는 양계초의 국가사상 연구를 발췌하여 민족주의와 민족제국주의를 설명하는 과정에서 나왔다. 양계초는 서양

---

20 『新大學』 제7장 「治國平天下」 제5절 「論民族主義與民族帝國主義相嬗」 384면.

의 국가사상을 시대별로 구분하여 과거 (가족주의, 추장주의, 제국주의), 현재 (민족주의, 민족제국주의), 미래 (만국대동주의)로 나누고, 서양의 제국주의가 과거에는 군주를 정치적 주체로 하는 '독부제국'이었는데 현재는 민족주의를 거쳐 국민을 정치적 주체로 하는 '민족제국'이 되었다면서 서양 제국주의 국가가 민족주의 단계를 거치지 않음이 없으니 지금 중국도 시급히 민족주의를 만들어 서양에 맞서야 한다고 주장하였다.[21]

민족주의와 민족제국주의에 대한 양계초의 견해는 『신민설』에서 간단히 잘 정리되어 있다. 이에 따르면 16세기 유럽이 발달하고 세세가 진보한 것이 민족주의(Nationalism) 때문인데, 민족주의란 각지에 종족이 같고 언어가 같고 종교가 같고 습속이 같은 사람들이 서로를 동포처럼 보고 독립자치에 힘써서 정부를 조직해 공익을 도모하고 다른 종족의 침입을 방어하는 것이다. 이것이 19세기 말에 이르러 민족제국주의(National-Imperialism)가 되었는데, 민족제국주의란 국민의 실력이 내부에서 가득 차 외부로 확산되는 것으로 병력, 상무, 공업, 교회 등 여러 방법으로 다른 지역에 권력을 확장하기를 추구하는 것이다.[22]

양계초는 민족제국주의의 사례로 러시아가 시베리아·터키를 경략하고 독일이 소아시아·아프리카를 경략하고 영국이 보어에서 용병하고 미국이 하와이·쿠바·필리핀을 침략한 일을 거론하였고, 다시 러시아가 만주에, 독일이 산동에, 영국이 양자강 유역에, 프랑스가 양광(兩廣)에, 일본이 복건에 들어와 민족제국주의를 행하고 있음을 지적하여 민족제국주의의 현장이 중국 바깥일뿐만 아니라 바로 중국 그 자체임을 직시하였다.[23]

---

21 『飮冰室文集』제6책, 「國家思想變遷同異論」 18~22면.
22 『飮冰室專集』제4책, 「新民說」 제2절 「論新民爲今日中國第一急務」 3~4면.

『신대학』역시 양계초의『신민설』의 위 내용을 취하여 민족주의와 민족제국주의를 설명하였지만, 양계초가 중국의 입장에서 제시한 민족제국주의의 사례를 버리고 조선의 입장에서 민족제국주의의 사례를 새롭게 제시하였다. 곧,『신대학』은 러시아가 시베리아 및 동유럽 여러 지역을 경략하고 공산주의를 선전하고 있으며, 미국이 태평양 여러 섬 및 동서 대륙의 여러 요지를 경략하고 자본 세력을 퍼뜨리고 있다고 하여 미국과 소련을 모두 민족제국주의 국가로 규정하였다. 그리고 조선이 미국과 소련의 양대 세력이 서로 만나는 선에 해당하여 남북이 분단되고 각각 상이한 군정이 실시되고 있음을 지적하였다.[24] 양계초와 동일한 발상으로 민족제국주의의 현장이 한반도의 바깥일뿐만 아니라 바로 한반도 그 자체임을 직시한 것이다.

그런데 미국과 소련의 민족제국주의에 직면한 한반도의 상황은 양계초가 진단한 청말의 상황보다 더 심각한 면이 있었다.『신대학』은 미소 양국의 군정의 압력을 받아 한반도에서 사상의 분열이 초래되어 공산주의에 심취하여 소련에 아부하거나 민주주의에 미혹되어 미국에 아부하는 풍조 속에서 자국정신이 완전히 망각되고 있으며 애국자가 자리를 잡지 못해 떠돌고 있음을 개탄하였다.[25] 이는 한반도에서 국민국가 수립의 형성이라는 문제와 관련하여 상이한 외세의 점령에 따른 상이한 이념의 전파로 인해 한반도의 전체 민족의 정치적 결집 그 자체가 구조적으로 봉쇄되고 있음을 우려한 것이었다. 따라서 양계초는 중국이 서양 열강의 민족제국주의에 대항하기 위해서는 속히 민족주의

---

23 위의 글, 4면.
24 『新大學』제3장「新民」제2절「論新民爲今日中國第一急務」49~50면.
25 위의 글, 50~51면.

를 만들어야 한다고 보면서도 중국에서 민족주의가 아직 배태되지 못하는 원인을 '완고자류(頑固者流)'가 18세기 이전의 사상을 묵수하기 때문이라고 비판의 칼날을 구지식인에게 겨누었지만,[26] 『신대학』은 이와 달리 한반도에서 민족주의가 배태되지 못하는 원인에 대하여 완고자가 고대 봉건(封建)을 묵수하는 것도 문제이지만 '위사자류(僞士者流)'가 시대 풍조에 도취되어 민주주의의 참뜻도 모르고 맹농(盲聾)의 감각을 가진 것이 문제라고 지적하여 비판의 칼날을 신지식인에게 겨누어 분명한 인식의 차이를 보였다.[27]

따라서 『신대학』은 양계초의 정치사상을 수용하여 민족제국주의가 횡행하는 현실에서 속히 민족주의를 형성하여 근대 국민국가를 수립하기를 희구하였지만, 20세기 초 의화단의 난 직후 중국에 작용하는 민족제국주의와 20세기 중엽 8·15 해방 직후 한반도에 작용하는 민족제국주의의 외압의 차이를 명확히 인식하고 있었고, 미소 양국에 의한 국토의 분단과 사상의 분열로 인해 전체 민족 구성원을 아우르는 민족주의의 형성이 원천적으로 저지되는 현실에서 근대 국민국가 수립의 본질적인 방안이 무엇인지를 진지하게 성찰하지 않을 수 없었다.

이 점은 양계초의 『음빙실문집』 제10책 「논민족경쟁지대세」에서 내용을 취한 『신대학』 제7장 「치국평천하」의 서론 부분에서 거듭 확인된다. 『음빙실문집』의 이 글은 세계사의 흐름이 세계주의, 민족주의, 그리고 민족제국주의로 변화하였음을 지적하고 민족제국주의를 대표하는 서양의 네 나라, 곧 영국, 독일, 러시아, 미국의 제국주의 정책과 이들 국가의 중국에서의 식민화 동향을 검토한 다음 중국이 이들 서양 국

---

26 『飮冰室文集』 제6책 「國家思想變遷同異論」 22면.
27 『新大學』 제7장 「治國平天下」 제5절 「論民族主義與民族帝國主義相嬗」 384면.

가와 경쟁하기 위해서는 단지 경제력의 향상에만 주력할 것이 아니라 그 기본적인 전제로서 반드시 속히 정치적으로 민족주의 국가를 수립해야 한다고 주장한 것이다.[28]

『신대학』이 '치국평천하'를 논하면서 그 서론으로 특별히 『음빙실문집』의 이 글을 전재한 것은 『신대학』이 1940년대 후반 조선 사회를 둘러싼 국제 질서의 핵심이 민족제국주의를 배경으로 하고 있으며 조선 사회의 국가적인 당면 과제가 민족주의 국가의 수립이라고 보고 있었음을 의미한다 하겠다. 특히 『신대학』은 서론의 말미에서 세계 사조가 민주주의를 칭탁하고 공산주의를 칭탁하여 그 수단방법은 달라 보여도 민족제국주의의 실행이라는 동일한 목적을 안고 있다고 하여 이 민족제국주의의 역사적 추세가 청말의 중국은 물론 해방 후의 조선에도 계속 이어지고 있다고 하였고, 조선 사람들이 미국이나 소련에 아부하다가 이들에게 농락만 당하며 민족통일을 이루지 못하고 있는 현실의 비극적인 상황을 무엇보다 조선 사람들이 민족제국주의의 대세를 알지 못한 결과로 읽었다.[29]

이처럼 『신대학』은 양계초의 정치사상을 수용하여 근대 국민국가 수립의 기본 전제를 민족주의의 형성으로 간주하였고, 민족주의를 형성하기 위해서는 남북분단에 편승한 친미와 친소의 파당을 극복하고 민족통일을 이룩해야 한다고 주장하였다. 여기에는 해방 후 성립한 친미와 친소가 한국 근대에 대두한 친일이나 친로와 다를 바 없는 정치적 양상으로 민족주의 형성의 진정한 정치적 구심점으로 작용하기에는 주체성이 박약하다는 인식이 깔려 있다. 『신대학』은 이 문제를 양계초

---

28 『飮冰室文集』 제10책 「論民族競爭之大勢」 10~35면.
29 『新大學』 제7장 「治國平天下」 제1절 「敍論」 331면.

의 권리사상과 연결시켜 논하고 있다. 양계초는 근대 국민국가 수립의 기본적인 전제로 민족주의 형성을 논하면서 민족주의가 형성되기 위해서는 나라고 하는 주체의 권리에 대한 자각이 필요하다고 하였다.

이와 관련하여 「신민설」은 중국인이 권리사상이 없음을 일본 근대사와 중국 근대사를 대비시켜 서술하였다. 곧 일본은 페리 제독이 이끄는 미국 군함이 일본에 와서 함포 외교를 가하자 사농공상을 막론하고 건국적으로 들고 일어나 존양의 공적을 세우고 유신의 대업을 이루었지만, 중국은 그 시기에 원명원(圓明園)이 불타고 남경조약이 제설되는 굴욕을 당했고 청일전쟁 후에는 일본에 할양된 요동반도를 삼국간섭을 통해 겨우 돌려받는 수모를 당했고 북청사변 때에는 연합군에게 북경이 함락되고 연계(燕薊)의 백성이 도탄에 빠지는 고통을 당했다는 것이다. 「신민설」은 중국 근대사의 다사다난한 사건 속에서 국민감정이 들끓었던 것은 인정하였으나 권리사상은 전혀 발견할 수 없었다고 냉정한 진단을 내렸다.[30]

『신대학』에서는 「신민설」의 이와 같은 내용을 옮기되 조선인이 권리사상이 없었음을 한국 근대사 속에서 예증하고자 하였다. 그리하여 먼저 일본 근대사의 경우는 신민설의 내용을 전재하면서도 그 후 일본에서 군인이 대두하여 연합군에 대항하였다가 일패도지하여 '동도잔족(東島殘族)'이 되었다고 서술하였다. 이어서 조선의 경우 '대한독립정부시대' 곧 대한제국기에 친일, 친청, 친로, 친영, 친덕, 친미의 각 파당이 보국안민은 생각하지 않고 압외매국(狎外賣國)에 힘써 그 결과 한국이 일본에 합병되었고 친일파가 득세하여 동포를 학대하여 민족이 거

---

30 『飮冰室專集』 제4책 「新民說」 제8절 「論權利思想」 34~35면.

의 소멸될 위기에 처했으나 제2차 세계대전에서 일본이 패배하여 조선 천지에 해방의 꽃이 만발하였다고 서술하였다. 그러나 미국과 소련이 상이한 군정을 실시하면서 강역이 남북으로 분단되고 사상이 민주주의 와 공산주의로 분열되어 민족의 마음이 통일될 가망이 전무한 가운데 친미파와 친소파가 시세를 타고 있고 권리도 없고 정신도 없고 징조도 없는 무리들이 다수 배출하여 농간을 부리고 있다고 개탄하였다. 식민 지 공간과 해방 공간은 단지 외세만 바뀌었을 뿐 사회적인 지배 세력의 식민지 근성과 동포에 대한 학정에는 전혀 변함이 없다는 것이 『신대 학』의 통찰이었다.[31]

이처럼 『신대학』은 해방 후 친미와 친소를 결코 근대 국민국가 수립 의 정치적 주체로서 인정하지 않았고 대한제국기에 외세에 빌붙어 서 로 다투다 국망을 초래한 친일이나 친로와 같은 범주로 간주하였다. 그런데 『신대학』은 해방 후 조선 사회에서 민족주의 형성을 위한 정치 적 주체가 성장하지 못한 것을 대한제국기 외세의존적인 정치 집단의 역사적 폐해로부터 지속하는 측면이 있음을 지적함과 동시에 해방 후 조선 사회가 맞이한 미증유의 총체적인 사태에서 발생된 측면이 있음 을 설명하고자 하였다. 양계초의 「신민설」에서 국가의 자존을 논한 글 을 인용하면서 전개한 『신대학』의 다음 글을 살펴보자.[32]

---

31 『新大學』 제3장 「新民」 제6절 「論權利思想」 99~101면.

32 『新大學』 제3장 「新民」 제9절 「論自尊」 163~165면 : 吾觀於此而不能不重爲朝鮮惆 矣. 疇昔朝鮮盛强之世, 有越夏越殷之文明, 有凌隋凌唐之氣勢, 固當世之雄偉氣魄而 今安在哉, 嗚呼忿哉! 聞吾人之議中分我國也則噉然而啼, 聞吾人之保護我國則飄然而 笑, 將相官吏伺外國人之顏色, 先意承志如孝子之事父母, 士商農工仰外國人之鼻息, 趨承奔走如遊妓媚情人. 所謂政客之意見, 曰吾自力獨立不足恃矣. 吾但求結一大邦之 美國, 以借其富力而漸進, 吾但求結一大邦之蘇聯, 以借其共産主義而漸成, 民間之意 別無主張, 若風打之竹, 浪打之竹, 但求其生活安定. 其所謂知識階級之意, 曰今日吾朝 鮮非可以自力自救, 庶幾有仁義和親之國, 恤我憐我助我乎, 無一人出可獨立之好策

나는 이것을 보며 거듭 조선을 위해 애통해하지 않을 수 없다. 옛날 조선(朝鮮)이 강성했을 때에는 하(夏)와 은(殷)을 뛰어넘는 문명이 있었고 수(隋)와 당(唐)을 능가하는 기세가 있었으니 참으로 당세의 웅장한 기백이었지만 지금은 어디에 있는가? 아, 분하다! 다른 나라 사람이 우리 나라를 분단한다는 소식을 들으면 떠들썩 울부짖고 다른 나라 사람이 우리나라를 보호한다는 소식을 들으면 빙그레 웃는다.[33] 장상관리(將相官吏)는 외국인의 안색을 엿보고 마치 효자가 부모를 섬기듯 먼저 뜻을 받들 생각을 한다. 사농공상은 외국인의 숨소리만 들어도 환영하고 마치 유기(遊妓)가 정

者. 若或有之, 世皆不知其意, 而無端斥之, 孰能善其後哉? 嗚呼悃哉! 我國今日之資格如斯而已乎? 我國家將來之前途竟如斯而已乎? 嗟呼悃哉! 疇昔專制下之民心, 突然解放, 其民心之紊亂狀態, 若洪水濫波, 人人皆自英雄, 人人皆自愛國者, 人人皆自主義思想家, 英雄愛國者主義思想家, 遍滿朝鮮天地, 對其人問其建國治國之策, 則胸中都無一策, 有一二黨首者, 各倡一計, 則曰我支持某也, 我支持某也, 不擇其計劃之善不善, 各爲其領首, 終成相對之黨派, 以黨爭派爭爲爭事, 是所謂登壟忘燭, 成黨忘國者也. 嗚呼悃哉! 吾國人有同胞毁妬之心, 無同胞尊仰之心, 故合之如乾麥隨風飛散, 散之則如溪回亂石一無規則, 妄呼野出自由, 所謂暗殺事件踵起而擾亂俗情, 暗殺者也, 非愛國者之美行, 而俗流者之客氣也, 而爲建國之妨害也, 可不愼哉! 以眞守舊誤國, 而國尙有可爲, 以僞維新誤國, 而國乃無可救者, 其孰能知之? (밑줄친 부분은 「新民說」과 비교해 차이가 나는 부분이다.); 梁啓超의 「新民說」의 해당 구절은 다음과 같다. 『飮冰室專集』 제4책 「新民說」 제12절 「論自尊」 70면 : 吾觀於此而不能不重爲中國悃矣. 疇昔尙有一二侈然自大之客氣, 乃挫敗不數度, 至今日而消磨盡矣. 聞他人之議瓜分我也則噭然而啼, 聞他人之議保全我也則軒然而笑, 將相官吏伺外國人之顔色, 先意承志如孝子之事父母, 士商農工仰外國人之鼻息, 趨承奔走如遊妓媚情人. 政府之意, 曰中國不足恃矣, 吾但求結納一大邦之奧援, 爲附庸下邑之陪臣, 以保富貴終餘年焉, 民間之意, 曰中國無可爲矣, 吾但求託庇一强國之字下, 爲食毛踐土之蟻民, 以逃喪亂長子孫焉, 則呼稱有志之士者, 亦曰今日吾中國非可以自力自救, 庶幾有仁義和親之國, 恤我憐我扶助我乎. 嗚呼悃哉! 我國今日之資格如斯而已乎? 我國家將來之前途竟如斯而已乎? 嗟呼悃哉! 疇昔侈然自大之客氣, 自居上國而貌人爲夷狄者, 先覺之士, 竊竊然憂之, 以爲排外之謬想, 不徒傷外交而更阻文明輸入之途云耳. 夫孰知夫數十年來得延一線之殘喘者, 尙賴有此若明若昧無規則無意識之排外自尊思想以維持之, 幷此而斲喪焉, 而立國之具, 乃眞絶矣, 夫孰知夫以眞守舊誤國, 而國尙有可爲, 以僞維新誤國, 而國乃無可救也(밑줄친 부분은 『新大學』과 비교해 차이가 나는 부분이다(강조는 인용자)).

33 『新大學』의 원문은 우리 나라 사람들[吾人]으로 되어 있으나 『신대학』이 인용한 「신민설」의 원문은 다른 나라 사람들[他人]이라고 되어 있다. 「신민설」의 원문을 취하여 『신대학』의 오기를 바로잡았다.

인(情人)에게 아양 떨듯 뛰어나가 받들며 분주히 달린다.

이른바 정객의 의견이란 "우리는 자력독립에 의지할 수 없소. 우리는 다만 미국 같은 큰 나라와 연결해서 부력을 빌려 점차 진보하기를 구할 뿐이오. 우리는 다만 소련 같은 큰 나라와 연결해서 그 공산주의를 빌려 점차 성장하기를 구할 뿐이오."라고 한다. 민간의 생각도 마치 바람이 불어 대나무가 흔들리고 풍랑이 일어 대나무가 흔들리듯 별로 주장하는 바가 없고 다만 생활이 안정되기를 구할 뿐이다. 이른바 지식계급의 생각도 "오늘 우리 조선은 자력으로 스스로를 구원하지 못하니 인의와 화친이 있는 나라가 우리를 근심하고 불쌍히 여기고 도와주면 좋겠다."라고 하여 한 사람도 독립의 좋은 계책을 내지 못한다. 더러 있더라도 세상에서 모두 그 뜻을 알지 못하고 까닭 없이 물리치니 누가 능히 선후책을 내겠는가? 아, 애통하다! 우리나라의 오늘날 자격이 이와 같을 뿐이란 말인가? 우리나라 장래의 앞길도 필경 이와 같을 뿐이란 말인가? 아, 애통하다!

옛날부터 민심이 전제 하에 있다가 갑자기 해방이 되니 그 민심의 문란한 상태가 마치 홍수와 풍파처럼 일어나 사람들마다 모두 자기가 영웅이고 사람들마다 모두 자기가 애국자이고 사람들마다 모두 자기가 주의사상가(主義思想家)라 하여 영웅과 애국자와 주의사상가가 조선 천지에 가득 찼는데, 그 사람에게 건국과 치국의 방책을 물으면 흉중에 도무지 한 가지 계책도 없고, 한두 당의 당수가 각기 한 가지 계책을 제창하면 "나는 아무개를 지지한다. 나는 아무개를 지지한다."고 하기만 하고 그 계획의 좋고 나쁨을 가리지 않으며, 각기 영수가 되어 끝내 서로 맞서는 당파가 되어 당쟁과 파쟁을 일삼는다. 이것이 이른바 '농서(隴西)를 얻으니 촉(蜀)을 갖고 싶고,[34] 당(黨)을 이루어 나라를 잊는다.'라고 하는 것이다. 아, 애통하다! 우

---

[34] 『신대학』의 원문은 언덕에 올라 촉을 잊는다[登隴忘蜀]라고 되어 있으나 이 상태로

리나라 사람들은 동포를 훼방하는 마음은 있으나 동포를 존앙하는 마음은 없다. 때문에 합하면 마치 마른 보리처럼 바람에 날리고, 흩으면 마치 굽이치는 냇가의 어지러운 돌처럼 하나도 규칙이 없다. 밖에 나가 함부로 자유를 부르짖다가 소위 암살사건이 연이어 일어나 속정(俗情)을 소란스럽게 하는데, 암살이란 애국자의 미행이 아니라 속류자의 객기이고 건국에 방해가 될 뿐이니 삼가지 않을 수 있겠는가. 참된 수구 때문에 나라를 그르쳤다면 그 나라에 그래도 해 볼 만한 데가 있지만, 거짓 유신 때문에 나라를 그르쳤다면 그 나라에 도리어 해 볼 만한 데가 없으니, 누가 능이 이를 일겠는가.

위 인용문에서 보듯 『신대학』은 해방 후 조선 사회의 정치적인 혼란상을 생생하게 전달하면서 당시 조선 사회의 본질적인 문제점을 '거짓 유신'으로 요약하였다. '거짓 유신'이란 근대 국민국가 수립을 위해 요청되는 민족주의의 진정한 정치적 주체로서 충분히 성장하지 못한 다양한 집단들이 남북분단과 사상분열의 격류 속에서 과도하게 정치적인 과잉을 노정하며 대립하는 정치적 혼란이었다. 그것은 해방 공간에서 돌출한 미성숙한 정치적 주체의 정치의식의 과잉, 정치담론의 과잉, 정치행위의 과잉을 의미하였다. 저마다 모두 '영웅'과 '애국자'와 '주의 사상가'를 자처하면서 정치적 언설을 쏟아 내고 정치적 행동을 표출하지만 기실 그것은 미국과 소련을 택일하여 거기에 맞추어 조선의 미래를 설계하고 그렇게 설계된 조선의 미래에서 보다 유리한 위치를 점하고자 외세 앞에서 경쟁적으로 치열하게 전개하는 사적인 정쟁과 다르지 않은 것으로 인식되었다.

는 의미를 확정할 수 없어서 농서를 얻으니 촉을 갖고 싶다[得隴望蜀]는 고사성어가 잘못 기록된 것으로 보았다. 이 고사성어는 후한 광무제가 농서를 평정한 후 촉까지 평정하고 싶다는 의중을 나타낸 것으로 사람이 욕심이 끝이 없음을 가리키는 것이다.

『신대학』은 바로 이 지점에서 양계초가 역설한 신민의 역사적 가치를 발견하였다. 신민은 대한제국 후기 자강운동의 전개 과정에서 대한제국의 인민을 국민국가의 국민으로 만들기 위한 전략으로 주목된 바 있지만, 역시 동일한 맥락에서 해방 후 통일민족국가 건설이라는 역사적 과제의 완수를 위해 재차 그 중요성이 환기된 것이다. 분단 체제에 의해 확산되고 있는 총체적인 '거짓 유신'의 정치적, 사회적 풍토를 극복하고 한반도를 둘러싼 미소 양국의 민족제국주의에 대항하기 위하여 한반도의 전체 주민이 통일민족의 국민이 될 수 있도록 새로운 국민 도덕, 새로운 국민 정신, 새로운 국민 지식이 함양되어야 한다는 자각이었다. 이러한 견지에서『신대학』은「명명덕」장을 두어 새로운 국민 도덕으로서 공덕을 설명하였고,「신민」장을 두어 새로운 국민 정신으로서 진취와 모험, 권리사상, 자유, 의력, 자존 등을 설명하였으며,「논격물」,「논치지」,「논이재」장 등을 두어 새로운 국민 지식으로서 과학, 철학, 경제학 등을 설명하였다. 민족주의를 실현하기 위한 전략으로서 도덕과 정신과 지식의 모든 방면에서 새로운 국민을 양성하고자 하는 의도에서였다.

먼저 국민 도덕의 경우『신대학』은「신민설」에서 논의한 내용을 거의 그대로 차용하여 공덕의 중요성을 강조하는 것으로 만족하였다. 조선이 유교가 유입된 이래 일찍부터 도덕이 발달했지만 사덕에 편중되고 공덕이 거의 결여되어 있었으며 사서의 도덕학 역시 거의 사덕에 집중해 있었다는 언설, 또 조선의 구윤리는 사인과 사인의 관계를 중시하는 오륜 중심의 윤리이고, 태서의 신윤리는 사인과 단체의 관계를 중시하는 가족・사회・국가 윤리인데, 양자를 합해야 도덕의 전체가 된다는 언설에서 보듯이 간간이 조선의 상황을 언급하는 경우도 있지만, 전

체적으로 공덕에 관한 양계초의 설명을 원론적으로 충실하게 전달하였다.[35]

다음으로 국민 정신의 경우 『신대학』은 「신민설」에서 논의한 내용을 전달하되 이와 관련된 조선의 사례를 적극적으로 제시하였다. 이를테면 「신민설」에서 자유에 관해 논하면서 주체의 진정한 자립을 위해서 네 가지 노예, 곧 '고인의 노예', '세속의 노예', '경우의 노예', '정욕의 노예'가 되지 말라고 논한 적이 있었는데, 『신대학』은 중국의 사례에 상응하는 조선의 사례를 적극적으로 참조하여 신민사상의 소선석 싱격을 높였다. 즉, 「신민설」은 '고인의 노예'가 되지 말라는 항목에서 의화단 교도들이 의화단을 향한 정신적인 노예 상태에 빠져 있음을 비판하면서 마찬가지로 사서육경의 노예가 되어서는 안 된다는 주장을 펼치고 있는데, 『신대학』에서는 이와 같은 「신민설」의 내용을 그대로 옮겨 오되 비유의 대상을 20세기 중국의 의화단에서 20세기 조선의 보천교(普天敎)로 바꾸는 변화를 보여 주었다.[36] 또 「신민설」은 '세속의 노예'가 되지 말라는 항목에서 중국의 학풍이 만명에서 청말에 이르기까지 심학, 고증학, 서학으로 변하고, 특히 무술변법을 전후로 서학에 대한 태도가 급변하자, 그때마다 학계 전체가 비주체적으로 세속의 풍조에 휩쓸렸던 문제점을 비판하였는데, 이에 대해 『신대학』은 「신민설」의 본뜻을 살려 조선의 경우에도 고려의 불학과 조선의 유학이 구두선에 지나지 않았고 식민지 시절 유행했던 일학이 해방 후 기피되고 대신

35　李觀求, 『新大學』 제2장 「明明德」 제2절 「公德」 13~14면 : 이 대목도 사실은 『飮冰室專集』 제4책 『新民說』 제5절 「論公德」 12~13면 '吾中國道德之發達'를 '吾東方道德之發達'로, '中國舊倫理'를 '朝鮮舊倫理'로 고쳤을 뿐이다.

36　『飮冰室專集』 4, 「新民說」 제9절 「論自由」 47~48면; 『新大學』 제3장 「新民」 제7절 「論自由」 131~132면.

서학이 유행하는 등 세속의 풍조에 휩쓸리는 문제점이 있음을 비판하였다.[37] 또 「신민설」은 '경우의 노예'가 되지 말라는 항목에서 국가를 위해 도모하는 사람이 현실 상황에 안주했다면 미국 독립, 헝가리 자치, 독일과 이탈리아의 통일 등은 일어나지 못했을 것이고 기타 디즈레일리, 링컨, 사이고 다카모리[西鄕隆盛], 마찌니의 활동도 나오지 못했을 것이라 하였는데, 『신대학』은 「신민설」의 이러한 논의를 차용하되 정한론(征韓論)을 주창한 사이고 다카모리를 삭제하고 대신 '애국애족'의 모범으로 평가받는 '제현(諸賢)', 곧 최익현(崔益鉉), 유인석(柳麟錫), 안중근(安重根), 안창호(安昌浩), 노백린(盧伯麟) 등을 소개하였다.[38] 또 「신민설」은 '정욕의 노예'가 되지 말라는 항목에서 재주가 많은 사람은 욕망도 많아서 재주가 쉽게 욕망의 노예가 되기 때문에 극기 공부가 중요하다고 하였고, 청말 극기 공부를 실행한 위인으로 증국번(曾國藩)을 높이 평가하였는데, 『신대학』은 여기에 조선의 서경덕(徐敬德)과 정약용(丁若鏞)을 추가하여 조선에도 곤지면행(困知勉行)을 실천한 위인이 있음을 보였다.[39]

다음으로 국민 지식의 경우 『신대학』은 특히 제5장 「논치지」의 서두와 결미에서 조선의 학풍에 관한 구체적인 반성을 수행하였다. 먼저

---

37 『飮冰室專集』4, 「新民說」 제9절 「論自由」 48면 ; 『新大學』 제3장 「新民」 제7절 「論自由」 133~134면.

38 『飮冰室專集』4, 「新民說」 제9절 「論自由」 48~49면 ; 『新大學』 제3장 「新民」 제7절 「論自由」 135~136면 : 『신대학』은 조선의 諸賢에 대해 최익현은 剛毅不屈로 의리를 지키다가 죽었다고 하였고, 유인석은 의병을 일으켜 鞠躬盡瘁하다가 죽었다고 하였고, 안중근은 의협심을 이기지 못해 나라의 원수 '伊藤漢'을 죽이고 죽음을 당했다고 하였고, 안창호는 일찍 建國의 대계를 안고 東西에 출몰했으나 뜻을 이루지 못하고 먼저 죽었다고 하였고, 노백린 역시 뛰어난 지략을 안고도 뜻을 이루지 못했다고 하였다.

39 『飮冰室專集』4, 「新民說」 제9절 「論自由」 50면 ; 『新大學』 제3장 「新民」 제7절 「論自由」 139면.

서두에서는 우리나라가 반만년 동안 문명을 창조한 것이 적지 않았으나 한학(漢學)이 침입한 이래 민기(民氣)가 쇠잔하고 민성(民性)이 박약해졌는데 그 최대의 원인이 '학식의 고립'에 있었다면서 문명 경쟁하는 시대에 '지나의 사천년 미개'한 지식을 말해서는 조선이 자립할 길이 없다고 논하였다.[40] 이 글의 저본이 되는 양계초의 글에서도 중국의 '폐관일통(閉關一統)'을 언급하기는 했으나 이와 같은 극렬한 표현은 사용되지 않았다.[41] 또한 『신대학』은 「논치지」의 결미에서 서양의 철학정신에 비추어 '태동학자의 대환'을 맹렬히 비판하였다. 이는 앞 장에서 언급한 바 있지만, 아무리 '대성거철'의 언설이라도 실물에서 시험해 입증되지 않고 본심으로 반성해서 타당하지 않다면 믿지 말아야 하고 그래야만 탁월한 홍유가 될 수 있는데, 불행히도 한국의 도학계는 '한학 수입 이래' 조금도 창조가 없었으니, 베이컨·데카르트·칸트가 했던 방식으로 격치학에서 정성을 다해야 문명이 향상될 수 있는 주장이었다.[42]

이처럼 『신대학』은 해방 후 조선에서 새로운 도덕, 새로운 정신, 새로운 지식을 갖춘 신민(新民)을 창출하기 위해 양계초의 저술을 차용하여 여러 가지 다양한 신민사상을 제시하였다. 이것은 신민의 양성을 위해 요구되는 여러 가지 다양한 덕목과 가치를 검토한 것인데, 『신대학』의 집필 목표가 종국적으로 근대 국민국가 수립이라고 할 때 그러한 덕목과 가치 중에서 가장 중요한 것은 직접적으로 국가에 관련된 정신이었다. 이런 의미에서 『신대학』에 수록된 「논국가사상」은 신민사

---

40 『新大學』 제5장 「論致知」 제1절 「敍論」 224~226면.
41 『飮冰室文集』 제13책 「近世文明初祖二大家之學說」 '緖言' 1~2면.
42 『新大學』 제5장 「論致知」 제4절 「論檢點法」 265~266면.

상의 핵심적인 내용으로 주목할 가치가 있다. 이에 따르면 조선에는 국가사상이 없는데 아랫사람은 일신일가(一身一家)만 알고 윗사람은 실용과 괴리된 철리를 고담준론할 뿐이라고 하였다. 조선은 노예근성과 사대사상으로 인해 국가사상이 없기 때문에 독립의 실사에 종사하지 못하고 남의 손을 빌려 독립을 이루기를 바라고 있는데, 이렇게 자립적 정신이 없으면 우승열패하는 시대에 국가를 유지할 수 없을 것이라고 경고하였다.[43] 이것은 해방 후 분단 체제에 순응하여 이른바 '거짓 유신'을 조성하는 지배적인 사회 풍조에 대하여 대단히 비판적인 입장을 취한 『신대학』이 보내는 강력한 경고의 메시지였다.

5. 맺음말

이 글은 이관구의 『신대학』을 분석하여 해방 후 한국 민족주의 사상의 일단을 규명한 것이다. 『신대학』은 학술사적인 견지에서 크게 두 가지 가치를 지니고 있다. 하나는 우리나라에서 편찬된 최후의 『대학』 속편으로 도학적인 경세론을 넘어 근대적인 정치사상을 『대학』의 체제로 제시하였다는 점이다. 다른 하나는 우리나라 근대에 지대한 영향을 미친 청말민초 사상가 양계초의 저작물에 의존하여 해방 후에 민족과 신민을 키워드로 하는 정치사상을 재차 제시하였다는 점이다. 『대학』의 사유 형식과 양계초의 정치사상의 내용이 1945년 이후에도 중단

---

43 『新大學』 제7장 「治國平天下」 제2절 「論國家思想」 338~340면.

되지 않고 재현되고 있다는 점에서 한국근현대사상사의 이채로운 현상이라 볼 수 있다.

그러나, 『신대학』은 『대학』의 사유 형식과 양계초의 사상 내용을 단순히 재현한 것만은 아니었다. 이 책은 해방 3년사의 경험을 바탕으로 한반도의 주민들에게 사상적 메시지를 전달하고자 하는 실천적인 관심에서 편집되었고 그렇기에 상당한 변화가 발생하였다. 『신대학』과 『대학장구』를 비교하면 『신대학』은 『대학』의 3강령에 속하는 '지어지선'과 8조목에 속하는 '성의', '정심', '수신'을 삭제함으로써 『신대학』이 추구하는 도가 전통적인 심성론과 도덕적 이상주의에서 벗어나 있음을 분명히 하였음을 볼 수 있다. 『신대학』과 양계초의 저작물을 비교하면 『신대학』은 양계초의 『신민설』을 중심으로 철두철미 국민도덕과 국민정신의 창출을 강조하여 그것을 각각 '명명덕'과 '신민'의 핵심적인 범주로 설정하였고, 그 밖에 『음빙실문집』에 수록된 다양한 글을 활용하여 국민지식의 집약적인 창출에 관심을 두고 있었음을 볼 수 있다.

『신대학』은 양계초의 정치사상에 입각하여 근대 국민국가 수립의 기본 전제를 민족주의 형성으로 간주하였고, 민족주의를 형성하기 위해서는 제국주의 국가 미국과 소련에 의한 남북 분단과 이에 편승한 친미와 친소의 사상분열을 극복하고 민족통일을 이룩해야 한다고 주장하였다. 『신대학』은 해방 후의 혼란스러운 정치적 상황을 '거짓 유신[僞維新]'이라고 요약하였는데, 이는 근대 국민국가 수립을 위해 요청되는 민족주의의 진정한 정치적 주체로서 성장하지 못한 비주체적인 집단들이 남북분단과 사상분열의 혼란 속에서 정치적으로 표류하는 대혼란을 가리키는 것이었다. 『신대학』은 양계초가 역설한 신민의 역사적 가치를 바로 이 지점에서 다시 발견하였다. 해방 후 총체적인 '거짓 유신'의 풍토를 극복하고 진정한 민족주의를 구현하기 위해서는 한반도의 전체 주민이 새로운 국민 도덕, 새로운 국민 정신, 새로운 국민 지식을 갖추어야 한다는 자각이었다. 이에 따라 양계초의 『신민설』에서 제시한 공덕, 자유, 권리사상, 국가사상 등이 새로운 국민 도덕과 국민 정신으로 부각되었고, 그 밖에 『음빙실문집』에서 소개된 서양의 과학, 철학, 경제학 등이 새로운 국민 지식으로 강조되었다.

해방 후 한국 사상계에서 『신대학』이 지니고 있는 역사적 의미를 추단하는 것은 용이한 일이 아니다. 한 가지 분명한 사실은 해방 공간에 형성된 당대의 민족주의 조류 안에는 이와 같이 양계초의 설법으로 무장된 민족주의도 존재하고 있었다는 사실이다. 해방 후 양계초의 설법은 대한제국기의 그것과 달리 더 이상 시대의 전위도 아니었고 시대의 주류도 아니었기 때문에 근대 국민국가 수립의 방략으로 얼마나 지식 계급으로부터 유의미한 반응을 얻었을지는 알기 어렵다. 그러나 문제 해결의 도구가 본질적으로 새롭게 바뀌지는 않았다 하더라도 문제를 둘러싼 상황이 새롭게 바뀌었다면 그 도구가 전하는 문제 해결의 메시지도 새로운 호소력을 얻는 면이 있었을 것으로 예상해 볼 수 있다. 『신대학』이 해방 후 미국과 소련, 민주주의와 공산주의, 친미와 친소의 분열에 의한 총체적인 난국을 '거짓 유신'이라 보고 양계초의 설법으로 민족과 신민을 제창하였을 때에 그것은 '애국계몽'의 역사적 맥락과는 구별되면서도 해방 공간에서의 새로운 실천적 함의를 내포하는 입론이었다고 하겠다. 해방 공간에서 맞이한 근대 중국의 발견인 셈이다.

2부
개성 유학의 전개

제1장 조선 후기 개성의 유학 전통

1. 머리말

조선시대 지성사 분야에서 지역 단위의 연구, 지역성(locality)을 중시하는 연구는 아직 본격적인 궤도에 오르지 못한 듯하다. 대개의 경우 지역은 개인의 학문과 사상을 연구하는 인물사 연구의 배경적 지식으로 활용되고 있고, 개인의 학문을 넘어 집단의 학풍을 논하는 경우에도 주된 연구 관심은 지역보다는 학파나 당색에 놓여 있다. 물론 학파나 당색이 지역과 밀착해 존재할 수도 있고 지역적으로 설명될 수도 있겠으나 연구 대상을 학파나 당색으로 설정하는 것과 지역으로 설정하는 것은 본질적으로 다른 일이다. 그럼에도 학파나 당색 단위 지성사 연구에서 상대적으로 지역을 중시했던 일련의 연구들은 지역 지성사를 수립하기 위한 유익한 시점을 제공해 준다.

이를테면 조선시대 성리학에 대한 전통적인 이해 방식은 기호학파와 영남학파의 대별을 중심으로 하였으나 기호학파와 영남학파 각각의 내부에서 지역적인 접근이 추구되고 있어 주목된다. 기호학파의 경우 기호학파 안에 포함되어 이해되어 왔던 호남 성리학의 지역적 독자성에 대한 관심이 증가하고 있다.[1] 영남학파의 경우 강좌(江左)의 퇴계학과 강우(江右)의 남명학이라는 이분법적 이해 방식을 탈피하여 강좌와 강우의 중간 지역의 학풍을 독자적으로 인식하고자 하는 시도가 증가하고 있다.[2] 그 밖에 성리학의 중심지에서 벗어난 시익들, 곧 평안도와 함경도 지방의 유림 연구도 조선 유학사의 지역적 이해에 보탬이 된다.[3]

조선시대 영남과 기호라는 유학사적 지역성이 실상 퇴계학과 율곡학이라는 조선 성리학의 서로 다른 유형으로부터 포착되어 왔고 주로 한국 철학계의 기본 프레임이었다면, 한국 역사학계에서 주목해 온 사상사적 지역성은 경(京)과 향(鄕)의 이원성의 문제로 수렴되는 것으로 보인다. 사상사적 지역성으로서 경과 향은 달리 말하면 각각 탈성리학적 지역성과 성리학적 지역성을 상징하는 것으로, 특히 이러한 방식으

1 오종일, 「호남 유학사상의 특질」, 『동양철학연구』 36, 동양철학연구회, 2004; 박학래, 「19세기 호남 성리학의 전개와 특징」, 『국학연구』 9, 한국국학진흥원, 2006; 고영진, 『호남 사림의 학맥과 학풍』, 혜안, 2007.
2 금장태, 『퇴계학파와 리철학의 전개』, 서울대 출판부, 2000; 김종석, 「한말 영남 유학계의 동향과 지역별 특징」, 『국학연구』 4, 한국국학진흥원, 2004; 정우락, 「강안학과 고령 유학에 대한 시론」, 『퇴계학과 한국문화』 43, 경북대 퇴계연구소, 2008; 노관범, 「청년기 장지연의 학문 배경과 박학풍」, 『조선시대사학보』 47, 조선시대사학회, 2008; 홍원식, 「영남 유학과 '낙중학'」, 『한국학논집』 40 계명대 한국학연구원, 2010; 정우락, 「성주지역 도학의 착근과 강안학파의 성장」, 『영남학』 21, 경북대 영남문화연구원, 2012 : 영남에서 강좌와 강우의 중간 지대인 강변 지방은 퇴계학을 따르면서도 독자성이 강하게 발현되고 있다는 지적이 있었고(금장태), 이후 시론적으로 강안학(정우락), 낙중학(홍원식) 등의 용어가 사용되었다.
3 이광린, 「구한말 관서지방 유학자의 사상적 전회」, 『개화파와 개화사상 연구』, 일조각, 1989; 정해득, 「조선시대 관북 유림의 형성과 동향」, 『경기사학』 2, 경기사학회, 1998.

로 사상사적 지역성을 창출하는 데 크게 기여한 것은 18세기 이후 조선 사상계의 문제적인 지역성의 형성을 '경향분기(京鄕分岐)'에서 구하고 경화(京華)의 지역성을 특화하여 북학을 중심으로 경화학계의 탈성리학적 학풍을 설명한 연구였다.[4] 이후 경 또는 경화라고 하는 탈성리학적 지역성의 창출은 조선 후기 실학을 서울 또는 경기라는 지역적 각도에서 접근하는 인식의 상화를 초래하였고, 지나친 서울 중심적인 사상사 연구 경향에 대한 반성에서 경향분기의 프레임을 공유한 가운데 18세기 영남과 호남의 학맥과 학풍에 접근한 연구도 나왔다.[5]

이처럼 조선시대 지성사에서 지역적 접근은 주로 조선 성리학의 양대 학파를 각각 지역적으로 세분하기 위한 차원에서 진행되었거나 조선 사상계에서 성리학과 실학의 분기를 조선 사회의 경향분기라는 사회구조적 추세에 대입시켜 지역적으로 이해하려는 차원에서 진행되어 왔다고 생각된다. 이러한 방식의 연구는 조선의 학파와 학풍을 유학사적 맥락에서 또는 사상사적 맥락에서 지역적으로 정치하게 이해하도록 인도하는 미덕을 지니고 있다. 그러나 다른 한편으로 연구 대상으로 문제적 지역을 설정하는 과정에서 지역성에 대한 관심이 엄밀한 의미에서 지역사의 맥락에서 도출된다기보다 유학사 내지 사상사의 맥락에서 제시되고 있다는 특징이 있다. 유학사적 또는 사상사적 지역성과 지역사적 지역성의 상호 관계나 상관 관계에 대한 관심은 아직 부족한 편이며[6] 대개의 경우 유학사나 사상사에서의 지역적 관심은 일개

---

4   유봉학, 『연암일파 북학사상 연구』, 일지사, 1995; 유봉학, 『조선 후기 학계와 지식인』, 신구문화사, 1998.
5   조성산, 2006, 「18세기 영·호남 유학의 학맥과 학풍」, 『국학연구』 9, 한국국학진흥원.
6   영국 레스터 학파의 견해를 중심으로 지방사는 크게 好古趣味 지방사(amateur-antiquarianism), 擬似 지방사(pseudo-local history), 正統 지방사(academic local history)로 분별될 수 있는 것으로 알려져 있다. 호고취미 지방사란 17세기 젠트리 지

군현 단위를 훨씬 넘어서는 광역에 머물러 있다.

이에 이 글은 종래 조선시대 지성사에서 추구된 지역적 접근을 강화하여 지역 지성사의 가능성을 시론한다는 계획으로 조선 후기 개성의 유학 전통에 대해 검토하고자 한다. 조선 후기 개성에 대해서는 일찍이 장지연(張志淵)의 『조선유교연원(朝鮮儒敎淵源)』에서 조선 후기 지방학계의 성장과 관련하여 개성 유학을 별도로 소개하고 있을 정도로[7] 유학사적 지역성이 현저했던 곳이라 생각된다. 또한 개성은 사상사적 견지에서 서경덕(徐敬德)이라고 하는 이색적인 도학자, 최한기(崔漢綺)라고 하는 문제적인 실학자를 배출한 지역으로 잘 알려져 있다. 아울러 조선 후기 개성 상인에 관한 연구가 축적되면서[8] 상업도시로서 개성의 역사적 지역성을 돌아볼 계기가 마련되었고, 실제로 일제식민지시기 형성된 개성의 지역성에서 민족 자본의 모더니티를 투시한 연구도 있다.[9]

방사관을 벗어나지 못한 가운데 문헌 중심으로 잡다한 인물과 사건을 나열하는 아마추어 역사를 가리키고, 의사 지방사란 지방사의 독립성을 인정하지 않고 행정적 차원에서 지방사를 국사의 일부나 보조로 간주하는 '지방화된 전국사(nationalhistory localized)'를 가리키고, 정통 지방사란 지방을 그 자체로 연구될 가치를 지닌 사회적 실체로 보는 '본래의 지방사(local history per se)'를 가리킨다(오주환, 「지방사 연구 ─그 이론과 실제─영국을 중심으로」, 『대구사학』 30, 대구사학회, 1986, 45~51면). 한국 유학사 또는 사상사 분야에서 시도된 지역적 접근이 '호고취미 지방사'나 '의사 지방사'를 완전히 벗어난 위치에 있는지, 또 '지방화된 전국사'를 지향하고 있는지 '본래의 지방사'를 지향하고 있는지를 검토하는 논의가 아직은 활성화되어 있지 못한 듯하다. 다만 한국성리학과 지방학의 관계에 있어서 다양한 지방사 연구방법을 조선시대 성리학과 연구에 적용할 수 있음을 긍정적으로 인식하는 연구가 있어 주목된다(권연웅, 「한국성리학의 지방학적 성격」, 『국학연구』 7, 한국국학진흥원, 2005).

7   張志淵, 『朝鮮儒敎淵源』 권1 (亞細亞文化社 영인본) 130면.
8   강만길, 「개성상인 연구」, 『한국사연구』 8, 한국사연구회, 1972; 고동환, 「조선시대 개성과 개성상인」, 『역사비평』 54, 역사비평사, 2001; 양정필, 「19세기 개성상인의 자본전환과 삼업자본의 성장」, 『학림』 23, 연세대 사학연구회, 2002; 고동환, 「조선 후기 개성의 도시구조와 상업」, 『지방사와 지방문화』 12─1, 역사문화학회, 2009; 양정필, 「근대 개성상인의 상업적 전통과 자본축적」, 연세대 박사논문, 2012.
9   정종현, 「일본제국기 '개성'의 지역성과 (탈)식민의 문화기획」, 『동방학지』 151, 연

그래서인 듯 이제까지 조선시대 개성의 지역성을 통찰했던 일련의 지성사 연구들은 주로 실학과의 연계성을 중심으로 '개경학(開京學)'을 설파하거나[10] 서경덕의 화담학파에서 발현되는 개방적이고 절충적인 학풍을 강조하거나[11] 최한기와 김택영(金澤榮) 같은 개성 지식인의 사상적 맥락으로서 북학을 중시하거나[12] 서명응(徐命膺)의 상수학의 학문적 연원으로 개성의 학풍을 주목했는데,[13] 공통적으로 개성의 상업도시적 성격과 실학의 발흥이라는 사상사적 문맥의 연결 관계를 통찰하는 다양한 입론이었다고 보인다. 이는 거시적으로 조선시대 유교 사회에서 개성이라는 지역이 상업 도시로서 담당했던 역사적 지역성을 설명하는 중요한 논점으로 보인다.[14]

그러나 조선시대 개성의 상업도시적 활력이 실학의 발흥과 연결되었음을 구체적으로 실증한 연구는 아직 보이지 않는다. 만약 그러한 입론이 타당성을 갖기 위해서는 특히 조선 후기 개성 지역의 상당수 지식인들이 실학적 성격을 갖추고 있었거나 실학적 지향성을 보이고 있었음이 입증되어야 할 것이다. 그러나 본문에서 후술하겠지만 지역 지성사의 관점에서 볼 때 18세기 이후 개성 지역의 지성사적 상황은 실학의 발흥이라기보다 성리학의 중흥에 가까웠다. 개성 사회는 낙학(洛學)

세대 국학연구원, 2010.

10 원유한·박재희, 「'개경학'의 성립 및 실학과 연계」, 『실학사상연구』 21, 무악실학회, 2001.
11 신병주, 「화담학과 근기사림의 사상」, 『국학연구』 7, 한국국학진흥원, 2005.
12 유봉학, 「조선 후기 개성지식인의 동향과 북학사상 수용」, 『규장각』 16, 서울대 규장각, 1994.
13 조창록, 「조선조 개성의 학풍과 서명응 가의 학문」, 『대동문화연구』 47, 성균관대 대동문화연구원, 2004.
14 이와 관련하여 조선전기부터 성장한 개성의 실학지향적 사회사조가 조선 후기 실학의 성장, 발전을 선도하거나 촉진하였을 것이라는 견해가 주목된다(원유한, 「실학요람으로서 개성의 위치」, 『충북사학』 11·12, 충북대 사학회, 2000).

이 유입되면서 비로소 성리학이 발달하기 시작하였고 19세기 이후 지역 유교 전통이 본격적으로 형성되기 시작하였다. 유교 전통의 후발 주자로서 개성 사회는 근대전환기의 사회 변화에 조응하여 유교 전통이 제고되고 있었다.[15] 조선 후기 개성 사회의 역사적 지역성은 무엇보다 지역 사회의 집합적인 인물들이 공유했던 집단적인 추세로서 설명하는 것이 바람직해 보인다.

이에 이 글에서는 조선 후기 개성 지역 지성사의 전체적인 이해를 목적으로 개성 유학사의 단락과 개성 유악 선통의 실세 양'낑을 검토하고자 한다. 먼저 1장에서는 개성의 유학 전통을 탐구하기 위한 예비적 고찰로서 개성 유학사의 단락을 검토할 것이다. 개성인으로서 김택영과 그 문인 왕성순(王性淳)이 피력한 개성 유학사의 두 극점을 살펴보고, 개성에 건립된 원우(院宇) 입향(入享) 인물들의 분석을 통해 개성 유학사의 거시적인 시기 구분을 제시할 것이다. 다음으로 2장에서는 조선 후기 개성 유학 전통의 실제 양상을 검토할 것이다. 개성에 유교적 가풍이 형성되고 낙학이 유입되는 양상, 전통적인 역학(易學)과 더불어 새롭게 경학(經學), 예학(禮學), 이학(理學) 등이 전개되는 양상, 문학(文學)이 번영하면서 지역 전통이 집성되는 양상을 제시할 것이다. 이 글은 지역 지성사의 견지에서 조선 후기 개성 사회의 역사성에 대한 성찰에서 출발했지만 아직은 조선 후기 개성의 유학 전통을 복원하려는 시도에서 머무르고 있으며 조선 후기 개성에서 새롭게 발흥한 성리학의 역사적 성

---

15 이와 관련하여 대한제국기에 조선 태조의 어진을 봉안한 穆淸殿이 중건되어 개성이 조선 御鄕의 위상을 회복한 사실에 주목할 필요가 있다(한희숙, 「조선시대 개성의 목청전과 그 인식」, 『역사와 담론』 65, 호서사학회, 2013). 이는 근대전환기 개성의 유교적 지역성을 독해하는 중요한 포인트가 되리라 생각된다. 한편 조선 초기 개성의 지역성으로는 舊都, 御鄕, 使臣 경유지, 상업도시의 4가지가 거론되고 있다(한희숙, 「조선초기 개성의 위상과 기능」, 『역사와현실』 79, 한국역사연구회, 2011).

격에 대한 판단은 유보되고 있다. 조선 후기 개성의 유학 전통은 20세기 전반 개성 지역의 사회문화운동 연구와 연결시킴으로써 역사적 인과관계를 추구할 수 있을 것으로 생각된다. 이를 위해 이 글의 3장 3절에서 중심적으로 서술하고 있는 김택영 및 김택영을 중심으로 지속적으로 결집했던 개성 문인들, 그리고 그들의 지역 운동에 대한 본격적인 탐구가 수반될 필요가 있다.

2. 개성 유학사의 단락

1) 개성 유학사의 두 극점

1917년 『매일신보(每日申報)』에 연재된 장지연의 「조선유교연원」은 학술사적인 견지에서 한국 유학사를 서술한 우리나라 최초의 근대 유학사이다.[16] 이 작품이 비록 한국 유학사를 체계적으로 정립하는 이론적인 지평을 제시한 것은 아니지만 인물과 작품 중심으로 한국 유학의 흐름을 개관하되 중앙학계는 물론 지방학계까지 폭넓게 접근하는 미덕을 발휘하였다. 특히, 관서 지방이나 관북 지방처럼 상대적으로 조선시대 유교 전통의 주변적인 지역에서 형성된 유학사에 대해서도 서술을 아끼지 않았다.

---

[16] 근대 한국유학사의 형성이라는 거시적 시야에서 장지연의 「조선유교연원」의 학술사적 의의를 규명한 연구로는, 노관범, 「근대 한국유학사의 형성 – 장지연의 「조선유교연원」을 중심으로」, 『한국문화』 74, 서울대 규장각한국학연구원, 2016 참조.

「조선유교연원」은 조선시대 개성 유학에 대해서 조유선(趙有善)(나산(蘿山), 1731~1809)과 김헌기(金憲基)(초암(初菴), 1774~1842)를 소개하였다. 조유선에 대해서는 '서화담이후(徐花潭以後), 최이경학가추중(最以經學家推重)'이라고 서술하였고,[17] 김헌기에 대해서는 '학문최고(學問最高), 세칭화담후일인(世稱花潭後一人)'이라고 서술하였다.[18] 조선시대 개성의 대표적인 유학자를 조유선과 김헌기 두 사람으로 압축하고 두 사람의 학문에 대해 서경덕(화담(花潭), 1489~1546) 이후 최고의 경학가 또는 심지어 서경덕 이후의 한 사람이라고 높이 평가했다는 특징이 있나.

이와 같은 관점은 비단 「조선유교연원」에서만 발견되는 것은 아니다. 1925년 출간된 개성 유학자 양재순(梁在淳)(진산(眞山), 1833~1909)의 『진산집(眞山集)』 권수에 있는 문인 최재도(崔在道)의 서문에서도 역시 동일한 내용을 볼 수 있다.

옛날 명종·선조 때 개성에 화담 서선생이 있었다. 세상에 드문 영특한 자질로 사승을 거치지 않고 홀로 묘도를 깨달아 능히 사문을 창도하였다. 그 후 백여 년 동안 쓸쓸히 있다가 나산 조선생이 미호(渼湖) 문하의 고제가 되어 정학을 창명하니 많은 선비가 울연히 일어났고, 초암 김선생이 홀로 의발을 전수 받았다. 초암 사후 속학이 날로 치성하고 유문의 연원이 점차 사라져 가는데 용산(龍山) 강선생이 유서(遺緒)를 계승하여 우뚝 홀로 회복하여 후학을 가르치는 일에 애써서 향방(鄕邦)의 탁월한 사범(師範)이 되었다. 용산 사후 용산의 도를 자신의 도로 삼고 용산의 학문을 자신의 학문으로 삼아 사림의 모범이 되어 한결같이 용산처럼 한 분이 우리 선사이신 진산 선생 한 사람뿐이다.[19]

---

17 張志淵,『朝鮮儒敎淵源』권2「趙有善」.
18 張志淵,『朝鮮儒敎淵源』권2「金憲基」.

위의 내용은 양재순의 유학사적 위상을 제시하기 위해 서경덕에서 양재순까지 개성 유학사를 간단히 일별한 것이다. 역시 개성 유학의 주요 계보를 '서경덕-조유선-김헌기'로 읽었고 다시 19세기 후반의 대표적인 개성 유학자로 강문표(姜文豹)(용산, 1822~1881)와 양재순을 거론하였다.

최재도는 개성 유학이 서경덕과 조유선 사이에 쓸쓸했다고 평했지만 그것이 실제 상황과 부합하는 해석이었다고는 생각되지 않는다. 김택영(창강(滄江), 1850~1927)이 편찬한 『숭양기구전(崧陽耆舊傳)』은 조선시대 개성 지성사라 이를 만한 작품인데, 그중에서 이 책의 「학행전(學行傳)」은 조선시대 개성 유학자들의 전기집이다. 여기서 그는 개성 유학자 김시탁(金時鐸)(이호(梨湖), 1713~1751)과 허증(許增)(신호(新湖), 1724~1755)의 전기를 입전하고 다음과 같은 사론을 첨부하였다.[20]

> 우리 고을에서 이학(理學)을 말한 사람은 서문강공(徐文康公)의 일전, 재전 후에는 그쳤다 일어났다 하여 마치 실 가닥이 거의 끊어질 듯하였다. 백년 사이에 이호 김씨와 신호 허씨가 선창하고 나산 조씨가 화답하고, 연후에 요천(堯泉) 김씨가 일어나 윤색하여 관대(冠帶)의 무리가 이에 빈빈(彬彬)해지니 원위를 알 수 있다.

19　梁在淳, 『眞山集』 「眞山先生文集序」(崔在道).
在昔明宣之際, 開州有花潭徐先生, 以間世英姿, 不由師承, 獨契道妙, 克昌斯文. 其後寥寥百餘載, 有蘿山趙先生, 以渼門高弟, 倡明正學, 多士蔚興, 而初菴金先生, 獨傳衣鉢. 初翁沒, 俗學日盛, 儒門淵源, 寢以微泯, 惟龍山姜先生, 實承遺緒, 挺然獨復, 眷眷以開牖後學爲事, 卓然爲鄕邦師範. 龍翁沒, 以龍翁之道爲道, 龍翁之學爲學, 以之矜式士林, 一如龍翁者, 惟我先師眞山先生一人而已.

20　金澤榮, 『崧陽耆舊傳』 권1 「學行傳」 '金時鐸・許增'.
吾州言理學者, 自徐文康公一再傳以後, 或寢或起, 垂絶如線. 百年之間, 梨湖金氏新湖許氏唱之, 蘿山趙氏和之, 然後堯泉金氏起而潤色之, 冠帶之倫, 於斯彬彬, 可以知源委焉.

김택영은 서경덕 이후 개성 유학사의 주요 계보를 '김시탁·허증-조유선-김헌기'로 읽고 이를 개성 성리학의 원위라고 단언하였다. 여기서 개성 성리학의 중흥 기점이 김시탁인지 조유선인지 변별하는 것은 그다지 의미가 없을지도 모른다. 김시탁과 허증은 조선 후기 낙학의 종장인 이재(李縡)(도암(陶菴), 1680~1746)에게 수학하였고 김시탁의 문인 조유선 역시 낙학의 종장인 김원행(金元行)(미호, 1702~1772)에게 수학하였다, 김시탁과 조유선은 약 20년의 나이 차이가 있고 수학한 스승이 각각 이재와 김원행인 차이는 있지만 공통적으로 학문적 입지섬을 노론 낙학에 둠으로써 개성 지역의 유학 전통을 조선 후기 경화학계에 밀착시킨 주역이었다. 중요한 것은 개성 지역에서 성리학의 중흥을 완결한 인물로서 김헌기의 역사적 위상이다. 김헌기는 조유선의 문인으로 경화학계에 유학함이 없이 스스로 대성한 토착 유학자였다. 김택영은 상기한 『숭양기구전』「학행전」에 김헌기의 전기를 입전하고 다음과 같은 사론을 첨부하였다.[21]

본조(本朝) 이학(理學)은 이문순(李文純)과 이문성(李文成) 두 공을 원조로 하는데, 요천 선생의 취향을 보면 이문성에 더 가깝다. 우리 고을은 서문 강공 이후 이백 년간 경유(經儒)의 일어남에 성쇠가 있었다고는 하나 풍류(風流)가 후박(厚樸)하여 볼 만한 사람이 없었던 적은 없다. 그러나 광명(光明)하고 탁월하고 문질(文質)이 빈빈(彬彬)하여 그 말을 깊이 되새길 만한 사람은 오직 선생이 있었다. 어찌 성대하지 않은가, 어찌 성대하지 않은가!

---

21 金澤榮, 『崧陽耆舊傳』 권1 「學行傳」 '金憲基先生'.
    本朝理學, 以李文純文成二公爲祖, 而至觀堯泉先生之趣, 則於文成爲尤近. 吾州自徐
    文康公以後二百年間, 經儒之作, 雖有衰有盛, 而風流樸厚, 未嘗不有可觀焉, 至於光明
    超卓, 文質彬彬, 其言淵乎可復者, 獨先生有焉. 豈不盛哉, 豈不盛哉!

장지연이 『조선유교연원』에서 김헌기에 대하여 '학문최고, 세칭화담후일인'이라고 서술한 근거가 장지연이 교유한 김택영의 『숭양기구전』에 있음을 알 수 있는 대목이다. 후일 『숭양기구전』을 수정한 『중편한대숭양기구전(重編韓代崧陽耆舊傳)』에서 김택영은 김헌기의 학술에 대해 조긍섭(曹兢燮)(심재(深齋), 1873~1933)을 인용하여 김헌기의 양명학 비판 논설은 조선은 물론 중국의 이학에서도 유례가 드문 발군의 작품이라고 찬미하였다.[22]

김택영은 『숭양기구전』 「학행전」에 입전한 개성 유학자 중에서 오직 서경덕과 김헌기에 대해서만 '선생'의 호칭을 사용하였고, 후일 『중편한대숭양기구전』에서는 아예 「학행전」의 시작과 끝을 서경덕과 김헌기로 설정하였다. 개성 유학을 서경덕과 김헌기로 집약하는 김택영의 관점은 김택영의 문인 왕성순(우아당(尤雅堂), 1869~1923)에게서도 발견된다. 왕성순은 1915년 서경덕, 이황, 이이, 송시열, 김헌기 5인의 문집에서 명리진성(明理盡性)과 관계되는 언설들을 선별하여 『조선오현문초(朝鮮五賢文鈔)』를 완성하였다. 이 책은 '조선오현'의 글을 천하에 전파하여 천하의 호걸지사가 이를 읽고 성리(性理)를 장려하고 공리(功利)를 정화하도록 하겠다는 편자의 특별한 목적[23]으로 중국에서 간행되었다. 서경덕과 김헌기의 이름에서 보듯 중국에 전파할 조선 성리학의 대표자로서 '조선오현'에 개성 유학자가 둘이나 들어가 있으며, '조선오현'의 시작과 끝이 개성 유학자로 설정되어 있음이 이색적이다. 말하자면 서경덕과 김헌기는 비단 개성 유학의 대표자일 뿐만 아니라 조선 성리학의 대표자로 격상되어 있는 것이다.

---

22   金澤榮, 『重編韓代崧陽耆舊傳』 권1 「學行傳」 '金憲基'.

23   王性淳, 『尤雅堂稿』 권3 「朝鮮五賢文鈔序」.

왕성순은 한국 유학사의 시각에서 '조선오현' 가운데 특별히 서경덕의 역사적 위상을 강조하였다. 조선 이학은 기자(箕子)의 홍범(洪範)에서 시작하였으나 중간에 실전되었는데, 고려와 조선의 유자가 단절된 이학을 다시 밝히는 가운데 서경덕에 이르러 비로소 성리설이 시작되었고 서경덕에 이어 이황과 이이에 이르러 성리설이 완비되었다고 단언하였다. '서경덕-이황-이이'를 중국 송대의 '주소정주(周邵程朱)'에 비견함으로써 조선 성리학의 노동직 지위를 부여하였다.[24] 개성 유학자 서경덕이 조선 중기 화담학파를 개창한 것은 사실이지만 이런 식으로 '서경덕-이황-이이'라는 계보 위에서 조선 성리학의 대표자로 간주된 것은 이례적인 일이다. 이것은 조선 중기 '김굉필-정여창-조광조-이언적-이황'의 동방오현(東方五賢) 관념이나 조선 후기 '조광조-이황-이이-김장생-송시열'의 노론오현(老論五賢) 관념과 구별되는 것으로 특히 조광조 대신 서경덕을 부각했다는 특징이 있다.

김택영 역시 『숭양기구전』에서 기자의 홍범 이래 정몽주가 이학조(理學祖)가 되었고 조선조에 들어와 서경덕이 굴기하여 '인문지표(人文之表)'가 되었다고 찬양하였으며, 특히

국가가 천명을 받은 지 백여 년이 지나 김굉필, 조광조 제유는 동남(東南)에서 창도했고 선생은 서(西)에서 창도했는데, 박순(朴淳)·민순(閔純)·허엽(許曄)·이지함(李之菡)·박민헌(朴民獻)의 무리가 다투어 제자례를 잡고 만나 뵈었다.

---

24 위의 글.

라고 하여 '김굉필-조광조'와 구별되면서도 독자적인 서경덕의 위상을 강조하였다.[25] 조선 성리학의 본고장인 '동남'의 관점에서 본다면 '김굉필-조광조'와 같은 동방오현이 조선 성리학의 도통으로 간주되겠지만 개성과 같은 '서'의 관점에서 본다면 서경덕이 조선 성리학의 도통으로 간주될 수 있음을 암시하는 발성이라 하겠다.

이상으로 조선시대 개성의 유학 전통을 읽는 개성 지식인의 관점을 김택영과 왕성순을 중심으로 살펴보았다. 개성 유학은 16세기 서경덕이 화담학파를 개창한 이후 특별히 주목받는 경유(經儒)가 등장하지 못하다가 18세기 노론 낙학이 지역적으로 전파되는 가운데 낙학의 종장들에게 수학한 유학자들이 배출되면서 유학 전통이 강화되었고 급기야 19세기에 들어와 '화담후일인(花潭後一人)'으로 평가받는 김헌기가 일어나 개성 유학을 대표하였다. 19세기 후반 김택영은 『숭양기구전』을 지어 개성의 유학 전통을 학술적으로 완성하였고 20세기 전반 김택영의 문인 왕성순은 『조선오현문초』를 지어 개성 유학의 대표자 서경덕과 김헌기를 조선 성리학의 시작과 끝으로 승화시켰다. 조선 후기 낙학과 연계되어 성장하던 개성 유학은 조선왕조의 쇠망기에 들어와 지역의 고유한 유학 전통으로 정립되었을 뿐만 아니라 지역적 차원을 넘어 조선 성리학을 구성하는 독자적이고 대표적인 전통으로 부각된 것이다.

---

25 金澤榮, 『崧陽耆舊傳』 「學行傳」 '徐敬德先生'.
    國家受命百餘年, 金宏弼趙光祖諸儒, 倡道於東南, 先生倡道於西. 一時名流如朴淳閔
    純許曄李之菡朴民獻之徒, 爭執弟子禮以見.

2) 19세기 원우 입향 인물들의 분석

앞에서 조선 후기 개성 유학의 지역적 성장과 전통화의 문제를 지적하였다. 조선시대 지역사회에서 유학이 성장하는 과정은 당해 지역의 원우 건립을 통해서 그 대체적인 윤곽을 파악할 수 있다. 이에 이 절에서는 『중경지(中京誌)』(최남선(崔南善) 편수, 1915)와 『개성지(開城誌)』(임봉식(林鳳植) 저작, 1934)를 참조하여 개성 지역 원우 건립에서 간취되는 개성 유학의 역사적 전개 과정을 검토하고자 한다. 논의의 편의를 위해 원우 건립 현황을 도표로 나타내면 다음과 같다.

조선시대 개성에는 숭양서원(崧陽書院)부터 용음사(龍陰祠)까지 모두 16개의 원우가 건립되었다. 숭양서원부터 표절사(表節祠)까지 16~18세기에 건립된 7개의 원우는 사액을 받았고, 한천사(寒泉祠)부터 용음사까지 19세기에 건립된 9개의 원우는 사액을 받지 못했다. 먼저 사액을 받은 원우부터 검토하기로 하겠다.

선조대에 건립된 숭양서원은 정몽주를 향사하는 개성 지역 최초의 서원이다. 정몽주는 공민왕대 정치적으로 집결한 신진사대부의 중심 인물로 도학과 절의를 인정받아 조선시대에 문묘 종사가 실현되었다. 특히 정몽주는 조선의 유교 이념인 충(忠)을 체현한 인물로 존중받아 조선 후기에는 숙종부터 순종까지 여러 국왕들에 의해 거듭 숭양서원에 치제가 내려졌고, 정몽주의 충절을 기리는 영조의 어필이 들어서기까지 하였다. 그랬기에 숭양서원은 대원군 집권기 전국적으로 단행된 서원 철폐의 여파에서도 대원군의 정치적 배려 하에 훼철의 위기에서 벗어날 수 있었다.

더욱이 18세기 낙학 산림 김원행이 숭양서원의 산장(山長)이 되어 숭양

#	원우	연도		향사		문헌
		창건	사액	주향	배향/병향/추향	
1	崧陽書院	1573년	1575년	鄭夢周	/ 禹玄寶 徐敬德 金尙憲 金埈 趙翼 (1784년)	(선조)乙亥奉安時致祭文 (숙종)癸酉行幸時致祭文 (영조)庚申行幸時致祭文 (정조)甲辰致祭文 (정조)戊午致祭文 金若魯,「英祖御筆揭額記」 蔡緯夏,「講規後敍」 金履度,「異蹟記」 南公轍,「廟庭碑」 (헌종)己亥致祭文 (고종)辛未尊奉時紀實碑銘(李東旭) (고종)壬申遣官致祭文 (순종)己酉大皇帝巡狩時遣官致祭文 林圭永,「崧陽書院重修記」 李明漢,「講堂重修上樑文」 李景奭,「祠宇重修上樑文」
2	花谷書院	1609년	1635년	徐敬德	朴淳 閔純 許曄	(숙종)癸酉行幸時致祭文 (영조)庚申行幸時致祭文 李恒福,「從祀文廟議」 趙有善,「重修記」 金埈,「祠宇重修上樑文」
3	五冠書院	1682년	1685년	朴尙衷	朴世采	(영조)庚申行幸時致祭文 趙持謙,「祠宇上樑文」
4	道山書院	1682년	1685년	李齊賢	李種學 趙錫胤	(숙종)丙寅致祭文 徐文尙,「祠宇上樑文」
5	龜岩書院	1674년	1682년	李珥		(숙종)賜額時致祭文 南公轍,「祠宇上樑文」
6	崇節祠	1666년	1694년		/ 宋象賢 金練光 劉克良	(숙종)賜額時致祭文 (영조)庚申行幸時致祭文 (정조)癸卯致祭文
7	表節祠	1783년	1783년		/ 林先味 趙義生 孟姓人 / 成思齊(1808년) 朴文壽(1811년) 閔安富 金冲漢(1823년)	(정조)奉安時致祭文 徐有防, 疏 徐命膺,「高麗遺民傳贊」 徐有防,「祠宇上樑文」
8	寒泉祠	1807년		朱子	/ 安珦 權溥 李穡 韓修 宋時烈	韓致應,「事蹟記」
9	四賢別廟	1804년			馬羲慶 韓舜繼 金女性 李慶昌	趙有善,「奉安文」
10	崧南祠	1817년			金湜 金潰 金濡 林昌澤 張昌復 / 李春馩(1848년) 金致洪(1856년)	李賢謙,「奉安文」 金聲大,「追享奉安文」 金以玫,「追享奉安文」
11	男山祠	1818년			金履祥 金履度 金斗文 張玄聞	李賢謙,「奉安文」 金憲基,「奉安文」 金奎膺,「奉安文」
12	新湖祠	1818년		許增		馬游,「奉安文」
13	蘿山祠	1822년		趙有善	趙有憲	洪直弼,「奉安文」 金奎膺,「奉安文」
14	堯泉祠	1850년		金憲基		
15	梨湖祠	미상			金時鐸 禹昌洛	
16	龍陰祠	1856년		高敬恒		

출전: 최남선 편수, 『중경지』 권5 「학교(學校)」; 임봉식 저작, 『개성지』 권4 「관학서원(館學書院)」

서원의 강규(講規)를 정하고 강회절목(講會節目)을 만들었던 일, 19세기 낙학 산림 오희상(吳熙常)과 홍직필(洪直弼)이 숭양서원을 전알(展謁)하고 개성 사림과 『대학』을 강했던 일에서 보듯 숭양서원은 18세기 이후 낙학의 중요한 거점이 되었고, 이는 조선 후기 개성의 유풍(儒風)이 낙학과 밀착되어 형성된 사실을 가리키는 현상이라 할 것이다.[26] 이처럼 숭양서원은 조선 후기 중앙 정부 및 중앙 학계와 긴밀하게 연결된 개성 유학 전통의 상징적인 장소였고, 20세기 들어와서도 1900년대의 자강운동이나 1910년대의 문예활동이 모두 숭양서원을 중심적인 징표로 삼아 진행되었다는 점에서 개성에서 가장 권위 있는 사회적 성소였다고 할 것이다.[27]

숭양서원 이후 개성에는 17~18세기에 화곡서원(花谷書院)(서경덕 주향(主享)), 오관서원(五冠書院)(박상충(朴尙衷) 주향), 도산서원(道山書院)(이제현(李齊賢) 주향), 구암서원(龜巖書院)(이이(李珥) 전향(專享))의 4개의 서원과 숭절사(崇節祠)(송상현(宋象賢) 등 병향(幷享))와 표절사(임선미(林先味) 등 병향)의 2개의 사우가 건립되어 사액을 받았다. 여기서 숭양서원까지 포함하여 이들 원우에 입향된 인물들을 보면 고려 유학자(이제현, 박상충, 정몽주)와 고려 태학생(임선미 등), 그리고 조선 유학자(서경덕, 이이)와 조선의 충신(송상현 등)으로 구분될 수 있음을 볼 수 있다. 이를 개성 유학사의 시각에서 본다면 고려 유학자나 고려 태학생은 개성 유학이라기보다 고려 유학의 색채가 짙은 범주의 인물이라 할 수 있고, 조선 유학자의 경우에도 구암서원의 주향 이이, 그리고 오관서원의 배향 박세채를 개성 유학

---

26 이상 숭양서원에 대한 서술은 『中京誌』 崧陽書院條의 기사에 의지하였다.
27 노관범, 「근대 초기 개성 문인의 지역 운동」, 『한국사상사학』 49, 한국사상사학회, 2015.

에 포함시킬 수 없음은 물론이거니와 화곡서원의 주향 서경덕조차 그 학적 위상을 반드시 지역적인 개성 유학자로만 한정하는 것은 온당하지 않다. 물론 앞 절에서 보았듯이 서경덕이 개성 유학 전통의 중요한 위치를 차지하는 대유이었던 것은 틀림없는 사실이지만, 16세기 실제 서경덕의 학적 위상은 개성이라는 지역적 차원을 넘어서는 화담학파라는 거대 학맥 위에 놓여 있었다. 그렇게 볼 때 숭양서원 이래 18세기까지 개성 지역에 건립된 원우에서 순수하게 조선의 지역적 유학으로서 개성 유학의 체취를 발견하기는 어렵다. 이들 개성 원우들은 지역 유학이 아닌 중앙 유학으로서 고려 유학과 조선 유학의 대유들을 기억했던 것이지 지역 유학으로서 개성 유학자를 기념했던 것은 아니다. 서경덕은 비록 송도삼절의 별칭이 있었지만 '개성의 대유'라기보다 박순, 민순, 허엽의 걸출한 고제를 양성한 '조선의 대유'에 가까웠고, 그렇기에 서경덕을 사사하거나 사숙한 개성의 향선생들은 서경덕을 기리는 화곡서원에 배향되지 못했다.

이 점에서 19세기는 대전환의 세기였다. 19세기 개성에 건립된 사우들은 입향 대상으로 조선시대 개성 지역의 명사들을 선택했고, 대부분 개성 유학 전통과 연결된 유학자들이었다. 순조대 건립된 한천사(주자(朱子) 주향)를 제외하고 사현별묘(四賢別廟)(마희경(馬羲慶) 등 병향), 숭남사(崧南祠)(임창택(林昌澤) 등 병향), 남산사(男山祠)(김이상(金履祥) 등 병향), 신호사(新湖祠)(허증 전향), 나산사(蘿山祠)(조유선 주향), 요천사(堯泉祠)(김현기 전향), 이호사(梨湖祠)(김시탁 등 병향), 용음사(고경항(高敬恒) 전향) 모두 개성 유학자를 향사하는 사우였다. 논의의 편의를 위해 이를 도표로 나타내면 다음과 같다.

먼저 마희경(馬羲慶), 한순계(韓舜繼), 김현도(金玄度), 이경창(李慶昌)을 향

표 2〉 19세기 개성 원우에 입향된 조선시대 개성 인물 일람

사우	성명	자	호	생년	몰년	비고
四賢別廟	馬義慶	仲積	竹溪	1525	1589	徐敬德의 문인. 朴世采의 墓銘
	韓舜繼	仁淑	市隱	中宗	宣祖	市隱集. 徐命膺의 墓銘. 成大中의 傳.
	金玄度	弘之	認齋	1551	光海君	成渾의 문인. 伊川府使.
	李慶昌	彦及	西村	1554	1627	徐敬德 사숙. 西村集.
崧南祠	金滉	浩然				金潰의 형.
	金潰	君澤				壬亂 召募官. 朔寧 주둔.
	金濡	君洽				金潰의 아우.
	林昌澤	大潤	崧岳	1682	1723	金昌翁의 문인. 崧岳集. 海東樂府
	張昌復	吉初	杏溪			金斗文의 문인. 杏溪集.
	李春華	公翊	新泉			崧南社 결성.
	金致洪		自厚齋			孝行으로 童蒙敎官 증직.
男山祠	金履祥	仲吉	心適堂	1498	1576	司藝. 心適堂遺稿.
	金履度	君吉	復一堂			金履祥의 아우. 崧岳 淫祀를 불사름.
	金斗文	季章	敬勝齋	1664	1706	尹拯의 문인. 關西夫子. 敬勝齋遺稿.
	張玄聞	濬之	四裁堂			崧南社 결성.
新湖祠	許增	川如	新湖	1724	1755	李縡의 문인. 御批生員. 中庸釋疑.
蘆山祠	趙有善	子淳	蘆山	1731	1809	金元行의 문인. 吏曹判書 추증. 蘆山集.
	趙有憲	季式	芝山	1736	1815	趙有善의 아우. 金元行의 문인.
堯泉祠	金憲基	稺度	堯泉	1774	1842	趙有善의 문인. 內部協辦 추증. 堯泉集.
梨湖祠	金時鐸	子木	梨湖	1713	1751	李縡의 문인. 梨湖遺稿.
	禹昌洛	得龜	天山齋		1806	李縡·金元行의 문인. 趙有善의 祭文
龍陰祠	高敬恒	義仲		1718	1755	張昌復의 문인. 金憲基의 墓銘

출전 : 최남선 편수, 『중경지』 권8 「재행(才行)」, 「효자(孝子)」; 김택영, 『송양기구전』

사하는 사현별묘를 보도록 한다. 사현별묘는 서경덕을 향사하는 화곡서
원 옆에 건립된 별묘이고, 따라서 사현별묘에서 향사하는 인물들은 서경
덕의 영향을 받아 유학을 했던 개성의 명유일 것임을 예상할 수 있다. 실
제 마희경(죽계(竹溪), *1525~1589)은 서경덕의 문인으로 이이의 추천으로
북부참봉(北部參奉)에 제수되었고 『역』에 정통한 인물이었다.[28] 한순계는
서경덕이 문인들을 보내 회강에 초대할 정도로 서경덕에게 인정을 받
았으며 사후에 이이와 성혼으로부터 시은(市隱)이라는 별칭을 얻은 인

28　金澤榮, 『崧陽耆舊傳』 권1 「學行傳」 '馬義慶李慶昌'; 朴世采, 『南溪集』 권75 「北部參
　　奉馬公墓表」.

물이었다.[29] 김현도는 성혼의 문인이자 조헌의 벗으로 선조에게 궁역(宮役)을 간쟁하여 사서오경(四書五經)을 하사받은 인물이었고,[30] 이경창(서촌(西村), 1554~1627)은 서경덕을 사숙하여 『역』에 정통하였고, 서경덕의 학풍을 이어받아 이학과 수학을 연구한 인물이었다.[31] 여기서 이들4인이 공통적으로 선조-광해군대의 개성 유학자로서 서경덕의 문인 또는 후학이었으며, 주로 이이와 성혼에게 주목받았음을 알 수 있다. 다만 이들이 관인으로 현달하거나 학자로 대성한 것은 아니었으며 다만 이 시기 서경덕의 유풍을 계승하는 개성 유학자로서 지명도가 높았다고 해석하는 편이 온당할 것이다.[32] 그럼에도 중요한 것은 이들이 서경덕을 계승하는 사현으로 범주화되어 서경덕을 주향으로 하는 화곡서원 곁에 향사되었다는 사실이다. 조유선은 「사현별묘개기고유문(四賢別廟開基告由文)」을 지어 마희경의 '청분(淸芬)'과 한순계의 '칭효(稱孝)'와 김현도의 '면인(勉仁)'과 이경창의 '통리(通理)'를 기렸고,[33] 「사현별묘봉안제문(四賢別廟奉安祭文)」을 지어 한순계는 '성본독효(性本篤孝), 지행초군(至

---

29 金澤榮, 『崧陽耆舊傳』 권2 「隱逸傳」 '韓舜繼'; 徐命膺, 『保晚齋集』 권11 「市隱韓先生墓碣」; 成大中, 『靑城集』 권7 「市隱先生傳」.

30 金澤榮, 『崧陽耆舊傳』 권1 「學行傳」 '金玄度-靜厚' : 金澤榮은 후일 『重編韓代崧陽耆舊傳』에서는 김현도를 立傳하지 않고 대신 그 사적을 김현도의 아들 김정후의 傳에 넣었다. 김택영의 문인 王性淳이 완성한 『崧陽耆舊詩集』을 보고 김현도가 개성 출신이 아니라 개성에 이주한 사람임을 알았기 때문에 어를 반영하여 김현도를 개성인에서 제외한 것으로 풀이된다.

31 金澤榮, 『崧陽耆舊傳』 권1 「學行傳」 '馬義慶李慶昌'; 李慶昌, 『西村集』 「西村集重刊序」 (李學魯).

32 마희경의 묘표를 17세기 서인 산림 朴世采가 짓고 한순계의 묘갈문을 18세기 소론 학자 徐命膺이 짓고 김현도의 아들 金靜厚의 묘갈문을 17세기 서인 명신 金堉이 지었던 것은 이들이 생전 또는 사후에 개성 출신으로서 비교적 높은 지명도가 있었기에 가능한 일이었을 것이다. 이경창 또한 사후에 개성 유수 嚴緝이 墓碣文을 지었음이 문집에서 확인되고, 선조 연간 명나라 사신이 개성을 지나며 우연히 이경창의 글을 읽고 동행한 朱之蕃에게 이경창을 '理通人'이라고 칭찬했다는 일화까지 전해진다.

33 趙有善, 『蘿山集』 권10 「四賢別廟開基告由文」.

行超群)'으로 김현도는 '담로유서(潭老遺緒), 우문적전(牛門嫡傳)'으로 이경창은 '도소담로(道紹潭老), 학조천인(學造天人)'으로 표장하였다.[34] 이는 사현의 개별적 인품과 학행을 집약한 것으로 사현 중에 서경덕을 학문적으로 계승한 이경창을 사현의 마지막 완성으로 설정한 것이 특징적이다.

이처럼 19세기 화곡서원 곁에 사현별묘가 건립된 것은 개성 사현이 서경덕을 계승하고 있다는 지역적 공인이었고, 개성 유학 전통의 사회적인 출현을 의미하였다. 사현별묘 이후 조선시대 개성 유학자들을 향사하는 다양한 사우가 건립되었는데, 사현별묘가 개성 유학 전통의 제1단계 사우라고 한다면 남산사와 숭남사는 개성 유학 전통의 제2단계 사우라고 할 수 있다. 남산사는 김이상(金履祥), 김이도(金履度), 김두문(金斗文), 장현문(張玄聞)을 향사하는 사우이고, 숭남사는 김황(金滉), 김지(金漬), 김유(金濡), 임창택(林昌澤), 장창복(張昌復), 이춘화(李春韡), 김치홍(金致洪)을 향사하는 사우인데, 양자 공히 선조대 개성 사현과 영정조대 낙학 유학자 사이에 개성 지역에 존재했던 다양한 유학 전통을 보여준다는 점에서 의미가 있다. 이 가운데 먼저 남산사에 입향된 김두문(경승재(敬勝齋), 1664~1706)은 숙종대 개성 지역 최고의 유학자였다. 그는 서경덕과 같은 대유가 되기로 결심하고 개성 유생 윤충갑(尹忠甲)에게 종유하였다가 다시 소론 영수 윤증의 문하에 나아가 '관서부자(關西夫子)'의 칭호를 얻었으며[35] 심지어 소론 문인 윤순(尹淳)으로부터 '화담후일인(花潭後一人)'이라는 극찬을 얻었다.[36] 김이상(심적당(心適堂), 1498~1576)은 김두문의 7대조로 문장에 뛰어나고 중종대에 문과에 급제하여 통례원(通禮

---

34 趙有善, 『蘿山集』 권10 「四賢別廟奉安祭文」 : 마희경에 대한 제문은 일실되어 문집에 수록되지 못했다. 조유선의 이 글은 『中京誌』 四賢別廟條에도 보인다.

35 金澤榮, 『崧陽耆舊傳』 권1 「學行傳」 '金斗文-張昌復'.

36 尹淳, 『白下集』 권10 「心適堂三世聯稿後序」.

院) 상례(相禮)가 되었는데,[37] 개성인이 성종대 이후 비로소 금고가 풀려 중종대에 처음 문과 급제자가 배출된 사실을 돌아보면[38] 그는 개성 지역 문과 급제의 역사에서 초기에 영예를 얻은 셈이었다. 김이도는 김이상의 아우로 명종대 개성 유생들을 선동하여 죽음을 무릅쓰고 숭악산(崧岳山) 음사(淫祀)를 불태워서 벽이단(闢異端)의 기백을 보였는데, 이 사건에 대해 조식(曺植)은 마음을 시원하게 하는 대의라고 평하였다.[39] 남산사의 김이상과 김이도는 서경덕과 동시대를 살았던 인물로 조선시대 초기 개성 유학의 다양한 양상을 보여줄 뿐만 아니라, 김이상의『심적당유고(心適堂遺稿)』와 김이상의 아들 김연광(金鍊光)의『송암유고(松巖遺稿)』, 그리고 상기한 김두문의『경승재유고(敬勝齋遺稿)』가 합본된『심적당송암경승재유고(心適堂松巖敬勝齋遺稿)』가 소론의 지원으로 영조대에 출간됨으로써[40] 개성 유학에서 세고(世稿) 제작의 전통을 수립하였다.

숭남사에 입향된 김황, 김지, 김유는 모두 형제지간으로 임진왜란 당시 선조의 행재소에 찾아가 김지가 소모관에 임명되고 김황과 김유가 그를 동행하여 경기도 삭녕(朔寧)에 주둔하며 유격 활동을 펼쳤다.[41] 장창복은 상기한 김두문의 문인으로 몸가짐이 단아하여 장유도(張有道)라는 별칭을 들었으며 영조대에 경기전참봉(慶基殿參奉)에 제수되었다.[42] 남산사의 장현문과 숭남사의 이춘화는 모두 정조대의 인물인데

---

37 崔南善 編修,『中京誌』권8「才行」.

38 『續修中京科譜』「中京科譜續序」(崔中建) : 조선이 건국된 후 개성 사람은 과거 응시가 금지되어 오랜 기간 폐고되었다가 成宗 庚寅年에 금고가 풀렸고, 中宗 乙亥年에 崔世津이 개성 출신으로 처음 문과에 합격하였다. 이로부터 과거제가 폐지되는 1894년까지 개성의 문과 합격자는 134인, 사마과 합격자는 696인으로 집계되었다.

39 金澤榮,『崧陽耆舊傳』권1「學行傳」'金履道-林大秀'.

40 『心適堂松巖敬勝齋遺稿』(奎 12432).

41 金澤榮,『崧陽耆舊傳』권2「忠義傳」'金潗-金滉金濡朴乃成'.

42 金澤榮,『崧陽耆舊傳』권1「學行傳」'金斗文-張昌復'.

장현문은 개성부(開城府) 분교관(分敎官)에 천벽되었고 이춘화는 영릉참
봉(寧陵參奉)에 제수되었다. 두 사람은 주경야독으로 농업과 강학을 병
행하여 향당에서 유풍을 크게 일으켰고 특히 숭남사(崧南社)를 함께 결
성하여 삭망(朔望)으로 회강하며 후학을 지도했다.[43] 숭남사에 입향된
임창택은 숙종대 개성의 저명한 시인으로 김창흡(金昌翕)의 문인이 되
어 시명을 드날린 인물이다. 임대용(林大用)과 함께 십선회(十仙會)를 열
며 강개한 시를 많이 지었는데, 선조대 차천로(車天輅)와 더불어 개성의
양대 시인으로 '전유천로(前有天輅), 후유창택(後有昌澤)'의 평을 들었다.[44]
그 밖에 숭남사의 김치홍은 『소학』의 가언선행(嘉言善行)을 반드시 몸으
로 실천했다는 평을 얻었다.[45] 이들 남산사와 숭남사에 입향된 인물들
은 16세기 전반 초기 개성 유학의 인물(김이상·김이도), 임진왜란 당시
충의를 보인 인물(김황·김지·김유), 숙종·영조대 소론 학맥에 입지한
인물(김두문·장창복), 정조대 농업과 강학을 병행하여 향당 교화에 기여
한 인물(장현문·이춘화), 숙종대 개성의 최고 시인(임창택), 기타(김치홍)로
구성되어 있다. 이들은 시기별로 16~18세기에 걸친 다양한 인물들이
었지만, 거시적으로 보아 조선 전기 개성 유학을 대표하는 서경덕 및
개성 사현, 그리고 조선 후기 개성 유학을 대표하는 낙학 학맥의 유학
자들과 비교해서 과도기적인 단계에 처했던 또는 주변적인 위치에 머
물렀던 인물들이었다고 평할 수 있다.[46]

---

43 金澤榮, 『崧陽耆舊傳』 권1 「學行傳」 '張玄聞-李春曄'.
44 金澤榮, 『崧陽耆舊傳』 권2 「文詞傳」 '林昌澤 : 임창택의 생애와 한시에 대해서는, 장
    유승, 「개성 문인의 자의식과 유민의식」, 『한국한시작가연구』15, 한국한시학회,
    2011 참조.
45 崔南善 編修, 『中京誌』 권8 「孝子」.
46 이와 관련하여 개성에 인물이 없다는 지적에 유념할 필요가 있다. 李德壽는 임창택
    의 묘갈문을 지어 '松都古稱多人材, 百餘年來, 復寥寥無聞, 頗疑山川氣盡'이라고 하

나머지 이호사(김시탁, 우창락(禹昌洛)), 신호사(허증), 용음사(고경항), 나산사(조유선, 조유헌(趙有憲)), 요천사(김헌기)는 영조대 이후 낙학 산림 이재와 김원행 문하에 나아가 낙학 학맥에 입지했던 개성 유학자들이 입향된 사우들로, 개성 유학 전통의 마지막 제3단계 사우라 이를 수 있다. 이들 제3단계 사우에 입향된 개성 유학자들은 거의 모두 조선 후기 성리학의 수류 학맥인 노론 낙학에 입지함으로써 개성 유학의 위상을 높였고 경학 연구와 유교 교화에 노력하여 개성 유학 전통을 일신하였다. 앞 절에서 보았듯이 김택영이 서경덕 이후 개성 성리학이 침체되어 있었으나 김시탁과 허증이 선창하고 조유선이 화답하고 김헌기가 윤색하여 유학이 번창할 수 있었다고 논한 것[47]도 이 때문이었다.

먼저 제3단계를 개막한 이재 문하의 유학자들을 살펴보겠다. 이재 문하 최초의 개성 유학자는 이호사의 김시탁(이호(梨湖), 1713~1751)이다. 그는 상인 가문에서 유자로 굴기한 인물인데 서울에 가서 이재 문하에서 성리학을 수학하고 개성에 돌아와 강학 활동을 활발히 하였다. 오랫동안 학술이 침체되어 경유가 드물었던 개성에서 이는 경학의 부흥을 의미하였다. 김시탁은 개성에서 낙학을 수용한 최초의 인물로 뒤이어 허증과 우창락의 낙학 수용을 촉발시켰다.[48] 신호사의 허증(신호(新湖), 1724~1755) 역시 김시탁과 마찬가지로 이재 문하에 나아가 강설을 들었고 경학 연구에 전념하여『중용석의(中庸釋疑)』등의 저술을 남겼다. 허증의 경학 수준에 대해서는 사마시 회시에서『중용』에 관한 시

였고(林昌澤,『崧岳集』附錄「墓碣銘」(李德壽)), 임창택 스스로도 崧岳의 岳靈에게 어째서 개성에 인걸을 내리지 않느냐며 부르짖는 글을 지었다(林昌澤,『崧岳集』권2「岳靈問」). 이는 17세기 개성 유학의 전반적인 침체와 연결시켜 생각할 문제이다.

47 金澤榮,『崧陽耆舊傳』권1「學行傳」‘金時鐸·許增’.

48 金澤榮,『崧陽耆舊傳』권1「學行傳」‘金時鐸許增’.

권(試券)을 제출하자 영조가 직접 읽고는 제삼(第三)의 평가를 내린 시관(試官)을 꾸짖고 제일(第一)의 평가를 내려 조선시대 유일의 '어비생원(御批生員)'이 되었다는 일화가 참고된다.[49] 용음사의 고경항(1718~1755) 역시 김시탁, 허증과 더불어 유학을 강마했던 인물로 대유가 되겠다는 일념으로 성거산(聖居山)에 입산하여 경학 연구에 분투하는 치열한 삶을 살았다.[50]

개성 유학은 이재 문하에 이어 김원행 문하에도 연결하여 낙학 학맥에서 확고한 입지를 다졌다. 나산사의 조유선(나산(蘿山), 1731~1809)과 조유헌(지산(芝山), 1736~1815) 형제는 약관의 나이에 김원행을 사사하여 미호 문하의 주요 문인이 되었다. 조유선은 본디 김시탁의 문인이었는데 김원행 문하에 진출한 후 정조대에 사헌부감찰, 익산군수 등 관직 생활을 하였으며, 사후 개성 유학자로서는 드물게 이조판서에 추증되는 영예를 입었다. 영조대 개성 유학의 경학적 전환을 이룩한 이재 문하의 김시탁과 허증이 30대의 나이에 단명하여 대성하지 못한 반면, 김원행 문하의 조유선은 70대의 수를 누리며 김시탁과 허증의 과업을 이어받아 정조대 개성 유학의 번영을 구가하였다. 그 결과 19세기 낙학 산림 홍직필은 '고도지학(古都之學)'이 정몽주에서 시작해 서경덕에 이르러 수(數)를 보았고 조유선에 이르러 온전하게 이(理)를 보았다며 조유선을 '서경수백년래일인이이(西京數百年來一人而已)'라고 극찬하였고,[51] 장지연은 앞 절에서 보았듯 조유선을 '서화담이후(徐花潭以後), 최이경학가추중(最以經學家推重)'이라고 평가하였으며,[52] 김택영은 조유선이 오랜 동

49   金澤榮, 『崧陽耆舊傳』 권1 「學行傳」 '金時鐸許增'.
50   金澤榮, 『崧陽耆舊傳』 권1 「學行傳」 '高敬恒'; 金憲基, 『初菴集』 권10 「高峯高公墓誌銘」.
51   洪直弼, 『梅山集』 권42 「蘿山趙公墓誌銘-幷序」.

안 강학하여 뛰어난 인재들이 운집하였던 것을 개성의 시운으로 보면서 18세기 개성 유학을 '영정지간(英正之間), 문학극성(文學極盛)'이라고 인식하였다.[53] 그 밖에 이호사의 우창락(천산재(天山齋), ?~1806)은 조유선과 함께 이호사(梨湖社)에서 강학하며 도의교(道義交)를 맺은 인물로 조유선은 우창락의 학문에 대하여 '봉규한천(奉規寒泉)'과 '미문공전(漢門共傳)'을 병거하여 영조대 이재 문하의 유학에서 시작하여 정조대 김원행 문하의 학문으로 완성하였다고 평하였다.[54]

제3단계 개성 유학의 마지막 완결자는 요천사의 김헌기(요천(堯泉), 1774~1842)이다. 김헌기는 조유선의 문인으로 경학에 전념하여 순조·헌종대 개성 유학의 최고봉이 되었다. 그는 이미 정조대부터 김상흠(金尙欽)(목동(牧洞), 1760~1811), 한이원(韓履源)(기곡(基谷), 1766~1827), 김천복(金天復)(지암(止菴), 1767~1811) 등과 더불어 낙취회(樂聚會)라는 강사(講社)를 설립하여 개성의 강경(講經)을 주도하였고,[55] 순조대에는 호락강설(湖洛講說)을 연구하여 낙론의 입장에서 성(性)에 다과편전(多寡偏全)이 없음을 주장하거나[56] 양명학을 연구하여 왕수인(王守仁)의 치양지설(致良知說)을 반박하는 장문의 논설을 완성하였다.[57] 이와 같은 경학 성과는 종래 개성 유학 전통에 비추어 유례가 드문 일이었다. 김헌기의 학행에 대해서는 이미 개성에 우거한 적이 있는 이충익(李忠翊)이 김헌기를 대유라고 지목한 적이 있었고, 이충익의 손자 이시원(李是遠)이 순조대 경기어사가 되어 김헌기를 '전도 학행 일인(全道學行一人)'으로 천거한 적이

---

52 張志淵, 『朝鮮儒敎淵源』 권2 「趙有善」.
53 金澤榮, 『崧陽耆舊傳』 권1 「學行傳」 '趙有善-韓敬儀馬游韓光鎭'.
54 趙有善, 『蘿山集』 권10 「祭禹得龜-昌洛」.
55 金憲基, 『初庵集』 「年譜」 戊午條.
56 金憲基, 『初庵集』 「年譜」 乙丑條.
57 金憲基, 『初庵集』 「年譜」 辛巳條.

있으며,[58] 이시원의 손자 이건창(李建昌)이 고종대 경기어사가 되어 김헌기를 '진호걸지사(眞豪傑之士), 군자지유(君子之儒)'라고 평한 적이 있었는데,[59] 급기야 대한제국기에 들어와 '서유지걸(西儒之傑)' 김헌기에게 내부협판(內部協辦)이 추증되었다.[60] 김헌기는 영조대 개성의 경유 김시탁이나 정조대 개성의 대유 조유선과 달리 낙학에 유학하지 않고 스스로 개성에서 경학을 성취한 개성 유학의 자존심이었고,[61] 그렇기에 김택영은 김헌기에 대해 개성의 경유 중에 홀로 '광명초탁(光明超卓)'하고 '문질빈빈(文質彬彬)'했다고 평가하고,[62] 또한 김헌기가 '사승 없이 입도'한 '본방경학가(本邦經學家)의 으뜸'이라며 훗날 한국이 독립되어 새 국가가 들어서면 반드시 김헌기를 문묘에 종사해야 한다고 주장하였다.[63]

이상으로 조선시대 개성 지역 유학의 전개 과정을 개성의 원우 건립을 통하여 살펴보았다. 그 결과 조선시대 개성 유학의 지역적 전통이 반영되어 원우가 건립된 것은 19세기 이후의 일이었으며, 흥미롭게도 조선시대 개성 지역 유학사의 역사적 단락과 일치하여 19세기 개성 원우의 시기별 건립이 진행되고 있음을 발견할 수 있었다. 즉, 19세기 최초의 원우는 사현별묘인데, 사현별묘에 입향된 인물들은 개성 지역에

---

58 金憲基, 『初庵集』 「年譜」 癸巳條.

59 金憲基, 『初庵集』 「年譜」 癸未條.

60 金憲基, 『初庵集』 「年譜」 光武五年條.

61 이와 관련하여 김헌기의 실력이 경화학계의 산림을 능가하였음을 우회적으로 전달하는 다음 일화는 예사롭게 들리지 않는다. 김헌기가 평소 주량이 있었는데 어느 날 순조대 낙학 산림 吳熙常과 洪直弼이 찾아오자 문생을 시켜 커다란 바가지에 탁주를 담아 돌리자 두 사람은 마시면서 난색이 있었으나 김헌기 홀로 연이어 몇 바가지 마셨고 취기가 돌자 논설이 격앙되어 두 사람이 '김처사는 참으로 일세호걸이로다'라고 말했다고 한다(金澤榮, 『崧陽耆舊傳』 권1 「學行傳」 '金憲基先生'). 오희상과 홍직필은 19세기 전반 대표적인 낙학 산림으로 1824년 숭양서원에 와서 강회를 열었던 적이 있는데 이 일화가 이때 생겼는지도 모른다.

62 金澤榮, 『崧陽耆舊傳』 권1 「學行傳」 '金憲基先生'.

63 金澤榮, 『韶濩堂文集』 권8 「金堯泉先生宜配饗聖廟私議」.

서 서경덕 이후 서경덕의 학문을 계승했다고 평가되는 사현이었고, 사현별묘 다음에 건립된 원우는 남산사와 숭남사인데, 남산사와 숭남사에 입향된 인물들은 16~18세기 개성 지역의 주변적이고 과도기적인 다양한 인물들이었으며, 남산사와 숭남사 다음에 건립된 원우는 신호사, 나산사, 요천사, 이호사, 용음사인데, 이들 원우에 입향된 인물들은 18세기 이후 노론 낙학의 학문적 입지에서 개성 유학의 경학적 번영을 이룩하고 나아가 독자적인 개성 경학을 실현한 유학자들이었다. 이는 19세기 말 김택영이 『숭양기구전』 「학행전」에서 제시하는 개성 유학사의 역사적 단락과 구조적으로 일치한다. 김택영 역시 기본적으로 개성 유학사를 서경덕 이후 김헌기 이전까지 16세기 사현의 시기, 17세기 서인-소론의 시기, 18세기 이후 낙학의 시기로 세 단락을 부여하고 있기 때문이다. [64]

---

64 조선시대 개성 유학사는 『숭양기구전』 「학행전」에 입전된 인물들의 전기를 통해서도 살펴볼 수 있다. 「학행전」에는 ①'徐敬德先生' ②'金履道－林大秀' ③'馬義慶李慶昌' ④'金玄度－靜厚' ⑤'尹忠甲－崔繼林' ⑥'金斗文－張昌復' ⑦'高敬恒' ⑧'金時鐸許增' ⑨'張玄聞－李春韡' ⑩'趙有善－韓敬儀馬游韓光鑌' ⑪'金憲基先生' ⑫'任相翼' ⑬'姜文豹'의 13편의 항목이 설정되어 있다. 「학행전」의 관점 역시 원우 입향 인물 분석에서 확인된 개성 유학사의 3단계와 구조적으로 일치한다. 먼저 ①'徐敬德先生' ②'金履道－林大秀' ③'馬義慶李慶昌'은 개성 유학사에서 서경덕과 사현을 중심으로 하는 제1단계이다. ④'金玄度－靜厚' ⑤'尹忠甲－崔繼林' ⑥'金斗文－張昌復'는 개성 유학사에서 성혼의 서인 학맥과 윤증의 소론 학맥이 들어섰던 제2단계이다. ⑦'高敬恒' ⑧'金時鐸許增' ⑨'張玄聞－李春韡' ⑩'趙有善－韓敬儀馬游韓光鑌' ⑪'金憲基先生' ⑫'任相翼' ⑬'姜文豹'는 개성 유학사에서 낙학의 유입과 경학의 부흥으로 집약되는 제3단계이다. 김택영은 후일 『숭양기구전』을 수정하여 『증편한대숭양기구전』을 편찬했는데, 여기서는 ⑫'任相翼' ⑬'姜文豹'를 삭제하여 '서경덕－김헌기'라는 개성 성리학의 두 극점을 선명히 제시했다. 서경덕 이후 김헌기 이전까지 개성 유학사를 크게 16세기 사현의 시기, 17세기 서인-소론의 시기, 18세기 낙학의 시기로 구분하였다.

<table 3> 김택영, 『숭양기구전』, 「학행전」에 입전된 개성 유학자 일람

#	인물	본관	자	호칭	향사	스승	교유	제자	저술
1	徐敬德	唐城	可久	花潭先生 復齋先生	崧陽書院 花谷書院			朴淳 閔純 許曄 李之菡 朴民獻	花潭集
2	金履道	金海	君吉		南山祠		朴成林		
3	林大秀	淳昌							
4	馬義秀	木川	仲積	竹溪處士	四賢祠	徐敬德			
5	李慶昌	全義	彦及	西村處士	四賢祠			金天挺	西村集
6	金玄度	禮安	弘之	認齋先生	四賢祠	成渾	趙憲		遺稿
7	金靜厚	禮安	上貝	車籬散人			金埈		
8	尹忠甲	坡平	子蓋	遂一齋主人					
9	崔繼林	陽川	子述						
10	金斗文	金海	季章	敬勝先生 關西夫子	男山祠	尹忠甲 尹拯		張昌復	遺詩
11	張昌復	玉山	吉初	張有道	南山祠				遺稿
12	高敬恒	濟州	義仲		龍陰祠	張昌復	金時鐸 許增		
13	金時鐸	德水	子木		梨湖祠	李縡	許增 禹昌洛		義利辨
14	許增	河陽	川如		新湖祠	李縡			中庸釋疑
15	張玄聞	鎭安	潘之	四裁堂	男山祠		李春馣		
16	李春馣	延安	公翊		崧南祠				
17	趙有善	稷山	子淳	蘿山先生		金時鐸 金元行		韓敬儀 馬游 韓光鎭 金憲基 金天復 林孝憲 金聲大 任常翼	遺稿
18	韓敬儀	淸州	伯憟			趙有善			菑墅集
19	馬游	木川	穉學			趙有善 金履安			
20	韓光鎭	漢陽	顯之	琴溪處士		趙有善			
21	金憲基	熊川	穉度	堯泉先生	堯泉祠	趙有善	金尙欽 韓履源 金天復		初菴集
22	金天復		可圓	淸風		金憲基			
23	任相翼	豐川	可遠			趙有善 李度中			重軒雜著
24	姜文豹	晉州	蔚叔			洪直弼			

출전 : 김택영, 『숭양기구전』 권1 「학행전」

3. 개성 유학 전통의 실제

1) 유풍의 형성과 낙학의 유입

지금까지 개성 원우 입향 인물들의 검토를 통하여 개성 유학의 역사적 단락을 구별하였다. 개성 유학은 대체로 서경덕과 김헌기라는 두 극점 사이에 크게 16세기 사현의 시기, 17세기 서인-소론의 시기, 18세기 낙학의 시기로 세 단락을 부여할 수 있음을 보았다. 이 세 단락은 원우 입향이 함축하는 개성 유학에 대한 지역 사회의 상식적 통념을 돌아볼 때 개성 유학 전통을 읽는 개성 사회 내부의 관점으로 간주될 수 있다. 이 관점은 19세기의 관점이다. 조선시대 개성 유학은 19세기 들어와 개성 지역 인물들이 자향(自鄕) 원우에 입향되고『숭양기구전』과 같은 집단 전기로 표창됨으로써 비로소 지역 사회에서 개성 유학이라 칭할 만한 전통으로 정립된 것이다.

그런데 조선시대 개성 유학이 이와 같이 전통으로 형성된 데에는 여러 가지 사회적·문화적 요인들이 작용하였을 것이다. 먼저 개성 유학이 지역적 범주에서 통합적으로 형성되기에 앞서 지역내 가문의 범주에서 개별적으로 형성되고 있었던 추세를 지적할 수 있겠다. 예를 들어 선조대 한금향(韓守香)은 이이·성혼과 교유가 있던 개성인이었는데, 조광조의 문인 한여로(韓汝魯)의 현손이자 성수침(成守琛)의 문인 한수련(韓守鍊)의 손자로 '가정연원지학(家庭淵源之學)'을 이어받아 성리학에 전념하였다. 이후 한금향의 6대손 한도겸(韓道謙), 다시 그 아들 한광작(韓光綽), 다시 그 아들 한상동(韓商東)이 3대에 걸쳐 개성의 효자로 포증되었다. 한금향의 7대손 한경소(韓敬素)(창연(蒼淵), 1754~1817)와 한경의(韓敬儀)(치서(菑墅), 1739~1821) 역시 효자로 포증되었는데 이들은 각각 『창연집』과 『치서집』을 남긴 유학자였다.[65] 선조대 개성에 '가정연원'을 배경으로 갖춘 사인이 있었고 조선 후기에 그 후손들이 대대로 효의 전통을 이어가며 유학자로 성장하는 사례는 지역 유학 전통의 축적을 제시하는 단면이라 하겠다.

개성 '사현'의 형성 역시 이런 측면에서 고찰할 수 있다. 서경덕을 학문적으로 계승하는 '사현'이라는 개념이 19세기에 선립된 사현별묘를 통해서 표출될 수 있었던 것도 실은 '사현'을 구성하는 개별 인물의 후손들이 지속적으로 개성 사회에서 유교적 명망을 유지하며 가문의 전통을 지속할 수 있었던 데서 원인을 구해야 할 것이다. 먼저 '사현'의 첫 머리를 장식하는 마희경의 경우 두 아들 마복룡(馬伏龍)과 마번룡(馬攀龍) 모두 유행(儒行)이 있어서 삼부자의 현철함이 김정후(金靜厚)의 『방명지(坊名志)』에 기록되었고,[66] 마희경의 손자 마사종(馬嗣宗)은 문학으로 이름나 윤근수(尹根壽) 문하에 종학하여 윤근수로부터 '서경유아(西京儒雅)'라고 칭찬을 들었으며, 마희경의 7세손 마최상(馬最常)도 독효(篤孝)의 세평을 들었다.[67] 또한 마희경의 형 마희상(馬羲祥)도 효렴으로 별천되었고 이이로부터 '가전효우(家傳孝友), 학관천인(學貫天人)'이라는 칭찬을 들었으며, 마희상의 손자 마상원(馬尙遠)은 차천로·차운로(車雲輅) 형제에 버금가는 시명(詩名)이 있어서 '양마일차(兩車一馬)'의 명성을 들었다.[68]

65　崔南善 編修, 『中京誌』 권8 「孝子」.
66　崔南善 編修, 『中京誌』 권10 「附錄」.
67　崔南善 編修, 『中京誌』 권10 「增補」.
68　崔南善 編修, 『中京誌』 권10 「增補」; 金澤榮, 『崧陽耆舊傳』 권2 「文詞傳」 '朴民瞻曺臣俊馬尙遠'.

한순계와 이경창 역시 후손들이 가풍을 계승하였다. 한순계의 경우 현손 한섬(韓暹)과 한섬의 아들 한태진(韓泰鎭)이 모두 효자에 포증되었다. 이들은 한순계가 종사한 구업을 폐하지 않고 그대로 유지하면서 효의 가풍을 현창하였고, 그 결과 한태진은 한순계의 별칭 시은(市隱)에 빗대어 '소시은(小市隱)'이라는 별칭을 얻기까지 하였다.[69] 이경창의 경우 아들 이의남(李義男)과 이의남의 7세손 이재균(李載均)도 효자에 포증되었다. 이의남은 병자호란 후 처음 석전(釋奠)을 지내는데 순서를 잃은 양무(兩廡)의 위차를 바로잡고 축홀(祝笏)을 정확히 암송하는 특이 행적을 보이기도 하였다.[70]

김현도는 김육(金堉)으로부터 '근대(近代) 서락(西洛) 문사 중에서 김인재(金認齋)를 능가하는 사람이 없다'[71]는 평을 들은 개성의 명사였다. 김현도는 성혼의 문인으로 개성 출신자가 아니라 개성 이주자였으나 서경덕의 표질 박윤검(朴允檢)의 딸과 혼인함으로써 개성 지역에서 '담로유서(潭老遺緖), 우문적전(牛門嫡傳)'의 권위를 얻는 데 성공하였다. 김현도의 아들 김정후는 광해군대 연흥부사 재직시 김제남(金悌男) 옥사에 대해 진하(陳賀)하는 전문(箋文)을 올리지 않았고, 김정후의 아들 김영(金泳)은 사옹원참봉으로 재직시 청의 조사(詔使)가 오면 백관이 관례적으로 하는 정배(庭拜)를 하지 않으려 했다. 그 결과 '김씨명절(金氏名節), 세제기미(世濟其美)'라는 평을 얻었다.[72] 김정후는 '학우행고(學優行高), 일향사표(一鄕師表)'의 평을 들으며 지역 사회에서 학행으로 확고한 입지를 다졌고, 그랬기에 김정후의 증손 김보(金普)에 이르러 이 가문은 이미

---

69 崔南善 編修, 『中京誌』 권8 「孝子」.
70 崔南善 編修, 『中京誌』 권8 「孝子」.
71 金堉, 『潛谷遺稿』 권12 「禮曹正郎金君墓碣銘」.
72 金澤榮, 『崧陽耆舊傳』 권1 「學行傳」 '金玄度-靜厚'.

'시례지가(詩禮之家)'로 인정받고 있었다.[73] 김택영은 김보의 시에 대해 두보의 규모가 있고 호장돈질(豪壯頓跌)하여 '일시(一時)의 기재(奇才)'라 고 칭양했지만,[74] 이에 앞서 김현도 역시 소년과제(少年科第)로 명성을 드날렸고 김정후 역시 '삼대양한(三代兩漢)'의 책이 아니면 책을 읽지 않 는 확고한 문학적 식견을 지녔다.[75]

지역 사회 안에서 개별 가문의 유학 전통의 형성은 가문의 문집 축적 을 통해서도 확인할 수 있다. 김택영은『숭양기구전』에서 17세기 개성 유학의 대표자로 17세기 전반의 최계림(崔繼林)과 17세기 후반의 김두 문(金斗文)을 선별한 바 있었는데, 이들은 개성 지역에서 2대 이상의 세 고를 출간한 것으로 저명하다. 김두문의 경우 앞에서 살펴본 것처럼 김이상의『심적당유고』와 김이상의 아들 김연광의『송암유고』, 그리 고 김이상의 7세손 김두문의『경승재유고』가 합본된『심적당송암경승 재유고』가 영조대에 출간된 것은 조선 후기 개성 지역에서 세고의 출 현으로 주목할 만한 사건이었다. 본래 개성의 충효를 상징하는 김이상 -김연광 부자의 양대 문집을 출간할 계획이었으나 윤증 가문의 요청 으로 윤증 문하에서 높은 평가를 받은 김두문의 문집도 가문의 전통에 추가된 것이었다.[76] 최계림의 경우 최계림, 최제화(崔齊華), 최명삼(崔命 三), 최진대(崔進大), 최성경(崔星景)의 5대에 걸친 문집이 합본되어 1918 년 최문현(崔文鉉)에 의해『최씨오세유고(崔氏五世遺稿)』가 출간되었다. 조선 후기 당대에 출간된 것은 아니지만 중요한 것은 5대에 걸쳐 문집 을 생산할 수 있었던 개별 가문의 유학적 역량이다. 더욱이 5대에 걸쳐

---

73 崔南善 編修,『中京誌』권8「才行」.
74 金澤榮,『崧陽耆舊傳』권2「文詞傳」'金普'.
75 李春英,『體素集』下,「送金秀才靜厚序」.
76 尹東源,『敬菴遺稿』권8「敬勝齋集跋」.

사마시에 합격하여 문학 또는 재행으로 각인마다 '일대(一代)의 문인(聞人)'이 되는 것은 유례가 드문 일이었다.[77] 이 가운데 특히 최계림은 효종 초에 숭도학(崇道學), 진기강(振紀綱), 구민막(救民瘼) 등 12조의 상소를 올려 이 가운데 숭도학의 급선무로 이이의 문묘 종사를 청했던 인물이고,[78] 최계림의 증손 최진대는 반재(泮齋) 건립을 의논하고 향약을 실시하여 개성에서 유풍을 진작한 인물이며,[79] 그랬기에 최계림의 7대손으로 효자에 포증된 최유석(崔裕錫)은 이미 '시례지가(詩禮之家)'에서 생장했다고 인식되었다.[80]

개성 유학 전통에서 가풍의 계승 및 세고의 집적과 더불어 중요한 현상은 가학의 계승이다. 여기서 가학의 계승이란 특정한 개성 유학자가 지역 사회에서 학문적 기치를 수립하고 그 뒤를 이어 여러 세대에 걸쳐 학자가 배출되어 학풍이 전승되는 것을 가리킨다. 앞에서 보았듯이 개성 지역에서 가풍의 계승이나 세고의 집적은 16∼17세기부터 발견할 수 있지만 가학의 계승은 18세기 이후 낙학의 영향으로 경학이 활성화되어 적지 않은 경유가 배출되면서부터 관찰되는 현상인데 그 대표적인 사례로 조유선, 조경온(趙絅溫), 조정휴(趙鼎休) 3대의 가학을 거론할 수 있다. 조유선은 개성 유학사상 처음으로 주자의 진전(眞詮)을 수련하여 완벽하게 주자학에 도달한 '서경수백년래일인(西京數百年來一人)',[81] 또는 수백년간 사장학과 공령학에 빠져들었던 개성 학계에 처음으로 도학을 정착시킨 '불세출의 명유'[82]로 평가받았는데, 조유선의 아들 조

---

77 『崔氏五世遺稿』「識」(崔益受)(奎 12430).
78 崔南善 編修, 『中京誌』 권10 「附錄」.
79 崔南善 編修, 『中京誌』 권8 「才行」.
80 崔南善 編修, 『中京誌』 권10 「附錄」.
81 趙有善, 『蘿山集』 권12 부록 「墓誌銘」(洪直弼).
82 趙有善, 『蘿山集』 권12 부록 「請褒疏」(洪直弼).

경온 역시 성리학에 매진하여 만년에 조예가 깊어져 김장생(金長生)-김
집(金集)에 비유될 정도로 가학의 적전(嫡傳)을 인정받았고,[83] 조경온의
아들 조정휴 역시 성리학에 매진하여 조유선의 적전임을 인정받았
다.[84] 조유선의 3대 가학에 미칠 정도는 아니지만 장현문, 장붕일(張鵬
逸), 장석오(張錫五)의 3대 가학도 주목되는 현상이다. 장현문은 지역 사
회에서 경독병행(耕讀竝行)을 선도하여 유교의 사회적 확산에 기여한 실
학(實學)으로 정평이 있었고 남산사에 입향되었는데,[85] 장현문의 종자
장붕일 역시 주경야독으로 강회를 이끌며 경은처사(耕隱處士)의 칭호를
얻고 질행(質行)을 평가받았고, 장붕일의 아들 장석오 역시 수십년 강학
하며 '진실호학(眞實好學)'의 평가를 받았다.[86]

이처럼 16~17세기 개성 지역에서 개별 가문 단위의 유학 전통이 축
적되어 갔다면 18세기 이후에는 개성 사람이 적극적으로 중앙 학계와
학연을 맺으며 다양한 유학 전통을 형성하였고, 지역 내부에서 지방 학
계가 뚜렷하게 성립함에 따라 유학 전통의 사회적 토대가 강화되었다.
개성인은 이제 개성에서 향사(鄕師)를 정하고 중앙에서 경사(京師)를 정
하여 지방과 중앙의 양방향에서 소통하며 지역 사회의 유학 전통을 더
욱 강화하였다. 이와 관련하여 앞서 18세기 이재 문하와 김원행 문하
에 나아가 낙학을 섭취하고 개성에 돌아와 경학을 발전시킨 다양한 유
학자가 있음을 일별한 바 있지만, 여기서 조금 자세하게 이 문제를 논
의하기로 한다.

---

83   崔南善 編修, 『中京誌』 권8 「才行」.
84   崔南善 編修, 『中京誌』 권8 「才行」.
85   金澤榮, 『崧陽耆舊傳』 권1 「學行傳」 '張玄聞-李春韡'; 金憲基, 『初菴集』 권5 「爲士林
     請褒四裁堂張公書」.
86   崔南善 編修, 『中京誌』 권10 「增補」.

먼저 이재 문하에 나아간 개성 유학자로는 이호사에 입향된 김시탁과 신호사에 입향된 허증 이외에도 박정간(朴貞幹)이 있었음이 확인된다. 박정간은 문사가 탁월하여 최립(崔岦)과 차천로의 수준으로 인정받았고, 이재 문하에서 성리학에 전념한 후 경학에 매진하여『경의집해(經義集解)』를 저술하였다.[87] 또, 임유(林游)와 임순(林洵) 형제는 이재의 문인 이의철(李宜哲)을 사사했는데 임순은 독수유행(篤修儒行)을 평가받은 개성의 효자였다.[88]

다음으로 김원행 문하에 나아간 개성 유학자로는 나산사에 입향된 조유선·조유헌 형제가 대표적인 인물들이며, 조유선이 개성 학계를 주도함에 따라 조유선 문하의 문인들도 대체로 김원행의 낙학에 수렴되었을 것으로 보인다. 조유선의 아들 조경온도 김원행을 찾아가 학문하는 법도를 들었고 만년에 조예가 깊어져 가학의 적전을 성취한 것으로 평가된다.[89] 한경의, 한광진(韓光鎭)과 더불어 조유선의 문인으로 저명한 마유(馬游)는 김원행의 아들 김이안(金履安)을 찾아가 유학을 졸업하였다.[90] 아울러 장현문의 종자 장붕일도 김이안에게 종학하였고, 장현문의 가풍을 계승하여 야독조경(夜讀朝耕)에 힘써서 경은처사라는 칭호를 얻었다.[91] 한편 우창락은 이재와 김원행 양문하에서 가르침을 받았고 적극적으로 사우와 강학하여 '중경문학(中京文學)이 이에 창성하였다'는 평을 얻기까지 하였다.[92]

19세기 개성 유학은 상당수 낙학 산림 오희상과 홍직필의 문하와 연

---

87 崔南善 編修,『中京誌』권8「才行」.
88 崔南善 編修,『中京誌』권8「孝子」.
89 崔南善 編修,『中京誌』권8「才行」.
90 金澤榮,『崧陽耆舊傳』권1「學行傳」'趙有善-韓敬儀馬游韓光鎭'.
91 崔南善 編修,『中京誌』권10「增補」.
92 崔南善 編修,『中京誌』권8「才行」.

결되었다. 여기에는 조유선의 손자 조정휴의 영향이 컸을 것으로 보인다. 그는 오희상을 사사하고 홍직필과 종유하여 양자로부터 '고도문헌관면(故都文獻冠冕)'의 인정을 받았다.[93] 조유선의 문인 김성대(金聲大)도 오희상·홍직필과 종유하여 도의를 강마하였는데, 개성 유수가 이들에게 김성대의 '위기실학(爲己實學)'을 자신 있게 단언할 정도였다.[94] 김환형(金煥亨)은 약관에 오희상을 사사하고 개성에 돌아와 과거학을 끊고 성리학에 매진하였는데, 홍직필이 이를 격려하여 김환형을 '삼대상 인물(三代上人物)'과 같다고 하였고,[95] 김관형(金觀亨) 역시 오희상·홍직필과 종유하고 개성에서 유학 교육에 힘썼다.[96] 김이안에게 종학한 경은처사 장붕일의 아들 장석오는 홍직필을 사사하고 홍직필로부터 '진실호학(眞實好學)'의 칭찬을 들었다.[97] 문상옥(文尚鈺)은 오희상에게 집지했는데 오희상으로부터 경학을 칭찬받았으며 특히 예학을 잘해서 질의하는 사람이 많았다.[98]

이처럼 18~19세기 개성 유학과 연결된 낙학 산림이 주로 '이재-김원행-오희상-홍직필'에 집중되고 있음을 볼 수 있다. 그것은 이들이 조선 후기 낙학의 종장으로 전국적인 영향력을 지녔기 때문이다. 그러나 개성 지역 밖에서 사승 관계를 형성한 개성 유학자의 다수가 이들의 문하에 나아간 것은 부인할 수 없는 사실이지만 개성 유학이 관계를 맺은 중앙 학계가 반드시 이들에 국한된 것만은 아니었다. 예를 들어 역론(易論)이 뛰어난 개성의 경유 김광문(金光汶)은 윤득관(尹得觀)을 사사

---

93 崔南善 編修, 『中京誌』 권8 「才行」.
94 崔南善 編修, 『中京誌』 권8 「才行」.
95 崔南善 編修, 『中京誌』 권8 「才行」.
96 崔南善 編修, 『中京誌』 권8 「孝子」.
97 崔南善 編修, 『中京誌』 권10 「增補」.
98 崔南善 編修, 『中京誌』 권8 「孝子」.

하였는데,[99] 윤득관은 본래 박필주(朴弼周)의 문인으로 어유봉(魚有鳳)의 문하에도 출입하였다.[100] 개성의 효자 이지(李贄)는 향사(鄕師) 김시탁과 경사(京師) 민우수(閔遇洙)에게 모두 중시된 학자로 알려져 있다.[101] 향사 김시탁의 스승이 이재이지만 민우수를 경사로 섬긴 것이다. 18세기 개성 낙학을 개막한 중심인물의 하나인 허증은 낙학 산림 이재의 문인이었지만 허증의 손자 허무(許懋)는 낙학이 아닌 호학(湖學) 산림 송환기(宋煥箕)의 문하에서 수업을 받았다.[102] 심지어 김택영이 김헌기 이후의 개성의 유학자로 높이 평가한 임상익(任相翼)은 처음 조유선에게 종학했다가 호학 학인 이도중(李度中)을 사사한 경우에 속한다.[103]

18세기 낙학의 유입은 지역적으로 개성 학통의 형성을 촉진하였다. 조선시대 개성 사회에서 개성 유학자가 문도를 양성하여 학문을 전승했던 일은 적어도 16세기 전반 서경덕으로 소급된다. 서경덕이 개창한 화담학파에는 차식(車軾), 마희경(馬羲慶), 한대용(韓大用), 황원손(黃元孫) 등 개성인들도 적지 않았지만[104] 화담학파는 지역적인 학파가 아니라 전국적인 학파였으며 정작 지역 내부에서는 비록 서경덕의 유풍이 학술적인 영향을 미치기는 했지만 서경덕의 학문이 학통으로서 지속되지는 못했다. 개성에서 학통의 형성은 17세기 후반 김두문에 이르러 비로소 시작된다고 말할 수 있다. 김두문은 서경덕과 같은 대유가 되

---

99 崔南善 編修, 『中京誌』 권8 「才行」.

100 魚有鳳, 『杞園先生年譜』 권2 己未條 : 윤득관은 개성 유수를 지낸 윤근수의 후손으로 서경덕의 학문을 존경하여 『화담집』 중간본에 발문을 지은 인물인데 조선 후기 '개경학'의 범주에서 윤득관에 주목하는 시각도 있다(원유한, 2001, 「개경학의 성립 및 실학과 연계」 『실학사상연구』 21, 무악실학회).

101 崔南善 編修, 『中京誌』 권8 「孝子」.

102 崔南善 編修, 『中京誌』 권8 「才行」.

103 金澤榮, 『崧陽耆舊傳』 권1 「學行傳」 '任相翼'.

104 徐敬德, 『花潭集』 권4 부록 「門人錄」.

겠다고 결심하여 윤증 문하에서 수학하고 관서부자의 칭호를 들었던 인물로 그 문인으로 장창복, 박태빈(朴泰彬)[105] 등이 있었고, 다시 장창복의 문인에는 김시탁, 고경항 등이 있었으며, 다시 김시탁의 문인에는 조유선, 이지, 장후중(張後仲) 등이 있었다. 그러나 김두문이 소론학계에 입지한 반면, 김시탁과 조유선은 노론 낙학에 입지하였으니 김두문-장창복 이후 다시 동질적인 성격의 학통을 말하기는 어렵다.[106]

그렇게 볼 때 조선 후기 개성에서 동질적인 지역 학통의 성립은 낙학이 유입된 이후의 현상이라고 말해도 과언이 아니며 낙학과 연계된 경유들이 개성 지역에서 강회 활동을 활발히 하면서 지역 학통의 주체로 부상했다고 볼 수 있다. 18~19세기 개성에서 일어난 강회 활동의 대표적인 사례로 김시탁의 괴천서당(槐泉書堂) 및 이호서당(梨湖書堂) 강회,[107] 장현문·이춘화 등의 숭남사(崧南社) 강회,[108] 조유선의 숭양서원(崧陽書院) 및 교궁(校宮) 강회,[109] 김헌기·김상흠·한이원·김천복 등의 취학회(聚學會) 강회[110] 등을 꼽을 수 있다. 이 가운데 김시탁이 열었던 괴천서당 강회와 이호서당 강회는 이재 문하의 강규를 바탕으로 하였고,[111] 조유선이 열었던 숭양서원 강회는 조유선이 숭양서원 원장으로 초청한 김원행이 마련한 강규에 입각하여 진행되었다.[112]

---

105 개성 효자 박태빈은 호는 二務堂으로 '鄕賢' 敬勝齋 金斗文에게 孝經을 수학하였다고 한다(崔南善 編修, 『中京誌』 권8 「孝子」).

106 김시탁은 李縡의 문인이 되기 전에 강화에 건너가 鄭齊斗의 문인이 되고자 했으나 성사되지 못했다. 김시탁이 처음 이와 같은 결심을 취했던 배경에는 장창복의 영향도 있지 않았을까 한다.

107 金時鐸, 『梨湖遺稿』 부록 권3 「言行錄」 12~13면.

108 金澤榮, 『崧陽耆舊傳』 권1 「學行傳」 '張玄聞-李春華'.

109 趙有善, 『蘿山集』 권11 부록 「年譜」 戊子條 및 癸丑條.

110 金憲基, 『初庵集』 「年譜」 戊午條.

111 金時鐸, 『梨湖遺稿』 권2 「槐泉書堂立規」, 「梨湖書堂講規」.

112 趙有善, 『蘿山集』 권11 부록 「年譜」 戊子條; 崔南善 編修, 『中京誌』 권5 「學校」 '崧陽書院'.

조유선은 당세 낙학 종장을 개성 제일의 숭양서원 원장으로 초청해 그간 강회의 전통이 없었던 숭양서원에 유학의 활력을 고취했을 뿐만 아니라 개성 제일의 대유로서 자기 시대의 개성 유학 전통을 창출하는 데 온갖 힘을 쏟았다. 조유선은 개성 유학의 상징적 존재인 서경덕의 『화담집』의 마지막 완결판을 간행하는 사업을 마지광(馬之光)과 주도하여 이를 성사시켰고,[113] 서경덕 이후 서경덕을 계승한 개성의 향현(鄕賢)들을 마희경, 한순계, 김현도, 이경창 4인으로 확정하여 이들 '향현사선생(鄕賢四先生)'의 행록(行錄)을 별도로 구비하고,[114] 서경덕을 주향으로 향사하는 화곡서원 곁에 마침내 사현별묘를 건립하여 상량문과 봉안제문을 작성하였다.[115] 개성 유학사에서 차지하는 서경덕과 사현의 역사적 위상을 고려할 때 조유선이 이룩한 이와 같은 업적은 조선후기 개성 유학 전통의 창출이라는 점에서 상당한 의미가 부여될 수 있다. 따라서 정조·순조대 조유선의 이와 같은 활동을 고려할 때 조선후기 개성 지역에서 상당수 유학자가 조유선의 문하에서 배출된 것은 자연스러운 일이다. 김택영은 조유선의 주요 문인으로 한경의, 마유, 한광진, 김헌기, 김천복, 임효헌(林孝憲), 김성대(金聲大), 임상익 등을 꼽았는데[116] 그 밖에 한이원, 허무, 허전(許銓), 김상우(金相禹), 이석로(李錫老), 우덕린(禹德麟) 등도 여기에 추가할 수 있다.[117] 이들 문인들은 지역

---

113 徐敬德, 『花潭集』 「花潭先生文集重刊序」 (尹塾).
114 趙有善, 『蘿山集』 권7 「書鄕賢四先生行錄後」.
115 趙有善, 『蘿山集』 권10 「四賢別廟上樑文」, 「四賢別廟奉安祭文」.
116 金澤榮, 『崧陽耆舊傳』 권1 「學行傳」 '趙有善-韓敬儀馬游韓光鎭'.
117 한이원은 조유선 문하에서 가장 오래 수학한 문인인데(韓履源, 『基谷雜記』 권7 附錄 「處士是憂齋韓公墓誌銘-并序」), 김택영이 『숭양기구전』에서 조유선의 주요 문인을 열거하면서 빠뜨린 것은 의외이다. 『숭양기구전』에 崔漢綺가 입전되지 않은 현상과 연결시켜 생각할 문제인지 모르겠다(유봉학, 『조선 후기 학계와 지식인』, 신구문화사, 1998, 93면). 추측컨대 한이원이 개성에서 장단으로 이주하였고 최한기도

사회에서 경학 연구와 강회 활동을 통해 개성 유학의 번영을 견인하였다.

2) 역학, 경학, 예학, 이학의 전개

18세기 개성 유학의 번영은 개성 유학의 경학적 전환을 초래하였다. 종래 역학 또는 수학을 중심으로 했던 개성 유학은 선동적인 학풍을 확장하여 주자학에 입각한 유교 경전 전반에 대한 경학 연구에 진입하였다. 종래의 개성 유학은 16세기 개성의 대유 서경덕의 학풍에 상당한 영향을 받고 있었는데, 서경덕은 역학에 입각하여 이기(理氣), 심성(心性), 원회(元會)에 모두 통달한 진정한 동국(東國)의 소옹(邵雍)으로 간주되었다.[118] 특히 『역』과 『황극경세서(皇極經世書)』에 정통했기 때문에 서경덕의 학은 장횡거(張橫渠)보다 못하지 않고 서경덕의 수는 소강절(邵康節)에게 양보하지 않는다는 세평까지 있었다.[119] 서경덕의 역학은 물론 스스로의 사색과 자득에 의한 것이지만, 고려 후기 안향이 도학을 도입한 이래 형성된 고려의 역학 전통이 우탁(禹倬)-우길생(禹吉生)-정몽주를 거쳐 조선에 전해졌다는 경학사적 맥락도 개재해 있었다.[120] 물론

개성에서 한양으로 이주하였기 때문에 김택영이 타향 이주자를 『숭양기구전』에서 제외한 것이 아닌가 한다(한이원의 장단 이주와 최한기의 한양 이주에 관해서는, 權五榮, 『崔漢綺의 學問과 思想 硏究』, 집문당, 1999, 37면, 39면). 아울러 허무는 송환기의 문인이지만 조유선 문하에서 졸업하였고, 이석로는 『논어』와 『효경』에 조예가 깊었으며(崔南善 編修, 『中京誌』 권8 「才行」), 허전과 김상우는 개성의 효자인데 김상우는 '武擧'의 별칭이 있었고(崔南善 編修, 『中京誌』 권8 「孝子」), 우덕린은 예학에 정통하였다(崔南善 編修, 『中京誌』 권10 「增補」).

118 徐敬德, 『花潭集』 「花潭先生文集重刊序」 (尹塾).

119 徐敬德, 『花潭集』 「花潭先生文集跋」 (尹孝善).

신흠(申欽)은 조선에 평소 역학이 없었는데 서경덕이 홀로 소옹을 이어 역학을 통찰했다고 극찬하였고, 『성리대전(性理大全)』과 『소자전서(邵子全書)』를 연구한 위에 서경덕의 「황극경세수해(皇極經世數解)」를 참조하여 「선천관규(先天管窺)」를 완성하였다.[121]

　서경덕의 역학은 16~17세기 개성 유학에 상당한 영향을 미쳤다. 먼저 개성 사현의 일인으로 서경덕에게 직접 수학한 마희경은 경학을 연구하되 특히 『역』과 『성리대전』을 좋아했다고 알려져 있으며,[122] 『역』에 깊은 소양이 있었던 사실과 결부된 듯 그가 천시와 인사를 헤아려 50년 후 병자호란이 발생할 것을 예언하였다는 전언도 있다.[123] 또한 개성 사현의 일인으로 서경덕을 사숙한 이경창도 『역』을 전문으로 하였다는 평가를 받았고,[124] 실제로 이경창의 『서촌집(西村集)』에는 「원이기설(原理氣說)」, 「천인설(天人說)」, 「주천도설(周天圖說)」, 「역괘효통례(易卦爻通例)」 등 이학, 수학, 역학에 관한 작품이 현전한다. 이와 관련하여 정몽주는 조선 이학의 원조이고 서경덕은 조선 수학의 원조로 조선의 이학과 수학은 모두 정몽주와 서경덕의 여파인데, 이경창은 『역』과 주돈이(周敦頤)의 학설에 기반하여 이기설을 연구하고, 『서(書)』와 소옹의 학설에 기반하여 주천도설을 연구하였다는 주장이 있다.[125] 이는 16세기 개

120　徐敬德, 『花潭集』 「花潭先生文集重刊序」 (尹塾).
121　申欽, 『象村稿』 권60 「先天窺管」 '跋' : 신흠의 상수 역학에 대해서는, 박희병, 「신흠의 학문과 그 사상사적 위치」, 『민족문화』20, 민족문화추진회, 1997; 박희병, 「신흠의 학문과 사상」, 『한국의 생태사상』, 돌베개, 1999; 서근식, 「상촌 신흠의 선천역학에 관한 연구」, 『동양고전연구』20, 동양고전학회 참조, 2004.
122　朴世采, 『南溪集』 권75 「北部參奉馬公墓表」.
123　金澤榮, 『崧陽耆舊傳』 권1 「學行傳」 '馬羲慶李慶昌'.
124　金澤榮, 『崧陽耆舊傳』 권1 「學行傳」 '馬羲慶李慶昌'.
125　李慶昌, 『西村集』 「西村集重刊序」 (李學魯)
　　　烏川爲東方理學之祖, 花潭亦爲數學之祖, 厥後理學數學皆其流波. 花潭沒後一紀, 西村先生生焉. 其理氣說則本乎羲經而因於濂溪翁, 其周天圖說則祖乎二典而稱乎康節,

성 유학에서 서경덕-이경창의 역학 또는 수학 전통의 중요성을 일깨워 준다. 이와 함께 선조대 개성인 김문표(金文豹)의 수학에도 유의할 필요가 있다. 김문표의 수학 저술 「사도설(柶圖說)」은 이익(李瀷)의 『성호사설』에 소개되고 있으며, 이 작품의 저자를 김문표로 확인한 안정복(安鼎福)은 스스로 편집한 『동유성리설(東儒性理說)』에 김문표의 이 작품과 이경창의 「주천도설」을 함께 수록하였다.[126] 김문표와 이경창의 작품을 조선 성리학의 주요 업적으로 평가한 것이다.

서경덕의 역학 전통은 17세기 개성 유학에도 지속되있다. 인조대 윤충갑은 유교 경전에 해박한 저명한 개성 유학자로 윤선거(尹宣擧)에게 인정을 받았는데, 박세채는 윤충갑의 저술을 읽고 '소시에 개성에 학역(學易) 윤선생이 있다고 들었는데 화곡(花谷)의 유풍을 잇겠다'고 평가하였다.[127] 윤충갑의 경학 중에서도 특히 역학이 뛰어나 서경덕의 역학을 계승할 수 있음을 인정한 것이다. 효종대 석지형(石之珩)은 『숭양기구전』 「문사전」에 입전되어 있을 정도로 문명이 있었고 정두경(鄭斗卿), 허목(許穆)에게 인정을 받았는데, 효종대에 치국(治國)의 요건으로 군덕(君德)을 중시하여 『역』의 64괘 중 군위(君位)에 해당하는 오효(五爻)를 부연 설명하고 시무(時務)를 참고하여 『오위귀감(五位龜鑑)』을 완성, 이를 효종에게 진상하였다.[128] 『오위귀감』은 17세기 개성 역학의 실제 수준과 경세적 성격의 이해에 긴요한 작품임을 알 수 있다.

이와 같은 개성의 역학 전통은 18세기 이후에도 개성 경학의 중요한 부분을 구성한다. 영조대 개성의 대표적 경유 허증의 경학 저술에는

庶幾天根月窟手探足躡, 深究萬物一源之妙, 擊蒙百世後學之惠, 果非一方儒賢而已.
126 李瀷, 『星湖僿說』 권4 「萬物門」 '柶圖'; 安鼎福, 『東儒性理說』 책1 「雜說」, 「周天圖說」.
127 崔南善 編修, 『中京誌』 권8 「才行」.
128 金澤榮, 『崧陽耆舊傳』 권2 「文詞傳」 '石之珩'; 石之珩, 『五位龜鑑』 「序」.

「역도설(易圖說)」과 같은 역학 저술이 있었고,[129] 정조대 개성의 대표적 경유 조유선의 경학 저술에는『역본의(易本義)』,『역전(易傳)』,『역학계몽(易學啓蒙)』에 관한 경의 탐구가 있었으며,[130] 조유선의 벗 김익려(金益礪)도『역』을 좋아해 경문을 초록하는 한편 성력추보(星曆推步)에 대한 식견도 높았고,[131] 조유선의 문인 김천복도 「역도괘설(易圖卦說)」과 같은 역학 저술을 남겼다.[132] 윤득관의 문인 김광문은 만년에 역학을 전공했는데 그의 역학 실력은 개성 유수 조진관(趙鎭寬)이 숭양서원에서 그의 역론(易論)을 듣고 나서 예우할 정도로 높았다.[133]

　그러나 18세기 이후 개성의 경학은 역학에 한정되지 않았고 사서오경 전반에 걸쳐 주자학적인 연구가 진행되었다. 위에서 허증의 역학을 말했지만 허증의 학문은 이외에도 「중용석의(中庸釋義)」, 「발몽편(發蒙編)」, 「윤법도설(閏法圖說)」, 「철법도해(徹法圖解)」 등 다양한 영역에 걸쳐 있었고,[134] 허증의 손자 허무는 「대학중용도(大學中庸圖)」를 완성하고 「주자대전차의(朱子大全箚疑)」 집필을 시도하였다.[135] 김시탁의 경우 이기심성론의 탐구보다는『소학』에 의한 실천을 중시하는 학풍을 유지하는 가운데[136] 그가 추구하는 주자학의 세계를 오경(五經)의 규모와『근사록(近思錄)』의 계제와『대학』의 토대 위에서『중용』의 극치와『역』의 완성을 이룩하는 것이라고 밝혔다.[137] 나아가 조유선은 사서와 오경,

---

129　崔南善 編修,『中京誌』권8「才行」.
130　趙有善,『蘿山集』권6「經義」'周易本義'.
131　崔南善 編修,『中京誌』권8「孝子」.
132　崔南善 編修,『中京誌』권8「才行」.
133　崔南善 編修,『中京誌』권8「才行」.
134　韓敬儀,『菑西集』권2「新湖許進士請褒通喩」.
135　金憲基,『初菴集』권13「崧下許公行狀」.
136　金澤榮,『崧陽耆舊傳』권1「學行傳」'金時鐸許增'.
137　金時鐸,『梨湖遺稿』권2「參前旨訣」.

『근사록』, 『주자어류』, 『황극경세서』 등 매우 광범위한 영역에서 경의를 연구하여 성과를 남겼고,[138] 조유선의 문인 김헌기도 『논어』와 『중용』에 관한 경학 저술을 남겼으며,[139] 역시 조유선의 문인 한이원은 주희(朱熹)의 「기유봉사(己酉封事)」가 고금에 타당한 수제치평(修齊治平)의 대경대법이라고 보고 「기유봉사십조도(己酉封事十條圖)」를 완성하였다.[140] 특기할 점은 최립·차천로에 비견되는 문망이 있었던 영조대 개성 유생 박정가이 이재 문하에서 성리학 연구에 전념하고 『경의집해』를 완성했다는 사실이다.[141] 이는 개성 유학자의 경학 연구가 단행본 저술의 수준으로 상승했음을 일러 준다.

조선시대 개성의 경학에서 역학이 조선전기 이래의 전통적인 분야였다면 예학은 조선 후기에 새로 생성된 분야였다. 숙종대 윤증 문하에서 수학하여 관서부자의 영예를 들은 김두문은 사사오경에 밝았지만 특히 예학에 정통하여 상변지절(常變之節)과 의난지사(疑難之事)를 명쾌하게 논변한 것으로 알려져 있는데,[142] 김두문 이전에 특별히 예학에 정통했다는 세평을 들은 유학자가 없는 것으로 보아 개성 예학의 시작을 김두문에서 구할 수 있을 듯하다. 김두문 이후 예학으로 저명한 인물로 박인형(朴仁亨)은 예경(禮經)의 의궐처(疑闕處)를 변론하고 주석하여 예설홀기(禮說笏記)가 그 문하에서 많이 나왔다는 세평이 있었고,[143] 조유선의 문인 한광진은 예문에 익숙하여 길흉의난(吉凶疑難)의 의절이 있으면 모두 한광진에게 질정하였다는 세평이 있었으며,[144] '질행군자(質

---

138 趙有善, 『蘿山集』 권5, 권6 「經義」.
139 金憲基, 『初學集』 권6 「論語諸章説」, 「中庸章句記疑五條」.
140 韓履源, 『基谷雜記』 권1 「己酉封事十條圖序 — 幷圖」.
141 崔南善 編修, 『中京誌』 권8 「才行」.
142 崔南善 編修, 『中京誌』 권8 「才行」.
143 崔南善 編修, 『中京誌』 권10 「增補」.

行君子)'의 세칭을 들은 정유섭(鄭柔燮)은 특히 예학에 밝아 손수 예서를 초출하여 서안에 두고 향인이 예를 물으면 순순히 가르쳤다는 세평이 있었다.[145]

조선 후기 개성 예학에서 특기할 일은 정조대 이후 향례(鄕禮)와 상제례(喪祭禮)에 관한 주목할 만한 문헌이 생산되었다는 사실이다. 정조가 『향례합편(鄕禮合編)』을 전국에 반포하여 지방 향속의 통일을 추구하는 가운데 1796년 조유선은 한천서사(寒泉書社)에서 개성의 향사례홀기를 통일하는 작업을 펼쳤고, 김헌기가 이를 계승하여 1820년 『향사례홀기(鄕射禮笏記)』를 완성하였다.[146] 또, 조유선의 문인 우덕린은 예학에 정통하여 상제례에 관한 여러 예설을 널리 채집하고 상례와 변례를 참작하여 『이례연집(二禮演輯)』을 완성하였다.[147] 『이례연집』은 1891년 김평묵(金平默)의 교정을 거쳐 1926년 발행되었는데, 김평묵은 이 책을 우덕린의 30년 예학 연구의 정수로 보고 '예일실즉위이적(禮一失則爲夷狄), 재실즉위금수(再失則爲禽獸)'라는 정이(程頤)의 말을 되새기며 우덕린의 학문이 무본(務本)에 힘썼다고 평하였다.[148] 우덕린은 『이례연집』 이외에도 『이례축식찬요(二禮祝式纂要)』의 예학 저술이 있다.

개성 유학자의 경학 연구가 역학으로부터 사서오경 전반으로 확장되면서 사서오경을 철학적으로 해설하는 근원적인 학문으로서 이학의 발달이 경학의 발달에 수반되었다. 개성 지역의 낙학 유입은 낙학이 조선 후기 최대의 성리학 논변이라 할 수 있는 호락논변의 한 주체였다

---

144 崔南善 編修, 『中京誌』 권10 「增補」.
145 崔南善 編修, 『中京誌』 권10 「增補」.
146 金憲基, 『初菴集』 권7 「鄕射禮笏記序」.
147 崔南善 編修, 『中京誌』 권10 「增補」.
148 『二禮演輯』 「二禮演輯序」 (金平默).

는 점에서 이미 개성 유학의 이학적 심화를 예견하게 하는 사건이었다. 물론 개성 유학은 낙학의 유입에 앞서 이미 서경덕과 같은 대유가 배출되어 고유한 이학 전통을 갖추고 있었다. 정유일(鄭惟一)이 이황(李滉)에 들은 바에 따르면 서경덕은 조선 사회에서 처음으로 이기(理氣)를 발명한 사람으로 서경덕 이전에 이기론을 지은 학자는 없었다.[149] 그러나 서경덕의 이기론은 이학이라기보다 기학에 가까운 것으로 주자학의 전형적인 입론과는 거리가 있었다.[150] 그리고 서경덕 사후 개성에서 서경덕의 학문적 계승은 개성 사현의 마지막 이경창에서 멈추었고 이경창의 「원이기설」[151] 이후 이기론에 관한 저술은 오랫동안 나오지 못했다.

개성 유학의 이와 같은 상황은 18세기 이후에도 크게 달라지지 않았다. 지역 사회에 낙학이 유입되면서 경서의 강학과 연구가 활성화되었지만 아직 이기론에 대한 전문적인 저술은 착수되지 못했다. 영조대 개성 유학의 대표자 김시탁도 정조대 개성 유학의 대표자 조유선도 이기론에 관한 저술이나 소품을 짓지는 못했다. 이 점에서 순조·헌종대 개성의 대유 김헌기가 이기론을 연구하여 「이선기후설(理先氣後說)」을 지은 것은 개성 유학사에서 특기할만한 일이다. 서경덕, 이경창 이후 오랫동안 중단된 이학이 부활하였음을 뜻하는 것이기 때문이다. 「이

---

149 鄭惟一, 『文峯集』 권5 「閑中畢錄」.
150 예를 들어 서경덕이 華夷 遠近에 적극적으로 전파하라고 말할 정도로 자부심이 높았던 「鬼神死生論」의 경우 그것은 張載의 영향으로 一氣長存을 입설한 것으로 주자학에서 보자면 불교에 가까운 견해라는 비판을 받았다(曺好益, 『芝山集』 권5 「題徐花潭鬼神死生論後」; 曺好益, 『芝山集』 권6 「諸書質疑」, '太極圖'). 16세기 호남의 대유 김인후는 서경덕의 「讀易吟」을 보고 거기에서 '頓悟捷徑'의 폐단을 발견하였고, 영남의 대유 이황은 서경덕의 이기론에 대하여 '主氣太過', '認氣爲理'를 지적하였다(金麟厚, 『河西集』 부록 권1 「行狀」; 鄭惟一, 『文峯集』 권5 「閑中畢錄」).
151 李慶昌, 『西村集』 「原理氣說」.

선기후설」은 이기는 '이위기본(理爲氣本)'에서 유래하는 합이리(合而離)와 '기외무도(器外無道)'에서 유래하는 이이합(離而合)의 양면이 있음을 모두 알아야 한다는 것으로 이기불상잡(理氣不相雜)과 이기불상리(理氣不相離)의 원리를 설명한 것이다.[152] 또 김헌기는 『대학』의 치지(致知)를 치양지(致良知)로 풀이하는 양명학에 대하여 장문의 비판을 남겼는데, 양명학을 정주(程朱)의 본천지학(本天之學)과 다른 불교의 본심지학(本心之學)으로 보고 양명학의 '인심위리(認心爲理)'는 결국 마음에 준칙이 없어 천리의 실현에 실패할 것이라고 주장하였다.[153] 김헌기의 치양지변(致良知辨)은 후일 김택영에 의해 김헌기의 대표적인 이학 문자로 선별되어 『숭양기구전』에 소개되었고, 조선은 물론 중국 성리학에서도 보기 드문 작품이라는 극찬을 받았다.[154] 이로써 조선 후기 개성 유학은 18세기 경학의 부흥을 이룩한 데 이어 19세기 들어와 이학의 부흥에 진입하였음을 볼 수 있다. 서경덕과 김헌기는 개성 유학에서 이학의 시작과 이학의 재개를 상징하는 두 극점이었다.

개성 유학은 김헌기가 활동하던 시기에 다양한 개성 있는 명사들이 배출되어 번영을 구가하였다. 『중헌잡저(重軒雜著)』의 저자 임상익은 조유선에게 종유하고 이도중을 사사한 개성 학인으로 박학으로 저명하였다. 그는 천하의 이치에 하나라도 통하지 못한다면 유(儒)의 본뜻인 수세(需世)에 적합하지 못하다고 판단하고 온갖 학문을 연구하여 천인성명(天人性命)에서 시작하여 병형(兵刑), 전곡(錢穀), 성력(星曆), 의약(醫藥), 백공지기(百工之技)까지 모두 섭렵하였고 심지어 추점(推占)에도 정

---

152 金憲基, 『初菴集』 권6 「理先氣後說」.
153 金憲基, 『初菴集』 권3 「答許允衡大學問目」.
154 金澤榮, 『崧陽耆舊傳』 권1 「學行傳」 '金憲基先生'; 金澤榮, 『重編韓代崧陽耆舊傳』 권1 「學行傳」 '金憲基'.

통했다.[155] 조유선 문하에서 가장 오래 수학하였고 김헌기와 평생 형제처럼 지낸 한이원(기곡(基谷), 1766~1827)도 개성 있는 유학자였다. 그는 보학에 치력하여 경향(京鄕) 제종(諸宗)을 두루 찾고 널리 고찰해서 '한씨문헌지주(韓氏文獻之主)'가 되었고,[156] 사학에도 일가견이 있어서 『명사(明史)』에 의거하여 임진왜란의 역사를 기록한 이색적인 역사 소품 「만력원동기(萬曆援東記)」를 지었다.[157] 김헌기는 한이원의 학문을 총평하여 '통재실학(通才實學)'이라 하였다.[158]

순조·헌종대를 정점으로 개성 유학은 점차 학술적으로 경학과 이학이 퇴조하기 시작하였다. 김헌기 이후 김헌기 문하에서 김헌기를 계승하는 대유가 배출되지 못한 것이 중요한 원인의 하나였다. 김헌기의 문인 백규현(白圭顯)은 경서, 정주서(程朱書), 제자백가(諸子百家)를 섭렵하여 크게 기대를 모았고, 「입지설(立志說)」, 「도체설(道體說)」, 「의리변설(義利辨說)」을 지어 김헌기의 도학을 추구하였으나 일찍 별세하였다.[159] 조유선-김헌기의 뒤를 이어 철종·고종대에 개성에서 경학을 이끌었던 유학자로 이득영(李得英)(경졸(警拙), 1811~1887), 강문표(용산, 1822~1881), 양재순(진산, 1833~1909)이 있었으나 이들은 학자였다기보다 경학이 쇠퇴하는 가운데 유교 교육에 힘썼던 교육자에 가까웠다. 당시 개성 유학의 고단한 상황과 관련하여 양재순은 자신의 소시, 곧 헌종대에는 개성에서 학문하는 선비가 제법 많았는데 고종대에는 드물다고 인식하였다.[160] 김헌기 이후 개성에서 속학(俗學)이 치성하고 유문(儒門)이

---

155 金澤榮, 『崧陽耆舊傳』 권1 「學行傳」 '任相翼'.
156 韓履源, 『基谷雜記』 권7 附錄 「處士是憂齋韓公墓誌銘-幷序」.
157 韓履源, 『基谷雜記』 「萬曆援東記」.
158 韓履源, 『基谷雜記』 권7 附錄 「處士是憂齋韓公墓誌銘-幷序」.
159 崔南善 編修, 『中京誌』 권8 「才行」.
160 梁在淳, 『眞山集』 附錄 「行狀」.

쇠퇴하는 상황에서 강문표가 후학 양성에 매진하여 '향방(鄕邦)의 탁월한 사범'이 되고, 다시 강문표를 계승하여 양재순이 후학을 지도하여 사림의 모범이 되었다고 하지만,[161] 김택영이 적절히 논평했듯이 강문표의 실제 업적은 개성에서 강성(講聲)이 끊어지지 않게 하였다는 교육적인 것이었고,[162] 낙학 산림 홍직필로부터 후일 관서부자가 될 인물이라며 학문적으로 촉망받았던 일화[163]와 비교하면 조금 거리가 있는 결과였다. 그럼에도 서양이 침입하고 유교가 위축되는 상황에서 강문표의 적극적인 강학으로 인해 개성 지역이 마치 10월의 양(陽)처럼 향후 유교 부흥의 뿌리가 되기를 기대하는 시각도 있었다.[164] 이득영 역시 성리학이 추락해 가는 현실에서 독서수행(讀書修行)한 유학자로 평가되었다.[165]

3) 문학의 번영과 지역 전통의 집성

김헌기 이후 개성 유학의 무게 중심은 점차 경학에서 문학으로 이동하고 있었다. 김헌기가 개성 이학의 최고 수준에 도달하여 명성을 얻었다면, 김헌기의 매부 한재렴(韓在濂)(심원자(心遠子), 1775~1818)은 아버지 한석호(韓錫祜) 및 형 한재수(韓在洙), 아우 한재락(韓在洛)과 함께 한양

此府吾少時, 文學之士, 俊偉之材, 磊落相望, 若隨才器用, 足以充備公卿大夫之位, 挽近漸不如古, 今也端的可以指擬者甚鮮, 世道衰替, 人物眇然, 一至于時哉!

161 梁在淳, 『眞山集』「眞山先生文集序」(崔在道).
162 金澤榮, 『崧陽耆舊傳』 권1 「學行傳」 '姜文豹'.
163 위의 글.
164 金平默, 『重菴集』 권47 「龍山姜公墓誌銘」.
165 李得英, 『警拙集』 「序」(朴寅澈).

에 우거하며 시작으로 크게 명성을 얻었다.[166] 한재렴은 예학과 사학에도 일가견이 있어서 『갑을문대(甲乙問對)』와 『고려고도징(高麗古都徵)』의 저술을 남겼는데, 전자는 주로 묘제(廟制), 당실(堂室), 소목(昭穆), 명당(明堂), 학교(學校), 성씨족(姓氏族), 궤좌배(跪坐拜) 등에 관해 논한 예학 저술로 『서원가고(西原家稿)』에 수록되었고,[167] 후자는 고려의 수도 개경에 대해 궁전(宮殿), 공해(公廨), 사찰(寺刹), 태학(太學) 등에 관해 고증한 시학 저술로 풍양 조문(趙門)의 지원을 받아 단행본으로 출간되었다. 이처럼 시, 예, 사에 밝았던 한재렴의 학문에 대해 이건창과 김택영은 '서경고문삼례지학(西京古文三禮之學)'이라 칭했고,[168] 이정리(李正履)는 한재렴이 '모정시춘추삼례(毛鄭詩春秋三禮)'를 전공하였다고 칭했다.[169] 한재렴은 한석호가 박지원(朴趾源)에게 종학한 인연으로 한양에서 박지원의 처남인 이재성(李在誠)에게 종학하고 박지원, 정약용, 신위(申緯) 등과 교유하였으며 서울의 선비들과 벌인 예전(藝戰)에서 곧잘 수석을 차지하고 급기야 정조의 지우를 받음으로써 한양에서 개성 사인의 명성을 드높였다.[170] 한재렴과 더불어 정조대 한양 문단에서 시명이 높았던 인물이 차좌일(車左一)(사명자(四名子), 1753~1809)이었다. 차좌일은 차천로의 6대손으로 시작이 뛰어나 홍양호(洪良浩), 윤행임(尹行恁), 정약용 등에게 초청을 받아 시회에 참석하였고, 최북(崔北)·천수경(千壽慶)·장혼(張混)·왕태(王太) 등과 함께 옥계시사(玉溪詩社)를 결성하여 시작 활동을 펼쳤다.[171] 정조대에 왕명으로 차천로의 문집이 출간되었음을 고려할

---

166 金澤榮, 『崧陽耆舊傳』 권2 「文詞傳」 '韓在濂'; 『西原家稿』 「心遠子傳」 (李建昌).

167 『西原家稿』 권4 「心遠子文鈔」 '讀書甲乙問對'.

168 金澤榮, 『崧陽耆舊傳』 권2 「文詞傳」 '韓在濂'; 『西原世稿』 「心遠子傳」 (李建昌).

169 『西原家稿』 「蕙園韓公墓誌銘」 (李正履).

170 『西原家稿』 「蕙園韓公墓誌銘」 (李正履), 「心遠子傳」 (李建昌).

171 車佐一, 『四名子詩集』 「行狀」 (呂圭亨) : 조선 후기 옥계시사의 중인문학에 대해서

때 차천로의 후손 차좌일이 한양에서 옥계시사의 주요 회원으로 활동한 것은 개성 문학이 중앙에서 주목 받는 뜻깊은 일이었다고 하겠다.

정조대 이후 서울에서 적극적으로 시작 활동을 하며 경화학계에서 시명을 떨쳤던 차좌일과 한재렴의 뒤를 이어 19세기 개성 사회에서는 다시 한재렴의 문인 이조헌(李祖憲)(연사(蓮士), 1796~?), 한재렴 이후 개성 문난을 빛낸 박문규(朴文逵)(천유(天游), 1805~1888)가 배출되어 역시 경화학계에서 시명을 떨치며 개성 문학의 명성을 이어갔으며, 급기야 박문규 이후 전국적인 지명도를 갖춘 김택영(창강, 1850~1927)이 등장함으로써 개성 문학은 그 정점에 도달하였다. 이들 이조헌, 박문규, 김택영은 지역 사회는 물론 중앙의 경화학계에서 문학적 성취를 인정받았을 뿐만 아니라 개성 문인으로서는 이례적으로 중국을 직접 견문하거나 중국 문단에 소개되거나 중국 문사와 교유함으로써 차천로 이후 오랜 동안 약화된 개성 문단의 국제적 성격을 강화하였다.

이 가운데 이조헌은 어려서 한재렴에게 수학하고 장성하여 한양에 가서 신위에게 격려를 받았고 윤정현(尹定鉉)과는 막역한 교분을 쌓았다.[172] 신위는 이조헌에 대해 '삼백 년에 한번 있을 선비'라고 하였고, 정약용은 '불세출의 천재'라고 하였으며,[173] 윤정현은 '지기(志氣)와 문장으로 일방(一邦)의 으뜸'이라고 하였다.[174] 이조헌의 시풍에 대해 김택영은 백거이(白居易)의 여운이 있다고 평하였고, 당대에 회자된 이조헌의 시는 대부분 과시(科詩)였지만 그 시조(詩調)가 일반 거자들의 작품과 절대 같지 않다고 보았다.[175] 이조헌은 작시에 뛰어났을 뿐만 아니

는, 정옥자, 『조선 후기 중인문화 연구』, 일지사, 2003 참조.
172 金澤榮, 『重編韓代崧陽耆舊傳』 권1 「文詞傳」 '李祖憲'.
173 李祖憲, 『蓮士遺稿』 附錄 「言行錄」.
174 李祖憲, 『蓮士遺稿』 「蓮士先生遺稿序」 (金學性).

라 음학(音學) 일반에 대해 상당한 조예가 있었으며 한송절충(漢宋折衷)의 학술적 시각에서 성음(聲音)의 도와 사리(事理)의 도의 상통성을 주장하였다.[176]

박문규는 처음 농포(農圃)를 경영하다 40세 이후에야 시를 본격적으로 연마하여 경화학계의 시회에 자주 참석하였다. 그는 근체시에 뛰어났고 고시 수만 편을 외웠으며 탁월한 고시(古詩) 집구(集句) 능력으로 김정희(金正喜)를 필두로 경화사족의 시회에 자주 초청받은 '일대 홍장(一代 鴻匠)'이었다.[177] 또한 그는 한위(漢魏)에서 명청(明淸)까지 세가의 시작을 두루 섭렵하였고 삼당(三唐)에 출입하는 부려난숙(富麗爛熟)한 시풍을 지녔으며, 조두순(趙斗淳)과 신석희(申錫禧) 등 경화사족들로부터 자주 칭찬을 들은 '일대 종장(一代 宗匠)'이었다.[178] 김택영은 박문규의 율시가 '평담융수(平淡融秀)'하다고 평하였고, 박문규와 동시기 저명한 개성 문인으로 백응현(白膺絢), 백기진(白岐鎭), 전홍관(全弘琯)이 있었으나 '아순성가(雅馴成家)'로는 박문규에 미치지 못했다고 평가하였다.[179]

조선시대 개성 문학의 대미를 장식하는 김택영은 개성 사회를 넘어 전국적으로 시명을 드날린 조선말기의 저명한 시인이었고, 조선시대 개성의 유학 전통을 정리하여 지역 사회를 문화적으로 크게 현창한 개성인이었다. 김택영은 시재가 뛰어나 성당체(盛唐體)의 시를 잘 지어 이건창으로부터 시신(詩神)이라는 감탄을 들었고,[180] 왕성순으로부터는 신운(神韻)을 높이고 진부(陳腐)를 없애 '동방 천 년 이래 절향(絶響)'이라

---

175 金澤榮, 『重編韓代崧陽耆舊傳』 권1 「文詞傳」 '李祖憲'.
176 李祖憲, 『蓮士遺稿』 권2 「簡尹奉朝賀-定鉉」 7면.
177 金澤榮, 『崧陽耆舊傳』 권2 「文詞傳」 '朴文逵'.
178 朴文逵, 『天游先生集古』 「題辭」 (朴南澈).
179 金澤榮, 『崧陽耆舊傳』 권2 「文詞傳」 '朴文逵'.
180 林鳳植, 『開城誌』 권6 「才行」 '金澤榮'.

는 칭송을 들었다.[181] 이기소(李箕紹)는 김택영의 문재를 '화국거수(華國巨手)'라고 기리며 그 성품이 신위 및 박지원과 서로 비슷해 신위의 시와 박지원의 문을 추존했다고 평했는데,[182] 실제 김택영은 신위의 시집과 박지원의 문집을 출판하는 문화운동에 힘을 쏟았다.[183]

김택영은 조선시대 한문학의 시각에서 그 문학사적 위상을 규명할 수도 있지만, 조선 후기 개성 유학사의 관점에서는 개성 유학 전통을 현창하려 했던 그의 노력에 상대적으로 각별한 관심이 부여될 수 있다. 그는 1881년 개성의 여러 문사들과 협력하여 조선 후기 개성의 대유 김헌기의 문집을 출간하였다. 김헌기가 서경덕과 함께 조선시대 개성 성리학의 대표자이며 조유선과 더불어 조선 후기 개성의 대유였음은 앞에서 살펴본 바와 같다. 김택영은 박재현(朴載鉉)(백당(栢堂), 1852~1911), 최중건(崔中建)(희당(希堂), 1853~1933) 등과 더불어 김헌기의 문집을 교정하여 1881년 최종적으로 『초암집(初菴集)』을 인행하는 작업을 주도하였을 뿐만 아니라[184] 이건창에게 문집에 들어갈 김헌기의 묘지명을 찬술할 것을 부탁하여[185] 고종대 김헌기의 학문을 세상에 공표하는 사업에 헌신하였다.

김택영은 김헌기의 문집 간행 사업을 주도했을 뿐만 아니라 한재렴

---

181 『滄江先生實紀』권1 「題滄江先生甲午詩稿後」.
182 『滄江先生實紀』권2 「遺事」.
183 金澤榮, 『韶濩堂集』권2 「申紫霞詩集序」; 金澤榮, 『韶濩堂集』권3 「重編燕巖集序」; 『燕巖集』「跋」(金澤榮).
184 金憲基, 『初菴集』「年譜」辛巳條 : 김헌기의 문집은 김헌기의 자편고 『男山舊稿』 및 김헌기 사후 김헌기의 사위 白膺鎭과 문인 金悌五, 白一顯 등이 편집한 『男山續稿』를 합하여 『초암집』이 가장되어 있었는데, 이 해 김택영·박재현·최중건 등이 교정하여 14권을 만든 것이다. 韓時赫, 朴天鳳, 金瀅樂, 張時淳 등도 이 작업에 참여하였다.
185 金憲基, 『初菴集』附錄 「贈通政大夫承政院左承旨兼經筵參贊官堯泉金先生墓誌銘-幷序」(李建昌).

의 문집 간행 사업도 주도하였다. 한재렴이 김헌기의 매부로 조선 후기 경화세계에서 인정받은 개성 문인임은 앞에서 살펴본 바와 같다. 한재렴의 증손 한동혁(韓東赫), 한시혁(韓時赫)이 한재렴 3형제와 한재렴의 부친 한석호의 문집을 합간할 계획을 세우자 여기에 찬동하여 김택영은 역시 박재현, 최중건 등과 더불어 이들 문집을 모두 수합하고 교정해 1882년 『서원가고(西原家稿)』의 인행을 완료하였다.[186] 김헌기의 『초암집』이 출간된 직후 한재렴 등의 『서원가고』가 출간되었다는 사실, 『초암집』의 교정을 담당한 김택영, 박재현, 최준건 등이 똑같이 『서원가고』의 교정을 담당했다는 사실이 흥미롭다. 『초암집』 간행을 위해 김택영의 부탁으로 이건창이 김헌기의 묘지문을 지었듯이 『서원가고』에 들어간 이건창의 「심원자전(心遠子傳)」 역시 김택영의 부탁으로 지은 한재렴의 전기라고 보는 것이 온당하다.

이처럼 김택영이 1880년대 초 조선 후기 개성 유학사에서 이학(理學)과 문학(文學)의 핵심을 차지하는 김헌기와 한재렴의 문집 출간 작업을 실질적으로 완수했다는 사실은 여러 모로 중요한 사건으로 평가되어야 한다. 이는 김택영이 1880년대 이학과 문학을 아울러 개성 유학의 유력한 인물로 크게 부상했음을 의미한다. 김택영은 1870년대 이건창과 결교한 뒤 개성 지역은 물론 경화 세계에서 크게 문명을 떨치고 있었는데, 1880년대 김택영이 지역 문인 및 중앙 문인과 교유했던 양상은 『김씨사보(金氏史補)』를 통해 확연히 드러난다. 『김씨사보』는 김택영이 고려말 만수산에서 은둔한 선조 김훈(金勳)의 기이한 사적을 김택영 당대의 문인들에게 전해 주고 이에 대한 시문을 받아 김훈의 사실(史實)을

---

[186] 『西原家稿』「跋」(韓東赫) : 한동혁의 발문은 1881년 작성된 것이지만 문집 출판은 趙寧夏의 서문이 작성된 1882년이었을 것으로 생각된다.

보완한 책자이다.[187] 이 책에는 이응신(李應辰)의 서문, 한장석(韓章錫)과 김학진(金鶴鎭)의 발문, 박문호(朴文鎬)의 전기, 이상수(李象秀)·김윤식(金允植)·이건창·이건초(李建初)·성혜영(成蕙永)·여규형(呂圭亨) 등의 시가 수록되어 있어서 김택영이 교유했던 경화학계 명사들의 범위를 알 수 있다.[188] 또, 백영수(白英洙)의 발문, 박문규(朴文逵)·이명철(李命喆)·이각(李珏)·백응현(白膺絢)·윤신우(尹鎭佑)·이영곤(李榮坤)·최중건·오용묵(吳容默) 등의 시와 구중협(具重協)의 부가 수록되어 있는데 이들은 김택영이 교유했던 개성 지역 문인들일 것으로 생각된다. 이들 중에서 개성 문단의 원로 박문규, 개성에서 박문규와 동시기 시명이 높았던 백응현, 개성에서 박문규의 대표적 후진으로 손꼽힌 윤진우, 최중건 등에 대해서는 김택영의 『숭양기구전』에서도 19세기 개성 문인으로 이름이 확인된다.[189] 최중건이 김택영과 더불어 김헌기와 한재렴의 문집을 교정하고 출간하는 작업에 참여했음은 위에서 살펴본 바이다.

이렇듯 1880년대 전반 김택영은 개성 문단 및 경화 학계의 명사들과 결교하며 고려말 김훈의 사적을 기념하는 사업을 수행하였고, 조선 후기 개성 유학의 핵심적 인물인 김헌기와 한재렴의 문집을 출간하는 사

---

187 김훈의 기이한 사적이란 김훈이 만수산에 은둔하여 꽃을 심었는데 오색의 매화가 사철에 꽃피었던 일을 가리킨다. 이것은 鄭夢周가 흘린 선죽교의 피가 오래도록 지워지지 않은 사실, 그리고 趙狷의 유언을 어기고 그의 자손이 조견의 묘비에 조선왕조에서 하사한 벼슬을 기입하자 묘비에 벼락이 떨어졌다는 사실과 더불어 麗季三絶이라 일컬었다(『金氏史補』「高麗金詹事本傳」).『김씨사보』의 원고 수합은 김택영의 서문이 작성된 1881년까지는 완료된 것으로 보이며, 李應辰의 서문이 작성된 1883년까지는 이 책의 서발이 모두 확보되었으며, 실제 이 책이 출간된 것은 이 책에 실린 「先蹟辨」이 작성된 1884년 7월 이후로 보인다.
188 李建初는 李象秀의 아들이고 朴文鎬는 李象秀의 문인으로 모두 湖西 懷仁에 거주하고 있었지만, 이상수가 충청도 회인으로 이주하기 전에 한양에서 경화학계의 일원으로 활동하고 있었음을 돌아볼 때 이건초와 박문호도 넓은 의미에서 경화학계에 포함될 수 있다고 보았다.
189 金澤榮,『崧陽耆舊傳』권2「文詞傳」'朴文逵'.

업을 수행하였다. 이 사업에 뒤이어 1880년대 후반에는 「여계충의일사전(麗季忠義逸士傳)」과 「숭양기구전(崧陽耆舊傳)」을 완성하여 고려시대와 조선시대 개성의 역사문화 전통과 관계된 인물들의 행적을 조명하였다. 「여계충의일사전」은 김택영의 찬술과 김신영(金信榮)·왕성순의 교정으로 완성되었고, 「숭양기구전」은 김택영의 찬술과 박재현·김중희(金重熙)·장한형(張漢炯)·진영렴(秦永濂)·임규영(林圭永)·한승리(韓承履) 등의 교정으로 완성되었는데, 양자는 1896년 김신영의 재정적 지원으로 『숭양기구전』으로 합본되어 출간되었다.[100] 이 두 작품의 완성의 조력자 중에서 왕성순·진영렴·임규영·한승리는 모두 김택영의 문인으로 생각되는데, 이 가운데 특히 왕성순(경암(敬菴), 1869~1923)은 김택영의 시제자로 김택영이 편집한 『여한구가문초』에 김택영의 작품을 포함한 『여한십가문초』를 편찬하였고, 임규영(형산(荊山), 1869~1908) 역시 김택영의 시제자로 별도로 김택영의 시선집 『운산소호당시선(雲山韶護堂詩選)』을 편찬하였다.[191] 김택영은 이들 문인들의 도움을 받아 개성의 문화 전통을 조선 사회에 천명한 것이다.

김택영은 『숭양기구전』을 완성한 데 이어 『숭양기구시집』의 편찬에 착수하였다. 조선시대 개성의 문학 전통을 별도로 현창하려는 의도였다. 이 책은 마권(馬權) 집(輯), 김택영 수집(修輯), 임광윤(林光潤)·장시순

---

190 『숭양기구전』의 제명으로 합본되어 출간된 이 작품들은 김택영의 서문(1888년)과 이건창의 발문(1885년), 이응익의 발문(1890년), 김신영의 발문(1896년)이 있다.

191 『滄江先生實紀』권1 「金于霖詩論贈林有瑞」: 임규영이 선별한 김택영의 시선집의 일부인 『雲山韶護堂詩選』(국립중앙도서관 古3644-10)이 현전한다. 이 책은 임규영이 선별한 김택영의 시선으로 초기 김택영 시의 원형이 보존되어 있고, 김택영 시에 대한 이건창의 시평이 집중적으로 수록되어 있다는 점에서 사료 가치가 높다(김덕수, 「영재 이건창의 한시 비평 연구―『운산소호당시선』을 중심으로」, 『한국한시연구』17, 한국한시학회, 2009).

(張始淳) 참정(參訂)에 의해 본문이 완성되었고 왕성순의 발문에서 보듯 김택영이 중국으로 망명하여 완결짓지 못한 것을 김택영의 부탁으로 왕성순의 책임 하에 개성 문인들의 합심으로 완성된 것이다. 이 책에는 서경덕부터 황진까지 개성 사람 61인의 시 337수가 실려 있다. 10수 이상의 시가 수록된 인물을 차례로 열거하면 임창택(39), 차천로(24), 한새림(18), 차운로(17), 김헌기(17), 박문규(16), 조신준(曹臣俊)(15), 석지형(11), 김연광(11)인데, 김헌기와 김연광을 제외하고 모두 김택영의 『숭양기구전』「문사전」에 입전된 인물들이다. 여기서 김헌기의 작품이 상당한 비중을 차지하고 있음에서 보듯 김택영은 김헌기의 성리(性理) 문자뿐만 아니라 시작(詩作)까지 존숭하였음을 볼 수 있다.

『숭양기구전』은 「문사전」의 마지막 인물로 박문규를 입전했지만 『숭양기구시집』에는 박문규 이후의 시인들의 작품도 수록하고 있어서 박문규와 김택영 사이 개성 지역에서 시명이 있던 문인들의 윤곽을 일별할 수 있다. 즉, 백응현(우남(愚南), 1808년생), 백기진(겸재(謙齋), 1814년생), 이각(연사(蓮史), 1824년생), 김종(金鍾)(행정(杏亭), 순조말 출생), 임보영(林輔永)(청평(靑坪), 1836년생), 이신전(李莘田)(우당(雨堂), 1836년), 김재희(金載熙)(추간(秋澗), 1840년생), 윤진우(청사(靑史), 1843년생), 박원규(朴元珪)(혜산(蕙山), 1847년생), 박남철(朴南澈)(석당(石堂), 1850년생), 구중협(옥산(玉山), 1854년생), 서창동(徐昌東)(존재(存齋), 1855년생)이 이들이다. 이들은 대체로 김택영의 『숭양기구전』「문사전」에 이름이 기재되어 있거나, 김택영의 『김씨사보』·박문규의 『천유시집(天游詩集)』 등에서 이름이 확인되는 개성 문인으로 19세기 후반 개성 사회의 저명한 지역 문인이었을 것으로 생각된다.[192]

김택영이 편찬한 『숭양기구전』과 『숭양기구시집』은 지역 문인들의 도움을 얻어 조선시대 개성 문화의 핵심을 집성한 책자이다. 그는 조선 후기 개성의 최고 명사 김헌기와 한재렴의 문집 출간 작업을 적극적으로 주도하여 고종대 조선 사회에 개성 유학의 정화를 제시하는 한편 나아가『숭양기구전』과『숭양기구시집』을 편찬함으로써 조선 유학의 일부로서 개성의 유학 전통을 역사적으로 정리하는 사명을 담당하였다. 이것은 정조대 개성의 대유 조유선이 서경덕 문집의 완결판을 출간하고 서경덕 이후의 개성 사현을 확정하여 사현별묘를 건립함으로써 지역 유학 전통을 창출한 것에 비견되는 일이었으며, 조선시내의 황혼기에 개성의 유학 전통을 천명함으로써 지역 사회에 문화적 활력을 고취한 특별한 일이었다. 그리고 이것은 김택영 1인의 단독 작업이 아니었고 김택영에게 협력했던 지역 문인들의 힘이 지대하였다. 여기에는 김헌기와 한재렴의 문집 교정에 참여한 박재현과 최중건,『숭양기구전』의 교정에 참여한 왕성순과 임규영,『숭양기구시집』의 수집과 참정에 참여한 임광윤과 장시순 같은 인물들도 있었지만,「숭양기구시집 동간록(崧陽耆舊詩集同刊錄)」에서 보듯 문집 출간을 재정적으로 후원했던 인물들도 적지 않았다. 이 인명록에는 개성 군수 박우현(朴宇鉉), 시종원 분시종 김진구(金鎭九), 의릉 참봉 공성학(孔聖學) 등 개성 실업의 거물들도 기재되어 있을 뿐만 아니라, 공성학과 더불어 김근용(金謹鏞), 박수림(朴守林) 등 20세기 전반 개성의 주요 문인들도 기재되어 있다.[193] 김

---

192 白膺絢과 白岐鎭은 박문규의 동시대인, 金載熙와 尹鎭佑와 徐昌東은 박문규의 후진으로『崧陽耆舊傳』「文詞傳」에서 거론된 저명한 개성 시인이다. 또 李珏과 具重協은 박문규·백응현·윤진우 등과 함께 金澤榮의『金氏史補』제작에 참여한 개성 문인이었음은 위에서 살펴본 바이다. 朴元珪는 박문규의 족손이고 朴南澈은 박문규의 후진으로 양자 모두 박문규의『天游詩集』편찬과『天游集古』간행에 기여한다.

193 「崧陽耆舊詩集同刊錄」의 전체 명단은 다음과 같다. 金思默 (京畿觀察使), 朴宇鉉 (開城郡守), 金麗煌 (秘書監丞), 金鎭九 (侍從院 分侍從), 韓廷鎬 (中樞院 議官), 金壽榮

택영의 개성 전통 만들기에 개성 지역의 유지들이 적극적으로 합심하여 협력하는 인상적인 장면이다.

4. 맺음말

이상으로 지역 지성사의 관점에서 조선 후기 개성의 유학 전통에 대하여 살펴보았다. 지금까지 조선시대 지성사 연구에서 지역성을 고려한 연구는 대체로 유학사 또는 사상사의 맥락에서 설정된 광역의 지역성에 입각한 지역적 접근이 중심을 이루고 있고 특정한 군현 단위의 지역 지성사 연구는 아직 본격적인 궤도에 오르지 못하였다. 이 글은 조선시대 개성이라는 지역이 한국 근대 유학사 저술에서 지방학계의 성장과 관련하여 특기될 정도로 유학사적 지역성을 인정받고 있고 또한 조선시대 상업이 발달한 도시로서 독특한 역사적 지역성을 인정받고 있다는 사실을 고려하여 이를 연구 대상으로 삼아 지역 지성사를 시도한 것이다.

먼저 개성의 유학 전통에 곧바로 접근하기에 앞서 조선 말기 개성 문인 김택영과 왕성순으로부터 개성 유학사의 기본적인 이해방식을 고찰하였다. 『숭양기구전』에서 피력된 김택영의 관점에 따르면 개성 유

(永同縣監), 孫錫權 (恭陵令), 朴遠炯 (鐵山郡守), 朴守林 (刑曹正郎), 金謹鏞 (豐慶宮參書官), 鄭載東 (成均 進士), 高漢周 (成均 進士), 金宗煥 (成均 進士), 崔基肇 (成均 進士), 孔聖學 (懿陵 參奉).

학은 16세기 서경덕이 화담학파를 개창한 이후 특별히 주목받는 경유가 등장하지 못하다가 18세기 낙학이 지역적으로 전파되는 가운데 낙학의 종장들에게 수학한 유학자들이 배출되면서 유학 전통이 강화되었고 급기야 19세기에 들어와 김헌기가 일어나 개성 유학을 대표하였다. 김택영은 개성 성리학의 시작과 종결로서 서경덕과 김헌기를 강조하였고, 김택영의 문인 왕성순은 이 독법을 계승하여 '서경덕-이황-이이-송시열-김헌기'의 '오현'으로 구성된 『조선오현문초』를 완성하였다. 이로써 서경덕과 김헌기는 개성 성리학의 두 극점인 동시에 조선 성리학의 두 극점을 체현하는 존재가 되었다.

조선시대 개성 유학사는 『중경지』와 『개성지』에서 개성의 원우에 입향된 인물을 통하여 살펴볼 수 있다. 개성에서 지역적 전통이 반영되어 원우가 건립된 것은 19세기 이후의 일이다. 19세기 최초의 원우는 사현별묘(1804년, 마희경·한순계·김현도·이경창 입향)인데, 여기에 입향된 인물들은 개성 지역에서 서경덕 이후 서경덕을 계승하는 지역 학인으로 공인된 사현이었다. (제1단계) 사현별묘 다음에 건립된 원우는 숭남사(1817년, 김황·김지·김유·임창택·장창복·이춘화·김치홍 입향)와 남산사(1818년, 김이상·김이도·김두문·장현문 입향)인데, 여기에 입향된 인물들은 16~18세기 개성 지역의 주변적이고 과도기적인 다양한 인물들이었다. (제2단계) 남산사와 숭남사 다음에 건립된 원우는 차례로 신호사(1818년, 허증 입향), 나산사(1822년, 조유선 입향), 요천사(1850년, 김헌기 입향), 이호사(미상, 김시탁·우창락 입향), 용음사(1856년, 고경항 입향)인데, 이들 원우에 입향된 인물들은 18세기 이후 낙학의 학문적 입지에서 개성 유학의 경학적 번영을 이룩하고 나아가 독자적인 개성 경학을 실현한 유학자들이었다. (제3단계) 흥미롭게도 19세기 개성 원우의 시기별 건립 순서는 조선시대 개성 지역 유학사의 역사적 단락과 일치하는 추세를 보여준다. 곧 원우 건립에서 '제1단계' 사현별묘 단계는 개성 유학사에서 서경덕을 계승하는 사현이 등장한 시기, '제2단계' 숭남사와 남산사 단계는 개성 유학사에서 사현 이후 낙학 유입 이전의 과도기, '제3단계' 신호사~용음사 단계는 개성 유학사에서 낙학의 유입과 경학의 부흥 시기이다.

개성 유학사 검토에 이어 개성 유학 전통의 실제 양상에 대해 고찰하였다. 개성 유학은 18세기 낙학이 유입되기 전 대체로 유교적인 가풍의 전승이라는 형태로 존재하였다. 선조대 한금향과 그 후손들인 한경소, 한경의 등의 사례에서 보듯 조선전기 '가정연원'을 배경으로 성리학에 착수한 개성 사인의 후손들이 조선 후기 대대로 효자로 포증되며 유학자로 성장하고 있었다. 개성 사현 역시 마희경, 한순계, 김현도, 이경창의 각각의 후손들이 개성 사회에서 유교적 명망을 유지하며 가문의 전통을 지속하고 있었기에 순조대에 들어와 사현으로 확정될 수 있었다. 개성에서 유학 전통의 형성은 세고의 출간과 가학의 형성을 통해서도 확인할 수 있었다. 김이상의 『심적당유고』와 김이상의 아들 김연광의 『송암유고』, 그리고 윤증 가문에서 '관서부자'의 칭호를 얻은 김두문의 『경승재유고』가 합본되어 『심적당송암경승재유고』가 영조대에 출간된 것은 조선 후기 개성 지역에서 세고의 출현으로 주목할 만한 사건이었다. 가학의 형성은 18세기 낙학 유입 이후 경학의 부흥과 관련 있는 현상인데, 대표적인 사례로 조유선, 조경온, 조정휴의 3대 가학과 장현문, 장붕일, 장석오의 3대 가학이 주목된다.

개성 사회는 18세기 이후 적극적으로 낙학과 학연을 맺으며 다양한 유학 전통이 형성되었다. 개성 사인은 개성에서 향사(鄕師)를 정하고 중앙에서 경사(京師)를 정하여 지방과 중앙의 양방향에서 소통하며 지역 사회의 유학 전통을 강화해 나갔다. 개성 사인들은 이재 문하(김시탁, 허증, 박정간, 우창락), 이재의 문인 이의철 문하(임유, 임순), 김원행 문하(조유선, 조유헌, 조경온, 우창락), 김이안 문하(마유, 장붕일), 오희상과 홍직필 문하(조정휴, 김성대, 김환형, 김관형, 장석오, 문상옥)에 나아갔는데, 이들 문하는 18·19세기 낙학의 핵심을 구성하고 있었다. 그러나 송환기 문하에 나아간 허무, 이도중의 문하에 나아간 임상익의 사례에서 보듯 모든 개성 사인이 낙학에만 연결되었던 것은 아니다.

낙학이 유입된 후 개성에서는 성리학 강회가 활발히 일어나고 지역 유학 전통이 창출되기 시작하였다. 대표적인 강회로는 김시탁의 괴천서당 및 이호서당 강회, 장현문·이춘화 등의 숭남사 강회, 조유선의 숭양서원 및 교궁 강회, 김헌기·김상흠·한이원·김천복 등의 취학회 강회 등이 있었다. 강회의 전통이 없던 숭양서원에 김원행이 원장으로 초빙된 후 새롭게 강규가 마련되어 조유선에 의해 강회가 열린 것은 개성 성리학의 중흥을 의미하는 상징적인 사건이었다. 조유선은 정조·순조년간 개성 제일의 대유로서 지역 유학 전통 창출에 크게 기여하였다. 그는 개성 유학의 상징적 존재인 서경덕의 『화담집』의 마지막 완결판을 간행하는 사업을 마지광과 주도하여 이를 성사시켰고, 서경덕 이후 서경덕을 계승한 개성의 향현들을 마희경, 한순계, 김현도, 이경창 4인으로 확정하여 사현별묘를 건립하였다.

18세기 개성 유학의 번영은 개성 유학의 경학적 전환을 초래하였다. 종래 개성 유학은 서경덕의 역학 또는 수학을 특색으로 하고 있었다. 이 가운데 개성의 역학 전통은 16·17세기 마희경, 이경창, 윤충갑, 석지형 등을 통해 단속적으로 이어지고 있었는데, 석지형이 완성한 『오위귀감』은 17세기 개성 역학의 실제 수준과 경세적 성격의 이해에 긴요한 작품이다. 또한 개성의 수학 전통 역시 이경창, 김문표 등에 의해 확인되는데, 김문표의 「사도설」은 안정복의 『동유성리설』에 편입될 정도로 학술적 가치를 평가받았다. 이와 같은 개성의 역학 전통은 18세기 이후에도 지속되어 허증의 「역도설」이나 김천복의 「역도괘설」 등의 역학 연구가 출현하였다. 그러나 18세기 이후 개성의 경학은 사서오경 전반에 걸친 주자학적 연구를 특징으로 하였다. 허증의 「중용석의」, 허무의 「대학중용도」, 한이원의 「기유봉사십조도」 등이 출현하였고, 조유선은 사서오경, 『근사록』, 『주자어류』, 『황극경세서』 등 광범위한 영역에서 경의를 연구하였다. 특기할 점은 허무가 「주자대전차의」 집필을 시도하였고, 박정간이 단행본 저술 형태로 『경의집해』를 완성하였다는 사실이다. 이는 조선 후기 개성 성리학의 수준을 가늠하는 지표가 된다.

예학의 발달도 병행되었다. 숙종대 윤증 문하에서 관서부자의 영예를 들은 김두문은 개성 예학의 개척자로 생각되며, 김두문 이후 박인형, 한광진, 정유섭 등이 예설에 밝았다. 개성 예학에서 특기할 일은 정조대 이후 향례와 상제례에 관한 주목할 만한 문헌이 생산되었다는 사실이다. 정조가 『향례합편』을 전국에 반포하여 지방 향속의 통일을 추구하는 가운데 1796년 조유선은 한천서사에서 개성의 향사례홀기를 통일하는 작업을 펼쳤고, 김헌기가 이를 계승하여 1820년 『향사례홀기』를 완성하였다. 또, 조유선의 문인 우덕린은 예학에 정통하여 상제례에 관한 여러 예설을 널리 채집하고 상례와 변례를 참작하여 『이례연집』을 완성하였다.

조선 후기 개성 사회에서 경학의 발달은 이학의 부흥을 예비하는 것이었다. 서경덕 이후 개성 사회는 오랫동안 이학 연구가 중단되어 있었다. 서경덕의 학적 계승은 개성 사현의 마지막 이경창에서 멈추었고 이경창의「원이기설」이후 이기론에 관한 저술은 오랫동안 나오지 못했다. 낙학 유입 이후 김시탁도 조유선도 전문적인 이기론 연구에 착수하지는 못했다. 이 점에서 김헌기가「이선기후설」을 지어 이기불상잡과 이기불상리의 원리를 설명한 것은 개성 유학사에서 주목할 만한 사건이었다. 서경덕과 김헌기는 모두 개성 유학에서 이학의 시작과 이학의 부흥을 상징하는 두 극점이었다.

김헌기 이후 개성 유학의 무게 중심은 점차 경학에서 문학으로 이동하고 있었다. 김헌기의 매부 한재렴은 정조대에 한양에 우거하며 시작으로 크게 명성을 얻었다. 한재렴의 부친 한석호가 연암협(燕巖峽)에 우거한 박지원에게 종학한 인연으로 한재렴은 한양에서 박지원의 처남 이재성에게 종학하고 경화세계에서 개성 문인의 문명을 드날렸다. 차천로의 6대손 차좌일도 역시 정조대에 한양에서 시명을 떨쳤는데 그는 최북, 천수경, 장혼, 왕태 등과 함께 옥계시사의 주요 동인이었다. 이후 19세기 개성 문단에는 이조헌, 박문규, 김택영 등이 차례로 등장하여 개성 문학은 그 정점에 도달하였다.

이 가운데 김택영은 개성 사회를 넘어 전국적으로 시명을 드날린 조선말기의 저명한 시인이었고, 조선시대 개성의 유학 전통을 정리하여 지역 사회를 문화적으로 크게 현창한 개성인이었다. 그는 1881년 박재현, 최중건 등과 함께 개성의 대유 김헌기의 문집을 교정하여 최종적으로『초암집』을 인행하는 작업을 주도하였다. 김택영은 후일 조국이 광복되면 김헌기를 문묘에 종사해야 한다고 생각할 정도로 김헌기의 성리학에 대한 자부심이 높았다. 아울러 그는 박재현, 최중건과 더불어 한석호 및 한재수·한재렴·한재락 형제의 문집을 모두 수합하고 교정해 1882년『서원가고』의 인행을 완료하였다. 나아가 그는『숭양기구전』과『숭양기구시집』을 편찬하여 개성의 역사와 문학을 종합적으로 정리하였다. 정조·순조대 조유선이『화담집』의 완결판을 만들고 숭양서원의 강회 전통을 만들고 개성 사현을 확정하여 개성의 지역 전통을 일신했다면, 고종대 김택영은 개성 문인의 협력으로『초암집』,『서원가고』,『숭양기구전』,『숭양기구시집』등을 완성함으로써 지역 문화 전통의 집성이라는 과업을 완수하였다고 볼 수 있다.

지금까지 개성 지역의 지성사적 지역성은 주로 실학과의 연계에서 접근되고 있었다. 여기에는 조선 후기 개성이 상업도시로서 성장하고 있었다는 사실이 주된 영향을 미치고 있었다. 그러나 조선 후기 개성 지역 지성사의 실제 상황은 실학의 발흥이라기보다 서경덕 이후 오랫동안 미미했던 성리학 전통의 재개였다고 보는 편이 합당하다. 즉 개성은 지역 단위 유학 전통의 형성에 있어서 영남이나 기호에 비해 후발 지역이었다고 할 수 있고, 조선 후기 상대적으로 뒤늦게 형성된 유학 전통을 배경으로 근대를 맞이하고 있었던 것이다. 근대 개성 지역의 대표적인 실업가인 공성학이 한편으로 개성 성균관을 거점으로 개성 유림으로 활발하게 활동하고 있었던 것은 조선 후기 도시 지역에 형성된 뒤늦은 유학 전통이 근대 사회와 결합하는 적절한 사례라 할 것이다. 지금까지 조선 후기 지성사는 대개 이미 형성된 조선의 성리학 전통에서 실학이라는 역사적 변용이 발생하는 맥락에 집중해 왔다. 그러나 개성의 사례에서 보듯 지역에 따라서는 오히려 조선 후기에 성리학 전통이 형성되어 근대를 맞이할 수도 있었다. 지역 단위에서 본다면 조선 후기는 유학 전통의 '형성사'로서 새롭게 독해될 수 있으며, 그것은 거시적으로 대한제국기 지역 사회 신교육운동의 역사적 배경으로 독해될 수도 있다. 조선 후기 개성의 유학 전통은 개성 이외의 다른 도시 지역의 유학 전통과 비교함으로써 지성사적 지역성을 보다 명확히 할 수 있을 것이다.

제2장 근대전환기 개성 문인의 결집

1. 머리말

이 글은 지역 지성사의 시각에서 김택영(金澤榮)(창강(滄江), 1850~1927)을 중심으로 결집했던 한국 근대 개성 문인들의 집합적인 존재 양태를 고찰하기 위해 작성되었다. 김택영은 개성 출신의 저명한 한문학 작가이자 한국 근대 초기 중요한 역사가의 한 사람으로 지금까지 주로 한문학 분야와 역사학 분야를 중심으로 연구가 진행되어 왔다.[1] 김택영은 이

---

1 김택영에 대한 연구 성과들을 일별하는 데 다음 논문이 참조된다(최혜주, 「한국에서 김택영 연구 현황」, 『사학연구』 55·56, 한국사학회, 1988; 김승룡, 「창강 김택영 연구의 현황과 과제」, 『한국인물사연구』 5, 한국인물사연구소, 2006). 한문학 분야의 연구로는 다음 논저들이 있다(김도련, 「영재 이건창과 창강 김택영의 고문관」, 『한국학논총』 3, 국민대 한국학연구소, 1980; 박충록, 『김택영 문학 연구』, 료녕민족출판사, 1986; 김윤조, 「연암 문학의 계승 양상에 관한 한 고찰」, 『한문학연구』 10, 계명대 계명한문학회, 1995; 오윤희, 『창강 김택영 硏究』, 국학자료원, 1996; 김승룡, 「창강 김택영의 전 연구」, 『민족문학사연구』 18, 민족문학사학회, 2001; 김보욱, 「망

건창(李建昌)의 지우를 받아 일찍부터 경화세계(京華世界)에서 문명을 떨쳤고 개성 출신으로는 보기 드물게 중앙 관계에 진입하여 광무연간 우리나라 역사를 편수하였으며 을사늑약 직전 중국에 망명, 강남 지방에서 중국의 명사들과 교유하며 문필 활동을 계속하였다. 김택영의 역사적 삶이 이처럼 지역 단위를 넘어 전국적이고 국제적인 성격을 띠고 있었기 때문에 김택영을 향한 연구 관심 역시 자연스럽게 지역 문인 김택영보다는 조선 문인 김택영에 경사되는 경향이 있었다. 그간 조선 후기 또는 근대초기 문학사, 사상사, 사학사 등 다양한 영역에서 섬덩한 연구 성과가 축적되어 왔지만 상대적으로 개성이라는 지역에 집중해서 김택영에 접근한 연구는 많지 않았던 것으로 보인다.

개성 문인의 한 사람으로 김택영에 대한 지역 지성사적 이해가 충분하지 못한 것은 지역 단위를 넘어서 왕성하게 활동했던 김택영의 행적에도 원인이 있겠지만 전반적으로 개성 지역에 대한 지성사적 이해가 완전하지 못한 데도 원인이 있을 것이다. 개성은 고려의 수도로서 뚜

명 후 김택영의 세계관 연구」, 『고시가연구』 16, 한국고시가문학회, 2005; 황재문, 「김택영 시에 나타난 유민의식」, 『한국한시연구』 13, 태학사, 2005; 송혁기, 「조긍섭의 김택영 제가문평 비판과 그 비평사적 의의」, 『동양한문학연구』 22, 동양한문학회, 2006; 김승룡, 「김택영의 송도 복원 작업의 의미」, 『고전문학연구』 29, 월인, 2006; 최영옥, 「김택영과 증국번의 문장론 비교」, 『한국고전연구』 20, 한국고전연구회, 2009; 최영옥, 「창강 김택영의 중국망명과 출판사업 의식」, 『한국사상사학』 40, 한국사상사학회, 2012; 곽미선, 「김택영의 중국 망명시기 문학 활동 연구」, 보고사, 2013). 역사학 분야의 연구로는 다음 논저들이 있다(최혜주, 「창강 김택영 연구」, 『한국사연구』, 한국사연구회, 1981; 유봉학, 「조선 후기 개성지식인의 동향과 북학사상 수용」, 『규장각』 16, 서울대 규장각, 1993; 최혜주, 『창강 김택영의 한국사론』, 한울, 1996; 최혜주, 「1920년대 김택영의 중국에서의 한국사 서술」, 『사학연구』 53, 한국사학회, 1997; 이용식, 「김택영의 『신고려사』에 대한 일고찰」, 『계명사학』 11, 계명사학회, 2000; 이겸주, 「김택영의 『신고려사』에 대한 일고」, 『인문논총』 20, 울산대, 2001). 그 밖에 한국철학 분야의 연구가 있다(조남호, 「김택영의 천부경 주석 연구」, 『동서철학연구』 45, 한국동서철학회, 2007; 최석기, 「창강 김택영의 『대학』 해석」, 『한문학보』 22, 우리한문학회, 2001).

렷한 역사적 정체성이 있는 곳이고 조선 후기에는 상업이 발달하여 상업도시로서의 성격이 강한 곳이었다.[2] 일제식민지시기에도 일본자본과 대항하는 민족자본의 정체성이 부여되어 개성의 근대적 지역성이 형성되고 있었다.[3] 이와 같은 개성의 지역성을 고려할 때 개성 지역은 지성사적으로 특별한 성격을 갖추고 있었을 것이라 예상할 수 있다. 역사학 분야에서 조선시대 '개경학'의 실학 연계성을 논하거나,[4] 화담학의 절충적·개방적 학풍을 논하거나,[5] 개성 지식인의 북학 수용을 논했던[6] 여러 사상사적 논의들은 개성의 지역성을 적절히 포착한 성과였다고 하겠다. 특히 최한기와 김택영을 중심으로 개성 지식인의 북학사상을 논구한 성과는 18·19세기 낙학의 유입과 북학의 수용이라는 컨텍스트 위에서 개성 지식인의 전반적인 동향을 입체적으로 제시함으로써 조선 후기 개성 지성사의 기본적인 이해를 구축하는 데 성공하였다고 생각된다. 그럼에도 엄밀히 말해 이와 같은 논의들은 지역적인 시각에서 개성에 접근했다기보다는 중앙적인 시각에서 개성에 접근한 것이라 할 수 있다. 즉 실학의 중요한 일부분으로서의 개성, 화담학의 중요한 일부분으로서의 개성, 낙학이나 북학의 중요한 일부분으로서의 개성을 특징적으로 제시한 것이지 개성 그 자체에 집중했다고 보기에는 어려움이 있다. 개성 지식인 연구는 대개 특정 인물을 중심으로

---

2   고동환, 「조선시대 개성과 개성상인」, 『역사비평』 54, 역사비평사, 2001.
3   정종현, 「일본제국기 '개성'의 지역성과 (탈)식민의 문화기획」, 『동방학지』 151, 연세대 국학연구원, 2010.
4   원유한·박재희, 「'개경학'의 성립 및 실학과 연계」, 『실학사상연구』 21, 무악실학회, 2001.
5   신병주, 「화담학과 근기사림의 사상」, 『국학연구』 7, 한국국학진흥원, 2005.
6   유봉학, 「조선 후기 개성지식인의 동향과 북학사상 수용」, 『규장각』 16, 서울대 규장각, 1994.

진행되어 왔으며 아직 송도학맥(松都學脈)의 완전한 이해에는 도달하지 못했다는 지적[7]은 지금도 여전히 유효한 듯하다.

그러면 지역적 레벨에서 개성 지성사의 성공적인 복원을 위해서는 어떤 연구 방법이 필요할까? 모든 시기를 대상으로 하기는 어렵다 하더라도 특정한 시기 개성 문인들의 집합적인 존재 양태와 상호 결집 양상을 포착하는 것도 그 한 가지 방법이 아닐까 한다. 그렇게 볼 때 김택영은 개성 문인들의 집합적인 존재 양태와 상호 결집 양상을 읽을 수 있는 특별한 열쇠 역할을 하고 있어서 주목된다. 김택영은 1881년 개성의 대유 김헌기(金憲基)(요천(堯泉), 1774~1842)의 『초암집(初菴集)』을 편간한 이래 끊임없이 지역 사회의 역사문화 전통과 관계있는 문헌 편간 사업을 지속해 왔는데 김택영과 연결된 개성 문인들이 상당수 결집하여 이를 돕고 있어서 김택영의 문헌 편간 사업을 통하여 김택영 당대 개성 주요 문인들의 규모를 파악할 수 있기 때문이다.[8] 개성 문인들은 김택영이 중국에 망명한 뒤에도 끊임없이 김택영의 문헌 편간을 도왔으며 김택영이 별세한 뒤에도 1934년 김택영을 추모하는 기념 책자 『창강선생실기(滄江先生實紀)』를 제작하여 다시 한 번 그 결집력을 보여 주었다. 이들은 1881년부터 1934년까지 반세기 이상 김택영을 중심으로 결집하는 집합적인 존재 양태를 보여 주었는데 이 글에서 개성 지역 지성사와 관련하여 주목하는 것이 바로 이 부분이다. 더구나 이들은 19세기 후반 개성 문단의 핵심에 위치해 있었으며 경제적인 재력을 배경으로 문학과 실업을 겸하거나 개성 성균관을 거점으로 개성 유림의 중심을 이루기도 하였다.

---

7   김승룡, 「우아당 왕성순의 현실인식과 문학에 대하여」, 『한문학보』 7, 우리한문학회, 2002.
8   이와 관련하여 김택영의 문집 이본을 고찰한 서지적인 연구가 주목된다. 최영옥, 『김택영 문집의 간행경위와 이본고』, 성균관대 박사논문, 2011.

이에 이 글은 김택영 생전 문헌 편간 사업과 김택영 사후 기념 책자 제작 사업을 통하여 김택영을 중심으로 결집한 한국 근대 개성 문인들의 전체적인 규모를 파악하여 19·20세기 개성 지역 지성사 이해를 위한 기초적 토대를 구축하고자 한다. 이것은 비록 개성 지역에 국한된 연구이지만 근대전환기 도시 지역 유교 지식인의 집합적인 존재 방식을 이해하는 데에도 중요한 시사점을 제공할 것이라 생각된다.

2. 조선 말기 김택영의 문헌 편간과 개성 문인

조선 말기 김택영은 개성 지역의 저명한 문인이다. 그는 이건창, 황현(黃玹)과 더불어 전국적인 시명을 얻었던 문인이자 투철한 전통의식으로 개성의 유학 전통과 조선의 문학 전통을 창조한 지식인이었다. 또한 대한제국에 참여하여 학부에서 봉직하며 역사 교과서를 편수한 관료이자 중국에 망명한 뒤 조선의 한문학 문헌들을 중국에서 적극적으로 출판하여 조선 문학의 국제적 확산에 기여한 망명객이었다. 김택영이 평생에 걸쳐 몰두했던 개성 유학과 조선 문학의 현창 작업은 김택영 개인의 열정과 김택영을 중심으로 결집했던 조선 문인들, 특히 개성 문인들의 협력을 토대로 진행되었다. 개성 문인들은 김택영의 문화운동에 적극적으로 호응하는 동시에 그들 스스로도 지역 사회에서 다양한 문화운동을 전개하며 개성 지역의 문화적 활력을 높였다.

김택영과 교유했던 이른 시기의 개성 문인들은 황화사(黃花社) 멤버들이었다. 1875년 김택영은 박영기(朴榮紀)(호는 요산(堯山)), 박인철(朴寅澈)(호는 효산(曉山)), 박재현(朴載鉉)(백당(栢堂), 1852~1911), 최중건(崔中建)(희당(希堂), 1853~1933)과 더불어 자신이 사는 선암(仙岩)의 서실(書室)에 모여 국화에 관한 시를 짓고 모임의 이름을 황화사라고 정하였다.[9] 그는 1878년 이명철(李命喆)(청농(晴農), 1835~1907), 왕성협(王性協)(소재(瀟齋), 1850~?), 박남철(朴南澈)(석당(石堂), 1850~1918), 박재현 등과 함께 어울려 시를 지었고,[10] 1879년 최인체(懷人體)를 써서 이명철, 박영기, 박인철, 박남철, 왕성협, 최중건, 한시혁(韓時赫) 등을 그리는 시를 지었는데,[11] 대략 이들이 황화사의 전체 규모였을 것으로 보인다. 황화사는 김택영을 중심으로 결집한 초기 개성 문인들의 거점이 되는 시사(詩社)였다.

19세기 개성 유학사의 관점에서 황화사 멤버들은 개성 유학의 핵심적인 위치에 놓여 있었다. 그것은 이들이 19세기 개성 유학의 주요 인물들, 즉 경학으로 김헌기(요천, 1774~1842), 강문표(姜文豹)(용산(龍山), 1822~1881), 양재순(梁在淳)(진산(眞山), 1833~1909), 이득영(李得英)(경졸(警拙), 1811~1887), 그리고 문학으로 한재렴(韓在濂)(심원자(心遠子), 1775~1818), 박문규(朴文逵)(천유(天游), 1805~1888)와 긴밀한 관계가 있었기 때문이다. 19세기 개성 유학은 대개 경학 분야에서 김헌기(金憲基)와 같은 대유가 출현하여 정점에 도달하고 이후에도 강문표(姜文豹), 양재순(梁在淳), 이득영(李得英) 등이 출현하여 경학 전통이 이어졌다. 동시에 문학 분야에서도 한석호(韓錫鎬)·한재렴 부자가 출현하여 명성을 떨친 후 한재렴의 문인

---

9 金澤榮,『韶護堂詩集』권1「十月一日仙岩書室同朴堯山-榮紀-朴曉山-寅澈-朴栢堂-載鉉-崔希堂-中建賦菊遂命曰黃花社」.

10 金澤榮,『合刊韶護堂集補遺』권1「李晴農承旨-命喆-王瀟齋校理-性協-朴栢堂-朴石堂見過問遊同賦」.

11 金澤榮,『韶護堂詩集』권2「分韻得寒字賦懷人體」.

이조헌(李祖憲)(연사(蓮士), 1796~?)이 성세를 이어갔고 다시 박문규가 문명을 크게 떨쳤다.[12] 따라서 황화사 문인들이 이들과 긴밀한 관계가 있었다는 것은 이들이 곧 19세기 개성 유학의 핵심적인 위치에 있었음을 의미한다.

황화사 문인들은 직접 이들에게 경학과 문학을 배우거나 또는 이들의 시문 간행을 주도하면서 조선 말기 개성 문단의 중심으로 부상하고 있었다. 이를테면 박재현, 최중건, 한시혁은 김택영과 협력하여 1881년 김헌기의 문집 『초암집』을 교정하고 이를 공간하였다.[13] 19세기 개성의 최고 유학자의 문집을 황화사 문인들이 교정하여 공간했다는 것은 이들이 김헌기를 계승하는 후학임을 사회적으로 천명한 것이라 볼 수 있다. 김헌기 이후 개성의 경유로 말한다면 박재현은 양재순의 문하에 출입한 듯하고 박재현의 처소에서 양재순을 만난 김택영은 후일 양재순의 묘갈문을 지었다.[14] 김택영은 양재순을 만나기에 앞서 고종대 개성의 대표적인 유학자 강문표를 만나 19세기 개성의 대유 김헌기의 학문을 접할 수 있었다.[15] 박인철·박남철 형제는 각각 이득영의 숙제자(塾弟子)와 문생(門生)으로 후일 이득영의 문집 『경졸집(警拙集)』을 출간할 때 각각 서문과 발문을 지었으며 박재현 역시 『경졸집』의 발문을 지었다.[16]

---

12 金澤榮, 『崧陽耆舊傳』 권1 「學行傳」, 권2 「文詞傳」 및 金澤榮, 『重編韓代崧陽耆舊傳』 권1 「學行傳」, 「文詞傳」 참조 : 李得英의 경우 『崧陽耆舊傳』이나 『重編韓代崧陽耆舊傳』에 입전되어 있지는 않으며 필자가 추가한 것이다.

13 金憲基, 『初菴集』 「年譜」 辛巳條; 金澤榮, 『韶護堂詩集』 권2 「今春與柏堂希堂容齋諸友共刊金堯泉先生-憲基-文集至是而成感賦」.

14 金澤榮, 『韶護堂文集』 권15 「梁眞山處士墓碣銘」.

15 위의 글.

16 李得英, 『警拙集』 「序」 (朴寅澈); 「跋」 (朴載鉉, 朴南澈).

한편 한시혁은 한재렴의 증손으로 한석호 및 한재렴 형제의 문집 출간을 계획하고 있었는데, 박재현과 최중건은 김택영과 협력하여 역시 이들 문집을 수합하고 교정하여 1882년 『서원가고(西原家稿)』를 간행하였다.[17] 또한 박인철·박남철 형제는 박문규의 문인이었는데 박인철은 직접 박문규가 자편(自編)한 『천유산방시고(天游山房詩稿)』를 받아 이를 등사하였으며, 박남철은 1917년 최문현(崔文鉉)이 숭양문예사(崧陽文藝社)에서 방각한 박문규의 『천유집고(天游集古)』에 서문을 지었다.[18] 이처럼 김택영을 필두로 하는 황화사 문인들은 경학과 문학 분야에서 19세기 개성 유학의 핵심적 인물들인 김헌기, 양재순, 이득영, 한재렴, 박문규의 학문과 관계를 맺고 있었고, 이들의 시문 출간을 주도하며 고종대 개성 문단의 중심에 입지하였다.

개성 문인들은 김택영이 다양한 문헌 편찬 사업을 진행함에 따라 여기에 참여하며 그 결집력을 높였다. 김택영은 고종대에 『김씨사보(金氏史補)』, 「여계충의일사전(麗季忠義逸士傳)」, 「숭양기구전(崧陽耆舊傳)」, 『숭양기구시집(崧陽耆舊詩集)』, 『연암집(燕巖集)』, 『연암속집(燕巖續集)』 등 다양한 문헌 편찬에 착수하였는데 상당수 개성 문인들이 이 작업에 참여해 김택영을 도왔던 것이다. 『김씨사보』는 고려말 김택영의 선조 김훈(金勳)의 기이한 사적을 기념하기 위해 김택영 당대의 문인들이 지은 시문을 수집한 책자인데,[19] 좁게 보면 김택영의 가문을 위한 책자이지만

17　『西原家稿』「跋」(韓東赫).

18　朴文逵, 『天游集古』「題辭」(朴南澈).

19　김훈의 기이한 사적이란 김훈이 만수산에 은둔하여 꽃을 심었는데 오색의 매화가 사철에 꽃피었던 일을 가리킨다. 이것은 鄭夢周가 흘린 선죽교의 피가 오래도록 지워지지 않은 사실, 그리고 趙狷의 유언을 어기고 그의 자손이 조견의 묘비에 조선왕조에서 하사한 벼슬을 기입하자 묘비에 벼락이 떨어졌다는 사실과 더불어 麗季三絶이라 일컬었다(『金氏史補』「高麗金詹事本傳」). 『김씨사보』의 원고 수합은 김택영

넓게 보면 고려말 개성의 역사문화에 관계된 책자였다. 「여계충의일사전」은 고려말 난세에 처하여 고려에 대한 충절을 지키고 은둔한 인물들의 역사 전기, 「숭양기구전」은 조선시대 개성 지역 명인들의 역사 전기인데 김택영은 1896년 이 둘을 합하여 『숭양기구전』으로 간행하였다. 『숭양기구시집』은 김택영이 조선시대 개성인의 명시를 징선한 지역 문학 선집으로 본디 지역 사회에 전해지던 『송경풍아(松京風雅)』를 증보한 것이고, 『연암집』과 『연암속집』은 조선의 문호 박지원의 주요 시문을 최초로 공간한 문학 선집으로 김택영, 김교헌(金敎獻) 등이 중심이 되어 박지원의 문장과 북학사상을 추구하는 일련의 문인들이 광무 연간 간행한 것이다. 이 문헌들은 대체로 개성 지역의 역사와 문화와 관계된 책자이거나 박지원과 같이 조선의 대표적인 문학가에 관계된 책자였기 때문에 개성 문인들은 상당한 열정을 안고 시문의 창작, 수집, 교정, 비평 등 다양한 방식으로 이 작업에 참여하였다. 이를 도표로 나타내면 다음과 같다.

아래 표에서 보듯이 개성 문인들은 『김씨사보』에 들어갈 시와 부를 짓거나 「여계충의일사전」과 「숭양기구전」을 교정하거나 『연암속집』에 들어갈 評을 짓거나 『숭양기구시집』에 들어갈 시를 수집, 참정하는 일을 담당하였다. 그런데 이들은 연령 집단에 따라 김택영의 선진 그룹, 김택영의 동료 그룹, 김택영의 후진 그룹으로 분류할 수 있다.

먼저 김택영의 선진 그룹에 속하는 개성 문인들이다. 『김씨사보』에 들어갈 시를 지었던 인물들로 박문규(천유, 1805~1888), 백응현(白膺絢)

의 서문이 작성된 1881년까지는 완료된 것으로 보이며, 李應辰의 서문이 작성된 1883년까지는 이 책의 서발이 모두 확보되었으며, 실제 이 책이 출간된 것은 이 책에 실린 「先蹟辨」이 작성된 1884년 7월 이후로 보인다.

연도	문헌	김택영	개성 문인	참여
1884	金氏史補	序, 歌, 辨	金信榮·朴文逵·李命喆·李珏·白膺絢·尹鎭佑·李榮坤·崔中建·吳容默	詩
			具重協	賦
1896	麗季忠義逸士傳	撰	金信榮·王性淳	校
1896	崧陽耆舊傳	撰	朴載鉉·金重熙·張漢炯·秦永濂·林圭永·韓承履	校
			金信榮	跋
1900	燕巖集	校編		
1901	燕巖續集	校編	李鍾泰·秦永濂·林圭永	燕巖集評
1910	崧陽耆舊詩集	修輯	馬權	輯
			林光潤·張始淳	參訂
			王性淳	跋

출전 : 『김씨사보』, 『숭양기구전』, 『연암집』, 『연암속집』, 『숭양기구시집』

(우남(愚南), 1808~?), 이각(李珏)(연사(蓮史), 1824~?), 윤진우(尹鎭佑)(청사(靑史), 1843~?) 등이 이 그룹에 해당한다. 이들은 모두 19세기 개성 문단에서 저명한 시인들로『숭양기구시집』에 이들의 시가 선입되어 전한다. 특히 박문규, 백응현, 윤진우와 관련하여 개성 지역에서 이들의 문학사적 위상은『숭양기구전』에 잘 나타나 있다.『숭양기구전』「문사전(文詞傳)」은 개성 문학사의 대미를 박문규로 장식하면서 박문규의 문학적 성취를 소개하였고 박문규와 동시기에 박문규에 버금간 개성의 시인으로 백응현, 백기진(白岐鎭), 전홍관(全弘琯) 등을 거명하였다.[20] 또한 박문규의 후진으로 윤진우, 김재희(金載熙), 최중건, 서창동(徐昌東) 등을 언급하였는데, 후일 개정된『중편한대숭양기구전(重編韓代崧陽耆舊傳)』에 이르면 박문규의 문인으로 윤진우를 거명하는 모습을 볼 수 있다.[21] 이처럼 박문규, 백응현, 윤진우는『숭양기구시집』과『숭양기구전』에서 모두 거명되는 개성 문학사의 주요 인물이었다. 따라서 이들이 김택영의

---

20 金澤榮,『崧陽耆舊傳』권2「文詞傳」, '朴文逵'.
21 金澤榮,『重編韓代崧陽耆舊傳』권1「文詞」, '朴文逵'.

『김씨사보』편찬을 돕는 취지에서 김훈의 행적에 관한 시를 지어준 것은 동향 후진 김택영을 높이 평가했다는 의미가 된다. 특히 당대 개성 문단의 최고 시인인 박문규가 1876년 김택영에게 시를 보내 '청군담시오상아(聽君談詩吾喪我), 상청루각신선좌(上淸樓閣神仙坐)'라고 칭찬했던 것은[22] 개성 사회에서 김택영의 문명이 크게 오르는 계기가 되었을 것이다.[23] 김택영은 동향에서 박문규를 지기로 생각하고 있었고,[24] 박문규와 더불어 백응현, 윤진우, 이명철 등과 함께 교유하며 시를 지었다.[25]

다음으로 김택영의 동료 그룹에 속하는 개성 문인들이다. 앞에서 살펴본 황화사 문인들이 계속해서 김택영의 문헌 편찬을 도왔음이 확인된다. 최중건과 박재현이 김택영과 협심하여 김헌기의 『초암집』과 한석호 및 한재렴 형제의 『서원가고』를 교정하고 간행했음은 앞에서 언급하였다. 그런데 이들은 계속해서 표에서 보듯이 『김씨사보』와 『숭양기구전』의 편찬을 도왔다. 최중건은 김택영을 위해 『김씨사보』에 수록될 시를 지었고, 박재현 역시 김택영이 찬술한 『숭양기구전』을 교정하는 수고를 마다하지 않았다. 역시 『김씨사보』에 수록될 시를 지은 이명철은 김택영과 사돈 관계로 황화사 멤버에 분류할 수 있다고 생각되고, 『김씨사보』에 수록될 부를 지은 구중협(具重協)(옥산(玉山), 1854~?)은 김택영이 '오우옥산자(吾友玉山子)'라고 부른 김택영의 초기 친구[26]로 김

---

22 金澤榮, 『韶護堂詩集』 권1 「次韻謝朴天遊霹鴻-文逵-先生贈詩」.
23 김택영과 사문 관계인 李命喆(晴農, 1835~1907)은 박문규가 김택영의 시를 품평한 말을 인증하여 김택영의 시를 칭찬하기까지 하였다(金澤榮, 『借樹亭雜收』 권2 「嘉善大夫侍從院卿李公墓碣銘」).
24 金澤榮, 『借樹亭雜收』 권4 「書周晉琦詩集後」.
25 朴文逵, 『天游詩集』 「贈金于霖-澤榮」 121면; 金澤榮, 『韶護堂詩集』 권2 「同朴天游白愚南洪小隱-圭燮-三丈及金菊潭-興說-尹靑史-鎭佑-遊廣文岩李氏池亭限韻」.
26 金澤榮, 『韶護堂詩集』 권1 「次韻酬具玉山重協」.

택영은 구중협 부친의 회갑을 축수하는 글을 지었다.[27] 그는 『숭양기구시집』에 시가 선입되어 있는 것으로 보아 지역 사회에서 시명이 있었던 것으로 보인다.

다음으로 김택영의 후진 그룹에 속하는 개성 문인들이다. 특히 김택영의 대표적인 시제자인 왕성순(王性淳)(경암(敬菴), 1869~1923)과 임규영(林圭永)(형산(刑山), 1869~1908)이 김택영의 문헌 편찬 사업을 적극적으로 돕고 있음이 주목된다. 왕성순은 김택영이 편찬한 「여계충의일사전」을 교정하였을 뿐만 아니라 김택영의 뜻을 받들어 『숭양기구시집』을 완성시킨 김택영의 충실한 문인이었다. 임규영은 김택영이 편찬한 『숭양기구전』을 교정하였고 다시 김택영의 『연암집』 간행 사업에 협력하여 『연암속집』에 「연암집평」을 수록한 문인이었다. 이들은 김택영의 제자로서 김택영을 매우 존모하였고, 그와 같은 존모의 마음으로 왕성순은 김택영이 편찬한 『여한구가문초』에 김택영의 문장을 선입한 『여한십가문초(麗韓十家文鈔)』를 편찬하였고, 임규영은 김택영의 초기 시를 선별하여 여기에 이건창의 시평까지 합한 『운산소호당시선(雲山韶護堂詩選)』을 편찬하였다.[28] 장시순(張始淳) 역시 김택영의 문인으로 황화사 문인들을 도와 김헌기의 『초암집』을 교정한 바 있었는데[29] 다시 『숭양기구시집』의 참정을 담당하는 수고를 기울였다. 한승리(韓承履)(1875~?)는 김택영의 문생으로 문장과 산학(算學)에 재주가 있어서 탁지부대신 어윤중(魚允中)의 추천으로 약관의 나이에 탁지부주사가 된

---

27 金澤榮, 『韶護堂文集』 권1 「具錦坡先生六十一歲壽序」.
28 『운산소호당시선』은 임규영이 선별한 김택영의 시선으로 초기 김택영 시의 원형이 보존되어 있고, 김택영 시에 대한 이건창의 시평이 집중적으로 수록되어 있다는 점에서 사료 가치가 높다(김덕수, 「寧齋 李建昌의 漢詩 批評 硏究－『雲山韶護堂詩選』을 중심으로」, 『한국한시연구』17, 한국한시학회, 2009).
29 金憲基, 『初菴集』 「年譜」 辛巳條.

인물인데,[30] 『숭양기구전』의 교정을 담당하였다. 그 밖에 김신영(金信榮)(1851~?)은 김택영의 삼종제로 「여계충의일사전」을 교정하고 『숭양기구전』의 발문을 지었다. 김택영이 1888년 이미 서문까지 갖추어 완성한 『숭양기구전』을 1896년 간행할 수 있었던 것은 풍기군수로 재직한 김신영이 간행 비용 올 송금한 덕택이었다.[31]

이상으로 김택영의 문헌 편찬 사업에 협력한 주요 개성 문인들을 일별해 보았다. 이들은 연령 집단에 따라 김택영의 선진 그룹, 동료 그룹, 후진 그룹으로 분류될 수 있는데, 선진 그룹의 경우 『숭양기구전』과 『숭양기구시집』에서 거론되는 19세기 개성 문학사의 중요한 인물들임을 알 수 있었다. 그러나 실은 선진 그룹은 물론 동료 그룹과 후진 그룹에 속하는 개성 문인들 중에서도 19세기 개성 문학사의 주요 인물들을 발견할 수 있다. 이들은 우수한 문학적 역량을 발휘하여 개성의 자연 경관과 문화 유적을 아름다운 시로 표현했는데, 20세기 들어와 간행된 『중경지(中京誌)』와 『개성지(開城誌)』의 「제영(題詠)」에는 이들 김택영의 선진, 동료, 후진 그룹에 속하는 문인들의 시가 실려 있어 주목된다.[32] 『중경지』와 『개성지』 「제영」에 실린 작품 중에서 박문규 이하 19세기 개성 문인들의 작품을 도표로 나타내면 다음과 같다.

다음 표에서 보듯 『중경지』와 『개성지』의 「제영」에 작품이 수록된

---

30 金澤榮, 『韶護堂詩集』 권3 「韓生-承履-新任度支部主事有贈」.
31 金澤榮, 『韶護堂文集』 권3 「重編韓代崧陽耆舊傳序」.
32 조선시대 金堉의 『松都誌』 이래 여러 차례 개성의 읍지들이 발간되었으나 19세기 들어와 개성의 행정 구역 변동을 반영하여 새롭게 金履載의 『中京誌』가 출현하였고 이후 여러 차례 증보되었다. 1910년 개성 군수 朴宇鉉에 의해 『중경지』의 최종적인 증보가 완료되었고, 1915년 최남선의 편수에 의해 간행되었다. 『개성지』는 1934년 개성 문인 林鳳植이 『중경지』를 증감하여 출간한 것이다. 이 글에서 취한 『중경지』와 『개성지』는 최남선이 편수한 『중경지』와 임봉식이 완성한 『개성지』이다.

표 2) 『중경지』와 『개성지』 「제영」에 실린 19세기 개성 문인들의 작품

인물	작품	출전	崧陽耆舊詩集
朴文逵	高麗太祖陵 / 崧陽書院 / 花谷書院 / 南門樓 / 滿月臺	中京誌 / 開城誌	○
白膺絢	九齋	中京誌 / 開城誌	○
白岐鎭	玉龍潭	中京誌 / 開城誌	○
李莘田	登擘巖	中京誌 / 開城誌	○
尹鑲佑	法化山	中京誌 / 開城誌	○
朴元珪	礪峴鎭	中京誌 / 開城誌	○
金澤榮	扶山洞 / 天磨山 / 萬景臺 / 文殊峯 / 朴淵 / 東杜門洞 / 禮成江 / 花谷書院 / 滿月臺	中京誌 / 開城誌	
朴南澈	朴淵	開城誌	○
朴載鉉	滿月臺	中京誌 / 開城誌	
王性淳	滿月臺 / 泣碑 / 登擘巖	開城誌	
林圭永	彩霞洞 / 玉龍潭, 泰安洞 / 神岩	開城誌	

출전 : 『중경지』 권7 「제영」; 『개성지』 권3 「제영」

19세기 개성 문인들은 김택영을 제외하면 모두 10인이다. 이들을 위에서 김택영의 문헌 편찬을 도운 개성 문인들의 분류 방식을 적용하여 각각 김택영의 선진 그룹, 동료 그룹, 후진 그룹으로 나눈다면, 박문규와 백응현과 윤진우 3인은 모두 김택영의 『김씨사보』를 위해 시를 지었던 김택영의 선진 그룹에 속하고, 박남철과 박재현 2인은 김택영의 초기 문인 교유 그룹인 황화사의 멤버로 김택영의 동료 그룹에 속하고, 왕성순과 임규영 2인은 김택영의 대표적인 시제자로 김택영의 문헌 편찬 사업에 적극적으로 협력하고 김택영의 시문 선집까지 만들었던 김택영의 후진 그룹에 속한다. 이를 통해 김택영이 결성한 황화사에 참여했거나 김택영의 문헌 편찬 사업에 협력한 주요 개성 문인들이 선진 그룹, 동료 그룹, 후진 그룹을 막론하고 실질적으로 개성 지역 사회에서

빼어난 문학 작품을 산출했다고 인정받는 19세기 핵심적인 개성 문인들임을 확인할 수 있다.

이들 10인 중에서 백기진(겸재(謙齋), 1814~?)과 이신전(李莘田)(우당(雨堂), 1836~?)과 박원규(朴元珪)(혜산(蕙山), 1847~?) 3인은 비록 김택영의 문헌 편찬 사업에는 참여하지 않았지만, 백기진은 김택영으로부터 70세 축수를 받은 동향 선진이었고[33] 박원규는 김택영 이전 19세기 개성 문학의 최고봉에 있었던 박문규의 족손으로 김택영과 함께 문을 논하던 '인우(隣友)'였으며,[34] 이신전은 김택영과 서신으로 시를 주고받은 문인이었으니[35] 이들 3인도 역시 김택영과 교유관계가 확인되는 개성 문인이라 할 수 있다.

한편 이들 10인 중에서 박재현과 왕성순과 임규영 3인을 제외한 7인은 모두 『숭양기구시집』에도 작품들이 수록되어 있는데, 이처럼 이들이 『중경지』와 『개성지』 같은 지역 읍지의 「제영」에도 작품이 수록되고, 『숭양기구시집』 같은 지역 문학 선집에도 작품이 수록된 것은 이들이 19세기 개성의 '기구(耆舊)'로서 가장 빼어난 문인이라는 지역 공론이 있었음을 의미하는 것이라 하겠다.

---

33 金澤榮, 『韶護堂文集』 권1 「白星菴先生七十壽序」.
34 金澤榮, 『韶護堂詩集』 권3 「移居古德村留別隣友朴蕙山 – 元珪」.
35 金澤榮, 『韶護堂詩集』 권5 「奉和李雨堂 – 莘田 – 丈人」: 李莘田은 1895년 상해를 거쳐 吳, 楚 일대를 유람하고 돌아와 『南遊吟稿』라는 시집을 만들었다. 이 시집에 김택영의 제자 왕성순이 서문을 짓고 있어 이신전과 김택영의 또 다른 연결을 볼 수 있다. 현재까지 19세기 개성 문인들 중에서 이신전보다 더 이른 시기에 중국 강남을 견문한 사례는 아직 발견되지 않는다(王性淳, 『尤雅堂稿』 권3 「南遊吟稿序」).

3. 국망 전후 『창강고』·『숭양기구시집』의 간행과 개성 문인

앞 장에서 조선말기 김택영과 교유한 개성 문인의 전체적인 윤곽을 살펴보았다. 구체적으로 김택영이 결성한 황화사에 참여한 문인들, 김택영이 편찬한 일련의 작품들, 곧 『김씨사보』, 「여계충의일사전」, 「숭양기구전」, 『연암집』, 『연암속집』, 『숭양기구시집』에 관계한 문인들을 검토하였다. 그 결과 이들이 19세기 개성 문단의 핵심적인 인물들로 작품의 창작, 수집, 교정, 비평 등 다양한 방식으로 김택영의 문헌 편찬을 도왔음을 알 수 있었다.

그런데 개성 문인들 중에는 김택영이 편찬한 문헌을 간행하는 과정에서 간행 비용을 분담하여 김택영을 경제적으로 지원한 인물들도 적지 않았다. 예를 들어 개성 신교육운동의 중심인물로서 '유림대가(儒林大家)'의 명망이 있었던[36] 최문현(崔文鉉)(위사(韋史), 1872~1919)은 김택영이 1900년 『연암집』을 간행할 때 성금을 냈던 관계로 『연암집』에 첨부된 합금기(合金記)에서 그 이름을 확인할 수 있다.[37] 최문현은 김택영과 함께 대한제국기 중앙에서 벼슬했던 개성인으로 김택영을 전배(前輩)로 추종했으며 김택영의 시제자 임규영의 벗으로 스스로도 시집을 만든 시인이었다.[38] 이와 같이 김택영의 문헌 출간 사업을 경제적으로 지원했던 인물들의 전체 규모는 1910년 간행된 『숭양기구시집』과 1912년

---

36 『大韓每日申報』 1909년 7월 25일, 잡보 「兩氏熱心」.
37 朴趾源, 『燕巖集』 「燕巖集印役合金記」, 「續合金記」.
38 金澤榮, 『韶濩堂文集』 권6 「韋史詩草跋」.

간행된 『창강고』에 수록된 「동간록(同刊錄)」의 명단을 통해 확인할 수
있다. 『숭양기구시집』은 김택영이 편찬하여 김택영의 중국 망명 후 김
택영의 문인 왕성순이 중심이 되어 완성한 조선시대 개성 지역 문인들
의 시선(詩選)이고, 『창강고』는 김택영의 문인 김근용(金謹鏞)이 중심이
되어 출간된 김택영의 첫 번째 개인 문집인데, 양자 모두 간행 당시 개
성 문인들이 서로 협력하여 간행 비용을 분담함으로써 지역 문화 현창
사업에 기여하였다. 논의의 편의를 위해 먼저 『창강고』 간행을 지원한
개성 문인들을 도표로 나타내면 다음과 같다.

〈표 3〉 『창강고』 간행 비용 분담 인물 일람

성명	자	관직	성명	자	관직
白南軾	希文	監役	崔基鼎	用九	郡守
金壽榮	仁汝	縣監	金謹鏞	允行	
孫錫權	宜卿	主簿	韓永錫	聖祚	司諫
金重禧	厚卿		王性淳	原初	掌令
曹秉元	舜八	教官	孔聖學	允悅	參奉
朴守林	茂原				

출전 : 金澤榮, 『韶濩堂詩集』 권5 「金允行之刊吾文也諸君子傍助者亦多賦懷人體十一首以徧謝之」

김택영이 자편한 『창강고』는 간행 당시 시집과 문집으로 나누어 각
각 중국과 조선의 문인들로부터 간역 비용 지원을 받았다. 시집의 경우
중국의 도기(屠寄)가 주도적으로 간행 비용을 주선하여 1911년 간행되
었고 문집은 조선의 김근용이 주도적으로 간행 비용을 주선하여 1912
년 간행되었다. 김택영은 『창강고』 문편 간행을 경제적으로 지원한 개
성 문인들에게 감사하는 마음으로 회인시를 지었는데, 위 표에서 보듯
회인시의 대상은 백남식(白南軾)부터 공성학(孔聖學)까지 11인이다.[39]

---

39 회인시의 11인과 달리 실제 『창강고』 문편에 실려 있는 「同刊記」에는 이들 11인에
　　서 金謹鏞과 王性淳이 빠진 9인이 기록되어 있다(최영옥, 「滄江 金澤榮의 중국 망명

『창강고』간행 비용을 분담한 개성 문인들은 크게 김택영의 후진 그룹과 김택영의 동료 그룹으로 분류된다. 여기서는 김택영의 후진 그룹으로 김근용, 왕성순, 공성학과 김택영의 동료 그룹으로 손석권(孫錫權), 김중희(金重禧), 박수림(朴守林)에 대해 살펴보기로 한다. 먼저 김근용(춘고(春皐), 1871~?)은 김택영으로부터 인생의 가르침을 받은 문인으로 김택영이 1890년 김근용의 자(字) 윤행(允行)에 대한 잠(箴)을 지어준 사실이 확인된다.[40] 김택영은 자신의 문집이 김근용과 도기 덕분에 간행된 것에 대해 감사하는 마음이 있었고, 그는 이 마음을 김근용을 위한 회인시에 담아 '무진도경산(武進屠敬山), 숭양김윤행(崧陽金允行), 후유호사자(後有好事者), 일전의여병(一傳宜與倂)'이라고 읊었다.[41] 김근용은 김택영의 저술 간행에 상당한 열의를 갖고 있었던 것으로 보인다. 김택영은 1915년 『한국역대소사(韓國歷代小史)』간행 당시에도 자금이 부족하자 '동군소우(同郡少友)' 김근용에게 부탁해 송금을 받아 간행했다.[42] 1925년 생애 말년의 김택영은 김근용의 종형 김민용(金民鏞)의 묘갈명을 지었다.[43]

김근용과 더불어 『창강고』간행을 도운 왕성순은 임규영과 함께 김택영의 대표적인 문인이었다.[44] 왕성순이 김택영의 「여계충의일사전」

과 출판사업 의식」,『한국사상사학』40, 한국사상사학회, 2012, 201면 각주 53).

40 金澤榮, 『韶護堂文集』권6 「金謹鏞字允行箴」.

41 金澤榮, 『韶護堂詩集』권5 「金允行之刊吾文也諸君子傍助者亦多賦懷人體十一首以徧謝之」.

42 金澤榮, 『韶護堂文集』권6 「自題韓國歷代小史後」.

43 1920년 崔基鉉이 간행한『善士列傳』에 의하면 김민용은 재력을 갖고 어려운 이웃을 보살핀 개성의 善士 33인의 한 사람으로 거명되고 있음을 볼 수 있다(崔基鉉, 『善士列傳』, 日新堂, 1920, '朴亨緒條).

44 왕성순의 문학에 대해서는, 김승룡, 「尤雅堂 王性淳의 現實認識과 文學에 대하여」, 『한문학보』7, 우리한문학회, 2002 참조.

과『숭양기구시집』편찬을 도왔음은 앞에서 언급했는데 실로 그는 김택영의 애제자였다. 김택영은 1921년 왕성순의 세 아들 왕한종(王翰宗), 왕한승(王翰承), 왕한영(王翰英)의 자설(字說)을 지었고[45] 왕성순이 별세하자 직접 소전(小傳)과 묘지명(墓誌銘)을 지었는데[46] 왕성순을 천하에 둘도 없는 학문적 지기로 생각한다고 고백하였다.[47] 왕성순은 김택영의 문하에서 임규영과 더불어 문명이 있었을 뿐만 아니라 고종대 개성 경학의 일인자 강문표의 수제자인 진상우(秦尙友), 최성좌(崔性佐) 등과 강학하며 경학 연구에도 매진한 개성 유림이었다. 그는 문학과 경학을 겸비한 보기 드문 능력을 발휘하여[48]『여한십가문초』와『조선오현문초(朝鮮五賢文鈔)』를 편찬, 조선의 문학 전통과 경학 전통을 바라보는 개성인의 관점을 유감없이 표출하였다.[49]

왕성순은 임규영과 각별한 사이였고,[50] 1905년 김택영의 황화사 멤

---

45 金澤榮,『韶濩堂文集』권7「王原初三子字說」.

46 金澤榮,『韶濩堂集續』권2「王原初小傳」; 金澤榮,『借樹亭雜收』권2「故韓弘文館侍講王君墓誌銘」.

47 金澤榮,『借樹亭雜收』권2「故韓弘文館侍講王君墓誌銘」.
    抑吾所以痛者, 以天下之知我者莫原初若也. 然苟問其所以知者, 則在乎其學. 然則吾焉能不忍痛以叙, 使後世知原初之學也哉.

48 김택영은 왕성순의 경학과 문학에 대해 '吾鄕百年文字契, 前有存齋後敬菴'이라 하여 왕성순의 경학 연구를 극찬하였고 '三十六年論文地, 往復不下千琅函'이라 하여 왕성순과의 오랜 문학 교류를 추억하였다(金澤榮,『韶濩堂集續』권1「悼王原初」).

49 『여한십가문초』는 金富軾에서 시작하여 金澤榮에 이르기까지 고려-조선의 대표적인 문장가 10인의 문장을 선별한 책이고,『조선오현문초』는 조선의 다섯 유학자 徐敬德-李滉-李珥-宋時烈-金憲基의 문자를 선별한 책이다.『여한십가문초』의 첫번째 문장가와 마지막 문장가는 金富軾과 金澤榮이고,『조선오현문초』의 첫번째 유학자와 마지막 유학자는 徐敬德과 金憲基인데, 이처럼 두 책 모두 '十家' 또는 '五賢'의 시작과 종결을 고려의 개경 또는 조선의 개성에서 활동했던 인물로 구성하고 있음이 특징적이다. 이는 조선 사회의 문통과 도통의 시작과 끝을 모두 개성인에서 구하는 개성인 王性淳의 지역의식의 발로였으며 그것은 왕성순과 학문적 동지의식을 나누었던 金澤榮의 지역의식이기도 하였다.

50 王性淳,『尤雅堂稿』권1「得林有瑞書」,「喫蕨粥有懷有瑞」,「崧山夏夜有別有瑞」.

버인 박재현 및 임규영, 김근용 등과 더불어 평양 유람을 다녀오기도 하였다.[51] 김택영은 왕성순과 김근용을 무척 아꼈고, 그랬기에 그는 1912년 자신의 문인 이기소(李箕紹)(성암(省菴), 1874~1940)에게 보낸 「희희편(噫噫篇)」에서 한국의 시사를 탄식하고 중국에 아직 선왕의 충후한 정치가 남아 있으니 이기소, 김근용, 왕성순 등이 중국에 와서 자신과 함께 살았으면 좋겠다는 심경을 비쳤다.[52] 이기소 역시 김택영의 주요 문인으로 김택영으로부터 성암이라는 자호(自號)의 기문을 선사받았다.[53] 비록 『창강고』 간행을 돕지는 못했지만, 후일 김택영 사후 개성 문인들이 『창강선생실기(滄江先生實紀)』를 편찬할 때 개성 문인들을 대표하여 김택영의 「유사(遺事)」를 지었다.[54]

공성학(춘포(春圃), 1879~1957)도 김근용이 김택영으로부터 친근하게 들었던 '동군소우(同郡少友)'라는 호칭을 똑같이 들었던 개성 문인이다.[55] 공성학은 손봉상(孫鳳祥)과 더불어 일제식민지시기 개성에서 삼업(蔘業)을 경영한 개성의 대표적인 실업가인 동시에 개성 성균관 사성과 개성 두문동서원 원장을 역임하여 개성 유교계의 중추적인 유림으로 활동한 인물이었다.[56] 그는 김택영 문하에서 직접 문학을 수학할 기회를 얻지는 못했지만 김택영의 글을 읽으며 항상 김택영을 존모해 왔다.[57] 김택영의 문인 왕성순이 『여한십가문초』를 편찬하여 조선 문통

---

51 王性淳, 『尤雅堂稿』 권1 「乙巳四月二十四日同朴栢堂先生林莿山參奉金春皐參書遊平壤至黃州作」.

52 金澤榮, 『韶護堂詩集』 권5 「噫噫篇寄李文先-箕紹」.

53 金澤榮, 『韶護堂文集』 권5 「省菴記」.

54 『滄江先生實紀』 권2 「遺事」 (李箕紹) : 이기소는 개성 문인들 중에서 자신이 김택영을 오랫동안 섬겨서 김택영의 일을 가장 자세히 알기 때문에 유사 편찬을 위촉받았다고 밝혔다.

55 金澤榮, 『借樹亭雜收』 권2 「羅氏雙壽詩卷序」.

56 공성학에 대해서는, 이은주, 「일제강점기 개성상인 공성학의 간행사업 연구」, 『어문학』 118, 한국어문학회, 2012 참조.

(文統)의 마지막 종착지로서 김택영의 문학사적 위상을 천명했을 때, 공성학은 이기소와 더불어 이 책 전편의 참정(參訂)을 담당하였다. 김택영은 1912년 회인시를 지어 공성학이 공자의 후손으로 고문을 좋아함을 칭찬하였고,[58] 1923년 공성학이 손봉상, 김원배(金元培), 박봉진(朴鳳鎭) 등과 더불어 남통의 처소를 방문하자 함께 시를 수창하였으며,[59] 1924년 공성학이 영남 지방을 유람하고 지은 『남유록(南遊錄)』에 제문(題文)을 지었다.[60]

　이상으로 김근용, 왕성순, 공성학 등이 김택영의 후진으로 『창강고』 간역을 도왔다면, 손석권, 김중희, 박수림 등은 김택영의 벗으로 『창강고』 간역을 도운 인물들이다. 손석권은 김택영이 동자 시절에 한마을에서 놀던 죽마고우로 풍모가 독후(篤厚)하였다.[61] 손석권의 풍모와 관련하여 기근이 들어 화적떼가 손석권의 집에 침범했으나 손석권의 타이름에 감동받아 순순히 물러갔다는 일화가 전한다.[62] 김중희 역시 김택영이 함께 회음(會飮)하던 오랜 벗으로,[63] 김택영은 1912년 회인시에서 김중희가 마음이 맞는 친구이며 중국에 망명한 자신을 찾아왔다고 밝혔다.[64] 박수림(죽하(竹下), ?~1946) 역시 김택영의 오랜 벗으로, 김택영은 박수림의 평원당(平遠堂)에 10년간 출입하며 개성의 많은 문사들과

57　『滄江先生實紀』권2「書金滄江先生實紀後」(孔聖學).

58　金澤榮,『韶護堂詩集』권5「金允行之刊吾文也諸君子傍助者亦多賦懷人體十一首以偏謝之」.

59　金澤榮,『韶護堂集續』권1「孫韶山-鳳祥-老人偕孔春圃-聖學-金海石-元培-朴-鳳鎭-三君訪余叙舊因贈一律作此奉和兼屬三君」;「酬孔春圃贈詩」;「用前韻再贈春圃」.

60　金澤榮,『借樹亭雜收』권1「題孔春圃南游錄」.

61　金澤榮,『韶護堂詩集』권5「金允行之刊吾文也諸君子傍助者亦多賦懷人體十一首以偏謝之」.

62　崔基鉉,『善士列傳』, 日新堂, 1920, '孫錫權條.

63　金澤榮,『韶護堂詩集』권3「金潛軒厚卿-重禧-書室會飮用燈字韻」.

64　金澤榮,『韶護堂詩集』권5「金允行之刊吾文也諸君子傍助者亦多賦懷人體十一首以偏謝之」.

교유하였고,[65] 후일 '성동십년주(城東十年酒), 석상라군현(席上羅羣賢)'이
라는 시구로 이를 회고하였다.[66] 박재현의 난초 그림과 김택영의 제시
가 어우러진 박수림의 병풍은 고종대 개성 지역 황화사의 작은 풍류의
하나였다.[67] 김택영은 1921년 박수림이 김택영의 제자 장시순을 통해
새로 이건한 평원당의 기문을 요청하자 자신에 대한 박수림의 우정을
'충신독경(忠信篤敬)'이라 표현하였다.[68] 그 밖에 김수영(金壽榮)은 김택영
의 삼종제이고,[69] 한영석(韓永錫)은 김택영이 만당(晩堂)이라는 호를 지
어준 김택영의 외가 친척이며,[70] 백남식은 요질간 이들 백세규(白丗圭)
가 김택영에게 고문을 배운 인연이 있었다.[71]

〈표 4〉『숭양기구시집』 간행 비용 분담 인물 일람

성명	관직	성명	관직	성명	관직
金思默	京畿觀察使	金壽榮	永同縣監	鄭載東	成均館 進士
朴宇鉉	開城郡守	孫錫權	恭陵令	高漢周	成均館 進士
金麗煌	秘書監丞	朴遠炯	鐵山郡守	金宗煥	成均館 進士
金鎭九	侍從院 分侍從	朴守林	刑曹正郎	崔基肇	成均館 進士
韓廷鎬	中樞院 議官	金謹鏞	豐慶宮 叅書官	孔聖學	懿陵 參奉

출전 : 『崧陽耆舊詩集』, 「崧陽耆舊詩集同刊錄」

다음으로『숭양기구시집』의 간행을 도운 개성 문인들을 도표로 나
타내면 위와 같다. 위 표에서 보듯 김사묵(金思默)부터 공성학까지 15인

<hr>

65 金澤榮, 『韶護堂詩集』 권3 「贈別朴正郎茂原-守林-兼示朴柏堂林-龍基-諸友」.
66 金澤榮, 『韶護堂詩集』 권5 「金允行之刊吾文也諸君子傍助者亦多賦懷人體十一首以徧謝之」.
67 金澤榮, 『韶護堂詩集』 권3 「贈別朴正郎茂原-守林-兼示朴柏堂林-龍基-諸友」.
68 金澤榮, 『韶護堂文集』 권6 「平遠堂記」.
69 金澤榮, 『韶護堂詩集』 권5 「金允行之刊吾文也諸君子傍助者亦多賦懷人體十一首以徧謝之」.
70 金澤榮, 『韶護堂文集』 권6 「晩堂銘」.
71 金澤榮, 『韶護堂詩集』 권5 「金允行之刊吾文也諸君子傍助者亦多賦懷人體十一首以徧謝之」.

이다. 이 책의 간행 경위는 김사묵의 서문과 왕성순의 발문에 잘 나타나 있는데, 이에 따르면 『숭양기구시집』은 김택영이 수집하여 선별한 개성 문인들의 시선으로 본디 개성에 전해지던 『송경풍아』를 저본으로 삼아 그것을 김택영의 안목으로 증감한 위에 다시 『송경풍아』 이후의 속집을 수집해서 이루어진 것이다. 김택영은 속집을 미처 완성하지 못한 가운데 중국으로 망명하였고 결국 김택영의 뜻을 받들어 왕성순이 책을 완성하였다. 이 책의 서두에는 「숭양기구시집동간록(崧陽耆舊詩集同刊錄)」이 있는데, 이는 김택영의 요청으로 경기관찰사 김사묵이 책의 간행 비용을 분담하기로 결정하고, 여기에 개성군수 박우현(朴宇鉉)이 협조하여 개성의 '군중제언(郡中諸彦)' 또는 '군중제신사(郡中諸紳士)'와 상의하여 간행 비용을 분담했기 때문에 이와 같은 간행 경위를 분명히 하고자 「동간록」이 작성된 것이다.[72]

　따라서 『숭양기구시집』 간행을 지원한 개성 문인들은 『창강고』 간행을 지원한 개성 문인들에 비해 상대적으로 김택영에 대한 개인적 친분과 더불어 관찰사와 군수의 문화행정에 대한 지역 유지의 협조적 차원에서 간행 비용을 부담했을 것으로 보인다. 즉, 『창강고』의 간행 비용 마련이 일차적으로 김근용을 중심으로 사적으로 진행된 것이라면 『숭양기구시집』은 개인의 저술이 아닌 지역 문인들의 저술이라는 성격이 중시되어 간행 비용 마련이 경기관찰사와 개성군수를 중심으로 공적으로 진행된 차이가 있는 것이다.

　물론 「동간록」에 기명된 이들 15인 중에서도 김수영, 손석권, 박수림, 김근용, 공성학 등은 앞에서 살펴보았듯이 『창강고』의 간행까지 부담

72　『崧陽耆舊詩集』 「序」 (金思默); 「跋」 (王性淳).

한 인물들이고 이로 보아 상대적으로 김택영에 대한 친밀감이 매우 높은 사람들이었다고 생각된다. 또한 박원형(朴遠炯)의 경우 김택영의 벗으로서 적극적으로 『숭양기구시집』의 간행을 분담하고자 했을 것으로 보인다. 박원형의 가문은 박동보(朴東輔)(신암(愼菴), 1845~1922)－박원형(1862~?)－박재선(朴在善) 3대에 걸쳐 김택영과 인연을 맺었다. 박동보는 무과 출신으로 산업을 경영하고 『소학』을 실천한 인물로 김택영은 그를 '무명유실(武名儒實)'이라 평하였다.[73] 박원형은 칠산군수와 강령군수를 역임하며 치적을 남겼는데, 김택영은 박원형의 치적을 높이 평가하여 이에 관한 시를 지었고[74] 박원형의 회갑을 축하하는 수서에서도 이를 언급하였다.[75] 김여황(金麗煌) 역시 김택영과 서숙을 함께 다녔던 죽마고우였고, 그의 벗 김진구(金鎭九)와 더불어 막대한 재산을 투여, 개성의 신교육 확장에 크게 기여한 교육가였다.[76] 김진구, 한정호(韓廷鎬), 정재동(鄭載東), 고한주(高漢周)(1874~1912), 김종환(金宗煥)(1874~?), 최기조(崔基肇) 6인의 경우 김택영과의 직접적인 관계를 발견하기는 어렵지만, 김택영이 추진한 『숭양기구시집』 간행을 돕기 위한 일체감은 공유하고 있었을 것이다.[77]

여기서 『숭양기구시집』 간행 비용을 분담한 개성 문인들을 20세기

---

73 金澤榮, 『韶濩堂文集』 권15 「朴愼菴墓誌銘」.
74 金澤榮, 『韶濩堂集續』 권1 「爲朴直員-在善-題其大人鐵山康翎二郡政績卷後」.
75 金澤榮, 『韶濩堂集續』 권2 「朴寧叔回甲壽序」: 김택영은 『崧陽耆舊傳』 「循良」 항목에 박원형의 사적을 추가할 생각을 할 정도로 박원형의 치적을 높이 평가하였다.
76 金澤榮, 『韶濩堂集續』 권3 「永思齋記」; 『매일신보』 1912.12.27, 「開城의 篤志家 金鎭九氏」.
77 다만 鄭載東의 경우 김택영 사후 김택영을 추모하는 만사를 지었고 그것이 『창강선생실기』에 수록된 것으로 보아 김택영에 대한 존모심이 있었을 것으로 보인다(『滄江先生實紀』 권2 「輓詞」 (鄭載東)). 또한 高漢周의 경우 孔聖學의 벗으로 개성의 시사인 龍山社에서 활동한 인물이기 때문에 시집 출판에 기꺼이 동참했을 것으로 보인다(孔聖學, 『春圃詩集』 책1 「挽高侍御-漢周」).

초 개성의 자산가 집단의 문화 사업 지원이라는 관점에서 접근할 필요를 느낀다. 이를테면 김진구(쌍계(雙溪), 1854~1928)의 경우 공성학의 부친 공응규(孔應奎)와 더불어 대한제국기 삼업계(蔘業界)를 대표하는 인물로 개성에서 최상의 경제력과 사회적 지위를 갖추고 있었던 것으로 알려져 있다. 김진구의 경제력은 단적으로 1901년 작성된 『목청전중건원조성책(穆清殿重建願助成冊)』에서 발견할 수 있는데, 그는 목청전 중건 당시 8천 냥을 기부하여 1만 냥을 기부한 개성부윤을 제외하면 최다 기부금을 제공한 개성 사람의 하나였다.[78] 『목청전중건원조성책』에는 김진구 이외에도 김여황이 8천 냥을, 김근용의 종형 김민용이 8천 냥을, 박원형이 6천 냥을, 손석권이 4천 냥을, 김수영, 박수림, 왕성순, 그리고 공성학의 부친 공응규가 3천 냥을, 그리고 최기정(崔基鼎), 한정호(韓廷鎬)가 2천 냥을 기부한 사실이 적혀 있다.[79] 이것은 『숭양기구시집』 간행 비용을 분담한 인물들과 『창강고』 간행을 분담한 인물들을 통틀어 김진구, 김여황, 김근용, 박원형, 손석권, 김수영, 박수림, 왕성순, 공성학, 최기정, 한정호 등 12인이 재력가였음을 예시하는 것이라 하겠다.

아울러 이들 『숭양기구시집』과 『창강고』 간행을 경제적으로 뒷받침한 인물들 가운데 김진구, 박원형, 손석권, 김수영, 박수림, 최기정, 한정호, 조병원, 정재동과 김근용의 종형 김민용 및 공성학의 부친 공응규 11인은 1920년 발행된 『선사열전(善士列傳)』에서 개성의 어려운 이웃들을 경제적으로 도와준 개성의 재력 있는 선사(善士) 33인에 포함되어 있음을 발견할 수 있다.[80] 이는 『숭양기구시집』과 『창강고』의 간행을

---

78 양정필, 「대한제국기 개성 지역 삼업(蔘業) 변동과 삼포민의 대응」, 『醫史學』 18-2, 大韓醫史學會, 2009, 147~150면.
79 『雜書』 「穆清殿重建願助成冊」 (奎 21006).
80 崔基鉉, 『善士列傳』, 日新堂, 1920, '朴亨緒條 : 참고로 이들 개성의 재력가 33인은

도운 개성 문인들이 상당수 재력가였음을 알려주는 것으로, 이들은 시기별로 부침은 있었지만 대한제국기부터 일제식민지시기까지 개성의 자산가 계층에 속하면서 스스로 문학적 소양을 지니고 문학 활동에 적극적인 사람들이었다.

예를 들어 『숭양기구시집』 간행 비용을 분담한 김진구의 경우 경제적으로 보면 개성 최고의 부호이자 개성의 대표적 실업가이기도 하지만 실은 어려서부터 시부를 잘 지어 문학적 명성이 있었으며 사시가절(四時佳節)에 널리 개성 문인들을 불러 시주(詩酒)를 즐겼던 문인이기도 하였다.[81] 『숭양기구시집』과 『창강고』의 간행 비용을 분담했던 공성학 역시 일제식민지시기 개성 삼업을 대표하는 인물로 역시 시회를 열고 시작을 즐겼던 실업가인 동시에 문인이었다. 공성학은 1949년 평생의 작시(作詩)를 절반으로 산삭하여 『춘포시집(春圃詩集)』 8책을 출간했는데, 근체시(近體詩)에 뛰어나 천유(=박문규)와 창강(=김택영)의 후경(後景)이 되겠다는 평을 들었다.[82] 국망 전후 『숭양기구시집』과 『창강고』가 간행될 수 있었던 배경에는 이처럼 문학과 실업을 겸하였던 개성 자산가의 이중성이 개재해 있었다.

다음과 같다. 金鎭九, 孫錫權, 金錫永, 秦柄執, 李祖一, 朴守林, 鄭載東, 崔基鼎, 金元培, 金民鏞, 高俊慶, 馬行逵, 金賢圭, 崔永烈, 朴昌植, 孔應奎, 張漢炯, 王在中, 金壽榮, 韓廷鎬, 崔聖勳, 白永基, 曹秉元, 金載旭, 具滋衡, 朴守彬, 金應善, 朴遠炯, 金光奎, 金顯鍾, 朴鳳珪, 朴用俊, 崔相勳.

81　崔基鉉, 『善士列傳』 日新堂 1920 '金鎭九'條. : 김진구의 行狀을 지은 孫鳳祥도 김진구에게 詩才가 있었음을 특기하고 김진구가 別墅를 지어 개성의 일류 명사들과 풍류를 즐긴 사실을 행장에서 빠뜨리지 않았다(孫鳳祥, 『韶山集』 권2 「侍從院分侍從淸風金公-鎭九-行狀」).

82　孔聖學, 『春圃詩集』 「跋」 (金璜鎭).

4. 식민지 시기 『창강선생실기』의 간행과 개성 문인

　위에서 보았듯이 개성 문인들은 김택영을 중심으로 결집하여 지역 문화 현창을 위한 다양한 문헌 출간 사업에 기여하였다. 김택영이 중국에 망명하기 전에는 주로 작품을 창작, 수집, 교정, 비평하는 작업을 통해 김택영을 도왔고, 김택영이 중국에 망명한 후에는 『창강고』의 간행 사례와 『숭양기구시집』의 간행 사례에서 보듯 간행 비용을 분담하는 경제적인 지원까지 아끼지 않았다. 그런데 개성 문인들이 이처럼 김택영을 도운 것은 이들이 김택영과 친밀한 인간관계가 있었고, 이들 가운데 상당수 지역 사회에서 재력가의 위치에 있었기 때문이기도 하지만, 김택영에 대한 후학(後學)의식도 중요한 요인으로 작용하였다. 그리하여 이들은 김택영 생전에 김택영을 후원했을 뿐만 아니라 김택영 사후에도 그를 추모하는 문헌 『창강선생실기』를 출간함으로써 김택영을 중심으로 결집했던 개성 문인의 유대를 부단히 지속해 나갔다.

　『창강선생실기』는 영남의 문인 김상우(金相宇)의 발의로 개성 문인 공성학과 이기소가 중심이 되어 여타 문인들의 협력으로 1934년 출간되었다. 김택영 생전 이건창, 황현, 왕성순 등이 김택영을 위해 지은 시문과 김택영 사후 김택영을 추모하는 지우와 후학들의 만사와 제문, 그리고 김택영의 생애를 기록한 이기소의 유사, 이건방(李建芳)의 묘갈, 변영만(卞榮晩)의 전 등으로 구성되어 있다. 이 책에 세칭 강화학파에 속하는 이건창, 이건방, 정병조(鄭丙朝), 정인보(鄭寅普) 등의 글, 호남 지방의 황현, 황원(黃瑗), 권봉수(權鳳洙), 허규(許奎) 등의 글, 영남 지방의 조긍섭(曺兢燮), 하겸진(河謙鎭), 이병헌(李炳憲), 변영만 등의 글이 모두 모인 것은 김택영이 이건창, 황현과 교유하며 전국적으로 문명을 떨쳤기 때문이다. 그러나 이 책은 기본적으로 김택영을 추모하는 개성 문인들이 제작한 책자였고 책에 실린 다수의 글도 개성 문인들이 지은 것이었다. 이 책에 들어갈 글을 지은 사람들 가운데 개성 문인으로 확인되는 인물들을 도표로 나타내면 다음과 같다.

표 5〉『청강선생실기』에 실린 개성 문인 일람

인명	호	권차	작품명	비고
朴文逵	天游	권1	贈金于霖	金氏史補
王性淳	敬庵		題滄江先生甲午詩稿後	麗季忠義逸士傳 / 崧陽耆舊詩集 / 滄江稿 / 麗韓十家文鈔
孫鳳祥	韶山	권2	輓詞 / 跋	
馬承圭	敬齋		輓詞	
趙文奎	惺齋		輓詞	
王狩淳	悟堂		輓詞	
金謹鏞	春皐		輓詞 / 跋	崧陽耆舊詩集 / 滄江稿
朴奎大	星史		輓詞	
崔中建	希堂		輓詞	金氏史補
李箕紹	省庵		輓詞 / 遺事	麗韓十家文鈔
林鳳植	梧山		輓詞	
孔聖學	春圃		輓詞 / 書金滄江先生實紀後	崧陽耆舊詩集 / 滄江稿 / 麗韓十家文鈔
張漢炯	台園		輓詞	崧陽耆舊傳
張時淳	野人		輓詞	崧陽耆舊詩集
朴守林	竹下		輓詞	崧陽耆舊詩集 / 滄江稿
鄭載東	省堂		輓詞	崧陽耆舊詩集
金重禧	雙潤		輓詞 / 題滄江先生遺墨後	滄江稿
玄在德	蘭谷		輓詞 / 跋	
李祖一	江村		輓詞	
金元培	松溪		輓詞	
朴在善	春坡		輓詞	
黃燦	錦西		輓詞	
林光潤	畏堂		輓詞	崧陽耆舊詩集
林晃植			輓詞	
金光鉉			祭文	從子
李賢在			書外祖滄江府君遺墨帖後	外孫
崔致勳			書滄江實紀後	

출전 : 『滄江先生實紀』

도표에서 보듯『창강선생실기』에는 전체 27인의 개성 문인의 글이 실려 있다. 이들 중에서『창강선생실기』간행을 주도한 인물은 이기소와 공성학인데,[83] 이기소는 김택영을 가장 오래 섬긴 문인이라 하여 김택영의「유사」를 지을 정도로[84] 개성 지역에서 김택영의 대표적인 문인으로 인정받았고, 공성학은 김택영에게 직접 수학하지는 못했으나 김택영을 존모하는 마음으로 스스로 김택영의 문장을 연구하는 한편[85] 김택영을 위한 문헌 간행 사업에 적극적으로 참여하였다. 그는 이미『창강고』와『숭양기구시집』의 간행에 기여한 바 있거니와『창강선생실기』간행도 실질적으로는 그가 적극적으로 추진한 것이었다.[86] 이기소와 공성학은 김택영의 수제자 왕성순이 편찬한『여한십가문초』의 참정을 담당하였는데, 이 책이 김택영이 편찬한『여한구가문초』에 왕성순이 선별한 김택영의 문장으로 구성된 사실을 돌아볼 때, 이들이 이 책의 참정을 담당한 것은 이들이 김택영의 문학을 계승하는 상징적인 의미를 함축하는 특별한 사건이었던 것으로 보인다. 그랬기에『창강선생실기』편간에 참여한 개성 문인들 가운데 오직 이기소와 공성학만 각각 '숭양후학(崧陽後學)'과 '숭양후생(崧陽後生)'을 자처할 수 있었던 것으로 생각된다.[87]

아울러 이 책의 발문을 지은 손봉상, 김근용, 최치훈(崔致勳) 등도 이기소, 공성학과 더불어『창강선생실기』간행 당시 개성 사회에서 김택

---

83 『滄江先生實紀』권2「滄江先生實紀跋」(金相宇).
84 『滄江先生實紀』권2「遺事」(李箕紹).
85 『滄江先生實紀』권2「書金滄江先生實紀後」(孔聖學).
86 『滄江先生實紀』「滄江實紀序」(鄭寅普);『滄江先生實紀』권2「滄江先生實紀跋」(金相宇).
87 『滄江先生實紀』권2「遺事」(李箕紹);『滄江先生實紀』권2「書金滄江先生實紀後」(孔聖學).

영의 대표적인 후학으로 인정받고 있었을 것으로 생각된다. 사실 김택영이 중국으로 망명한 후 중국 현지에서 추진했던 일련의 조선 문헌 간행 사업에 주도적으로 참여했던 개성 문인은 그의 수제자 왕성순이었다. 왕성순은 『여한십가문초』(1914년)를 편찬하였고, 『교정삼국사기(校正三國史記)』(1916년)를 교정하고 간행 비용을 분담하였으며, 박지원 문집의 중간본인 『중편박연암선생문집(重篇朴燕巖先生文集)』(1917년)의 참정을 담당하였고, 김헌기 문집의 중간본인 『중편김요천선생집(重編金堯泉先生集)』(1921년)의 발문을 지었다. 김택영이 『여한구가문초』를 편찬하였고 박지원 문집의 초간본인 『연암집』과 『연암속집』을 편간하였으며 김헌기 문집의 초간본인 『초암집』을 편간했던 사실을 돌아볼 때 왕성순이 김택영의 수제자로서 김택영의 학문적 업적을 높이는 데 충실하게 조력하고 있었음을 볼 수 있다.

그런데 왕성순은 한편으로 스스로 김택영의 편간 활동을 도우면서 다른 한편으로 현지 개성 문인들의 협력을 받아 자신의 편찬물을 만들고 있었다. 왕성순의 『여한십가문초』 작업에 이기소와 공성학이 참정하였다는 사실은 앞서 언급하였거니와, 왕성순이 편찬한 『규문궤범(閨門軌範)』(1915년)을 보면 이기소의 참정과 장우(張愚)의 교정, 그리고 왕성순의 벗 김근용의 서문, 진상우와 최치훈과 이기소와 공성학의 발문을 발견할 수 있다. 개성 문인들이 왕성순의 편찬 활동을 돕고 있었기에 왕성순의 건의로 시작된 『신고려사(新高麗史)』(1924년)는 도중에 왕성순이 별세했음에도 불구하고 결국 김택영의 편수와 손봉상, 김근용, 공성학, 박재선의 참정 및 감간(監刊)에 의해 완성될 수 있었다. 이와 같이 이기소, 공성학, 손봉상, 김근용, 최치훈 등이 『여한십가문초』 또는 『규문궤범』 또는 『신고려사』의 편찬 작업에 참여했다는 것은 이들이 생애 말년 김택영의 수제자 왕성순의 문필 활동을 지원하고 있었고 왕성순 사후 김택영의 후학 역할을 충실하게 실행하였음을 의미하는 중요한 사실이라 하겠다. 따라서 이들이 김택영을 추모하는『창강선생실기』편간 사업의 중심적인 역할을 수행한 것은 자연스러운 일로 보인다.

『창강선생실기』에 등장하는 개성 문인들 중에 상당수는 김택영이 생전에 추진한 일련의 문헌 편찬 사업에 참여하여 김택영을 도운 전력이 있다. 위 도표 비고에서 보듯이 김택영 사후 김택영을 위한 만사와 『창강선생실기』의 발문을 지은 개성 문인들 중에서 이기소, 김근용, 최중건, 공성학, 장한형, 장시순, 박수림, 정재동, 김중희, 임광윤 등 10인은『김씨사보』,『숭양기구전』,『숭양기구시집』,『창강고』,『여한십가문초』등 김택영의 편찬물이나 저작물의 제작에 기여하였고, 이는 앞에서 설명한 바 있다. 나머지 손봉상, 마승규(馬承圭), 조문규(趙文奎), 왕우순(王羽淳), 박규대(朴奎大), 임봉식, 현재덕(玄在德), 이조일(李祖一), 김원배, 박재선, 황찬(黃燦), 임황식(林晃植), 최치훈 등 13인은 그러한 전력이 없이『창강선생실기』에서 처음 이름이 보이는데 이들을 간단히 소개하면 다음과 같다.

먼저 손봉상은 일제식민지시기 개성 삼업의 제일인자로 인삼왕의 별칭이 있었으며 개성 성균관 사성과 두문동서원 원장을 역임하며 공성학과 더불어 개성 사회의 중추적인 인물이었다.[88] 그는 김택영에게 수학한 인연은 없었지만 1923년 공성학과 더불어 중국에 건너가 김택영을 방문한 적이 있었고, 김택영을 존모하는 마음으로[89]『창강선생실

---

88 손봉상의 삼업 활동에 대해서는, 양정필, 「1910년대 일제의 蔘業정책과 개성 蔘圃主의 활동」,『역사문제연구』24, 역사문제연구소, 2010 참조.
89 손봉상은 김택영이 별세하자 다음과 같은 만시를 지어 존모의 마음을 표했다(孫鳳祥,『韶山集』권1「輓金滄江-澤榮」).

222 • 기억의 역전 • 2부_개성 유학의 전개

기』에 자신의 발문이 반드시 들어가기를 희망하였다.[90] 손봉상이 타계한 후 그의 죽음을 애도하는 만사 가운데 '창강이 세상 버려 애사가 간절했고, 춘포가 마음 알아 눈물 흘리네'[91]라는 구절, 또는 '창강소우(滄江少友)'[92]라는 구절이 있었던 것은 이와 관련이 있을 것이다. 손봉상은 조세에 가정사의 불행을 만나 고난의 시절을 보낼 때, 김택영의 벗으로 황화사 멤버인 최중건으로부터 지우와 동정을 받아 괴로움을 이겨냈고 최중건의 문학적 경지를 이해하였다.[93] 이로 보아 그는 최중건을 통해 김택영을 잘 알고 있었을 것이고 1923년 손봉상, 공성학 일행이 지신을 찾아왔을 때 손봉상을 만난 김택영이 구면임을 기억했던 것으로 보아[94] 일찍부터 김택영을 만났을 가능성도 있다. 손봉상 역시 사회 활동에 적극적이었는데 용산음사(龍山吟社)의 중심인물의 하나였다.[95] 손봉상이 『신고려사』의 참정과 감간을 수행했음은 위에서 언급하였다.

風雨楚江上 未招古國魂 楚江에서 비바람 맞아 고국에서 초혼하지 못하네.
泰山埋骨願 已識詩中言 泰山에 뼈 묻겠다는 소원 詩語에서 이미 내비쳤네.
南國多名士 誰書太史棺 남국에 명사 많은데 누가 太史 관에 글씨를 쓸까.
天涯故人淚 獨未濕丹旌 하늘가 故人의 눈물로는 붉은 銘旌 적시지 못하리.
四載通州別 依依借樹居 네 해 전 通州에서 이별하고 하염없이 借樹亭에 계셨겠지
亭空人已遠 寂寞一床書 정자는 비고 이미 멀리 가셨는데 상 위에 책 하나 쓸쓸하네.
追思前歲臘 分送典墳來 돌이켜 생각하면 지난 해 섣달 옛 책을 나누어 보냈네.
應識有今日 已先收拾回 오늘이 있을 줄 알고 먼저 수습해 돌려 보냈나.
文章兼節義 自古罕雙全 문장에 절의를 겸하였으니 옛부터 둘 다 완전한 이 드물었네.
蹈海成名日 中東兩史傳 蹈海라고 이름 이룬 날, 중국 동국 두 역사에 전하리.

90 孫鳳祥, 『韶山集』 권2 「與孔聖學」.
91 孫鳳祥, 『韶山集』 권3 부록 「輓詞」(李學魯).
92 孫鳳祥, 『韶山集』 권3 부록 「輓詞」(黃瑗).
93 孫鳳祥, 『韶山集』 권2 「祭崔希堂-中建-文」.
94 『中游日記』 1923년 4월 13일條 23면.
95 손봉상이 별세한 후 龍山吟社 社員 韓永錫, 張時淳, 閔泳弼, 禹天亨, 金鎭喆, 金謹鏞, 張鼎漢, 李箕韶, 李漢興, 孔聖學, 朴鳳鎭 등이 용산음사 명의로 제문을 지었다. (孫鳳祥, 『韶山集』 권3 附錄 「祭文」) 김근용, 이기소, 공성학 등 개성 사회에서 『창강선생실기』 간행의 중심 인물들이 이 시사에서 활동하고 있었음이 주목된다.

다음으로 박재선, 최치훈, 김원배는 모두 김택영의 벗의 자제였다. 박재선은 김택영의 벗 박원형의 아들이다. 박원형이 개성의 재력가로 『숭양기구시집』 간행 비용을 분담했음은 전술한 바 있다. 김택영은 박재선의 조부 박동보의 묘지명을 지었고,[96] 박재선의 부친 박원형의 회갑 수서를 지었거니와,[97] 박재선을 위해서도 그 별호 춘파(春坡)에 대한 호설(號說)을 지었다.[98] 박재선이 『신고려사』의 참정과 감간을 수행했음은 위에서 언급하였다.

최치훈은 김택영의 외우 최동혁(崔東赫)(1842~1918)의 아들이다. 최동혁은 개성의 재력가이면서 유교 도덕을 실천하여 개성 사회에서 존경을 받았고 1909년 순종의 서순행(西巡幸) 당시 개성의 효현(孝賢) 4인의 하나로 손꼽혔다.[99] 김택영은 최동혁의 묘갈문을 지었고, 최치훈에게도 가풍을 유지할 것을 당부하는 시를 지었다.[100] 김원배는 김택영의 먼 친척으로 김원배의 부친 김여황은 전술했지만 김택영과 서숙(書塾)을 함께 다닌 죽마고우였다. 김원배는 1923년 손봉상, 공성학, 박봉진(朴鳳鎭)과 동행하여 중국 남통에 가서 김택영을 방문하였는데, 김택영은 이들을 위하여 화답시를 짓는 한편[101] 김원배를 위하여 「영사재기(永思齋記)」를 지어 김원배가 선대의 사업을 지키고 계술할 것을 당부하였다.[102] 김택영은 1921년 김원배의 힘으로 개성의 대유 김헌기의 문집이

---

96 金澤榮, 『韶濩堂文集』 권15 「朴愼菴墓誌銘」.
97 金澤榮, 『韶濩堂集續』 권2 「朴寧叔回甲壽序」.
98 金澤榮, 『借樹亭雜收』 권2 「春坡別號說」.
99 金澤榮, 『韶濩堂集』 권14 「崔處士墓碣銘」.
100 金澤榮, 『韶濩堂集補遺』 권1 「寄崔致勳」.
101 金澤榮, 『韶濩堂集續』 권1 「孫韶山-鳳祥-老人偕孔春圃-聖學-金海石-元培-朴-鳳鎭-三君訪余叙舊因贈一律作此奉和兼屬三君」.
102 金澤榮, 『韶濩堂集續』 권3 「永思齋記」: 이 글에서 김택영은 김원배의 조부와 부친에 대한 추억을 술회하였다. 김여황이 김원배의 부친으로 김진구와 더불어 대한제

간행된 것을 기뻐하는 시를 지어 김원배와 임황식에게 보낸 일이 있었다.[103] 여기서 김헌기의 문집이란 『중편김요천선생집(重編金堯泉先生集)』을 가리키는 것으로 1881년 김헌기의 문집 초간본을 간행한 김택영[104]으로서는 중간본의 간행에 깊은 감회를 느꼈을 것이다.

다음으로 왕우순, 임황식은 모두 김택영의 제자의 친족이었다. 왕우순은 왕정린(王庭麟)(1842~1918)의 아들인데 김택영의 수제자 왕성순과는 이복형제로, 마전군수를 지냈다.[105] 왕우순은 마전군수 재직시 왕성순의 도움을 받아 1910년 『마전군지(麻田郡志)』를 간행하였다.[106]

임황식은 김택영의 시제자 임규영의 질자이다. 임규영은 전술한 것처럼 김택영의 시선집인 『운산소호당시선』을 편찬한 바 있었는데, 그는 김택영의 전체 문집 간행에 책임감을 느끼고 김택영이 중국으로 망명한 후에도 임황식을 김택영에게 보내 자신의 의지를 전달하였으나 갑작스러운 죽음으로 성사되지 못했다.[107] 김택영이 1921년 『중편요천선생집』이 간행된 일을 기뻐하는 시를 지어 김원배는 물론 임황식에게까지 보인 것으로 보아 임황식도 이 일에 기여했을 것으로 보인다. 정작 김택영의 만사를 지었어야할 김택영의 수제자 왕성순과 임규영이 모두 김택영보다 먼저 세상을 떠났기 때문에 왕우순과 임황식의 만사는 각각 이들의 만사를 대신한다는 의미도 있다.

국기 개성의 신교육사업에 크게 기여한 사실이 『매일신보』 기사를 통해 확인된다 (『每日新報』 1912년 12월 27일 「開城의 篤志家 金鎭九氏」).

103 金澤榮, 『韶護堂詩集』 권6 「寄金參奉-元培-兼贈林主事-晃植」.

104 金憲基, 『初菴集』 「年譜」 辛巳條; 金澤榮, 『韶護堂詩集』 권2 「今春與柏堂希堂容齋諸友共刊金堯泉先生-憲基-文集至是而成感賦」.

105 金澤榮, 『韶護堂文集』 권14 「王通政墓碣銘」.

106 王性淳, 『尤雅堂稿』 권3 「麻田郡志序」.

107 金澤榮, 『韶護堂文集』 권12 「林有瑞墓誌銘」 : 공성학은 1938년 임황식의 輓詩에서 '一棹凌渤海, 遠訪滄江師'라는 시구로 이 일을 언급하였다(孔聖學, 『春圃詩集』 戊寅稿 「挽林壽松-晃植」).

그 밖에 임봉식은 김택영과 교유한 개성 문인으로 보인다. 김택영은 자신의 저작을 청하는 임봉식에게 1질을 기증하며 시를 지었고,[108] 또한 임봉식을 위해 「영사재기」를 지어 옥야(沃野) 임씨 가문의 효의 전통을 표장하였다.[109] 임봉식은 『개성지』(1934년)와 『고려인물지(高麗人物誌)』(1937년)를 편찬, 출간한 문인으로 김택영의 업적을 이어받아 일제 식민지시기 개성학에 관한 중요한 문헌을 산출하고 있었다. 나머지 마승규, 조문규, 박규대(성사(星史), 1867~1942), 현재덕(난곡(蘭谷), 1861~1942), 이조일(강촌(江村), 1864~1938), 황찬의 경우 아직 김택영과의 직접적인 관계가 발견되지는 않는다. 그러나 이들이 지은 김택영의 만사가 『창강선생실기』에 편입되어 있다는 것은 이들 역시 김택영을 중심으로 결집한 개성 문인들에 속함을 의미하는 것이라 하겠다.[110] 이 가운데 조문규(성재(惺齋), 1846~1935)는 개성 사회에서 시작 활동을 활발히 했던 인물로 우석형(禹錫亨)과 현재덕의 서문이 첨부된 그의 시집 『성재시집(惺齋詩集)』이 1937년 출간되었다.[111]

특기할 것은 『창강선생실기』 간행에 참여한 개성 문인들 중에서 일제식민지시기 개성 성균관에서 이력을 남긴 유림들이 상당수 포함되어 있다는 사실이다. 개성 성균관의 직원(直員)을 역임한 인물로는 박재선(1915년), 박규대(1922년), 최중건(1924년), 황찬(1925년), 이조일 (1925년),

---

108 金澤榮, 『韶護堂集續』 권1 「林梧山-鳳植-求拙著余以一部寄贈仍有作」.

109 金澤榮, 『韶護堂續集』 「林氏永思齋記」.

110 馬承圭, 趙文奎, 朴奎大, 玄在德, 李祖一, 黃燦 등이 개성 문인이라는 증거는 1910년대 개성에서 결성된 崧陽文藝社에서 출간한 『崧陽集』에 실려 있는 漢文學 작품에서 이들이 개성 출신임이 기록되어 있다는 점, 또는 1920년대 孫鳳祥과 孔聖學의 중국 여행을 기록한 여행기 『中游日記』의 '五月二十一日鄕中諸先生'條, 손봉상과 공성학의 대만, 홍콩 등지 여행을 기록한 여행기 『鄕臺紀覽』의 「鄕中諸彦歡迎會詩」에서 이들이 개성 문인임을 확인할 수 있다는 점에서 구할 수 있다.

111 趙文奎, 『惺齋詩集』, 개성인쇄소, 1939.

226 ● 기억의 역전 ● 2부_개성 유학의 전개

장한형(1928년), 임광윤(1933년) 등이 있고, 개성 성균관의 사성을 역임한 인물로는 공성학(1924년), 박규대(1926년), 손봉상(1928년), 이조일(1929년), 최중건(1930년) 등이 있다.[112] 이 가운데 최중건이 김택영의 초년기 황화사 멤버로 김택영과 더불어 김헌기와 한재렴의 문집 편간에 진력한 인물이고, 공성학이 손봉상과 더불어 개성 삼업의 대표자로 김택영에 대한 투철한 후학의식을 지니고 김택영의 문헌 출간을 후원한 인물임은 앞에서 살펴보았다. 이들이 개성 성균관의 사업을 역임하고 있다는 사실은 조선 말기 김택영을 중심으로 결집한 개성 문인들이 일제식민기 시기에 들어와 개성 유림의 중심에서 활동하고 있음을 의미하는 상징적인 사건이라 할 것이다.

5. 맺음말

이상으로 김택영의 생전 그의 문헌 편간 사업을 돕고 김택영 사후에도 그를 추모하는 기념 책자 제작에 참여함으로써 김택영을 중심으로 지속적으로 결집했던 근대 개성 문인들의 전체적인 윤곽을 살펴보았다. 이들을 전부 합하면 60명으로 집계되는데 이해의 편의를 위해 항목별로 분류하여 도표로 나타내면 다음과 같다.[113]

---

112 林鳳植, 『開城誌』 권4 「司成」 「直員」.
113 표의 항목을 간단히 소개하면 다음과 같다. 먼저 '字'와 '號'의 항목은 金澤榮의 『韶濩堂集』(한국고전종합DB) 검색과 한국역대인물종합정보시스템 검색을 통해 관련 정보를 얻거나 『春圃詩集』, 『韶山集』, 『崧陽集』, 『中游日記』, 『香臺紀覽』 등에서 산견

개성 문인	字	號	관계	題詠	黃花社	初菴集	西原家稿	金氏史補	麗季忠義	耆舊傳	燕巖集	耆舊詩1	耆舊詩2	滄江稿	滄江實紀	穆淸殿	善士列傳	成均館
高漢周	酒豊											○						
孔聖學	允悅	春圃	少友									○	○	○	○	○	○	○
具重協	寅卿	玉山	友					○										
金光鉉		靑劍	從子												○			
金謹鏞	允行	春皐	少友									○	○	○	○	○		
金壽榮	仁汝		三從弟									○	○		○			
金信榮	士圭		三從弟			○	○	○										
金麗煌			벗							○								
金元培	景仁	松溪	벗의子												○			
金宗煥	周卿														○			
金重熙								○										
金重禧	厚卿	雙澗	벗												○			
金鎭九	鶴叟	雙溪	벗의 벗												○			
馬權												○						
馬承圭		敬齋													○			
朴奎大	允長	星史													○			○
朴南澈	子山	石堂	벗	○	○													
朴文遠	霽鴻	天游	선진	○				○							○			
朴守林	茂原	竹下	友									○	○	○	○	○		

되는 개성 문인들의 字號 정보를 얻음으로써 내용을 기입하였다. '관계' 항목은 김택영과 개성 문인의 관계인데, 『소호당집』에서 '友' 또는 '少友'라고 명기된 경우 동일하게 내용을 기입하였고 '友' 또는 '少友' 등의 기록은 없으나 내용상 벗으로 확인되는 경우 벗이라고 기입하였다. 그 밖에 다른 유형의 관계도 기입하였다. '題詠' 항목은 『中京誌』와 『開城誌』 「題詠」에 이름이 보이는 문인을 가리키고, '黃花社' 항목은 김택영이 결성한 黃花社에 참여한 문인을 가리키고, '初菴集' 항목은 金憲基의 『初菴集』 편찬을 도운 문인을 가리키고, '西原家稿' 항목은 韓錫鎬 및 韓在濂 형제의 문집인 『西原家稿』 편찬을 도운 문인을 가리키고, '金氏史補' 항목은 『金氏史補』 편찬을 도운 문인을 가리키고, '麗季忠義' 항목은 「麗季忠義逸士傳」 편찬을 도운 문인을 가리키고, '耆舊傳' 항목은 「崧陽耆舊傳」 편찬을 도운 문인, '燕巖集' 항목은 박지원의 문집에 評文을 썼거나 박지원 문집 간행 비용을 분담한 문인을 가리킨다. '耆舊詩1' 항목은 『崧陽耆舊詩集』 편찬을 도운 문인, '耆舊詩2' 항목은 『崧陽耆舊詩集』 간행 비용을 분담한 문인, '滄江稿' 항목은 『滄江稿』 간행 비용을 분담한 문인, '滄江實紀' 항목은 『滄江先生實紀』 편간에 참여한 문인을 가리킨다. '穆淸殿' 항목은 『穆淸殿重建願助成冊』에 이름이 보이는 문인을 가리키고, '善士列傳' 항목은 『善士列傳』 '朴亨緒'條에 보이는 33인의 명단에 이름이 보이는 문인을 가리키고, '成均館' 항목은 일제 식민지 시기 開城 成均館 直員 또는 司業을 역임한 문인으로 『開城誌』 「直員」 「司業」에 이름이 보이는 문인을 가리킨다.

성명	字	號	관계	韶薲堂集	春圃詩集	韶山集	崧陽集	中游日記	香豪紀覽	中京誌	開城誌	初菴集	西原家稿	金氏史補	崧陽耆舊傳	崧陽耆舊詩集	滄江稿	滄江先生實紀	穆清殿重建顧助成冊	善士列傳
朴榮紀		堯山	벗			○														
朴遠炯	寧叔		友											○			○	○		
朴寅澈		曉山	벗			○														
朴在善		春坡	友의子												○					○
朴載兹	子厚	栢堂	友	○	○	○	○			○										
白南軾	希文														○					
白膺絢		愚南	선진	○				○												
孫鳳祥	儀文	韶山	후학												○					○
孫錫權	宜卿	草亭	벗											○	○		○	○		
吳容默								○												
王性淳	原初	敬菴	少友	○				○			○			○	○					
于性協	子和	瀟齋	벗			○														
王羽淳		悟堂													○					
尹鎭佑		青史	선진	○				○												
李珏		蓮史	선진					○												
李箕紹	文先	省菴	후학												○					
李命喆		晴農	사문			○		○												
李榮坤								○												
李祖一		江村													○					○
李鍾泰										○										
李賢在			外孫												○					
林光潤		畏堂									○				○					○
林圭永	有瑞	荊山	少友	○					○	○					○					
林鳳植		梧山													○					
林晃植		壽松													○					
張始淳		野人	문생				○				○				○					
張漢炯		台園								○					○					○
鄭載東	仁叟	省堂												○	○		○			
趙文奎	禮卿	惺齋													○					
曺秉元	舜八													○			○			
秦永濂									○	○										
崔基鼎	用九	崧隱												○		○	○			
崔基肇	岐西													○						
崔文鉉	允謨	韋史								○										
崔中建	準卿	希堂	友	○	○	○	○								○					○
崔致勳		遠齋	벗의子												○					
韓承履			문생							○										
韓時赫		容齋	友	○	○	○														
韓永錫	聖祚	晚堂												○						
韓廷鎬														○			○	○		
玄在德		蘭谷													○					
黃燦		錦西													○					○

출전: 『韶薲堂集』, 『春圃詩集』, 『韶山集』, 『崧陽集』, 『中游日記』, 『香豪紀覽』, 『中京誌』, 『開城誌』, 『初菴集』, 『西原家稿』, 『金氏史補』, 『崧陽耆舊傳』, 『崧陽耆舊詩集』, 『滄江稿』, 『滄江先生實紀』, 『穆清殿重建顧助成冊』, 『善士列傳』

위 표를 통하여 한국 근대 개성 문인들의 집합적 존재 양식에 대한 몇 가지 중요한 사실을 확인할 수 있다.

첫째, 박문규 이래 개성 문단의 핵심을 장악했던 개성 문인들이 모두 김택영을 중심으로 결집하여 김택영의 문헌 편간 사업에 참여했음을 알 수 있다. 위 표 '제영' 항목에는 김택영의 선진 문인으로 박문규·백응현·윤진우, 김택영의 동료 문인으로 박재현과 박남철, 김택영의 후진 문인으로 왕성순과 임규영이 포함되어 있다. 이들은 19세기 개성 문학사의 주요 인물로 김택영과 깊은 교유 관계를 갖고 김택영의 문헌 편간을 도왔을 뿐만 아니라 『중경지』 또는 『개성지』 「제영」에 작품이 수록되어 있을 정도로 지역 문단에서 문학성을 인정받은 개성 문단의 핵심적인 인물들이었다.

둘째, 김택영이 중국에 망명하기 전 김택영의 문헌 편간 사업에 적극적으로 참여한 개성 문인은 크게 김택영이 결성한 황화사 멤버들과 김택영의 핵심적인 제자들이었다. 위 표에서 '초암집'부터 '기구시1'까지 7개 항목에서 2개 항목 이상 참여한 개성 문인들을 보면, 황화사 멤버인 박재현·최중건·한시혁 등은 김택영과 더불어 『초암집』과 『서원가고』의 편간에 참여하였고, 김택영의 핵심적인 제자라 할 왕성순과 임규영은 「여계충의일사전」, 「숭양기구전」, 『연암집』, 『숭양기구시집』 등의 편찬에 참여하였다. 그 밖에 김택영의 삼종제 김신영, 김택영의 문생 장시순 등도 『김씨사보』, 「여계충의일사전」, 「숭양기구전」, 『숭양기구시집』 등의 편찬에 참여하였다. 「숭양기구전」과 『연암집』 편찬에 참여한 진영렴도 김택영과 깊은 관련이 있을 것으로 생각된다.

셋째, 김택영이 중국에 망명한 후 김택영의 문헌 간행 사업을 지원한 개성 문인은 20세기 전반 개성에서 문학과 실업을 병행한 자산가들이었다. 위 표에서 '기구시2', '창강고' 2개 항목과 '목청전', '선사열전' 2개 항목의 상관관계를 비교하면, 공성학·김근용·김수영·박수림·손석권 5인은 4개 항목에 모두 포함되어 있고, 김진구·박원형·최기정·한정호 4인은 '기구시2'와 '창강고' 항목 중에 1개 항목, 그리고 '목청전'과 '선사열전'의 2개 항목에 포함되어 있음을 발견할 수 있고, 김여황·조병원·왕성순·정재동 4인은 '기구시2'와 '창강고' 항목 중에 1개 항목, 그리고 '목청전'과 '선사열전' 항목 중에 1개 항목에 포함되어 있음을 발견할 수 있다. 상기한 공성학 이하 5인과 김진구 이하 4인과 김여황 이하 4인은 모두 20세기 초반 개성에서 문학에 대한 소양이 높고 동시에 재력이 있는 문인들이었다고 하겠으며, 상대적으로 공성학 이하 5인이 김여황 이하 4인보다 그 정도가 높았다고 할 수 있다. '기구시2' 항목 전체 15인 중에 12인, 그리고 '창강고' 항목 전체 11인 중에 8인이 '목청전' 또는 '선사열전' 항목과 일치하는 것은 20세기 초반 개성의 자산가 집단이 문학적 소양을 겸비하여 적극적으로 김택영을 위한 문헌 간행 사업을 지원했음을 의미한다.

넷째, 김택영 사후 김택영을 추모하는 문헌 『창강선생실기』의 편간 사업에 참여한 개성 문인들 중에는 일제식민지시기 개성 성균관에서 사성 또는 직원의 직함을 갖고 중추적으로 활동한 개성 유림이 많았다. 위 표에서 '창강실기' 항목의 전체 27인과 '성균관' 항목 전체 9인을 비교하면 공성학·박규대·박재선·손봉상·이조일·임광윤·장한형·최중건·황찬 9인이 두 항목에 동시에 포함되어 있음을 볼 수 있다. 이 가운데 임광윤·장한형·최중건 3인은 김택영이 중국에 망명을 가기 전부터 김택영의 문헌 편간 사업에 참여한 사람들로, 이를테면 임광윤은 '기구시1' 항목, 장한형은 '기구전' 항목, 최중건은 '황화사'·'초암집'·'서원가고'·'김씨사보' 항목에서 그 이름을 발견할 수 있지만, 나머지 6인은 김택영의 중국 망명 이후의 항목들에서 이름을 발견할 수 있고, 특히 공성학을 제외한 박규대·박재선·손봉상·이조일·황찬 5인은 오직 '창강실기' 항목과 '성균관' 항목에서만 이름이 보인다. 또한 '성균관' 항목의 전체 9인 중에서 공성학을 제외한 8인은 '목청전' 항목이나 '선사열전' 항목에서 이름이 보이지 않으며, '창강실기' 항목의 전체 27인 중에서 공성학·김근용·박수림·왕성순 4인을 제외한 23인은 '목청전' 항목이나 '선사열전' 항목에서 이름이 보이지 않는다. 이는 개성에서 재력 있는 명사들이 망명 후 김택영의 문헌 간행 사업의 참여도는 높았으나 김택영 사후 추모사업의 참여도는 낮았으며, 또 이들은 일제식민지시기 개성 유림 내부에서 중추적으로 활동하지는 않았음을 보여준다. 김택영 추모사업에 결집한 개성 문인들을 구성하는 상당수 집단이 일제식민지시기 개성 유림의 지도부였다는 사실, 특히 개성 성균관 사업을 역임한 공성학·박규대·손봉상·이조일·최중건 5인을 '창강실기' 항목에서 발견할 수 있다는 사실에 주목할 필요가 있다.

다섯째, 김택영을 중심으로 결집한 개성 문인들 중에서 김택영의 핵심적인 문인들은 위 표에 집계된 전체 60인 중에서 김택영으로부터 소우(少友)라는 호칭을 들었던 공성학·김근용·왕성순·임규영, 그리고 『창강선생실기』에서 개성 문인들을 대표하여 김택영의 유사를 지은 이기소로 집약된다고 할 수 있다. 왕성순과 임규영은 망명 이전 김택영의 문헌 편간 사업을 적극적으로 도왔던 김택영의 대표적인 시제자로서, 왕성순은 『여한십가문초』를 편찬하고 임규영은 『운산소호당시선』을 편찬함으로써 각각 김택영의 문선과 시선을 만들었다. 임규영의 요절로 이루지 못한 김택영의 문집 간행 작업은 김근용의 주도 하에 개성 문인들의 협력으로 비로소 성사되었으며, 김택영의 망명으로 미처 마치지 못한『숭양기구시집』편찬 작업은 왕성순의 주도 하에 개성 문인들의 협력으로 비로소 완료되었다. 왕성순은 김택영의 수제자로 망명 이후 김택영의 문헌 편간 사업에 거의 전방위적으로 참여하여 김택영을 도왔고, 다시 왕성순의『여한십가문초』편간과『규문궤범』편간을 돕기 위해 공성학·김근용·이기소·최치훈 등이 결집하였다. 아울러 왕성순의 건의로 시작된 김택영의 필생의 저술『신고려사』의 편간을 위해 중간에 별세한 왕성순을 대신해 공성학·김근용·손봉상·박재선 등이 교정과 간행을 책임졌다. 김택영 사후『창강선생실기』의 편간 작업을 주도한 개성 문인은 공성학과 이기소였고, 이들과 더불어 이 책의 발문 또는 서후문을 지은 김근용·손봉상·최치훈 등이 중심적인 인물이었는데, 이들의 공통점은 왕성순의『여한십가문초』,『규문궤범』, 김택영의『신고려사』의 편간을 도운 개성 문인들이었다는 사실이다. 즉, 공성학·김근용·이기소 등은 생애 말년의 김택영과 김택영의 수제자 왕성순이 펼쳤던 일련의 문헌 편간 사업을 적극적으로 도왔던 핵심적인 개성 문인들이었고, 김택영의 수제자 임규영과 왕성순이 모두 타계한 개성에서 이들은 김택영에 대한 충직한 후학 의식으로 김택영을 추모하는 문헌 출간 사업을 주도하였던 것이다.

끝으로 이 글에서 복원한 한국 근대 개성 문인들의 역사적 의의에 대해 논하면서 이 글을 마치고자 한다. 김택영을 중심으로 결집한 개성 문인들은 지역 문학사의 견지에서 한국 근대 개성 문단의 동향을 이해하기 위해 중요한 의미가 있지만 동시에 지역 사회사의 견지에서 보면 한국 근대 개성 사회의 지역적 동향을 이해하기 위해서도 중요한 의미가 있다. 1900년대 개성 사회에서 신교육운동이 전개되었을 때에 이 운동을 이끌었던 핵심적인 두 인물이 김택영의 수제자 임규영과 김택영의『연암집』간행을 도운 최문현이었고 그 밖에 많은 개성 문인들이 이 운동에 참여하였다. 1910년대 개성 사회에서 숭양문예사가 결성되어 적극적으로 한문학운동이 전개되었을 때에 이 운동을 이끌었던 핵심적인 인물이 김택영의 황화사 멤버인 박남철, 그리고 1900년대 임규영과 쌍벽을 이룬 최문현이었고 여기에 많은 개성 문인들이 호응하여『숭양집(崧陽集)』을 출간, 지역 한문학의 위상을 높였다. 아울러『창강선생실기』의 분석에서 확인한 바 있지만, 개성 문인들은 상당수 식민지 시기 개성 유림으로 활동하였고 그 중심에는 김택영의 대표적 문인 공성학이 있었다. 공성학과 개성 유림은 개성 성균관을 거점으로 삼아 다양한 사회문화 운동을 전개하였는데, 특히 두문동서원을 새롭게 건립하고『두문동서원지(杜門洞書院誌)』를 출간하여 식민지 시기 개성의 역사적 정체성을 수립함에 일조하였다. 물론 공성학은 손봉상과 더불어 식민지 시기 개성 삼업을 대표하는 실업가이기도 하였지만, 평생 한시 창작을 계속하며 해방 후『춘포시집』을 출간, 박문규와 김택영의 뒤를 잇는다는 시평까지 들었던, 기본적으로 20세기의 중요한 개성 문인의 한 사람이었다. 이렇게 볼 때 김택영을 중심으로 결집한 개성 문인들은 20세기 전반 개성에서 전개된 지역 사회문화 운동의 집합적 주체로서 역사적 중요성이 부여될 수 있다. 유교 전통의 후발 주자 개성에서 20세기 근대 사회를 맞이했을 때 그 주요 지역 주체들은 '개성 문인'으로 표상되는 유교적 주체였다.

제3장 근대 초기 개성 문인의 지역 운동

1. 머리말

이 글은 한국 근대 개성 문인이 지역사회에서 수행했던 사회문화 운동을 검토함으로써 한국 근대 도시 사회에서 활동한 유교적인 지역 주체라는 문제를 상정하고자 한다. 개성은 조선 후기에 형성된 도시 지역의 뒤늦은 유학 전통이 근대 사회와 결합하는 맥락을 예증하기에 적합한 지역이다. 개성은 19세기 문학의 번영을 배경으로 근대전환기 김택영(金澤榮)이라는 걸출한 문인을 배출하였고, 김택영이 개성의 역사와 문화에 관계되는 다양한 문헌들을 편간할 때 이를 돕기 위해 다수의 개성 문인들이 김택영을 중심으로 결집하여 개성 사회의 유교적 응집력을 보여 주었다.[1] 이 글은 바로 이들 개성 문인들이 근대 개성 사회에

---

1 노관범, 「조선 후기 개성의 유학 전통」, 『한국문화』 66, 서울대 규장각한국학연구

서 전개한 지역운동에 대한 검토이다. 개성 문인들이 개성 사회에서 단순히 김택영의 문헌 편간 사업을 조력했던 데서 그치는 주변적인 존재가 아니라 근대 개성 지역의 사회문화 운동의 중심적 주체였음을 제시하고자 하는 것이다.

김택영을 중심으로 결집했던 개성 문인들 중에서 특히 이 글에서 주목하는 인물은 김택영의 황화사(黃花社) 시우 박남철(朴南澈)과 최중건(崔中建), 김택영의 시제자 왕성순(王性淳)과 임규영(林圭永) 및 이들의 벗 최문현(崔文鉉), 김택영의 부유한 친구 김여황(金麗煌)과 김진구(金鎭九), 김택영의 충실한 후학 김근용(金謹鏞) · 공성학(孔聖學) · 이기소(李箕紹) · 손봉상(孫鳳祥) 등이다.[2] 이들이 김택영과 연결된 핵심적인 개성 문인들이면서 동시에 근대 개성의 지역사회 운동의 중심인물들이었다는 것, 이들을 통해 근대 도시 지역에서 활동한 유교적인 지역 주체를 읽을 수 있다는 것이 이 글의 관심사이다.

지금까지 김택영과 연결된 이들 개성 문인들에 대한 전반적인 연구 관심은 아직 미미한 편이다. 예외적으로 공성학의 경우 그가 손봉상과 더불어 일제식민지시기 개성 지역의 대표적인 기업가였고 동시에 대표적인 한문학 작가였기 때문에 역사학과 국문학 분야에서 연구 관심

원, 2014; 노관범, 「金澤榮과 개성 문인」, 『민족문화』 43, 한국고전번역원, 2014.

2 黃花社 맴버들은 김택영을 도와『初菴集』과『西原家稿』의 편간을 성사시켰다. 王性淳은 김택영의『여한구가문초』에 김택영의 문선을 추가한『麗韓十家文抄』를 편찬하고 김택영이 시작한『崧陽耆舊詩集』을 완성하였고, 林圭永은 김택영의『崧陽耆舊傳』을 교정하고 김택영의 시선『雲山韶護堂詩選』을 편찬하였다. 金謹鏞은 김택영의 초간 문집『滄江稿』의 간행을 주도하였고, 孔聖學과 李箕紹는 김택영을 추모하는 책자『滄江先生實記』의 편간을 주도하였다. 그 밖에 김택영의 벗 金麗煌, 金鎭九는『숭양기구시집』의 간행을 도왔고, 김택영의 벗 최중건으로부터 보살핌을 받은 孫鳳祥은 공성학, 김근용 등과 더불어 김택영의 필생의 저술『新高麗史』의 교정과 간행을 담당하였으며, 崔文鉉은 김택영의『燕巖集』간행을 도왔다(노관범, 「金澤榮과 개성 문인」, 『민족문화』 43, 한국고전번역원, 2014).

이 증가하고 있다. 역사학 분야의 연구는 상업사 분야에서 근대 개성 상인의 삼업(蔘業)에 관한 연구, 특히 공성학의 부친 공응규(孔應奎)나 공성학의 아들 공진항(孔鎭恒)을 초점에 맞추어 진행된 연구가 돋보인다.[3] 국문학 분야의 연구는 식민지시기 공성학의 문헌 편간 사업에 대한 연구, 1923년 손봉상과 공성학의 중국 여행을 다룬 『중유일기(中游日記)』 및 1928년 역시 두 사람의 대만, 홍콩 여행을 다룬 『향대기람(香臺紀覽)』에 대한 연구가 있다.[4] 공성학은 김택영의 후학을 표방하며 문학과 실업을 병행했던 개성인으로, 대한제국기부터 해방정국기까지 개성의 유지이자 유림으로서 자신의 생활세계를 한시로 기록한 『춘포시집(春圃詩集)』의 작자였다. 한국 근대 기업가 연구에서 공성학이 유교적인 선비 기업인으로 평가되는 것[5]도 그가 개성 유학의 종착지 김택영을 계승한 20세기 대표적인 개성 문인이었음을 고려한다면 자연스러운 일이다.

이 글은 모두 2장으로 구성되어 있다. 제1장에서는 근대 개성 지역 운동의 서막으로 1900년대 개성 신교육운동을 검토하면서 신교육운동의 주체와 개성 문인의 관계를 중심적으로 살필 것이다. 주된 검토 대상은 대한제국기에 발행된 『황성신문(皇城新聞)』과 『대한매일신보(大韓

---

3 양정필, 「대한제국기 개성지역 삼업(蔘業) 변동과 삼포민의 대응」, 『의사학』 18-2, 대한의사학회, 2009; 양정필, 「1910년대 일제의 삼업정책과 개성 삼포주의 활동」, 『역사문제연구』 24, 역사문제연구소, 2010; 양정필, 「1930년대 중반 개성자본가의 만주 진출과 농업 투자」, 『역사문제연구』 29, 역사문제연구소, 2013.

4 이은주, 「일제강점기 개성상인 孔聖學의 간행사업 연구」, 『어문학』 118, 한국어문학회, 2012; 이은주, 「1923년 개성상인의 중국유람기 『중유일기(中游日記)』 연구」, 『국문학연구』 25, 국어국문학회, 2012; 칭쯔천, 「『향대기람(香臺紀覽)』에 기록에 투영된 일제 강점기 대만(臺灣)의 모습」, 『동아시아문화연구』 56, 한양대 동아시아문화연구소, 2014 : 그 밖에 『향대기람』에 대한 번역도 이루어졌다(박동욱 역, 『향대기람』, 태학사, 2014).

5 조기준, 『한국기업가사』, 박영사, 1983, 286면.

『每日申報』의 관련 기사이다. 제2장에서는 1910년대 숭양문예사(崧陽文藝社)를 중심으로 전개된 개성 한문학운동을 검토하면서 한문학운동의 주체와 개성 문인의 관계를 중심적으로 살필 것이다. 주된 검토 대상은 숭양문예사에서 발간한 『숭양집(崧陽集)』이다. 아울러 『매일신보』의 관련 기사를 통해 개성 신교육운동과 한문학운동에 참여했던 주요 개성 문인들이 근대 초기 개성 사회의 중심적인 실업가들이었음을 제시하고자 한다.

이 글은 근대 개성에서 지역운동의 집합적 주체와 개성 유교 전통의 상호관계를 개성 문인이라는 매개항을 통해 검토한 것이다. 개성 유학의 종착지 김택영과 연결된 핵심적인 개성 문인들이 1900년대의 개성 신교육운동과 1910년대의 개성 한문학운동을 관류하고 있으며 아울러 이들이 동시기 개성의 대표적인 실업가였다는 사실, 그것은 유교 전통과 근대 사회에 관한 이분법적 이해 방식을 극복할 수 있는 중요한 계기가 되리라고 생각한다.

2. 개성 문인의 개성학회 설립과 신교육운동

1906년 12월 임규영, 손봉상 등 개성 유지 40인은 민영환의 소상을 맞이하여 그를 위한 제문을 지었다. 이 제문에서 이들은 전국 동포를 향해 한국 사회가 오늘날 민지(民志)를 세웠는가, 국치를 씻었는가, 국권을 회복하였는가 물었고 민영환의 자결이 헛된 죽음이 되지 않도록

하라 하였다.[6] 그리고 민영환이 개성 유수로 부임한 인연이 있는 개성 지역의 경우 개성 유지들이 교육총회를 조직해 청년 교육에 주력하고 있으며 개성 사람 모두 국민 의무를 수행하고 자강에 힘써서 관민의 침학을 받지 않고 자기 인종을 보호하기로 맹세하였음을 밝혔다.[7]

이 제문은 대한제국기 개성 지역에서 전개된 신교육운동을 이해하는 데 중요한 시사점을 제공해 준다. 갑오개혁 이후 정부의 교육 정책에 따라 개성에서도 공립소학교가 설립되어 신학문이 교수되었으나 개성에서 신교육이 본격적으로 확산된 것은 다른 지역과 마찬가지로 을사늑약 이후 자강운동을 배경으로 상당수 사립학교가 설립된 이후의 일이었다. 그런데 위 제문에서 보듯이 개성 지역은 단지 사립학교의 설립에서 그치는 것이 아니라 지역내 사립학교를 지원할 전체적인 교육기관으로서 개성교육총회(開城敎育總會)의 조직을 추구하고 있었고 이것이 개성 신교육운동의 특색이었다.

개성교육총회가 결성된 계기는 1906년 6월 학부 시학관 어용선(魚容善)이 숭양서원에 세워진 이동휘의 개성 보창학교(普昌學校)를 시찰하러 가서 개성 진신을 초청해 흥학의 중요성을 설파한 자리에서 마련되었다. 어용선의 연설에 윤응두(尹應斗) 등 60인이 찬동하여 당일 교육회가 설립된 것이다.[8] 곧이어 윤응두, 박대양(朴戴陽), 강조원(姜助遠)을 발기인으로 하는 「개성교육총회취지서」가 『대한매일신보』에 게재되었다.[9] 개성교육총회의 결성이 개성 보창학교 설립 직후에 이루어졌음은 주목할 만한 사실이다. 개성 보창학교 설립 이전에도 개성 지역에는 개

---

6   『大韓每日申報』 1906.12.21, 잡보 「祭閔忠正文」.
7   『大韓每日申報』 1906.12.22, 잡보 「祭閔忠正文」.
8   『大韓每日申報』 1906.6.23, 잡보 「開城興學」.
9   『大韓每日申報』 1906.6.28, 잡보 「開城敎育總會趣旨書」.

성학당(開城學堂), 중경의숙(中京義塾), 배의학교(培義學校) 등 사립학교가 운영되고 있었으나 보창학교의 설립을 계기로 비로소 지역 신교육운동의 중추적인 기관이 결성된 것이다. 개성 보창학교가 설립된 숭양서원은 고려말기 유학자 정몽주를 향사하는 충절의 성소였고, 개성 보창학교 개교를 기념해 만월대에서 열린 보창 각 학교 연합운동회는 '개성 기백년 후에 초유혼 성황'이라 기억될만한 자리였다.[10]

개성교육총회에 관한 설명에 앞서 먼저 개성 지역에 설립된 신식 사립학교들을 소개한다. 이것들의 전체적인 규모는 개성 지역 학교 행사에 관한 신문 기사에서 파악할 수 있는데, 이를 도표로 정리하면 아래와 같다.[11]

〈표 1〉 개성 지역 학교 행사와 참여 학교 일람

#	행사	연도	참여 학교	출전(신문 / 월 / 일 / 난
1	開國紀元節 紀念慶祝式	1906	開城, 公立, 培義, 普昌, 善竹, 夜學, 中京	皇 / 9 / 10 / 잡
2	開城聯合討論會	1907	開城, 光明, 培義, 普昌, 普通, 永昌, 春雨, 韓英	大 / 3 / 5 / 잡
3	開國紀元節 慶祝式	1907	開城, 光明, 孟東, 培義, 普昌, 普通, 崧明, 永昌, 韓英	大 / 9 / 8 / 잡
4	漢城 聯合大運動會	1907	開城, 光明, 孟東, 培義, 普昌, 普通, 崧明, 永昌, 春雨	大 / 10 / 29 / 잡
5	開城聯合大運動會	1907	開城, 光明, 孟東, 培義, 普昌, 普通, 西湖, 崧明, 永昌, 精華, 春雨, 韓英	皇 / 11 / 12 / 잡
6	開城聯合大運動會	1908	開城, 光明, 孟東, 培義, 普昌, 普通, 崧明, 永昌, 精華, 春雨	皇 / 5 / 3 / 잡
7	開城各處學校大運動會	1909	江南, 開城, 光明, 東興, 斗羅, 孟東, 文昌, 培義, 普昌, 普通, 商業, 西湖, 崧明, 永昌, 禮成, 孜善, 精華, 進養, 通明, 韓英	皇 / 5 / 5 / 잡

---

10 『皇城新聞』1906.6.25, 잡보「普昌運動」.
11 〈표 1〉에서 출전 항목의 '皇'은 皇城新聞, '大'는 大韓每日申報, '雜'은 雜報, '廣'은 廣告, '學'은 學界를 가리킨다. 각각의 출전 기사 제목을 소개하면 다음과 같다. 『皇城新聞』의 경우 1906.9.10,「慶祝盛況」; 1907.11.12,「開城運動盛況」; 1908.5.3,「開城運動의 盛況」; 1909.5.5,「開城運動盛況」이다. 『大韓每日申報』의 경우 1907.3.5,「開城討論」; 1907.9.8,「開校慶祝」; 1907.10.29,「開校興旺」이다.

위 표에서 보듯 대한제국기 개성 지역에서 열린 개국기원절 경축식, 토론회, 운동회 등의 각종 행사에 참여한 학교의 규모는 시기별로 달랐다. 1906년 개성교육총회가 주관한 개국기원절 경축식 참여 학교는 7개 학교였으나 1909년 개성 운동회 참여 학교는 20개 학교에 달하였음을 알 수 있다. 위 표에서 확인된 개성 학교들은 『황성신문』과 『대한매일신보』에 다양한 관련 기사들이 검출되는데, 이 기사들을 정리해 각 학교의 기본적인 정보를 파악하면 아래 도표와 같다.[12]

---

12 개성 지역 사립학교에 관한 신문 기사들을 학교별로 소개하면 다음과 같다.
開城學堂 : 『皇城新聞』 1905.10.14, 잡보 「鏡城通信」; 1908.4.24, 잡보 「開城卒業式」; 1910.3.31, 잡보. 「開城學堂卒業式」.
中京義塾＝孟東義塾 : 『皇城新聞』 1905.5.25, 광고; 1905.6.19, 잡보 「中京義塾」; 1906.10.2, 광고; 1908.5.13, 잡보 「孟校卒業式」; 1909.10.3, 잡보 「孟塾卒業式」; 『大韓每日申報』 1907.10.29, 잡보 「開校興旺」; 1908.9.27, 잡보 「郡主不如勤學」; 1909.6.25, 학계 「孟東漸進」.
培義學校 : 『皇城新聞』 1908.7.5, 잡보 「培義可惜」; 『大韓每日申報』 1906.2.8, 잡보 「義校刱立」; 1906.7.12, 잡보 「培校試驗」; 1906.8.24, 잡보 「開城府私立培義學校趣旨書」; 1906.12.23, 잡보 「兩氏名譽」; 1907.1.19, 잡보 「模畵貞忠」; 1907.3.5, 잡보 「開城討論」; 1907.5.31, 잡보 「培義將就」; 1907.9.4, 잡보 「培校落成」; 1907.10.6, 잡보 「培校窘況」; 1907.10.27, 잡보 「傳染可畏」; 1908.9.13, 잡보 「培校又培」; 1908.10.28, 잡보 「培校運動」; 1908.12.6, 잡보 「測量卒業」.
永昌學校 : 『皇城新聞』 1907.2.23, 잡보 「永昌學校趣旨書」; 『大韓每日申報』 1906.9.26, 잡보 「永昌開校」; 1906.11.22, 잡보 「理髮所助學」; 1907.1.13, 잡보 「開校褒賞」; 1907.2.19, 잡보 「永昌學校趣旨書」; 1907.7.18, 잡보 「永校盛況」; 1907.10.27, 잡보 「傳染可畏」; 1907.10.29, 잡보 「開校興旺」.
開城 普昌學校 : 『皇城新聞』 1906.5.28, 잡보 「設校反對」; 1906.6.9, 잡보 「開校崧陽」; 1906.6.25, 잡보 「普昌運動」; 『大韓每日申報』 1907.2.21, 잡보 「賣舍補校」; 1907.4.10, 잡보 「普校景況」; 1907.10.29, 잡보 「開校興旺」; 1908.1.9, 잡보 「李氏慰勞」.
韓英書院 : 『大韓每日申報』 1908.1.1, 잡보 「名不虛得」; 1910.4.10, 잡보 「韓英漸興」.
江南學校 : 『皇城新聞』 1907.5.11, 잡보 「江南學校漸旺」; 1907.7.31, 잡보 「請捐趣旨」; 1907.12.20, 잡보 「江南學校紀念」; 1908.12.1, 잡보 「南校情況」; 1909.8.21, 잡보 「江校義務」.
西湖學校 : 『皇城新聞』 1906.12.1, 잡보 「勞働有志諸氏」; 1906.12.3, 잡보 「開城西湖學校趣旨」; 『大韓每日申報』 1906.12.6, 잡보 「勞働助校」.
精華女學校 : 『大韓每日申報』 1906.11.14, 잡보 「開城女校」.
崧明學校 : 『皇城新聞』 1909.7.11, 잡보 「張氏熱心」; 『皇城新聞』 1909.8.4, 잡보 「卒業

〈표 2〉개성 지역 사립학교 일람

#	학교	교장	부교장	교감	총무	교사	기타	설립연도	취지서
1	開城學堂	韓敎序				松尾眞善	孫鳳祥	1902(?)	
2	中京義塾	金鎭九		金麗煌	崔文鉉			1905	
3	孟東義塾	金鎭九 崔文鉉				崔基鉉 柳海昌		1906	
4	培義學校	林圭永 金宗煥	姜助遠	李和春 姜助遠 李冕根 朴泰興		岡本嘉一 佐伯烈次郎 林鳳植 朴頤陽 韓擇履 元濟祥		1906	○
5	永昌學校	王羽淳 兪星濬 閔泳弼	閔泳弼	元漢圭		徐丙達 元濟祥		1906	○
6	普昌學校	李東輝 金基夏	魚瑢善 張翰淳	金容聖 金基夏				1906	
7	韓英書院	尹致昊				朴頤陽 金畢重		1906	
8	江南學校	柳遠植 朴漢秉		朴漢秉			朴鳳鎭	1906	○
9	西湖學校	韓敎序		崔壽永				1906	○
10	精華女學校					近藤祐神	金瀅植 尹應斗	1906	
11	崧明學校	尹應斗 張鼎漢						1907	
12	光明學校	金瀅植				李敏夏		1907(?)	

式盛況」；『大韓每日申報』1907.10.29, 잡보「開校興旺」.
光明學校：『大韓每日申報』1907.10.29, 잡보「開校興旺」；『大韓每日申報』1907.11.21, 잡보「光校落成」.
春雨學堂：『皇城新聞』1908.6.11, 잡보「春雨繼續」；『大韓每日申報』1907.10.29, 잡보「開校興旺」.
禮成學校：『大韓每日申報』1908.7.7, 잡보「禮成盛況」.
東興學校：『大韓每日申報』1909.12.16, 잡보「義務教育」.
進養學校：『大韓每日申報』1908.11.13, 잡보「進養開校」.
熙文學校：『大韓每日申報』1908.6.13, 잡보「兩校盛況」.
三仁學校：『皇城新聞』1910.4.10, 잡보「三校卒業과 進級」; 1910.6.10, 잡보「觀光效力」.
貞和女學校：『皇城新聞』1910년 7月 8일, 잡보「眞正女史」; 1910.7.16, 논설「婦人界의 模範的事業」.

13	春雨學堂	林圭永 馬文圭 金謹鏞		孔聖學				1907 (?)
14	禮成學校	朴成茂		李貞烈	朴基淳 金顯宅	韓相健 李聖天 李華宣		1908
15	東興學校	張翰淳	高斗燦					1908
16	進養學校	姜助遠	金基夏	王永斗	閔泳弼			1908
17	熙文學校					崔東郁 李升均		1908
18	三仁學校	崔文鉉						1910
19	貞和女學校	金貞惠					朴宇鉉	1910

위 표에서 보듯 『황성신문』과 『대한매일신보』에서 확인되는 개성 사립학교는 모두 19개이다. 이들 학교 임원들은 다음과 같이 몇 개의 유형으로 분류된다.

첫째, 일본 정부 또는 일본 정토종과 연결된 학교의 임원들이다. (유형1) 개성학당은 개성에서 가장 오랜 사립학교로 일본정부의 지원을 받는 재한 일본어학교였다.[13] 광명학교, 숭명학교, 정화여학교는 개성의 정토종(淨土宗)과 연결된 학교였다. 광명학교 교장 김형식(金瀅植)과 숭명학교 교장 윤응두는 개성교육총회를 설립한 핵심적인 인물로 1906년 현재 개성정토종청년회 회장과 부회장의 직위를 갖고 있었다. 정화여학교는 이들이 개성의 정토종 교회에 세운 여학교였다.[14] 개성학당 당장을 역임한 한교서(韓敎序)의 형 한교학(韓敎學)은 개성교육총회의 회장으로 활동하였고, 1913년 그가 죽자 『매일신보』는 그를 개성의 '대교

---

13 1905년 현재 일본정부의 지원을 받는 재한 일본어학교는 京城學堂(경성), 開城學校 (부산), 仁川外國語學校(인천), 開城學堂(개성) 등 12개교로 확인된다(『駐韓日本公 使館記錄』25, 「野尻視學官渡韓ノ件」). 일본에서 『太陽』의 집필과 『太平洋』의 편집 을 담당한 長山乙介가 1902년 개성학당 교사에 고빙되고 1903년 개성학당 당장에 추천되었다는 기사를 통해 개성학교가 대한제국 초기부터 운영되었음을 알 수 있다 (『駐韓日本公使館記錄』24, 「日語學校敎師推薦ノ件」).

14 『皇城新聞』 1906.11.4, 잡보 「開城女校」.

육가'로 추모하였다.[15] 한교서 당장 당시 교사로 재직한 송미진선(松尾眞善)은 이후 개성학당 당장으로 취임하여 일본 정토종의 보호 하에 교세를 확장하였다.[16]

둘째, 개성 지역의 유교 전통과 연결된 학교, 특히 조선말기 개성 명사 김택영과 직접적인 관계가 있는 개성 문인이 경영한 학교의 임원들이다. (유형2) 중경의숙＝냉동의숙의 교장, 교감 등으로 활동한 김진구, 김여황, 최문현, 그리고 배의학교의 교장으로 활동한 임규영, 김종환, 그리고 영창학교 교장으로 활동한 왕우순(王羽淳), 그리고 춘우학당 당장과 당감으로 활동한 김근용, 공성학 등은 모두 김택영을 중심으로 결집한 개성 문인들인 바, 이들은 김택영 생전 김택영을 도와『연암집』, 『숭양기구전』, 『숭양기구시집』, 『창강고』 등의 편간에 기여하거나 김택영 사후『창강선생실기』를 편간하여 김택영을 추모하였다. 이들은 개성 지역에서 문학과 실업을 병행한 개성 지역 굴지의 자산가들이자 문인들이었다. 특히, 김택영의 죽마고우 김여황, 김여황의 친구 김진구, 김택영의 문인 김근용의 종형 김민용(金民鏞)은 1901년 당시 개성 최고의 재력가였다. 최문현은 개성의 '유림대가'로 알려져 있었고, 임규영, 김근용, 공성학은 김택영의 핵심적인 문인이었다. 손봉상도 김택영의 충실한 문인이었다.[17]

셋째, 기독교를 수용한 인물이 경영한 학교의 임원들이다. (유형3) 한

---

15 『每日申報』1913.2.28,「開城大教育家의 逝去」－한교학의 장례가 개성 사회에서 이례적으로 火葬으로 치루어졌고, 한교학을 조문하기 위해 韓錫振, 洪肯燮 등 一進會 핵심 인물들이 서울에서 개성으로 왔다는 것은 韓教學, 韓教序 형제의 정치적 성향의 일단을 알려주는 사례라 할 것이다(『每日申報』1913.6.12,「韓教師追悼狀況」).

16 『每日申報』1917. 2.24,「開城學堂擴張」.

17 근대전환기 김택영을 중심으로 결집한 개성 문인의 전체적인 규모와 성격에 관해서는, 노관범,「김택영과 개성 문인」,『민족문화』43, 한국고전번역원, 2014 참조.

영서원의 원장 윤치호, 배의학교 부교장이자 진양학교 교장 강조원은 모두 기독교 교인이었고, 개성 보창학교를 설립한 이동휘 역시 대한제 국기에는 기독교를 수용한 인물이었다. 희문학교 설립자 이승균(李升 均)도 기독교 교인이었던 것으로 보인다.[18] 윤치호는 개성교육총회와 개성교육총회의 후신인 개성학회의 회장을 역임할 정도로 개성 신교 육의 중추적인 위치에 있었고,[19] 이동휘 역시 전술했듯이 숭양서원에 개성 보창학교를 설립하여 개성교육총회 결성의 계기를 제공한 개성 교육의 주요 인물이었다. 강조원도 개성교육총회 설립시 발기인의 한 사람이었다. 특기할 점은 그가 대한매일신보 개성 지사의 사원이었고, 그가 부교장으로 있던 배의학교는 대한매일신보 개성 지점이었다는 사실이다.[20] 당시 개성에는 미국 남감리교회에서 파견한 선교사 엘라 수 와그너에 의해 여학당이 설립되어 개성 기독교인을 대상으로 여성 교육이 이루어졌는데, 후일 호수돈여고로 발전한다.[21]

개성교육총회의 핵심적인 인물은 대개 위 세 유형에 속하는데, 총회 의 주요 임원들을 『황성신문』과 『대한매일신보』에서 확인하여 도표로 나타내면 아래와 같다.[22]

---

18 『大韓每日申報』1906.7.12, 잡보 「培校試驗」.
19 『皇城新聞』1906.12.6, 잡보; 1908.6.17, 잡보.
20 『大韓每日申報』1906.6.5, 廣告; 1906.6.6, 本社廣告.
21 김성은, 「한말 일제시기 엘라수 와그너(Ellasue C. Wagner)의 한국 여성교육과 사회 복지사업」, 『한국기독교와 역사』41, 한국기독교역사연구소, 2014.
22 〈표3〉에서 출전 항목의 '皇'은 皇城新聞, '大'는 大韓每日申報, '雜'은 雜報, '廣'은 廣告, '學' 은 學界를 가리킨다. 각각의 출전 기사 제목을 소개하면 다음과 같다. 『皇城新聞』의 경우 1906.9.10, 「慶祝盛況」; 1906.12.6, 「開城教育會討議」; 1906.12.17, 「開校效望」; 1907.5.18, 「感 荷義捐諸君」; 1908.6.17, 「開城學會廣張」; 1909.2.11, 「開城會優待」; 1909.8.19, 「講話盛況」; 1909.10.3, 「孟塾卒業式」이다. 『大韓每日申報』의 경우 1906.6.28, 「開城教育會趣旨書」; 1906.8.26, 「開尹賢校」; 1906.11.14, 「會長熱心」, 「開城女校」; 1906.12.21, 「啞舌勉學」; 1907.9.8, 「開校慶祝」; 1908.1.9, 「李氏慈勞」, 「追逐李氏」; 1908.5.19, 「本會副會長林圭永氏本月十六日別 世」; 1910.1.22, 「開城學會任員」.

#	단체	연도	인물	출전(신문 / 월 / 일 / 난)
1	開城教育總會	1906	尹應斗,朴戴陽,姜助遠(發起人)	大 / 6 / 28 / 雜
2			韓永源(組織)	大 / 8 / 26 / 雜
3			李健爀(會長),韓永源(贊成長)	皇 / 9 / 10 / 雜
4			李健爀(會長),劉元杓(評議員)	大 / 11 / 14 / 雜
5			金瀅植,尹應斗(設立)	大 / 11 / 14 / 雜
6			尹致昊(會長),劉元杓(副會長),金瀅植(平議長)	皇 / 12 / 6 / 雜
7			尹致昊(會長)	皇 / 12 / 17 / 雜
8			劉元杓(會長)	大 / 12 / 21 / 雜
9		1907	朴戴陽(評議員)	皇 / 5 / 18 / 雜
			韓教學(會長)	大 / 9 / 8 / 雜
10		1908	韓教學(會長)	大 / 1 / 9 / 雜
11	開城學會	1908	林圭永(副會長)	大 / 5 / 19 / 廣
12			尹致昊(會長),馬文圭(副會長),梁錫道・張翰淳(總務)	皇 / 6 / 17 / 雜
			金瀅植(設立)	皇 / 12 / 1 / 雜
13		1909	孫鳳祥(會長)	皇 / 2 / 11 / 雜
14			金基夏(副會長)	皇 / 8 / 19 / 雜
15			金基夏(會長)	皇 / 10 / 3 / 雜
16		1910	李健爀(會長),劉元杓(副會長)	大 / 1 / 22 / 學

위 표에서 보듯 개성교육총회의 설립자로 거론되는 인물은 김형식과 윤응두, 그리고 개성교육총회와 그 후신인 개성학회의 회장을 역임한 인물은 이건혁(李健爀)・윤치호・한교학・손봉상・김기하(金基夏), 부회장을 역임한 인물은 유원표(劉元杓)・임규영・마문규(馬文圭)・김기하이다. 개성교육총회 및 개성학회의 이와 같은 임원 구성을 개성 지역 사립학교에 있어서 전술한 유형1, 유형2, 유형3에 속하는 집단과 비교하면 흥미로운 사실을 발견할 수 있다. 즉, 유형1에 속하는 김형식과 윤응두는 개성교육총회 창립 당시의 주도적인 인물이었고, 유형2에 속하는 임규영과 손봉상은 개성학회 기간의 주도적인 인물이었으며, 유형3에 속하는 윤치호는 개성교육총회 기간과 개성학회 기간에 변함없이 회장직에 올랐지만 개성인은 아니었다. 이는 개성교육총회 설립 당

시 일본 정토종과 연결된 사회세력이 주도권을 잡았으나 개성교육총회가 개성학회로 바뀌면서 김택영과 연결된 개성 문인들에게 주도권이 넘어 왔음을 의미하는 것이다. 유형1에서 유형2로의 주도권 전이는 결정적으로 김형식 등의 내부 비리를 척결하고 개성교육총회를 새롭게 개성학회로 환골탈태하는 과정에서 자연스럽게 이루어졌다.[23]

주목할 점은 개성학회 기간에 학회의 회장과 부회장을 역임한 유형2에 속하는 손봉상과 임규영이 전술했듯이 민영환의 소상(小祥)에서 교육총회의 수립과 교육자강을 고한 개성인의 대표였다는 사실이다. 이들은 조선시대 개성 유학 전통의 마지막 종착지 김택영을 중심으로 결집한 개성 문인들이 대한제국기에 들어와 애국과 자강의 투철한 시대의식으로 지역 사회의 신교육운동에 돌입하였음을 보여주는 적실한 사례이다. 특히, 김택영의 수제자 임규영은 애국사상이 풍부하여 흥학이 곧 애국임을 설파하는 내용의 배의학교 설립 취지서를 『대한매일신보』에 게재하였다.[24] 그는 민영환의 충절을 기념하기 위해 심지어 민영환의 초상과 혈죽이 입혀진 필통과 술잔을 제작하였고,[25] 이를 구매하여 완상할 것을 청하는 특별 광고를 실었다.[26] 그는 개국기원절을 경축하러 개성 경덕궁에 모인 각 학교 학생들에게 조국정신에 주의하라고 연설하였고,[27] 정몽주의 순국일을 맞이하여 숭양서원에 열린 추도회에서 개성 교육자를 대표해 정몽주 평생을 설명하며 충애의 정신을 북돋았다.[28]

---

23   『大韓每日申報』1908.2.23, 잡보「猶有未滿」;『大韓每日申報』1908.2.23, 잡보「개성교육회소식」.
24   『大韓每日申報』1906.8.24, 잡보「開城府私立培義學校趣旨書」.
25   『大韓每日申報』1907.1.19, 잡보「模畵貞忠」.
26   『大韓每日申報』1907.1.19~24, 광고
27   『大韓每日申報』1907.9.8, 잡보「開校慶祝」.

임규영은 개성교육총회의 혼란을 수습하고 새롭게 출발한 개성학회의 초기에 부회장으로 활동하며 학회 발전을 위해 진력하다 일찍 별세하였다. 그의 때 이른 죽음으로 개성학회가 침체에 빠지자 손봉상은 최문현, 민영필(閔泳弼) 등과 함께 회원들을 격려하며 학회를 다시 확장하는 지도력을 발휘하였다.[29] 손봉상은 개성교육총회 당시 '인민 교육은 가숙(家塾)이 학교보다 가(可)ㅎ다'라는 문제로 이동휘, 한교서, 유원표 등과 함께 찬반 연설을 훌륭히 수행하였고,[30] 개성학회 당시 정몽주 순국일 추도회에서도 한교서, 최문현, 강조원 등과 함께 '강개격절'한 연설을 수행하였다.[31] 그는 개성학회 회장으로 재임 중에 대한협회의 지회 설치를 위해 '개성지회의 필요'라는 문제로 연설하여 청중들의 호응을 얻었고, 대한협회 개성 지회 발기인 중에 손봉상·민영필·김기하·최문현·김종환 등의 명망과 지식이 훌륭하다는 대한협회의 자체 평가[32] 결과 마침내 개성 지회가 결성되기에 이르렀다.[33] 이 기간 순종

---

28 『皇城新聞』1908.5.7, 잡보「崧院追慕」.
29 『皇城新聞』1908.6.17, 잡보「開城學會擴張」.
30 『皇城新聞』1906.12.6, 잡보「開城教育會討議」;『皇城新聞』1906.12.17, 잡보「開教好望」.
31 『皇城新聞』1908.5.7, 잡보「崧院追慕」.
32 『大韓協會會報』10,「會中歷史」1909.1. : 원문에는 閔泳弼이 아닌 尹永弼이라 기록되어 있는데 개성지회 임원이나 회원, 개성 지역 사립학교 임원 중에 윤영필은 없고 대신 永昌學校 교장이자 대한협회 개성 지회 부회장 민영필이 있다. 윤영필은 민영필의 오식으로 보아 민영필로 바로잡는다. 한편 대한협회가 孫鳳祥·閔泳弼·金基夏·崔文鉉·金宗煥 등을 높이 평가한 것은 달리 말해 개성학회 회장(손봉상), 영창학교 교장(민영필), 보창학교 교장(김기하), 맹동의숙 숙장(최문현), 배의학교 교장(김종환) 등을 칭찬한 셈이라, 개성학회와 더불어 이들 4개 학교가 부각되었음을 알 수 있다. 배의학교, 맹동의숙, 영창학교가 춘우학당과 더불어 김택영과 연결된 개성 문인들이 설립하고 경영하였음은 전술한 바와 같다.
33 대한협회 개성지회의 회원으로 閔泳弼, 孫鳳祥, 張翰淳, 崔文鉉, 金宗煥, 劉鎭萬, 金洪鍾, 張鼎漢, 林光潤, 馬箕敬, 林炳均, 馬文圭, 韓光淳, 朴鳳珪, 元漢奎, 李升均, 金胤永, 朴頤陽, 金敎顯, 梁錫澈, 金昌浩, 金鐘喆, 金德洙, 金基夏, 禹允興, 金鍾漢, 梁錫道, 韓潤玉, 金弼重, 崔光勳, 孔聖學, 禹天亨, 周時駿, 徐怡淳, 李貞錫, 朴鳳緖, 金鳳紀, 金

황제의 서순행이 예정되자 손봉상은 이건혁, 최문현 등과 임시 군민회 (郡民會)를 발기하여 황제의 봉영을 준비하였다.[34]

임규영, 손봉상과 더불어 최문현도 개성 신교육운동의 중추적 인물이었다. 그가 개성 최고의 부호 김진구에게 건의해 설립한 중경의숙, 곧 맹동의숙은 임규영이 설립한 배의학교와 더불어 개성 사립학교의 양대 축이었다. 배의학교가 교장 임규영의 열성으로 개성의 문명진보가 기대된다고 보도되고 있었다면,[35] 맹동의숙도 숙주 김진구의 전국적인 모범 경영과 숙장 최문현의 솔선수범하는 교육 태도가 언론의 주목을 받았다.[36] 배의학교에 대한매일신보 개성 지사가 있었다면 맹동의숙에는 장학월보사(獎學月報社) 개성 지사가 있었다.[37] 배의학교 교사 임봉식(林鳳植)이 신학문에 투철하고 개성의 전통에도 밝아 후일 『개성지(開城誌)』와 『고려인물지(高麗人物誌)』를 편찬한 학자였다면,[38] 맹동의숙 교사 최기현(崔基鉉)은 『동국통감(東國通鑑)』과 『선사열전(善士列傳)』의 편찬자로, 개명에 열성적이라는 세평을 들었다.[39]

위에서 손봉상을 소개하면서 보았듯이 최문현은 임규영 사후 손봉

命鎬, 金載天, 金元培, 曹龍煥, 金翼鎔, 朴熙棟, 林鳳植, 柳海昌, 李漢興, 朴鳳鎭, 鄭達源, 金東植, 姜助遠, 崔在烈, 李秀鉉, 金基炯, 宋星淳, 申公淑, 李亨益, 林亭植, 任東銓 등이 있었다(『大韓協會會報』10, 「會員名簿」 1909.1). 대한협회 개성지회 임원으로는 會長 張翰淳, 副會長 閔泳弼, 總務 梁錫道, 書記 朴鳳鎭, 評議員 文在赫, 崔文鉉, 金翼鎔, 李邦鉉, 金宗煥, 金元培, 任東銓, 孫鳳祥, 李漢興, 張鼎漢, 姜助遠, 朴彝陽, 金洪鐘, 孔聖學, 李升均 등이 있었다(『大韓協會會報』11, 「會員名簿」 1909.2).

34 『大韓每日申報』 1909.1.19, 잡보 「開城準備」.
35 『大韓每日申報』 1907.10.23, 잡보 「林氏熱心」.
36 『大韓每日申報』 1909.6.25, 學界 「孟東漸進」; 『大韓每日申報』 1909.6.29, 잡보 「隨聞更揭」; 『大韓每日申報』 1909.7.25, 잡보 「兩氏熱心」.
37 『大韓每日申報』 1908.1.31, 광고; 『大韓每日申報』 1908.2.9, 광고.
38 『開城誌』(1934); 『高麗人物誌』(1937).
39 『皇城新聞』 1906.11.10, 잡보 「果有公論乎」; 『東國通鑑』 「識」(朴永斗); 『善士列傳』(日新堂, 1920)

상과 더불어 개성학회의 발전에 진력하였고 손봉상과 더불어 대한협회의 높은 평가를 받은 개성지회 발기인이었으며 순종 황제 서순행을 앞두고 역시 손봉상과 더불어 군민회를 발기하였다. 임규영 사후 임규영의 유지를 계승하여 김근용과 더불어 춘우학당을 경영하는[40] 공성학은 후일 개성 신교육운동의 핵심적 인물로서 임규영과 최문현을 높이 기렸다. 그는 임규영의 '우국단심(憂國丹心)'과 '제세영재(濟世英才)'를 추앙하였고[41] 최문현의 '일편단충(一片丹衷)'과 '파완당일(破頑當日)'을 칭양했으며,[42] 두 사람의 풍모를 각각 '춘풍옥수(春風玉樹)'와 '추월빙호(秋月氷壺)'에 비유하였다.[43] 이렇듯 대한제국기 개성 지역 신교육운동의 상징적 인물로 김택영의 시제자 임규영, 임규영 사후 개성학회의 중흥과 대한협회 개성지회의 결성에 기여한 손봉상과 최문현, 최문현을 도와 중경의숙과 맹동의숙을 경영한 김진구와 김여황, 임규영의 유지를 받들어 배의학교와 춘우학당을 경영한 김종환과 김근용·공성학 등은 모두 김택영을 중심으로 결집한 개성 문인이었다는 공통점이 있었다. 이들은 문학적 소양과 경제적 재력을 겸비한 지역 유지로서 개성의 신교육운동을 이끌었다.

40　『皇城新聞』1908.6.11, 잡보「春雨繼續」.
41　孔聖學, 『春圃詩集』庚戌稿「挽林荊山-代人」.
42　孔聖學, 『春圃詩集』己未稿「哭崔韋史」.
43　孔聖學, 『春圃詩集』己未稿「哭崔韋史」.
　　秋月氷壺想韋史, 春風玉樹說荊山. 二公具有斯文痛, 蜀莫山空水更寒.

3. 개성 문인의 숭양문예사 설립과 한문학운동

근대 초기 개성 사회의 신교육운동을 이끌었던 개성 문인들은 국망 이후 지역사회에서 한문학운동을 전개해 나갔다. 조선 후기 개성의 유학 전통에서 19세기가 문학의 세기였음을 돌아볼 때, 특히 김택영을 중심으로 일련의 개성 문인들이 결집하여 지역 문학 전통이 집성된 사실을 돌아볼 때, 1910년대 숭양문예사를 중심으로 전개된 개성 사회의 한문학운동은 결코 돌출적인 현상은 아니었다. 숭양문예사의 한문학운동은 이념적으로 개성학회의 신교육운동과 상충하는 것으로 비칠 수도 있으나 양자의 관계는 대립적인 성격보다 연속적인 성격이 강했다.

숭양문예사는 1916년 5월 박남철과 최문현을 중심으로 다수의 개성 문인들이 결집하여 결성되었다. 최초 발기인은 박남철, 최중건, 유원표, 최재훈(崔在薰), 우상훈(禹相勛), 김기하, 최문현, 박유진(朴逌鎭), 임광윤(林光潤), 공성학, 박이양(朴頤陽), 김기형(金基炯) 등 12인이었는데, 『매일신보』는 이들이 개성의 '명문거유'와 '현세문사'임을 전하였다.[44] 취지문에 따르면 개성은 본래 '문예지향'이었고 시문이 발달하여 국중 사대부들이 '서경풍아'라고 칭찬하였으나 갑오년 이후 시문을 짓는 사람들은 완고라고 지목되어 사회에서 밀려나고 신진소년은 신학으로만 치닫고 있어서 '시문지학'의 소멸을 근심한 '문예가'들이 일어섰다고 한다.[45] 취지문에 이어 김진구, 우석형(禹錫亨), 조인원(趙仁元), 조봉식(趙鳳

---

44 『每日申報』1916.4.20, 「文藝家의 新組織」.
45 『崧陽集』권1 「趣旨書」(동아대학교 소장본).
    "開州所稱文藝之鄕, 在昔盛時, 韓石峯車五山滄洲諸公, 以詩文之學, 相與倡導. 自是
    以來, 三百年之間, 大家名流, 相繼以作, 遺風餘韻, 至今照輝, 國中學士大夫之過者, 嘖

植), 원용규(元容圭), 현재덕(玄在德), 왕우순 등의 축사가 있다.

　여기서 숭양문예사의 핵심을 구성하는 두 인물 박남철과 최문현은 각각 개성 한문학과 개성 신교육을 대표하는 인물로 주목된다. 박남철은 19세기 개성의 저명한 시인 박문규(朴文逵)의 문인이자 개성 유학자 이득영(李得英)의 문생으로 김택영과는 황화사(黃花社)에서 함께 활동한 개성 문인이었다.[46] 그는 김택영이 1905년 망명하고 역시 황화사 동인 박재현(朴載鉉)이 1911년 별세한 후 개성 문단의 정점에 있었다.[47] 발기인에서 박남철 다음으로 기명된 최중건 역시 김택영의 황화사에서 활동하였고, 김택영과 박남철에 버금가는 문학적 역량을 갖추고 있었다.[48]

　최문현은 전술했듯이 임규영과 더불어 개성 신교육운동의 중심인물이었다. 동시에 그는 17세기 전반 개성의 명유 최계림(崔繼林)의 후손으로 개성 사회에서 '유림대가'의 명성을 얻고 있었다.[49] 발기인 중에 보이는 유

嘖稱爲西京風雅, 何其盛也! 粵自甲午以後, 學界風潮, 波蕩一世, 有爲詩文者, 目之以頑固. 以故詞林哲匠, 翰苑宿望, 皆斂手屛迹, 新進年少, 方鶩於新學, 不以漢文爲意, 以此推之, 不出數年, 詩文之學, 必掃地盡矣, 可不惜哉? 此乃文藝家之所以興歎不已者也. 然而詩文之學, 其來久矣, 雖不適於時務, 其於世道, 亦不爲無助, 頌詠聖化, 歌謠民俗, 非詩之敎乎? 記載事類, 貫徹古今, 非文之用乎? 以之勸善懲惡, 以之修辭達意, 皆人事之所不可闕也. 是以稍解文字者, 莫不欲維持扶護, 及是時也, 一有鼓舞振作, 則聲應氣求, 孰不影從乎? 苟如此, 則前輩之風韻, 庶幾復睹於今日矣, 此本社之所以設, 而深有望於諸君子也"

숭양문예사의 취지서는 국한문체 형식으로 『每日申報』에도 실려 있다(『每日申報』 1916.4.20, 「文藝家의 新組織」).

46　노관범, 「김택영과 개성 문인」, 『민족문화』 43, 한국고전번역원, 2014, 376~378면.

47　공성학은 1911년 박재현이 별세하고 1918년 박남철이 별세하자 각각 '栢堂先生'과 '石堂先生'에 대한 만시를 지으며 이들을 추념하였다(孔聖學, 『春圃詩集』辛亥稿 「挽栢堂先生」; 孔聖學, 『春圃詩集』戊午稿 「挽石堂先生」).

48　공성학은 1933년 최중건이 별세하자 만시를 지었는데, '閱歷平生奇險境, 猶能一代著文章'이라 하여 최중건이 기구하고 험난한 삶을 살았지만 일대 문장가였음을 기렸고, '石老滄翁跡已陳, 文星昨夜又沈淪'이라 하여 최중건의 문학적 위상을 박남철과 김택영에 비겼다(孔聖學, 『春圃詩集』癸酉稿 「挽崔希堂先生」).

49　최계림과 그 후손은 최계림, 崔齊華, 崔命三, 崔進大, 崔星景의 5대에 걸친 문집을 남겼는데, 1918년 최문현은 이것들을 합본하여 『崔氏五世遺稿』를 출간하였다. 5대에

원표와 김기하는 각각 개성교육총회 부회장과 개성학회 회장을 역임한 개성의 명사로 개성에서 최문현과 함께 신교육운동에 참여했고, 김기형은 개성의 부호 김진구의 아들인데 김진구와 최문현이 맹동의숙의 숙주와 숙장임은 전술한 바 있다. 이상 숭양문예사의 설립 주체는 박남철과 최문현, 그리고 최중건, 임광윤, 공성학 등이 모두 김택영과 연결된 개성 문인이다. 1900년대 개성 신교육운동이 그러했듯 1910년대 개성 한문학 운동에서도 김택영 문인이 중심적인 위치에 있었음을 알 수 있다.

숭양문예사는 1916년부터 개성 안팎의 문인들로부터 한시와 한문 작품을 받아 이를 심사해서 시취방목(試取榜目)을 내는 작업을 하였다. 그리고 매회 출품된 작품들을 『숭양집(崧陽集)』으로 엮어 출판하는 작업을 하였다. 『숭양집』은 총 34회의 작품들이 전체 6권으로 묶여 있다. 1권(1~3회, 1916년 12월, 박남철, 숭양문예사), 2권(4~10회, 1917년 9월, 박남철, 숭양문예사), 3권(11~16회, 1918년 1월, 박남철, 숭양문예사), 4권(17~23회, 1918년 5월, 박남철, 숭양문예사), 5권(24~29회, 1918년 12월, 최문현, 숭양문예사), 6권(30~34회, 1919년 10월, 최문현, 숭양문예사), 그리고 숭양문예사 제2회 '원소상월(元宵賞月)' 당선시를 편찬한 별권(1923년 3월, 홍순철(洪淳哲), 숭양문예사)으로 구성된 것이다. 『숭양집』의 권차, 회차, 시제(詩題), 문제(文題), 시취방목 등에 관한 전체적인 정보를 도표로 나타내면 다음과 같다.

걸쳐 문집을 생산할 수 있었던 가문의 유학적 역량, 더욱이 5대에 걸쳐 사마시에 합격할 수 있었던 가문의 유학적 역량은 개성 사회에서 보기 드문 일이었다(『崔氏五世遺稿』「識」(崔益受) (奎 12430)). 이것이 최문현이 '유림대가'의 명성을 들었던 배경이었을 것으로 보인다.

〈표 4〉『崧陽集』의 구성

권	회	시/문	제목	등수	성명
1권	1회	시	暮春	1등	黃燦
				2등	金鎭萬
				3등	崔永昌 朴在善 禹錫圭 李秉圭 韓慶錫
				4등	金衡培 崔象永 孫錫權 金洪鍾 李權洙
		문	明明德論	1등	李東植
				2등	元容圭
1권	2회	시	麥秋	1등	禹鍾益
				2등	王羽淳 孔聖學
				3등	張曍 金永澤 白南洙 趙仁元 金瑞榮 梁錫演 李在煥 趙斗卂
				4등	劉彥會 李祖慶 李材圭 金基炯 金星煥 馬承圭 金宇微 金鍾
		문	汽車說	1등	金永澤
1권 1916.12. 朴南澈 崧陽文藝社	3회 崔基鉉 評	시	鞦韆	1등	梁正淵
				2등	金潤基 任婷子
				3등	金孝達 朴迪鎭 梁錫演 李鍾麟 林炳昕 鄭命九 朴宗浩 李箕
				4등	孫錫權 李秉圭 金衡培 朴枸 韓錫冕 王翰世 柳海運 高允仁 呂廷燮
		문	明倫堂記	1등	李庚淵
2권	4회 朴南澈 編 金重禧 評	시	夏日山中	1등	權丙相
				2등	朴蕊鎭 朴守彬
				3등	金鎭喆 張應天 金濟元 李淵敎 方淳膺 柳宅熙 林亨圭 金東
				4등	李秉植 李圭宣 趙文奎 金秀萬 林鳳植 楊靈南 安根培 朴成 李重冕
		문	露筋廟碑銘	1등	王性淳
2권	5회 黃芝秀 評	시	七夕	1등	禹天亨
				2등	王永俊 孔聖學
				3등	金容觀 張文玉 崔在薰 韓成鎬 李在煥
				4등	金商肇 權重翰 禹錫亨 金永大 金晃烈
		문	乞巧文	1등	禹錫寶
2권	6회 朴南澈 評	시	仲秋月	1등	金鐘瀚
				2등	朴在元 李若愚
				3등	崔基鼎 金昌禹 金晃烈 洪斗燮 白亨基
				4등	權泰永 金亨植 趙甲植 李鍾遠 孫宗烈 李秉植 朴曾魯
		문	遊廣寒宮記	1등	.
2권	7회 朴南澈 評	시	聞鴈	1등	李秉植
				2등	尹翰榮 洪斗燮
				3등	金亨植 白南老 劉德鎭 王鳳周 柳海運 金明說
				4등	朴曾魯 柳宅熙 金能圭 姜星南 趙利植 秦世榮
		문	稼穡說	1등	
2권	8회	시	落葉	1등	禹達命

	崔中建 評			2등	韓錫冕 洪斗燮
				3등	禹天亨 尹泰一 李祖慶 姜星南 黃基昌
				4등	鄭命九 朴守林 李興植 金遵德 朴宜鑌 金基洪 趙鳳植
		문	戒酒銘	1등	元容圭
2권 9회 崔中建 評		시	落照	1등	權重翰
				2등	尹翰求 黃燦
				3등	金鍾秀 張應天 金鴻琛 金成龍 馬鍾泰
				4등	金永大 金洪鍾 梁正淵 崔東郁 林光德 秦永昌
		문	教育論	1등	趙鳳植
2권 917.9. 朴南澈 昜文藝社	10회 朴南澈 評	시	雪中賞梅	1등	王永斗
				2등	李淵教 李箕紹
				3등	王羽淳 韓成鎬 金晃烈 朴守彬 梁錫萬 朴枸 禹允實 孔聖在 金煥喆 崔永昌
				4등	梁錫琛 李永輔 劉基豐 金基炯 林尤潤 董武煥 趙文奎 李鍾潗 金埴烈 崔榮國 金鍾呂 高在麟 朴昌德 李興植 申相熙 崔榮五 金能圭 朴奎友 李膺林
3권 11회 崔中建 評		시	立春	1등	李健雨
				2등	朴奎友 孔聖學
				3등	玄錫俊 李祖慶 金謹鏞 朴昌德 李秉植
				4등	金煥喆 朴迫鑌 朴奎大 劉在元 柳瑛 禹東鎬 朱南英 吳寅燮
		문	勤勉貯蓄說	1등	元容圭
3권 12회 崔中建 評		시	柳絲	1등	朴昌德
				2등	李秉植 邵性敏
				3등	梁正淵 禹鍾益 金鑌九 張璟 洪斗燮 金洪鍾
				4등	王永斗 李箕紹 崔永昌 朴枸 孔聖學 李永輔 孫錫權 宋星淳
		문	身體健康論	1등	邵性敏
3권 13회 崔中建 評		시	善竹橋	1등	金宏濟
				2등	李完植 金興采
				3등	金洪鍾 朴枸 孫錫權 金晃烈 李秉植
				4등	金教英 朱南英 孫東錫 李箕紹 安穆良 金正魯 李明新
		문	送人遊金剛山序	1등	黃鏞周
3권 14회 朴南澈 編		시	賞春	1등	金益煥
				2등	朴禧秉 金教英
				3등	柳宅熙 李興植 咸鳳弼 全曄
				4등	王翰世 馬興圭 吳寅燮 禹顯百 馬洛圭 金泳河 金鴻琛 朴益來 金宇微 具本華 孔聖在 洪應杓 金睦英
		문		1등	李芸珪
				2등	金正燁 吳箕泳
3권 15회 朴南澈 評		시	洛花	1등	王永斗
				2등	金鍾星 金容觀
				3등	李明新 金謹鏞 金濟弼 孫東錫 孫宅濂
				4등	李重冕 李相殷 朴奎貞 高斗燦 劉在元
		문	勸學文	1등	金正燁

3권 1918.1. 朴南澈 崧陽文藝社	16회 朴南澈 評	시	待雨	1등	朴懿鎭
				2등	金睦英 黃燦
				3등	崔益煥 河承澤 洪斗燮 劉在元 馬鍾泰
				4등	羅彦淑 柳基夏 高斗燦 金正燁 金興采 金煥喆
		문	二十世紀人生觀	1등	朴基源
4권 朴南澈 編 金重禧 評	17회	시	漁父	1등	張應天
				2등	孫懷遠 孫東錫
				3등	金達鉉 林漢重 金奎亨 金鴻埰 鄭觀和
				4등	朱南英 印綏昌 李聖植 孫泰鏞 盧龍九
		문	新舊學辨	1등	崔重珍
4권 朴南澈 編 金重禧 評	18회	시	紅葉	1등	李祖慶
				2등	林光潤 朴昌德
				3등	李容珪 孫泰鏞 玄錫寶 金泰煥 趙文奎
				4등	張錫佑 李淵教 李重冕 林鑌源 李鼎薰
		문	文者觀道之器說	1등	申載錫
4권 朴南澈 編 金重禧 評	19회	시	秋聲	1등	李章植
				2등	朴禧秉 李淵教
				3등	李完植 洪斗燮 朴魯洙 林鑌源 孫錫權
				4등	崔益煥 趙弘淵 黃鎬周 趙文奎 黃燦 朴貞東
		문	宗教論	1등	申載錫
4권 朴南澈 編 金重禧 評	20회	시	重陽	1등	朴迫鎭
				2등	朴昌德 李章植
				3등	安世賢 趙程奎 李重冕 韓慶錫
				4등	李箕紹 朴守彬 李文龍 柳宅熙 李興植 韓錫冕
		문	秋風辭	1등	玄錫寶
4권 朴南澈 編	21회	시	田家樂	1등	吳鼎根
				2등	金明說 金興采
				3등	張師漢 崔錫浩 王永斗 金泰俊 金睦英
				4등	金安淑 李子(雨+湑)植 崔亨模 白南哲 魯得權 宋堯彩
		문	錢神論	1등	張培植
4권 朴南澈 編	22회	시	雪	1등	李淵教
				2등	禹鍾益 玄錫寶
				3등	王永斗 李箕紹 朴曾魯 沈弘澤 朴在善 趙晟溍
				4등	孔聖學 金鑌九 權丙相 孫錫權 馬鍾泰 裵練燦 高宇相 張在
		문	梅譜序	1등	朴仁秀
4권 1918.5. 朴南澈 崧陽文藝社	23회 朴南澈 編	시	除夕	1등	金煥喆
				2등	金晃烈 朴在善
				3등	李淵教 李箕紹 鄭命九 金宏濟 邵性敏
				4등	金睦英 趙鏽明 朴昌德 金教昌 張在植 權重翰
		문	祭詩文	1등	洪昺厚
5권	24회	시	元宵	1등	玄錫寶
				2등	金泰煥 鄭命九
				3등	孫懷遠 尹心求 禹鍾益 李圭瑋 金安淑

권	회	구분	제목	등	명단
				4등	千炳纘 朴在善 李文龍 金光顯 禹錫亨
		문	蠹說	1등	鄭秀仁
5권	25회	시	春鴈	1등	孫懷遠
				2등	李永輔 崔尙權
				3등	禹相虞 朴守彬 王翰世 李章植 玄錫寶
				4등	金商肇 陳宜斗 李相殷 黃載傑 金鎭喆 柳基夏
		문	種樹說	1등	鄭董燮
5권	26회	시	春望	1등	朱南英
				2등	朴禧秉 金敎昌
				3등	李淵敎 金泰煥 李箕紹 金承斌 崔進永
				4등	朴在運 尹心求 裵錫元 李永新 禹泰亨 金有濟
		문	吾與點說	1등	李容寬
5권	27회	시	鶯梭	1등	趙錫珍
				2등	張在植 李箕紹
				3등	安熙軫 張泰默 王永斗 申載錫 尹泰一
				4등	王粹煥 李志勉 金正燁 朴昌德 張基洪 朱南英
		문	始皇論	1등	洪思翊
5권	28회	시	麥嶺	1등	王粹煥
				2등	金晉泰 李淵敎
				3등	朴禧秉 兪舜穆 李箕紹 李賢相 禹鍾益
				4등	崔增顥 金洪鍾 安穆良 禹錫寶 金晃烈
		문	漢高祖論	1등	崔重鎭
5권 918.12. 崔文鉉 陽文藝社	29회	시	湖上晴望	1등	沈鍾雷
				2등	金泰煥 金鎭喆
				3등	李章植 朴貞東 李正燮 金鍾奭 金埴烈 禹相勗
				4등	禹天亨 李若愚 孫東錫 洪斗燮 朴在運 陰南炯 朴在鬵
		문	武侯論	1등	鄭甲一
6권 崔文鉉 編 金重禧 評	30회	시	聽蟬	1등	王永斗
				2등	李志勉 吳廷燮
				3등	洪斗燮 玄錫寶 鄭命九 孫懷遠 金奎亨
				4등	兪舜穆 禹天亨 金煥喆 禹鍾益 秦文燮
		문	留侯論	1등	闕
6권	31회	시	虫聲	1등	金正浩
				2등	孫懷遠 李淵敎
				3등	林鎭源 尹心求 黃寅奎 王永植
				4등	禹天亨 朴曾魯 崔錫奎 金濟元 朴在善 金彰鎬
		문	憎虫聲文	1등	闕
6권	32회	시	秋興	1등	吳寅燮
				2등	吳鼎根 李志尹
				3등	裵正燮 金商肇 金蘭 崔德林
				4등	禹鍾益 王大根 李若愚 朴淳寬 朴迪鎭
		문	黃花頌	1등	闕
6권	33회	시	獨釣寒江	1등	禹錫亨

				2등	金奎亨 李泰用
				3등	金晃烈 趙文奎 李在煥 金奎炳 李鳳周
				4등	李德榮 李重冕 崔在薰 金正義 韓箕璿
		문	漁父辭	1등	闕
6권 1919.10. 崔文鉉 崧陽文藝社	34회	시	歲暮舊懷	1등	朴昌德
				2등	金商肇 孔聖學
				3등	趙文奎 崔永昌 金晃烈 郭賛 朴禧秉
				4등	洪鍾裕 朱南英 洪斗燮 方淳膺 金學桂 李達元
		문	送窮文	1등	李泰用
				2등	金泰範
별권 1923.3. 金有鐸 (編輯人) 洪淳哲 (發行人) 崧陽文藝社	參格詩選 제2회 崔中建 評 李淵教 評	시	元宵賞月	1등	金南坡
				2등	陳玉樹 秦文燮
				3등	李東根 金鍾太 禹濟寬 鄭正仁 金寧學 李鍾崙 孔聖學 王宗 金濟弼 張再秀 李元煜 秦孝燮 曹秉候 李元甲 鮮于埰 李元 林鍾根 李完植 金教晉 李章植 趙鏞韶 沈載天 沈亨燮 姜奎 黃景文 成元基 金學善 辛棟錫 孫冕一 金亮鉉 崔榮大 朴孝 李箕紹 鄭命九 金胤培 李和瀋 朴泓遠 朴員基 權相重 金煥 吳在斗 金宗祐趙祥玉 趙敏濟 黃永煥 趙命龜 朴在善 朴練 王永斗 洪達根 鄭大寬 崔乙璿 朴奎大 秦承燮 秦教英 崔 金有 鄭時源 洪淳哲 林光德 朴仁植 金鎭元

　　위 표에서 보듯 『숭양집』에는 34회의 정기적인 시취가 있었다. 제1
회부터 제34회까지 시제의 흐름을 볼 때 숭양문예사가 결성되기 직전
병진년 음력 3월부터 무오년 음력 12월까지 34개월 동안 매월 1회 시취
가 진행되었을 것으로 생각된다.[50] 따라서 『숭양집』의 발행 시기와 수
록된 작품의 시취 시기 사이에 일정한 간격이 존재하기 때문에, 『숭양
집』6권의 발행은 1916년 12월부터 1919년 10월 사이에 있었지만, 수록
된 작품의 시취는 1916년 4월부터 1919년 1월 사이에 있었다고 보아야
할 것이다. 이후 숭양문예사의 시취가 중단된 것은 무오년 음력 12월
고종이 세상을 떠난 후 애도의 정서에서 문예 활동이 위축되었을 것이
라는 점, 그리고 무오년과 기미년 숭양문예사의 핵심 인물인 박남철과

50　제3회의 경우 시제 「추천」과 문제 「명륜당기」(순한문 500자 이내)를 정하고 6월 10
　　일부터 6월 25일 사이에 작품을 출품하도록 하였다(『每日申報』1916.6.7, 「崧陽文藝
　　會」). 다른 경우도 이와 같았을 것이다.

최문현이 차례로 세상을 떠나 문예사의 운영이 곤란해졌을 것이라는 점에서 그 원인을 구할 수 있을 것이다.

숭양문예사에서 발행한『숭양집』의 권위는 무엇보다 개성 문단의 최고 권위자가 시취에 관계했다는 데 있었다. 숭양문예사를 결성한 박남철이 박문규의 문인이자 김택영의 벗으로 개성 문단의 정점에 있었기 때문에 그는 문단의 권위자에게 작품의 고평(考評)을 의뢰할 수 있었다.『숭양집』의 특징은 20회까지는 수록된 한시 작품에 대한 고평자의 시평이 매회 일일이 첨부되어 있다는 점이다. 고평자로 활동한 문인들로는 최기현(崔基鉉)(3회), 김중희(金重禧)(4회,17회~20회,30회), 황지수(黃芝秀)(5회), 박남철(6회~7회,10회,14회~16회), 최중건(8회~9회,11~13회) 등이 발견된다. 주로 박남철, 최중건, 김중희 등이 고평을 담당했음이 확인되는데, 박남철과 최중건이 황화사에서 함께 활동한 김택영의 벗이었음은 물론이지만, 김중희 역시 김택영과 함께 회음(會飮)하던 벗으로 김택영이 망명한 후『창강고』간행을 후원하였고, 김택영 사후「만사」와「제창강선생유묵후(題滄江先生遺墨後)」를 지었다.[51] 최기현이 개명에 열심인 학문가라는 세평을 들은 맹동의숙 교사였음은 앞에서 서술하였는데, 그는 식민지시기 들어와 개성 성균관 초대 사성(司成)에 취임한 개성 유림의 대표자이기도 하였다. 황지수는 미상이다.[52]

『숭양집』의 시제와 문제에는 숭양문예사를 통해 한문학운동을 수행

---

[51] 노관범,「김택영과 개성 문인」,『민족문화』43, 한국고전번역원, 2014.

[52] 『숭양집』의 한시를 고평한 黃芝秀가 黃泌秀의『達道集註大全』편찬을 조력한 황필수의 족제 黃芝秀와 동일 인물인지는 분명하지 않다. 개성 출신으로 서울에서 신구서림을 경영한 池松旭의 출판업을 황필수가 도운 인연이 있기 때문에 황필수 사후 황지수가 개성 문인의 한문학 활동을 도왔을 가능성은 있다. 황필수의 생애와 작품에 대해서는, 노대환,「惺村 黃泌秀(1842~1914)의 사상적 행보」,『한국학연구』37, 인하대 한국학연구소, 2015 참조.

하는 개성 문인들의 문학적 취향이 잘 드러나 있다. 먼저 시제를 보면 모춘(暮春)(1회), 맥추(麥秋)(2회), 추천(鞦韆)(3회), 하일산중(夏日山中)(4회), 칠석(七夕)(5회), 중추월(仲秋月)(6회), 문안(聞鴈)(7회), 낙엽(落葉)(8회), 낙조(落照)(9회), 설중상매(雪中賞梅)(10회), 입춘(立春)(11회), 유사(柳絲)(12회), 선죽교(善竹橋)(13회), 상춘(賞春)(14회), 낙화(落花)(15회), 대우(待雨)(16회), 어부(漁父)(17회), 홍엽(紅葉)(18회), 추성(秋聲)(19회), 중양(重陽)(20회), 전가락(田家樂)(21회), 설(雪)(22회), 제석(除夕)(23회), 원소(元宵)(24회), 춘안(春鴈)(25회), 춘망(春望)(26회), 앵사(鶯梭)(27회), 맥령(麥嶺)(28회), 호상청망(湖上晴望)(29회), 청선(聽蟬)(30회), 충성(蟲聲)(31회), 추흥(秋興)(32회), 독조한강(獨釣寒江)(33회), 세모구회(歲暮舊懷)(34회)이다. 선죽교(13회)를 제외하고 모든 시제가 계절의 변화와 연결된 경물이나 풍속과 관계된 것임을 알 수 있다. 모춘(1회)부터 설중상매(10회)까지 10개의 시제는 각각 음력 3월부터 음력 12월까지 10개의 달과 차례로 상응한다. 입춘(11회)부터 제석(23회)까지 13개의 시제 중에서 선죽교(13회)를 제외한 12개의 시제는 음력 정월부터 음력 12월까지 12개의 달과 차례로 상응한다. 원소(24회)부터 세모구회(34회)까지 11개의 시제는 음력 정월부터 음력 12월까지 12개의 달에서 1개월을 뺀 11개의 달과 차례로 상응한다. 『숭양집』의 시제는 1916년 음력 3월부터 1918년 음력 12월까지 거의 매월 해당하는 달의 계절적 특징을 살린 감성으로 만들어진 제목임을 알 수 있다. 1917년의 시제에서 1개의 추가분이 발생한 것은 정몽주의 충절을 기념한 특별한 행사가 마련되었기 때문으로 보이고, 1918년의 시제에서 1개의 결손분이 발생한 것은 추측컨대 1918년 박남철이 별세한 달의 문예 행사를 취소했기 때문으로 보인다.

『숭양집』의 시제와 달리 문제는 자연 속의 감성보다 현실 속의 이성을 요구하는 것들이고 여기에 개성 문인들의 현실적인 관심사가 잘 반영되어 있다. 전체 문제는 명명덕론(明明德論)(1회), 기차설(汽車說)(2회), 명륜당기(明倫堂記)(3회), 노근묘비명(露筋廟碑銘)(4회), 걸교문(乞巧文)(5회), 유광한궁기(遊廣寒宮記)(6회), 색가설(稼穡說)(7회), 계주명(戒酒銘)(8회), 교육론(教育論)(9회), 근면저축설(勤勉貯蓄說)(11회), 신체건강론(身體健康論)(12회), 송인유금강산서(送人遊金剛山序)(13회), 권학문(勸學文)(15회), 이십세기인생관(二十世紀人生觀)(16회), 신구학변(新舊學辨)(17회), 문자관도지기설(文者觀道之器說)(18회), 종교론(宗敎論)(19회), 추풍사(秋風辭)(20회), 전신론(錢神論)(21회), 매보서(梅譜序)(22회), 제시문(祭詩文)(23회), 잠설(蠶說)(24회), 종수설(種樹說)(25회), 오여점설(吾與點說)(26회), 시황론(始皇論)(27회), 한고조론(漢高祖論)(28회), 무후론(武侯論)(29회), 유후론(留侯論)(30회), 증충성문(憎虫聲文)(31회), 황화송(黃花頌)(32회), 어부사(漁父辭)(33회), 송궁문(送窮文)(34회)이다. 여기에는 명명덕론(1회)·명륜당기(3회)와 같이 유교 도덕에 대한 소양을 묻는 문제, 시황론(27회)·한고조론(28회)·무후론(29회)과 같이 역사 평론에 관한 식견을 묻는 문제, 추풍사(20회)·증충성문(31회)·황화송(32회)·어부사(33회)와 같이 문예적인 감성을 묻는 문제도 있고, 이것들은 조선시대 전통 한문으로 손색이 없지만 반드시 개성 문인들의 독특한 관점을 보이는 것은 아니다. 반면 기차설(2회)·교육론(9회)·근면저축설(11회)·신체건강론(12회)·이십세기인생관(16회)·신구학변(17회)·종교론(19회) 등은 근대 초기를 살아가는 개성 문인들의 현실인식 또는 현실감각이 분명하게 투영되어 있는 문제들이며 문제에 사용된 어휘부터가 근대 한자어이다. 특히 설(說)의 문체를 써서 근대 초기 식민지 조선에서 물질문명의 첨단으로 감각되는 기차에 관해 작문해야 한다는 것, 변(騈)의 문체를 써서 대한제국기 사회적으로 이슈가 되었던 신학과 구학의 문제를 논술해야 한다는 것, 심지어 20세기라는 시대에 걸맞는 인생관의 정립을 글로 토로해야 한다는 것, 이것은 전통 한문이 아닌 근대 한문의 세계이다. 또한 가색설(7회)·잠설(24회)·종수설(25회)과 같은 문제는 삼포 경영을 중심으로 농업 경영에 종사하는 개성 문인들에게는 특별한 관심을 불러일으킬 만한 제목이었고, 송인유금강산서(13회)와 매보서(22회)도 인생의 특별한 취미로 금강산을 유람하거나 매화를 감상하는 개성 문인들에게는 매우 잘 어울리는 제목이었으리라고 생각된다.

『숭양집』에 수록된 작품은 다수가 한시 작품이었고 5언 및 7언으로 지은 절구, 율시, 고시 중에서 7언 율시가 압도적인 비중을 차지하였다. 『숭양집』에 수록된 작품의 개수를 도표로 나타내면 다음과 같다.

아래 표에서 보듯 『숭양집』의 전체 작품은 34회 3,288수로 1회 평균약 97수이다. 평균 97수를 상회하는 회차는 1회∼7회, 10회, 14회, 29회이다. 개성인의 작품이 2,495수(1회 평균 약 73수), 타지인의 작품이 793수(1회 평균 약 23수)로 각각 전체 작품의 76%와 24%를 차지한다. 개성인의 작품이 1회 평균을 상회했던 회차는 1회∼7회, 10회, 14회이고, 타지인의 작품이 1회 평균을 상회했던 회차는 3회∼7회, 14회, 18회, 23∼24회, 26회에서 30회, 34회이다. 개성인과 타지인의 작품은 전체적으로 약 3 : 1의 비율로 개성인의 작품이 많았지만, 전반부에서 후반부로 갈수록 상대적으로 개성인의 작품은 감소하고 타지인의 작품이 증가했음을 알 수 있다. 단적으로 제1회에서 개성인과 타지인의 작품은 157 : 15이지만, 제34회에서는 46 : 48로 역전되었다. 『숭양집』에 수록된 타지인 작품의 지역적 분포는 1회 7지역에서 34회 21지역으로 증가했으며 전체적

5)『崧陽集』수록 작품의 수량 분포

역	1회			2회			3회			4회			5회			6회			7회			8회			9회		
	개성	타지	합	개성	타지	합	개성	타지	합	개성	타지	합	개성	타지	합	개성	타지	합	개성	타지	합	개성	타지	합	개성	타지	합
	11	1	12	5	0	5	4	0	4	6	0	6	2	0	2	4	2	6	5	1	6	2	0	2	3	0	3
	7	2	9	36	1	37	35	3	38	7	2	9	29	3	32	18	3	21	20	2	22	4	2	6	5	1	6
	13	0	13	17	1	18	15	1	16	27	3	30	7	1	8	0	0	0	7	3	10	3	0	3	13	0	13
	111	11	122	109	11	120	133	17	150	132	24	156	75	31	106	88	26	114	75	30	105	42	7	49	33	6	39
	1	0	1	1	1	2	0	0	0	3	0	3	0	0	0	0	3	3	0	0	0	0	0	0	2	0	2
	2	0	2	1	0	1	2	0	2	0	0	0	0	1	1	0	2	2	0	0	0	0	0	0	1	0	1
	11	1	12	9	1	10	10	3	13	7	1	8	5	2	7	4	3	7	3	1	4	3	1	4	5	0	5
타	1	0	1				1	1	2																		
계	157	15	172	178	15	193	200	25	225	182	30	212	118	38	156	114	39	153	110	37	147	54	10	64	60	7	67

역	10회			11회			12회			13회			14회			15회			16회			17회			18회		
	개성	타지	합	개성	타지	합	개성	타지	합	개성	타지	합	개성	타지	합	개성	타지	합	개성	타지	합	개성	타지	합	개성	타지	합
	6	0	6	1	1	2	1	2	3	1	1	2	6	2	8	3	0	3	0	0	0	1	0	1	3	0	3
	28	2	30	13	2	15	18	2	20	7	0	7	41	12	53	6	1	7	6	1	7	8	2	10	5	3	8
	8	2	10	9	0	9	11	1	12	4	1	5	26	4	30	3	2	5	8	1	9	8	0	8	3	1	4
	65	12	77	32	4	36	30	8	38	33	6	39	89	23	112	29	16	45	31	19	50	30	14	44	39	20	59
	0	0	0	0	0	0	1	0	1	0	0	0	2	0	2	0	0	0	0	0	0	0	0	0	0	0	0
	0	0	0	0	0	0	2	1	3	0	2	2	0	0	0	0	0	0	0	0	0	2	0	2	0	0	0
	0	0	0	6	0	6	3	0	3	3	1	4	0	1	1	2	0	2	2	1	3	1	0	1	2	0	2
타																									1	0	1
계	107	16	123	61	7	68	66	14	80	48	11	59				43	18	59	46	21	67	51	16	67	51	27	78

역	19회			20회			21회			22회			23회			24회			25회			26회			27회		
	개성	타지	합	개성	타지	합	개성	타지	합	개성	타지	합	개성	타지	합	개성	타지	합	개성	타지	합	개성	타지	합	개성	타지	합
絶	2	1	3	1	1	2	0	0	0	0	0	0	4	0	4	0	0	0	0	1	1	0	0	0	3	1	4
絶	8	0	8	8	2	10	7	0	7	5	0	5	5	0	5	4	4	8	9	3	12	9	1	10	7	10	17
律	12	0	12	7	0	7	5	0	5	9	3	12	5	2	7	8	0	8	6	5	11	7	2	9	9	2	11
律	23	12	35	31	7	38	44	17	61	32	19	51	27	25	52	20	17	37	20	8	28	26	23	49	17	13	30
古	0	0	0	0	0	0	0	3	0	0	0	0	0	0	0	0	0	0	0	1	1	0	0	0	1	0	1

七古	1	0	1	0	0	0	0	3	3	2	0	2	0	0	0	0	0	0	2	0	2	0	0	0	2	1
文	1	1	2	1	0	1	1	0	1	2	0	2	0	1	1	0	3	3	0	4	4	2	3	5	1	3
기타													1	0	1											
소계	47	14	61	48	10	58	60	20	80	51	22	73	42	28	70	32	24	56	37	22	59	44	29	73	40	30

지역	28회			29회			30회			31회			32회			33회			34회			총계		
	개성	타지	합	개성	타지	합	개성	타지	합	개성	타지	합	개성	타지	합	개성	타지	합	개성	타지	합	개성	타지	합
五絶	2	0	2	1	0	1	2	0	2	0	0	0	0	1	1	3	1	4	2	0	2	84	16	10
七絶	3	1	4	8	6	14	2	1	3	6	3	9	2	0	2	11	4	15	3	0	3	390	78	46
五律	6	4	10	13	6	19	7	3	10	12	4	16	3	1	4	4	1	5	2	1	3	297	55	35
七律	15	22	37	37	33	70	20	21	41	24	11	35	22	19	41	21	9	30	39	47	86	1594	588	218
五古	0	0	0	1	1	2	0	0	0	0	0	0	0	0	0	0	0	0	0	0	0	16	7	2
七古	5	1	6	0	0	0	1	1	2	0	0	0	0	0	0	0	0	0	0	0	0	23	12	3
文	2	1	3	1	2	3	0	0	0	0	0	0	0	0	0	0	0	0	0	0	0	85	35	12
規外																						4	1	5
소계	33	29	62	61	48	109	32	26	58	42	18	60	27	21	48	39	15	54	46	48	94	2495	793	328

인 분포는 45지역으로 집계된다.[53] 시문의 분포 상황을 보면 오언절구 100수(3%), 칠언절구 468수(14%), 오언율시 352수(11%), 칠언율시 2,182수(66%), 오언고시 23수(1%), 칠언고시 35수(1%), 문 120수(4%) 등으로 집계된다. 전체 작품의 2 / 3가 칠언율시에 집중되어 있음을 볼 수 있다.

숭양문예사를 설립한 핵심 인물인 박남철과 최문현은 숭양서원을 거점으로 삼아 다양한 출판 활동을 벌였다. 『숭양집』의 제1회 시취방목과 제3회 시취방목에는 1등부터 4등까지 수상자에게 전한 상품 명단이 기

53　제1회 7지역은 長湍, 坡州, 金川, 海州, 原州, 天安, 豊基이고, 제34회 21지역은 京城, 江華, 高陽, 金浦, 楊平, 長湍, 金川, 鳳山, 信川, 安岳, 延白, 長淵, 平山, 海州, 龍岡, 義州, 鐵原, 大邱, 尙州, 榮州, 晉州이다. 전체 45지역은 京城, 江華, 高陽, 金浦, 水原, 楊平, 楊州, 漣川, 仁川, 長湍, 坡州, 金川, 鳳山, 松禾, 遂安, 瑞興, 信川, 安岳, 延白, 長淵, 平山, 海州, 杆城, 江陵, 原州, 伊川, 平康, 鐵原, 宣川, 新義州, 龍岡, 義州, 鐵山, 唐津, 天安, 靑陽, 求禮, 益山, 達城, 大邱, 東萊, 尙州, 榮州, 晉州, 豊基이다. 개성에서 가까운 경기도, 황해도를 중심으로 함경도를 제외한 모든 지방에서 참여했음을 알 수 있다.

입되어 있는데, 이 가운데 도서 상품으로는 『송대오십육인시집(宋代五十六人詩集)』, 『검남시집(劍南詩集)』, 『신편포은집(新編圃隱集)』 등이 보인다.[54] 여기서 『신편포은집』은 박남철이 그 벗 김진구, 그리고 박순(朴栒), 최문현 등과 상의하여 1914년 간행한 정몽주의 문집으로[55] 표제 제첨은 최문현, 편집자는 박이양, 인쇄소는 신문관(新文館), 발행소는 숭양서원이다. 권수에는 정몽주의 유상, 유묵, 숭양서원도, 선죽교도 등이 들어 있고, 권1에는 '후학' 박남철과 '후학' 박이양의 공편, '후학' 최문현의 교열이 기입되어 있다. 정몽주가 충절을 상징하는 고려의 명인으로 대한제국기 개성 지역에서 전개된 신교육운동에서 정몽주의 충애 정신을 고취하였음은 앞에서 살펴본 바 있다. 대한제국기 개성의 양대 사립학교가 맹동의숙과 배의학교인데, 이제 맹동의숙의 숙주 김진구, 숙장 최문현, 배의학교 교사 박이양이 식민지시기에 박남철과 협력하여 정몽주의 문집 신편을 숭양서원에서 발행한 사건은 1900년대와 1910년대를 관통하는 개성 사회문화운동의 성소로서 숭양서원의 지역성을 돌아보게 한다.

1918년 숭양문예사에서 발행한 『천유집고(天游集古)』는 19세기 개성의 저명한 시인 박문규의 작품을 최문현이 편집한 것으로 박남철의 「제사」와 조인원의 「발」이 있다. 박인철(朴寅澈)·박남철 형제는 본디 박문규의 문인인데 박문규는 생전에 자신의 족손이자 김택영의 벗인 박원규(朴元珪)에게 편집시키고 박인철에게 등사시켜 『천유산방시고(天游山房詩稿)』를 완성하였다. 반면 『천유집고』는 박문규 생전에 정리되지 않은 가운데 문생·후학에 의해 여러 전사본들이 산란하게 전승되던 것을 최문현이 수집하여 편차한 것이다.[56] 같은 해 숭양문예사에서는

54　『崧陽集』권1「崧陽集試取榜目」.
55　『新編圃隱先生集』「新編圃隱先生集序」(朴南澈).

역시 최문현이 편집한『중경과보속(中京科譜續)』을 발행하였다. 개성 사회에는 개성인의 과거 금고가 1470년 처음 풀린 후 1515년 최세진(崔世津)의 문과 합격을 필두로 과시 합격자가 출현하자 사마록(司馬錄)과 문과록(文科錄)을 작성해 왔는데, 1794년 개성의 대유 조유선(趙有善)이 양자를 합하여『중경과보』를 제작한 일이 있었다. 이후 1876년 김근규(金覲圭)가『중경과보』이후의 기록을 정리하고, 다시 최문현이 그 이후 1894년까지의 기록을 정리하여『중경과보』를 증보한 것이 이 책이다.[57] 이 책은 최중건과 왕성순의「중경과보속서」, 김근규와 조유선의「중경과보서」, 박내경(朴來慶)의「문과록서」, 차운로(車雲輅)의「사마록서」, 최문현의「지(識)」가 있다. 최문현에 따르면 이 책의 간행은 전적으로 숭양문예사의 결의로 이루어졌으며 조선시대 개성 출신 과시 합격자 800여인을 통해 개성의 인재와 문학 전통을 기념한다는 취지였다.[58] 이는 김택영이『송경풍아』를 증보하여『숭양기구시집』을 편찬했던 것과 비슷한 성격의 작업으로 1910년대 숭양문예사가 김택영을 본받아 지역 전통을 집성하는 작업을 주도적으로 수행하고 있었음을 의미한다. 한편 최문현은 같은 해『최씨오세유고(崔氏五世遺稿)』를 간행했는데, 이는 효종대 이이의 문묘종사를 청했던 개성 유학자 최계림 및 최제화(崔齊華), 최명삼(崔命三), 최진대(崔進大), 최성경(崔星景) 등 개성에서 5대에 걸쳐 '일대의 문인(聞人)'을 배출한 양천 최씨의 세고(世稿)이다. 이는 대한제국기에 '유림대가'의 명성을 들었던 최문현 개인의 가문 전통의 현창이기도 하였지만 넓게 보면 조선시대 개성 유학 전통의 현창이기도 하였다.

56　『天游集古』「題辭」(朴南澈).
57　『中京科譜續』「中京科譜續序」(崔中建).
58　『中京科譜續』「識」(崔文鉉).

특기할 점은 『신편포은선생집』의 간행에 참여했던 김진구, 박순, 최문현 등이 1914년 개성의 명승지인 목청전(穆淸殿) 후록의 신암동천(新巖洞天)에 정각을 세우는 공사를 수행했다는 사실이다.[59] 이는 개성의 역사와 문화를 애호하는 개성 문인들의 문화운동으로 의미가 있는데, 숭양문예사가 설립되기에 앞서 설립 주체 세력이 이처럼 정몽주의 문집을 출판하거나 목청전 근처의 명승지를 기념하는 작업을 전개했던 것은 숭양문예사의 설립 목적이 단순히 한문학 일반의 보존에 한정된 것이 아니라 지역의 문화전통의 계승과 현창을 포함하는 것임을 보여 준다.

위에서 보았듯이 근대 초기 개성 사회에서 전개된 신교육운동과 한문학운동에는 다수의 개성 문인들이 참여하였다. 김택영을 중심으로 결집했던 개성 문인들은 1900년대에는 개성학회 및 맹동의숙·배의학교·영창학교·춘우학당 등의 여러 사립학교에서 교육사업에 진력하였고, 1910년대에는 숭양문예사를 설립하여 한시와 한문을 고평하여 『숭양집』을 발간하고 그밖에 개성의 문학 전통과 관계되는 중요 문헌들을 출판하였다. 숭양서원은 국망 이전 신교육운동의 사회적 성소인 동시에 국망 이후 한문학운동의 사회적 성소로 기능하였다.

중요한 점은 근대 초기 개성 지역에서 이와 같은 사회문화 운동에 참여한 개성 문인들이 대개 문학과 실업을 병행한 재력가들이었다는 사실이다. 이들은 경제적 재력을 배경으로 다양한 실업 활동에 종사하였는데, 이를테면 1913년 삼영상회(三榮商會) 주임 이시우는 개성의 현지 재산가로 명망이 있는 김진구, 손봉상, 최문현, 공성학, 임지영(林芝永), 김득형(金得炯), 공성초(孔聖初), 최재열(崔在烈) 등과 협의해 자본금 50만

59　『每日申報』1914.5.13, 「開城」.

원으로 김진구 대표의 공동영업을 조직하였다.[60] 여기서 개성에서 명망 있는 재산가의 범위에 속하는 김진구, 손봉상, 공성학, 최문현 등이 1900년대 개성 신교육운동과 1910년대 개성 한문학운동의 핵심에 있던 개성 문인들임은 전술한 바 있다. 또 1915년 개성 특지가 김득형, 손봉상, 김익환(金益煥), 김기형, 공성학, 고도후(高燾厚), 황주동(黃柱東) 등은 개성 남면 응아산(應牙山) 국유 산야의 허가를 받아 삼림조합을 결성하였고 삼림조합장에 손봉상이 선정되었는데,[61] 역시 개성 문인 손봉상, 공성학 및 김진구의 아들 김기형이 개성 특지가에 손꼽히고 있음을 볼 수 있다.

아울러 조선에 신설할 육군 피복창과 관련하여 개성 인사가 기성동맹회를 조직하고 개성을 시설지가 되게 하려고 운동 중이라는 기사가 있다. 이에 따르면 역시 최문현과 공성학 등이 창원서 기초위원으로 활동하고 박우현(朴宇鉉), 최진영(崔進永), 그리고 '개성 유일의 자산가' 김원배(金元培) 등이 진정위원으로 활동하고 있었다.[62] 김택영의 죽마고우 김여황(金麗煌)의 아들 김원배가 개성 유일의 자산가로 꼽히고 있음이 인상적이다. 1910년대 최문현, 김원배, 공성학 등의 적극적인 실업 활동은 1917년 개성전기주식회사 창립총회에서 최문현이 좌장 역할을 하고 김원배, 공성학, 김기형, 김기영 등이 취체역으로 활동하였다는 기사에서도 발견할 수 있다.[63] 1913년 김기하, 박순, 최문현, 김종환, 전경완(全慶琓), 김기형 등이 설립한 육일사(六一社)는 황해도와 평안도의 미간지 개간을 위해 설립된 회사인데,[64] 육일사에 속하는 박순, 최

---

60 『每日申報』 1913.4.22, 「三榮會社大活動」.
61 『每日申報』 1915.7.2, 「應牙山大殖林」.
62 『每日申報』 1917.4.27, 「被服廠期成運動」.
63 『每日申報』 1917.4.18, 「開城電氣成立」.

문헌, 그리고 김기형의 부친 김진구 등이 1914년『신편포은선생집』을 간행하고 신암동천에 정각을 세우는 문화사업을 수행하였음은 앞에서 서술하였다.

이처럼 1900년대 신교육운동과 1910년대 한문학운동에 참여했던 개성 문인들은 대개 문학과 실업을 병행한 재력가였다. 삼영상회 확장, 육일사 설립, 개성삼립조합 설립, 개성전기주식회사 창립 등 개성에서 설립된 농업, 임업, 상업, 공업 분야의 회사나 조합의 중심인물은 김진구와 그 아들 김기형, 심여왕의 아들 김원배, 최문현, 손봉상, 공성학 등이었다. 이들은 김택영을 중심으로 결집한 개성 문인에 속하면서 개성의 신교육운동과 한문학운동을 주도하고 있었다. 손봉상과 공성학, 김진구-김기형 부자가 박우현과 함께 개성 삼업계의 중추적인 인물이었다는 사실,[65] 특히 손봉상과 공성학이 식민지시기 개성 삼업의 핵심 인물로 인삼 경작에서 탁월한 성적을 올렸으며, 각각 개성삼업조합의 조합장과 부조합장으로 활약한 사실은 잘 알려져 있다. 이렇듯 김택영과 연결된 개성 문인들은 개성 실업계의 핵심을 구성하면서 지역사회에서 신교육운동과 한문학운동을 전개하였다.

---

64 『每日申報』1913.2.14,「開城郡의 六一社」.
65 양정필은 근대 초기 삼업계의 핵심 인물을 김진구, 공응규(공성학의 부친), 손봉상, 박우현 등 4인으로 집약하고 이들의 활동을 논하였다(양정필, 2009,「대한제국기 개성지역 삼업(蔘業) 변동과 삼포민의 대응」,『의사학』18-2, 대한의사학회; 양정필, 2010,「1910년대 일제의 삼업정책과 개성 삼포주의 활동」,『역사문제연구』24, 역사문제연구소).

4. 맺음말

이상으로 한국 근대 개성 문인들의 지역사회 운동을 1900년대의 신교육운동과 1910년대의 한문학운동으로 나누어 살펴보았다. 1900년대 개성 지역 신교육운동은 크게 신교육을 담당하는 학교의 설립과 신교육을 지원하는 교육단체의 설립으로 구성되어 있었다. 개성에 설립된 사립학교는 설립 주체에 따라 일본 정부 또는 일본 정토종과 연결된 학교(유형1 : 개성학당, 광명학교, 숭명학교, 정화여학교), 개성 지역 유교 전통과 연결된 학교, 특히 김택영을 중심으로 결집한 개성 문인이 설립한 학교(유형2 : 중경의숙, 맹동의숙, 배의학교, 춘우학당, 영창학교, 삼인학교), 그리고 서양 선교사 또는 기독교를 수용한 인물이 설립한 학교(유형3 : 한영서원, 보창학교, 희문학교)로 구별된다. 김택영을 중심으로 결집한 개성 문인들 중에는 임규영(배의학교, 춘우학당), 김근용(춘우학당), 공성학(춘우학당), 김진구(중경의숙, 맹동의숙), 김여황(중경의숙), 최문현(중경의숙, 맹동의숙, 삼인학교) 등이 신교육에 종사했으며, 그 밖에 왕우순(영창학교), 김종환(배의학교) 등도 김택영과 관계있는 개성 문인이었다.

개성교육총회는 1906년 개성에 설립된 학교의 신교육을 지원하는 교육단체였다. 초기에는 유형1에 속하는 일본 정토종 계열의 김형식과 윤응두가 단체를 주도했으나 김형식의 내부 비리로 인해 1908년 개성교육총회에서 개성학회로 개명되면서 단체의 주도권이 유형2에 속하는 개성 문인 계열의 임규영, 손봉상 등으로 전이하였다. 임규영과 손봉상은 민영환의 소상에 제문을 바쳐 개성의 교육자강을 선언한 인물로, 이 중에서 임규영은 애국정신에 투철한 개성 신교육운동의 기둥이었고, 손봉상은 임규영 사후 최문현과 더불어 개성학회의 중흥에 헌신하고 아울러 대한협회 개성 지회의 결성을 이룩한 개성 사회운동의 지도자였다. 최문현 역시 개성 신교육운동의 중추적 인물로 김진구와 최문현의 중경의숙=맹동의숙은 임규영의 배의학교와 더불어 개성의 양대 사립학교로 평가받았다. 배의학교에 설치된 대한매일신보 개성 지사와 맹동의숙에 설치된 장학월보사 개성 지사를 통해 지역 내 두 학교의 위상을 가늠할 수 있다. 공성학은 개성 신교육운동의 양대 인물로 임규영과 최문현의 업적을 기리고 이들의 풍모를 각각 '춘풍옥수'의 '추월빙호'에 비유하였다.

국망 이후 개성 문인들은 지역 사회에 숭양문예사를 설립하고 한문학운동을 전개하였다. 1916년 숭양문예사를 설립한 주체는 박남철과 최문현을 중심으로 개성의 '명문거유' 또는 '현세문사'로 평가받는 12인의 발기인이었는데, 개성 신교육운동과 관계있는 인물들(최문현, 공성학, 유원표, 김기하, 박이양, 김기형) 및 김택영과 연결된 개성 문인들(박남철, 최중건, 최문현, 공성학, 임광윤, 김기형)로 구별된다. 이 가운데 박남철은 최중건과 함께 김택영의 황화사 멤버에 속하는 인물로 1910년대 개성 사회에서 한문학의 중심인물이었고, 최문현은 17세기 개성 명유 최계림의 후손으로 '유림대가'의 명망과 더불어 개성 신교육운동의 명성을 겸비하였다. 숭양문예사 설립 주체 중에서 최문현, 공성학, 김기형(김진구의 자)은 개성 신교육운동과 개성 한문학운동에 모두 관계했던 인물들이었다.

숭양문예사는 1916년부터 1918년까지 개성 안팎의 문인들로부터 한시와 한문을 받아 이를 심사해 시취방목을 내고 매회 출품된 작품들을 분기별로 묶어 『숭양집』을 출간하는 작업을 지속하였다. 『숭양집』에 수록된 작품은 전체 34회 3288수로 시문별, 시체별로 오언절구(100수),

칠언절구(168수), 오언율시(352수), 칠언율시(2182수), 오언고시(23수), 칠언고시(35수), 문(120수) 등의 분포를 보였다. 출품자의 작품은 지역별로 개성인의 작품(2,495수)과 비개성인의 작품(793수)으로 구별되는데, 비개성인의 지역은 45지역으로 경기도·황해도를 중심으로 함경도를 제외한 전국적인 분포를 보였다. 매회 출제된 시제는 모춘(1회)부터 세모구회(34회)까지 출제된 달의 계절적 특성이 반영된 경물이나 풍속과 관계된 것이었다. 또한 매회 출제된 문제는 일반 한문학의 문예적 감성을 발휘해야 하는 성격의 것들도 있었지만, 근대 사회를 살아가는 개성인의 현실인식과 밀접한 관계가 있는 것들도 적지 않았다. 이를테면 기차설(2회), 교육론(9회), 근면저축설(11회), 신체건강론(12회), 이십세기인생관(16회), 신구학변(17회), 종교론(19회) 등이 그러하다.

숭양문예사를 설립한 핵심 인물인 박남철과 최문현은 1910년대에 개성의 문화 전통을 현창하는 다양한 출판 활동을 펼쳤다. 1914년 간행된 정몽주의 문집『신편포은집』은 박남철, 박이양의 공편, 최문현의 교열로 완성되었다. 정몽주는 충절을 상징하는 고려의 명인으로 1900년대 개성 신교육운동의 전개 과정에서 그의 충애 정신이 고취된 바 있는데, 1910년대 개성 한문학운동의 전개 과정에서 개성의 역사적 상징으로 정몽주의 새로운 문집이 등장한 것이다. 1918년 초간된 박문규의『천유집고』는 19세기 개성의 대시인 박문규의 시학을 이해하기 위한 필수적인 문헌으로 박문규의 문인 박남철의 제사와 최문현의 편차에 의해 완성된 것이다. 동년 숭양문예사에서 간행한『중경과보속』은 1470년 개성의 과거 금고가 풀린 후 과거제가 폐지되는 1894년까지 개성 지역 역대 과시 합격자를 정리한 문헌으로 정조대 개성의 대유 조유선의『중경과보』를 증보한 것이다.『중경과보속』의 출간을 결정한 숭양문예사의 취지는 조선시대 개성 사회에서 배출된 많은 인재와 개성 문학 전통의 기념에 있었다.

1900년대 신교육운동과 1910년대 한문학운동에 참여했던 개성 문인들은 대개 문학과 실업을 병행한 재력가였다. 삼영상회 확장, 육일사 설립(1913년), 개성삼립조합 설립(1915년), 개성전기주식회사 창립(1917년) 등 개성에서 설립된 농업, 임업, 상업, 공업 분야의 회사나 조합의 주체들의 중심인물은 김진구와 그 아들 김기형(김정호로 개명), 김여황의 아들 김원배, 최문현, 손봉상, 공성학 등이었다. 이들은 김택영을 중심으로 결집한 개성 문인에 속하면서 개성의 신교육운동과 한문학운동을 주도하고 있었다. 이 중에서 김여황의 아들 김원배는 개성 유일의 자산가로 평가받고 있었고, 손봉상과 공성학, 김진구-김기형 부자는 박우현과 함께 개성 삼업계의 중추적인 인물이었다. 이처럼 김택영과 연결된 개성 문인들은 식민지시기 개성 실업계의 핵심을 구성하고 있었다.

위에서 살펴본 한국 근대 개성 문인의 지역사회 활동을 통해 우리는 한국사에서 전근대 유교 전통과 근대 지역 사회의 관계에 대한 중요한 통찰을 얻을 수 있다. 그것은 개성과 같은 도시 지역의 경우 조선 후기 뒤늦게 형성된 유교 전통을 배경으로 문학이 발달하여 근대전환기에 김택영과 같은 저명한 인물이 지역사회의 구심점을 이루고, 김택영을 중심으로 다수의 개성 문인이 결집하여 지역 문화를 현창하는 문헌 편간 사업을 적극적으로 수행함은 물론 20세기 들어와 이들이 지역 사회의 주체가 되어 국망 전후 적극적으로 신교육운동과 한문학운동을 전개하였다는 사실이다. 아울러 이들이 동시기에 경제적 부를 배경으로 적극적으로 실업 활동을 전개하고 있었다는 사실이다. 근대 전환기 도시 지역 유교 전통의 주체들이 유교 교양과 경제적 부를 배경으로 지역

사회의 다양한 사회문화운동의 주체로 연결되는 전형적인 양상을 우리는 개성 지역에서 발견할 수 있다. 한국 근대 도시 지역에서 유교적인 지역 주체의 형성을 독해하는 논점들이 본격적으로 상정되기 위해서는 개성 사회에 대한 심층적인 이해와 더불어 대구나 평양 같은 다른 도시 지역의 사례에 대한 비교사적 연구도 요망된다.

3부
조선 개념의 현장

제1장 전환기 실학 개념의 역사적 이해

제1장

1. 머리말

오늘날 현대 한국어에서 실학은 거의 조선 후기 '실학'을 가리키는 학술 용어가 되었지만 불과 백 년 전만 하더라도 실학이 자명하게 '실학'을 의미했던 것은 아니다. 조선 후기의 새로운 학풍을 실학이라는 명칭에 담아 아카데믹한 '실학' 담론이 전개된 것은 한국학이 제도적으로 안착한 20세기 이후의 일이었다. '실학' 담론은 특히 해방 이후 한국 학계에서 급속히 성장하여 조선 후기 사상사를 이해하는 기본적인 관점을 획득하는 데 성공하였고, '실학' 담론이 성장하고 '실학' 연구가 활성화됨에 따라 자연스럽게 '실학' 개념의 정합적 이해가 요청되고 있다.

'실학' 개념의 학문적 정립은 '실학' 연구의 심화를 위하여 필수적인 작업이다. 한국학의 한 분야로서 '실학'의 제도적 형성 과정에 대한 이해와 더불어 '실학'의 개념적 형성 과정에 대한 이해가 뒷받침되어야 '실학'이라는 학문의 온전한 자기 위상이 설명될 수 있기 때문이다. 그렇게 볼 때 지금까지 '실학'에 대한 연구 관심은 상대적으로 개념으로서의 '실학'보다는 지식으로서의 '실학'에 중점이 두어져 있었다는 생각이 든다. 이를테면 대개의 '실학' 연구는 조선 후기 유형원, 이익, 박지원, 정약용 등 개별 사상가의 학문에 관한 지식이 실학이라는 명칭으로 규합되어 '실학'이라는 지식이 조직화되어 왔던 과정을 합리적으로 독해하는 데에 친숙한 편이었다. 반면 근대에 늘어와 문세의 그 사상기들에게 왜 실학이라는 명칭이 부여되었으며 실학이라는 명칭이 부여되기 이전의 실학 개념과 이후의 '실학' 개념이 어떻게 구별되었는지, 개념사의 시각에서 실학이 '실학'으로 개념화되는 과정에 대한 역사적인 통찰은 보기 드물었다.[1]

---

1   20세기 '실학' 연구 과정에서 '실학' 개념에 대한 논의가 없었던 것은 아니다. 鄭寅普는 『星湖僿說類選』의 서문에서 '依獨求實之學'을 언급하였고 崔南善은 「朝鮮歷史講話」에서 '實地', '實證', '實用'에 근거한 '實學의 風'을 거론하였고 崔益翰은 『실학파와 정다산』에서 일제식민지시기 조선학 연구자들의 원초적인 '실학' 감각을 '實事求是'에서 구하였다. 千寬宇는 '實正'(자유), '實證'(과학), '實用'(현실)의 三實論을 거론한 후 근대와 민족을 지향하는 '改新儒學'을 실학이라 보았고, 李佑成은 '經世致用', '利用厚生', '實事求是' 등의 키워드로 조선 후기 '실학'을 세 유파로 구별하였으며, 池斗煥은 '주자성리학'–'조선성리학'–'실학'의 단계론에 서서 '실학'을 '北學'으로 한정하였다. 또한 朴鍾鴻은 '실학'에서 '실'의 철학적 의미를 '誠實'로 보았으며, 李乙浩는 程朱學으로부터 洙泗學을 지향한 '改新儒學'을 실학으로 보았다. 이상의 논의들은 실학 연구의 형성기 혹은 정립기에 표출된 '실학'의 감각을 적실하게 전달해 준다. 그러나 조선 후기 '실학'으로 지칭되는 학문에 관한 지식을 체계적으로 정의하고 분류하는 데에 주된 관심이 있었기 때문에 근본적으로 조선 후기의 그러한 학문에 왜 '실학'이라는 명칭을 부여해서 역사적 지식으로 만들어야 했는지에 대한 과학적인 설명은 충분히 제시되지 못했으며, 오히려 과학적인 설명 대신 '실학'이라는 지식의 학문적 당위성을 채워 주었던 것은 근대와 민족으로 집약되는 이념이었다. 곧 '실학'의 식은 달리 말하면 근대의식과 민족의식이었다. 이처럼 '실학' 개념이 그 자체로 자명한 개념적 실체성을 확보하지 못한 가운데 지식과 이념에 의존해 구성된 20세기 학술 개념이라는 사실은 오늘날 조선 후기 '실학' 연구의 방향성을 다시 사유하는 계기가 되고 있으며, 20세기 한국 사회에서 '실학' 지식의 형성 문제 또는 '실학' 이념의 형

이에 이 글은 한국 근대 학술 용어로서 등장한 '실학' 개념의 역사적 이해에 보탬이 될 수 있도록 먼저 한국 근대 초기의 일반적인 실학 개념을 논구하고자 한다. 19세기 말 20세기 초 대한제국의 역사적 맥락 위에서 실학이라는 어휘가 신문과 잡지의 대중 매체에서 발화되는 양상과 그 성격을 파악함으로써 향후 이 어휘가 자연스럽게 조선 후기의 새로운 학문 풍조를 지시하는 명칭으로 이용될 수 있었던 배경을 추론할 수 있으리라 생각된다.

그러나 근대 초기 실학 개념의 역사적 의의가 단지 학술적인 '실학' 개념의 원형적 의미를 제공하는 데서 그치는 것은 아니다. 근대 초기 한국 사회는 근대적인 제도들이 형성되면서 이에 따른 급격한 어휘 변화가 발생하고 있었다. 그것은 구식 어휘의 퇴조나 신식 어휘의 유입, 그리고 기존 어휘의 새로운 개념 탑재 등 다양한 방식으로 출현하고 있었다. 실학 개념 역시 근대의 제도 변동과 연결되어 외연이 새롭게 확

성 문제를 탐구하는 일련의 연구들이 출현하는 맥락도 이러한 사정과 관련이 있을 것이다('실학'에 관한 이념 문제 또는 지식 문제를 검토한 성과로 다음 연구들이 있다. 권순철, 「실학을 다시 생각한다」, 『전통과현대』 11, 전통과현대사, 2000; 이태훈, 『실학 담론에 대한 지식사회학적 고찰―근대성 담론을 중심으로』, 전남대 사회학과 박사논문, 2004; 송혁기, 「연암문학의 발견과 실학의 지적 상상력」, 『한국실학연구』 18, 한국실학학회, 2009; 최재목, 「일제강점기 정다산 재발견의 의미」, 『다산학』 17, 다산학술문화재단, 2010; 김남이, 「20세기 초~중반 '燕巖'에 대한 탐구와 조선학의 지평」, 『한국실학연구』 21, 한국실학학회, 2011; 김진균, 「실학 연구의 맥락과 정인보의 '依獨求實'」, 『민족문화논총』 50, 영남대 민족문화연구소, 2012). 이 글은 넓게 보면 20세기 한국학 분야에서 '실학'의 형성 과정을 지식과 이념의 측면에서 접근하는 연구들에 주목하면서도 개념이라는 측면에서 이 문제를 새롭게 인식할 방법을 찾고자 한다는 특색이 있다. 곧 근대 학술 용어로서 '실학'의 등장에 선행하여 근대 초기 한국의 대중 매체에서 근대 일반 개념으로서 실학의 생성에 주목하여 실학이라는 근대 일반 개념으로부터 '실학'이라는 근대 학술 용어로의 개념적 접합 가능성을 예측하고자 하는 것이다(근대 개념으로서의 실학을 착안한 데에는 근세적 실학과 근대적 실학을 구별했던 小川晴久의 관점으로부터 시사점을 얻었음을 밝힌다. 小川晴久 저, 하우봉 역, 『한국실학과 일본』, 도서출판 한울, 1995).

장되고 내포가 새롭게 변화하며 개념의 로컬리티가 중층적으로 형성되고 있었다. 그것은 조선시대 실학 개념과도 구별되고 근대 '실학' 개념과도 구별되는 독자적인 영역을 획득하고 있었다.

이와 관련하여 근대 실학 개념이 조선시대 실학 개념 및 근대 '실학' 개념과 구별되는 언어 감각을 실감나게 전달하는 사례를 몇 가지 예시하겠다. 가령 실학이란 옛날과 오늘날 사이에 인간 세상에 현격한 진보가 이루어졌음을 보이는 중요한 징표로 인식되었다. 석기가 철기로 변화했고 나무 방주가 철갑 군함으로 변화했듯이 옛날 사람의 허문(虛文)이 오늘날 사람의 실학으로 변화했다는 것이다.[2] 실학이란 이처럼 근대 초기에 '금인지실학(今人之實學)'으로 감각되던 현재적 개념이었으며, 전근대와 근대의 명확한 경계가 허문과 실학의 구도에서 주어지고 있었다.

실학이 근대의 중심적인 개념이었음을 보이는 다른 사례가 있다. 이를테면 신학문의 보급을 저해하는 촌학구를 비판하는 어떤 글에서 지은이는 신학문을 실학으로 보는 입장에서 '금일이 가위(可謂) 실학시대요 실력세계라 실학이 무(無)하면 국가가 망하고 실력이 무하면 민족이 망'한다고 선언하였다.[3] 여기서 '금일'을 실학시대라고 단언한 것은 중요한 의미를 지닌다. 앞서 실학이 무엇보다 대한제국 당대를 살아가는 '금인'의 실학이었음을 보았지만, 실은 이 금인이 살아가는 '금일'의 역사적 위치가 다름 아닌 '실학시대'였던 것이다. '실학시대'라는 최상의 표현까지 등장하는 대한제국기의 실학 개념을 역사적으로 논구하는 작업은 따라서 각별한 의미가 있다. 지금은 단절되어 잃어버린 대한제

---

2 『大韓協會會報』 4, 논설 「世人의 來歷」, 1908.7.
3 『太極學報』 24, 논설 「舊染汚俗咸與維新」, 1908.9.

국기 실학 개념의 역사적 현재성을 그 시대의 언론 매체에서 탐색하는 일은 충분히 매력적인 작업이 될 것이다.

이런 견지에서 이 글은 대한제국기 근대적 제도의 형성 과정에 수반되어 나타난 한국 근대 개념의 형성 과정이라는 시각에서 대중 매체에 나타난 일반적인 실학 개념을 분석하고자 한다. 분석 단위를 크게 개념의 외연, 개념의 내포, 그리고 개념의 로컬리티로 구분하였다. 먼저 제1장에서는 「실학의 외연」이라는 제목으로 한국 근대 실학 개념을 둘러싼 제도적 맥락을 고찰하고자 한다. 한국 근대 실학은 제도적으로 새로운 학제를 수립하려는 국가 교육 정책과 이러한 새로운 학제 하에 설립된 신식 학교의 신학문 교육, 그리고 그러한 신학문의 발원지로서 세계 열강의 교육 기관에서 전수되던 전문적인 분과학문의 학습이라는 다양한 환경에서 생성되어 왔다. 이와 같은 다양한 제도적 차원에서 실학 개념의 근대적 외연이 확장되는 양상을 고찰하고자 한다.

다음으로 제2장에서는 「실학의 내포」라는 제목으로 한국 근대 실학 개념의 학문적 범위와 성격에 대해 고찰하고자 한다. 한국 근대 실학은 내용상으로 근대 교육 기관에서 교수되는 근대 학문 일반을 지칭할 수 있었지만, 근대 문명의 성취와 국가 부강의 실현이라는 목적의 달성을 위해 그 강조점이 자연과학을 중심으로 하는 격치학 또는 농상공을 중심으로 하는 실업학에 놓일 수 있었다. 이와 같은 다양한 내용적 차원에서 실학 개념의 근대적 내포가 응집되는 양상을 고찰하고자 한다.

끝으로 제3장에서는 「실학의 로컬리티」라는 제목으로 한국 근대 실학 개념과 관련된 역사적인 장소성의 문제에 대해 고찰하고자 한다. 한국 근대 실학은 결코 공간적으로 근대 동아시아로부터 격절된 개념이 아니었으며 정치적으로도 근대 한국의 이념적인 지형으로부터 초연한 위치에 있지 않았다. 이에 만청(晚淸) 중국과 메이지 일본으로부터 실학 개념이 유입된 양상을 살펴보고 아울러 대한제국 사회의 이념적인 지형들, 예컨대 개화(開化)-수구(守舊), 신학(新學)-구학(舊學), 그리고 친일 유교의 각 지점에서 작용하는 실학의 이념적 함의를 살펴보고자 한다. 이와 같은 작업을 통하여 한국의 근대 개념으로서 실학의 역사적 색채가 더욱 뚜렷하게 드러나기를 바란다.

2. 실학의 외연

1) 국가의 교육정책과 실학

실학은 한국 근대에 들어와 국가 정책에 의해 표현된 어휘였다. 한국 근대 사회에서 '실(實)'이 갖는 역사적 함의는 다양하게 접근될 수 있지만 그 중에서도 그것이 근대 국가 수립이라는 역사적 과제와 관련하여 독립(獨立)이라는 화두와 연결되어 있었던 점은 주목되는 현상이다. 이를테면 실학은 조선의 독립을 완성하기 위한 인민 교육 내용으로서 강구되고 있었다. 독립협회 회원 안국선은 1896년 『미국독립사(美國獨立史)』를 읽고 조선의 독립 방안을 강구하는 논설을 지었는데, 그가 보기에 건양(建陽) 연호를 사용하고 있는 대조선국(大朝鮮國)은 이미 자주독립의 명(名)은 갖추었으나 아직 자주독립의 실(實)을 갖추기 못했기 때문에 세계 문명국으로 도약하기 위한 적절한 방안이 필요했다. 이 가운데 그가 첫 번째 방안으로 개진한 것은 교육 제도를 마련하여 인민이 실학실업(實學實業)을 연구하게 하자는 것이었다.[4] 여기서 실학이란 곧 국가 독립의 실을 얻기 위하여 국가에서 학제를 새로 마련하고 이에 따라 인민이 연구하는 새로운 학문을 의미하였다.

국가 독립을 위한 교육정책으로 실학을 진흥해야 한다는 생각이 독립협회의 내부에 국한된 것은 아니었다. 독립협회에서 제기한 조선의 실질적 독립이라는 과제는 대한제국이 출범한 후 역시 대한의 실질적 독립이라는 과제로 연속하고 있었다. 대한제국 초기 교육 정책을 입안한 학부는 이 문제를 명확히 인식하고 있었다. 이를테면 학부에서는 실학의 진흥에 관한 특별 훈령(訓令)을 보낸 일이 있었는데, 이 훈령에 따르면 당시 신식 학교에서 실심으로 실학을 해서 서양 각국과 경쟁하며 독립의 기업(基業)을 확립할 인재를 양성해야 함에도 불구하고 학생들의 논설을 보면 갑오경장 후에도 여전히 과거 시험 답안의 수준에 머물러 있었다. '발달진보(發達進步)'의 교육철학을 신봉하고 있는 학부로서는 이를 개탄하여 특별히 『공법회통(公法會通)』, 『태서신사(泰西新史)』, 『서유견문(西遊見聞)』, 『중일약사(中日略史)』, 『아국약사(俄國略史)』, 『심상소학(尋常小學)』, 『대한도(大韓圖)』, 『소지구도(小地球圖)』 등의 신서적을 보냈고, 더하여 『태서신사』에 입각해 출제한 문제들을 보내 학생들이 답안을 작성해 보내도록 하였다.[5] 국가 독립을 완수할 인재를 양성하기 위해서는 학교의 실학 교육이 중요하다고 보고 특히 세계사 교육을 강조하는 태도를 보인 것이다.

---

4 『大朝鮮獨立協會會報』 4, 논설 「北米合衆國의 獨立史를 閱ᄒ다가 我大朝鮮國獨立을 論ᄒ이라」, 1897.1.
5 『皇城新聞』 1898.11.3, 별보 「學部訓令續」.

이처럼 실학은 대한제국의 출범을 전후하여 국가 독립을 위한 교육 정책적 시야에서 제기되었는데, 실제로 대한제국기의 신식 학교 관제를 보면 실학이 곧잘 학교 교육 내용으로 직접적으로 거론되고 있어서 주목된다. 가령 1899년 제정된 「상공학교관제(商工學校官制)」를 보면 제1조에 '상공학교는 상업과 공업에 필요한 실학을 교육ᄒᆞᆫ 처(處)로 정함이라'는 조항이 있다.[6] 1900년 제정된 「광무학교관제(礦務學校官制)」를 보면 제1조에 '광무학교는 광업에 필요ᄒᆞᆫ 실학을 교육ᄒᆞᆫ 처로 정ᄒᆞᆷ이라'는 조항이 있다.[7] 그리고 1904년 제정된 「농상공학교관제(農商工學校官制)」를 보면 제1조에 '농상공학교난 농업과 상업과 공업에 필요ᄒᆞᆫ 실학을 교육하난 처로 정함이라'는 조항이 있다.[8] 세 관제 모두 제1조에 '실학' 교육이 명시되어 있다. 이는 실학이 농업, 상업, 공업, 광업 등 실업을 위한 학문임을 명시한 것이다.

또, 1899년 제정된 「중학교관제(中學校官制)」를 보면 제1조에 '중학교는 실업에 취(就)코져 ᄒᆞ는 인민에게 정덕(正德)이용후생(利用厚生)ᄒᆞ는 중등교육을 보통으로 교수ᄒᆞ는 처로 정함이라'는 조항이 있다. 교육 목적이 실업의 취업이며 교육 내용이 정덕이용후생임을 명시하였다. 그런데 이에 관한 청의서를 보면 한국에 어학교와 소학교는 있으나 실학 교육하는 곳이 없어서 실지학업(實地學業)을 교수하려고 중학교를 설립한다는 내용이 있다.[9] 중학교에서 교수하는 실업 취업을 위한 학문이 다름 아닌 실학임을 명시한 것이다. 반면 1899년 제정된 「의학교관제(醫學校官制)」를 보면 제1조에 '의학교는 국민에게 내외 각종 의술을 전

6   『皇城新聞』 1899.6.30, 관보 「商工學校官制」.
7   『皇城新聞』 1900.9.7, 관보 「礦務學校官制」.
8   『皇城新聞』 1904.6.13, 관보 「農商工學校官制」.
9   『各部請議書存案』, 「中學校官制請議書」 第三號, 1899.3.

문으로 교수ᄒᆞᄂᆞᆫ 처로 정함이라'는 조항이 있다.[10] 여기에는 실학이라는 어휘가 명시되어 있지 않은데 직접적으로 의술을 교수하겠다고 교육 내용을 명기하였기 때문에 굳이 실학을 포함시킬 필요가 없었음을 알 수 있다.

실학 교육은 대한제국이 추구하는 새로운 교육 정책의 핵심적 위치에 있었다. 이미 1895년 고종은 조서를 반포하여 교육이 국가 보존의 근본임을 강조하고 새로운 근대 국가로서 조선이 추구하는 교육의 강령을 덕양(德養)과 체양(體養)과 지양(知養)으로 나누어 제시한 일이 있었다.[11] 그는 이 조서에서 교육의 방도가 무엇보다 허명과 실용의 분별에 있음을 명시하였고, 자신의 교육 강령이 허명을 제거하고 실용을 숭상하는 결과를 가져오기를 희망하였다. 이는 국가의 신식 학교에서 교수되는 지덕체 삼육이 모두 실용 교육이 되기를 요구한 것이다.

고종이 교육 조서에서 이미 실용을 천명하였기에 『독립신문』은 대한제국의 출범을 즈음해서 학부의 교육 정책으로 신식 학교가 증가하고 교과가 개선되어 실학 교육이 이루어질 것이라고 기대할 수 있었다.[12] 제국의 교육 정책이 얼마나 실효가 있었는가는 논란의 여지가 있겠지만, 적어도 제국이 선포된 후 문풍이 다시 일어나 청년 자제를 실학상으로 교육하겠다는 내용의 흥학 조서가 거듭 내려왔다는 기억은 융희년간에도 남아 있었다.[13] 이처럼 실학은 대한제국의 교육 정책의 핵심인 실학 교육의 형태로 그 외연이 확장되고 있었다.

---

10 『皇城新聞』 1899.3.29, 관보 「醫學校官制」.
11 『高宗實錄』 권33 고종 32년 2월 2일(甲辰).
12 『독립신문』 1897.10.5, 론셜.
13 『皇城新聞』 1908.9.30, 잡보 「咸化進化」.

2) 학교의 교과교육과 실학

한국 근대 실학의 제도적 함의는 일차적으로 갑오개혁 이후 근대 국가 건설을 위한 새로운 국가 교육 정책으로서 실학 교육의 성취라는 관점에서 나왔다. 그리고 이와 같은 정책에 의해 설립된 신식 학교가 증가함에 따라 실학 교육은 이제 그러한 신식 학교에서 교수되는 새로운 교과 교육을 의미하게 되었다. 학교의 교과교육은 국가의 교육정책과 더불어 한국 근대 실학의 외연을 확장하는 또 다른 제도적 계기였다.

그런데 실학의 외연으로 학교 교육을 상정할 경우 실학 교육의 주체가 반드시 신식 학교로 한정되는 것은 아니었다. 이를테면 대한제국기 신식 학교의 설립 취지서를 보면 조선시대는 태학, 사학, 향교, 서원 등의 설립으로 문학이 흥기하고 인재가 배출된 문명시대였지만 만근 이래 허문을 높이고 실학이 없어지는 풍조가 발생하여 이러한 풍조가 극도에 이르렀다는 인식,[14] 또는 조선시대는 개국 초에 학교를 일으켜 인재를 길러서 문운이 크게 열렸는데 만근 이래 학업이 부패하여 선비는 실학이 없고 나라는 정교(定敎)가 없다는 인식[15]을 발견할 수 있다. 이는 조선시대까지 소급하여 학교 교육을 통해 실현되는 교학의 의미로서 실학을 기능적으로 접근한 것인데, 학교 교육이라는 제도적 동일성을 통해 고금 실학 교육의 상호 소통을 함축하고 있어서 흥미롭다.

사실 학교 교학으로서의 실학은 조선시대보다 멀리 중국 삼대까지 소급되는 개념이었다. 삼대의 교육 기관에서는 육덕(六德), 육예(六藝), 육행(六行)을 실교(實敎)하고 실학하여 재야의 인재가 조정에 등용되었

---

14 『皇城新聞』 1908.3.27, 잡보 「進明夜學」.
15 『皇城新聞』 1908.2.22, 잡보 「城津府中化中學校趣旨書」.

다는 맥락에서 나온 것이다. 그런데 태서의 교육 기관도 이와 같은 삼대의 이상적인 교학을 구현하여 삼대의 범위와 같다고 언명되었다. 이로써 실학은 태서의 교육 기관에서 이루어지는 교학을 가리키는 것으로 개념이 확장되었다.[16] 즉, 삼대의 실학에서 태서의 실학으로 실학의 개념적 확장이다.

이처럼 학교 교육이라는 제도적 시야에서 중국의 고전적인 교학, 조선시대의 전통적인 교학, 서양의 근대적인 교학이 실학으로 연결되면서 대한제국기 학교 교육으로서의 실학 개념은 다층적인 의미를 확보하게 되었다. 물론 그 중심은 신식 학교에서 교수되는 교과 교육 내용으로서의 실학이었고 그것은 실학 교육을 추구하는 국가 교육 정책의 논리적 귀결이기도 하였다. 앞에서 보았듯 이미 국가에서 설립한 농상공학교나 광무학교 같은 실업 학교는 학교 관제에다 직접적으로 학교가 실학을 교육하는 곳임을 명시한 상태에 있었고, 중학교 역시 비록 실업 학교가 아니라서 학교 관제에다 직접적으로 실학 교육을 명기하지는 못했지만 청의서에 나타난 학교 설립 의도는 실학 교육에 있었다. 이런 의미에서 실학의 구체적 현장은 신식 학교의 교과목이었다고 하겠다.

대한제국기에 설립된 신식 학교의 교과 교육 내용을 실학으로 인식하는 사고의 흐름을 보여주는 한 가지 실례로 1907년 서울 약현(藥峴)에 건립된 약명학교(藥明學校)의 취지서를 들 수 있다. 취지서는 세계 열강이 실학을 발명하여 강대국의 토대를 구축했는데 한국은 교육에 실지가 없어서 일본에 국가적 수모를 당했다고 학교 설립의 사유를 밝혔다.

---

16 『皇城新聞』 1898. 10. 27, 별보.

한국 사회에 실학 교육, 실지 교육을 하겠다는 의지를 드러낸 셈인데, 약명학교에서 교수할 구체적인 교과목으로 한문, 지지, 역사, 산술, 이학, 화학, 경제학, 중등수신학, 일어, 영어, 토론, 체조 등을 열거하였다.[17] 당시 신식 학교에서 추구한 실학 교육 내지 실지 교육의 구체적 현장이 바로 이와 같은 교과목들이었던 것이다.

신식 학교에서 추구하는 실학 교육은 실학을 드러내는 포인트의 차이에 따라 서로 다른 명칭으로 접근되기도 하였다. 예를 들어 지방의 총명한 이전(吏典) 자제들이 실학 교육을 받지 못해 산활의 구습에 노출되어 있으니 이들을 속히 신식 학교에 보내 시국학문에 전념케 해야 한다는 신문 기사가 있는데,[18] 이 경우 학교 실학의 실제적 의미는 시국학문이었다. 또, 의주군수 신우균(申羽均)이 구시학교(求是學校)를 설립해 시무학문을 가르치고 삼흥회사(三興會社)를 설립해 술을 제조하고 있다며 신우균이 실학과 실업에 열심이라고 칭찬하는 신문 기사가 있는데,[19] 이 경우 학교 실학의 실제적 의미는 시무학문이었다. 또, 육군무관학교(陸軍武官學校)가 생도들의 실지학문을 개발하기 위해 동식물 및 생리 관련 물품을 일본에서 구매했다며 이를 '무교실학(武校實學)'이라는 제목으로 소개한 신문 기사가 있는데,[20] 이 경우 학교 실학의 실제적 의미는 실지학문이었다.

신식 학교의 실학은 기본적으로 교육 현장에서 정규 교과 교육에 의해 실현되는 것이었지만 그것이 지역 사회에 가시적으로 표상되기 위해서는 특별한 이벤트가 필요하기도 했다. 당시 이러한 이벤트로 기능

---

17 『大韓每日申報』1907.10.15, 잡보「藥明學校趣旨書」.
18 『皇城新聞』1899.1.24, 논설.
19 『皇城新聞』1905.9.8, 잡보「學校와 會社의 並興」.
20 『皇城新聞』1908.12.24, 잡보「武校實學」;『畿湖興學會月報』6,「學界彙聞」, 1909.1.

했던 것이 학교 운동회였다. 이를테면 1907년 5월 27일 전주 진북정(鎭北亭)에서 열린 전주공립보통학교(全州公立普通學校) 춘기 운동회에는 성내와 성외 인민이 운집하여 구경하였는데 '전주 파천황 성거(盛擧)'라 일컬어질 정도로 대성황을 이루었다. 그 결과 전주는 종래 부화(浮華)의 풍속을 숭상했는데 신학교가 설립된 이후 실학에 힘써 문명에 이를 것이라는 전망이 나올 수 있었다.[21] 이로부터 실학의 외연에 운동회라는 이벤트를 통해 문명을 표상하는 신식 학교의 학문이라는 감각이 더해졌을 것으로 예상할 수 있다.

그러나 신식 학교에서 가르치는 학문이라 해서 그것이 반드시 직접적으로 실학이 되는 것은 아니었다. 갑오개혁 이후 경향에 설립된 신식 학교의 학교 교육에 대하여 학교 관리법이 부실하여 실학이 나올 수 없었다는 비판적인 회고[22]가 나온 것은 학교 교육의 실제 현실에 대한 가치 판단 여하에 따라 그 학교의 교육 내용이 실학이라 불릴 수도 있었고 그렇지 않을 수도 있었음을 보여 주는 것이라 하겠다.

3) 외국의 전문교육과 실학

앞에서 한국 근대 실학 개념을 둘러싼 제도적 환경으로 실학 교육을 시행하려는 대한제국의 교육 정책과 이에 연동된 신식 학교의 교과 교육을 거론하였다. 그런데 국가와 학교에서 추구한 실학 교육의 목표는 국가의 실질적 독립이었고 이렇게만 보면 실학의 제도적 환경은 일국

---

21 『皇城新聞』 1907.6.1, 잡보 「全校運動盛況」.
22 『太極學報』 23, 학술 「二十歲僅 內外靑年의 敎育範圍」 1908.7.

적인 차원에 머무를 것이라 예단하기 쉽다. 그러나 국가의 독립을 위해 왜 하필 다름 아닌 실학 교육이 선택되어야 했는가 하는, 실학 교육의 정당성 내지 당위성을 확인하는 물음에 대한 답변은 언제나 일국적인 차원을 넘어서는 곳에서 주어지고 있었다. 즉, 이미 세계 열강이 실학을 발달시켜 국가 부강의 토대를 마련했기 때문에 대한제국도 속히이를 본받아야 한다는 논리이다. 이 지점에서 실학 개념을 둘러싼 보다 넓은 제두로서 외국의 실학과 그것의 학문적 수입이라는 문제를 상정할 필요를 느낀다.

먼저 실학은 명백히 세계 열강에서 만들어내는 신식 학문을 의미하는 개념으로 사용되고 있었다. 이를테면 한국에서 신학문의 확대를 주장하는 논설을 보면, 당시 동서 열강의 일등국, 곧 영국, 미국, 법국, 덕국, 아국, 의국(意國)과 일본의 교과 학문이 경학, 법학, 지학(智學), 의학의 4과로 나뉘어 있는데, 이와 같은 실학으로 인재가 양성되고 국가가부강해졌다는 내용을 만날 수 있다.[23] 마찬가지로 세계 열국의 학교에소학교, 중학교, 대학교가 있는데 이 일련의 교육 과정을 모두 거쳐 전문학이 이수되면 국가는 부강을 얻고 국민은 생업을 얻는다는 설명도있었다. 여기서 전문학이란 구체적으로 농학, 상학, 이학, 화학, 광학,의학, 기계학, 조직학, 법률학, 경제학, 정치학 등의 허다한 실학이라하여 실학의 영역이 근대의 전문적인 분과 학문들을 모두 포괄하고 있음을 볼 수 있다. 한국의 경우 장구와 사장을 정학으로 받들기만 하고시무와 법률에 어두워서 열국 중에서 약국이 되었다면서 이를 실학과반대되는 허학으로 인식하였다. 곧 여기서 말하는 실학의 의미는 서양

---

23 『大韓協會會報』8, 논설 「新學問의 不可不修」 1908.11.

의 고등 교육에서 교수되는 전문적인 분과 학문, 그리고 이것을 과거 조선시대에 투사하여 포착한 시무와 법률의 학문, 이렇게 두 가지로 집약된다.[24]

세계 열강의 실학이 이처럼 국가의 부강을 보증하는 이상 그것은 자연스럽게 자국의 부강을 위한 수입 대상으로 상정될 수밖에 없었다. 그렇기에 한국이 생존의 방도를 얻으려면 애국정신을 깨우치는 한편 각종 실학을 수입하여 경쟁 사업에 종사해야 한다는 논의가 제기될 수 있었다.[25] 아울러 양계초(梁啓超)가 신민(新民)을 풀이하면서 말한 것처럼 신(新)에는 자신이 소유한 것을 알맞게 만들어 형성되는 내인적 신과 자신이 소유하지 못한 것을 채택하여 형성되는 외인적 신이 있는데, 한국의 경우 윤상(倫常)과 예의가 내인적 신의 영역이라면 '현시대 문명 각국의 제종실학지과(諸種實學之科)'는 외인적 신의 영역에 속하므로 양자를 병행하여 발전시켜야 한다는 주장[26]이 나온 것도 이런 맥락에서 이해할 일이다.

이처럼 실학이 세계 열강에서 생산하는 학문이자 한국에서 수입할 학문으로 상정되는 이상 수입국인 한국 학생이 생산국인 외국 학교에 가서 실학을 학습하는 외국 유학의 문제가 실학 개념을 둘러싼 또 다른 제도적 맥락으로 떠오르게 되었다. 먼저 실학이란 해외 유학생이 현지에서 학습하여 조국에 수입해 들어오는 그런 학문으로 지칭되고 있었다. 『황성신문』은 재일 한국유학생이 여름방학 기간에 귀국하여 하기강습회(夏期講習會)를 열고 야구단을 설립하고 있음을 보도하면서 이들

---

24 『皇城新聞』 1906.5.9, 광고 「能川郡私立開通學校各面里廣告」.
25 『皇城新聞』 1906.12.7, 논설 「義務敎育」.
26 『大韓每日申報』 1907.10.25, 잡보 「城津郡新民學校趣旨書」.

이 문명의 새 기운을 흡수하고 각종 실학을 수입하고 있다고 평하고 있었다.[27] 또, 『황성신문』은 도일 관비유학생을 고등공업학교, 고등상업학교, 고등사범학교, 의학전문학교, 대학, 고등학교 등으로 나누어 현황을 소개하는 기사를 작성하고는 이 기사의 제목을 '유학생실학(留學生實學)'이라 하였는데,[28] 여기서 실학이란 관비유학생이 일본 현지에 유학 가서 배우는 학문이라는 의미를 지니고 있었다.

이 지점에서 특히 주목되는 현상은 '실학ᄒᆞ다'라고 하는 어휘의 출현이다. 실학 개념은 거의 항상 '실학'이라는 명사로서 발화되었을 뿐 '실학ᄒᆞ다'라는 동사로서 발화된 적이 없었다. 그런데 한국의 해외 유학생이 현지에서 배우는 외국의 선진 학문을 지시하는 맥락에서 '실학ᄒᆞ다'라는 동사가 사용되고 있는 것이다. 이를테면 의주 고읍면 김상원(金尚元), 이승준(李承濬) 등이 작잠조합소(作蠶組合所)를 설립하고 여러 해 청나라에서 공부한 최학선(崔學善)을 고빙하여 잠업을 발전시키려 한다는 기사가 『대한매일신보』에 보인다.[29] 국한문판 신문에서는 최학선에 대해 '다년 청국에서 잠업 실학ᄒᆞ던 최학선씨(崔學善氏)'라고 표현한 반면 국문판 신문에서는 '여러히 청국에셔 실학ᄒᆞ던 최학선씨'라고 표현하고 있어 다소 표현의 차이는 있지만 어느 쪽이든 외국 유학을 떠난

---

27 『皇城新聞』 1909.7.23, 논설 「留學界活動」.

28 『皇城新聞』 1909.6.18, 잡보 「留學生實學」: 일본에 파견된 한국 官費留學生이 52명인데, 名古屋高等工業學校, 仙臺高等工業學校, 長崎高等商業學校, 中央幼年學校, 札幌農學校, 日本大學, 東洋大學, 法政大學, 農科大學, 大坂高等工業學校 유학생 각1명, 東京高等商業學校 4명, 神戶高等商業學校 및 千葉醫學專門學校 第一高等學校, 第五高等學校, 岡山高等學校 각2명, 早稻田大學 2명, 中學校 3명, 東京高等師範學校 7명, 東京高等工業學校 5명, 明治大學 6명, 帝國大學 農科 3명, 이 밖에 매월 20환씩 보조해 주는 補助留學生 28명(斷指留學生), 기타 私費生은 완전한 통계가 없으나 약 500인 이상이라 하였다.

29 『大韓每日申報』 1910.6.21, 잡보 「작잠進取」; 『대한민일신보』 1910.6.21, 잡보 「잠업확장」.

한국 유학생이 배우는 외국의 선진 학문이라는 어감이 실학에 담겨 있다. 중요한 것은 이런 맥락에서 출현한 '실학ᄒ다'라는 동사이다. 특히, 국문판 신문의 표현과 같이 구체적 학문 영역을 드러내지 않고 단지 외국에서 실학했다는 식의 표현만으로도 충분히 의사가 전달될 수 있었다는 사실이다. 이는 '실학하다'의 행위적 의미가 사실상 '유학(留學)하다'의 의미를 획득한 결과 나타난 것으로 생각된다.

실학과 유학의 개념적 친근성을 보여주는 또 다른 사례도 있다. 한국 실업 진흥 방안을 논한 어떤 필자는 공동실업회사를 설립하여 실업민(失業民)을 근로자로 모집하고 다시 '외국실학유학생(外國實學留學生)'을 고용해서 신품을 제조할 것을 제안하였다.[30] 이 경우 실학의 개념에는 실업의 학문이라는 의미, 외국의 실학이라는 의미, 한국 유학생의 실학이라는 의미가 동시에 접합해 있다. 실학의 의미를 분석적으로 보면 이와 같이 세 가지 의미로 세분될 수 있지만, 통합적으로 보면 각각의 의미들은 동일한 행위의 서로 다른 측면을 가리키는 것이었다고 할 수 있다. 행위적 차원에서 실학은 사실상 유학과 동일한 의미였던 것이다.

30　『太極學報』12, 논설「國之興旺在於公富」1907.7.

3. 실학의 내포

1) 실학의 분과 학문들

지금까지 국가 교육정책, 학교 교과교육, 외국 유학 등 제도적인 맥락에서 한국 근대 실학 개념의 외연들을 검토해 보았다. 이 외연은 실학이라 지칭되는 언어 현상의 구조적, 행위적 측면에 주목하여 규명된 것이다. 그런데 실학의 외연이 이와 같은 역사적 제도 위에서 펼쳐졌다 할지라도 그것이 실학으로서의 내포를 갖추기 위해서는 실이라는 글자가 지시하는 특정한 학문적 의미를 내용으로 갖추고 있어야만 한다. 따라서 위에서 실학의 외연을 검토하면서 산발적으로 확인한 바 있지만 아래에서는 실학이 지칭하는 학문 내용의 실제를 확인하기로 한다.

먼저 실학이란 대한제국 당대의 서양 근대 분과 학문들을 모두 지칭하는 것으로 이해되고 있었다. 가령 선천 영명학교(英明學校) 취지서에는 세계 열강은 이학, 화학, 농학, 공학, 상학, 의학, 문학, 법학 등 제반 학문의 대학사가 실학을 연구해서 국가에 이용하고 있다는 내용이 있고, 시(時)가 고금에 다르고 학(學)에 난이가 있으니 오늘날에 태어나서 오늘날을 배워야만 실학이라는 내용이 있다.[31] 실학이 근대 분과 학문 체계에 의해 분류되는 모든 학문들을 포함하고 있음을 볼 수 있다. 곧 오늘날의 인문학, 사회과학, 자연과학, 그리고 실업학 등이 모두 들어 있으며, 자연과학과 실업학이 실학의 핵심적인 영역을 차지하고 있음이 특징적이다.

---

31 『皇城新聞』1907.11.15, 잡보「宣川吉星里英明學校趣旨書」.

실학은 세계의 신학문이며 특히 나라를 부강하게 만드는 다양한 실지 학문으로 여겨졌다. 실학의 학문적 범위는 천문학, 지지학, 산술학, 측산학, 격물학, 화학, 중학, 제조학, 정치학, 법률학, 부국학, 병학, 교섭학 및 기타 동물, 식물, 농상광공 등의 학문을 모두 망라하는 것으로 소개되었다.[32] 부국학, 교섭학 등 일반 대학 학제에서 발견하기 어려운 학문 명칭이 거론되어 있는데 대한제국 초기의 지적인 환경을 반영하는 것으로 보이며, 인문학은 포함되어 있지 않으나 나머지 자연과학과 실업학, 그리고 국가 경영을 위한 실무적인 학문들이 포함되어 있음을 볼 수 있다.

이처럼 실학은 근대 분과 학문들 중에서도 자연과학과 실업학을 중심으로 하고 있었으며 실학 하면 떠오르는 학문들은 바로 이 분야의 학문들이었다고 해도 과언이 아니다. 예를 들어 청년회의 교육 프로그램을 소개하는 『대한매일신보』 1907년 9월 24일자 기사를 보면, 매주 월, 수, 금 오후 4시 반에 생리학 및 화학 수업이 시작하고, 매주 화, 목, 토 오후 4시 반에 목공 수업이 시작하며, 매일 오전 9시에서 오후 2시까지 측량, 도학, 산술, 생리 수업이 진행된다는 사실을 알 수 있는데, 신문 편집진은 이 수업을 청년회에서 마련한 실학 수업이라 보고 기사 타이틀을 '청회실학(靑會實學)'이라 붙였다.[33] 이를 통해 실학의 범위가 생리학, 화학, 목공학, 측량학, 지도학, 산술학 등 자연과학과 실업학에 걸쳐 있음을 알 수 있다.

나아가 광의의 실학은 근대 분과 학문들이지만 협의의 실학은 자연과학을 가리키고 있음을 알려주는 사례도 있다. 예를 들어 『태극학보

---

32 『미일신문』 1898.11.26, 론셜.
33 『大韓每日申報』 1907.9.24, 잡보 「靑會實學」.

(太極學報)』논설에서는 '필야(必也) 농공상 실업을 발달ᄒ야 재산을 증식ᄒ며 전기화(電氣化) 실학을 연구ᄒ야 기계를 준비ᄒ며 철학을 강석(講釋)ᄒ야 도덕을 양성ᄒ면 어시호(於是乎) 국부민강ᄒ야 독립 불발(不拔)의 기(基)를 작(作)ᄒ지니'라는 구절이 있다. 이 논설은 한국의 부강과 독립을 위해 실업, 실학, 철학을 중요하게 거론하였는데, 여기서 실학이란 전학, 기학, 화학과 같이 자연과학을 의미하는 말이었다.[34]

그러나 협의의 실학이 자연과학을 가리키고 있었다 할지라도 여전히 실학의 전체적인 범위는 근대 문과 학문들을 포괄하는 것으로 이해되고 있었다. 이를테면 『대한매일신보』는 국가 부강의 원천을 사회의 힘으로 보고 많은 인민의 지식과 학문을 하나로 결집할 수 있는 사회로서 학회를 건설하자고 주장한 일이 있었다. 여기서 말하는 학회란 구체적으로 '문명각국'에 조직되어 있는 천문학회, 지리학회, 광학회, 농학회, 상학회, 공학회, 사학회 등을 가리키는 것으로, 대한제국에는 종교회와 상업회를 제외하고 '실학상의 전일한 규모가 완비'된 사회가 없으니 '전문학업회(專門學業會)'를 만들자는 것이었다.[35] 이 기사에서 거론된 실학은 곧 천문학, 지리학, 광학, 농학, 상학, 공학, 역사학 등으로 한정되어 자연과학과 실업학을 중심으로 설정되어 있음을 볼 수 있다. 그러나 학회에서 생산하는 학문을 곧 실학으로 보는 이 기사의 관점에서 볼 때 실학의 범위는 실상 모든 근대 학문에 걸쳐 있다고 보아야 할 것이다. 다만 '전문학업회'라는 표현으로 보아 '학'과 '업'이 결합되어 있는 형태의 학문을 실학으로 상정하고 있음을 알 수 있다.

비슷한 사례로 『대한매일신보』에서 「영국윤돈박물원서루기(英國倫

---

34 『太極學報』 22, 논설 「法律學生界의 觀念」 1908.6.
35 『大韓每日申報』 1905.10.14, 논설 「社會精神」.

敦博物院書樓記)」라고 하여 영국 런던 박물관 안의 도서관 현황을 자세히 보도한 일이 있었다. 이에 따르면 여기에는 수시로 편하게 열람할 수 있는 책 2만 권과 서고에 소장된 책 5만 권이 있는데, 그 책들은 외국어 문헌과 일절 실학의 중요 사무에 관한 책과 각각의 월간지로 구성되어 있었다.[36] 여기서 말하는 실학이란 어학 도서와 잡지를 제외하고 도서관에서 학문별로 분류해 놓은 나머지 모든 분과 학문들을 가리키는 것으로 생각된다.

2) 격치학으로서의 실학

위에서 본 것처럼 대한제국기 실학 개념은 동시대 서양을 중심으로 하는 세계 각국의 근대 분과 학문들을 의미하는 것이었으며, 특히 자연과학과 실업학, 그 중에서도 자연과학을 핵심적인 영역으로 하고 있었다. 그런데 이처럼 실학 개념의 중심에 자연과학이 놓여 있었던 것은 실학이 격치학과 연동되어 발화되고 있었던 당대의 맥락에서 주목할 필요가 있다.

격치학이란 글자 그대로 격치에 관한 학문이라는 뜻인데 여기서 격치는 격물치지의 준말로 사서오경의 하나인『대학』에 출처를 두는 어휘이다. 전통 주자학의 해석에 따르면 격물치지는 개별 사물의 이치를 계속 탐구하여 궁극적인 앎의 경지에 도달하는 것을 말한다. 따라서 격물치지는 사물을 탐구하는 학문 일반의 문제였던 것이지 그것이 특정한 분야의 학문을 지칭하는 것은 아니었다. 그러나 청말 중국에서

---

36 『大韓每日申報』1905.11.18, 잡보「英國倫敦博物院書樓記」.

z

t

r

p

n

j

h

f

d

한역 서학 문헌이 확산되면서 격치는 자연과학을 의미하는 어휘로 변화하였다. 이와 같은 근대 격치 개념을 배경으로 실학이 격치학의 의미를 차용하는 변화가 발생하고 있었던 것이다.[37]

그것은 이를테면 '격물치지의 실학' 또는 '격치의 실학'이라는 어구로 표현되고 있었다. 대한제국기에 격치학을 소개하는 글을 보면, 주희의 『대학장구』에 보망장(補亡章)이 설치되어 격물치지가 『대학』의 8조목으로 정립한 이래 후세의 유자는 이러한 격물치지에 대하여 사장만 숭상했지 실학을 하지 못했다는 내용과 만난다. 이와 달리 서양에서는 '격물치지의 실학'을 실행하였는데 그것이 서양 부강의 원천이 되는 '격물지학' 또는 '격치학'이었으며, 격치학의 분과 학문에는 천문학, 지문학, 화학, 기학, 광학, 성학, 중학, 전학 등이 있었다고 설명되고 있다.[38]

그런데 이 '격치의 실학'은 단순히 서양 과학을 소개하는 차원에서 제기된 것이 아니라 한국 사회의 변화를 위해 요청되고 있었다는 점에서 실천적 함의를 지닌 어구였다. 1908년 신정을 맞이하여 『황성신문』에서 한국 사회의 전면적인 유신(維新)을 설파하는 신년사를 발표했을 때에 '격치의 실학' 역시 여기에 포함되어 있었다. 신년사는 산림에서 유학을 강학하는 선비들이 실학의 주체로 솟아오르기를 갈망하면서, 허담의 공리(空理)를 쓸어 버리고 격치의 실학을 추구하며 완고비루의 구습을 없애 버리고 개명혁신의 사업에 종사할 것을 주문하였다.[39] 또한, '격치의 실학'은 1905년 한국의 폐습을 제거하여 교육을 발달시

---

37 전통적인 격물치지에서 근대적인 격치, 과학으로의 개념 변화에 대해서는, 김선희, 「격물궁리지학, 격치지학, 격치학, 그리고 과학」, 『개념과소통』 17, 한림대 한림과학원, 2016 참조.
38 『大韓協會會報』 5, 잡저, 「格致學의 功用」, 1908.8.
39 『皇城新聞』 1908.1.1, 논설 「新年頌祝」.

키자는 주장에서도 등장하고 있었다. 즉 한국 인민은 성명(性命)의 껍질만 탐구하지 도덕의 진리는 탐구할 줄 모르고 사장의 구이(口耳)만 취하지 격치의 실학에는 어두워서 그 학술이 모두 부박한 허학이라는 것이다.[40] 여기에서 사용된 '격치의 실학'은 한국의 전통 학술로 상정된 허담 또는 허학과 대비되는 것으로 한국 사회의 변화를 위해 요청되는 서양 자연과학의 학문정신을 지시하는 것이었다.

그런데 주의할 점은 '격치의 실학'이라는 어구를 쓰지 않고 단독으로 '실학'이라는 어휘만으로도 격치학을 의미하는 사례가 발견된다는 사실이다. 예를 들어 미국의 발명가 에디슨의 아들이 1902년 폐병 등 난치병을 완전히 치료하는 전기생명부활기(電氣生命復活機)를 발명하여 세계 실학자를 놀라게 하였다는 기사[41], 또 유럽에서 전답, 특히 포도원에서 발생하는 우박의 피해를 줄이기 위해 포격을 응용하는 방법이 실제 효과가 있는지가 실학계 및 농업계의 미해결 문제로 남아 있어서 이를 논하는 학술회의가 열렸다는 기사[42]가 그것이다. 여기서 '실학자'와 '실학계'는 명백히 과학기술을 가리키는 실학과 연결된 것이다. 아울러 스웨덴의 발명가 노벨이 전 재산 40만 원을 스웨덴 실학협회 및 기타 4개 학회에 기탁하여 노벨상 제도를 만들었다는 기사,[43] 스웨덴 국왕 오스카 2세가 실학, 역사, 문학에 정통하다고 소개하는 기사[44]의 경우도 그 실학의 언표는 격치학의 시점에서 주어졌다고 생각된다.

실학은 격치학과 연결되어 자연과학의 의미를 확충했을 뿐만 아니

---

40 『皇城新聞』 1905.3.16, 논설 「教育之術宜先痛除痼習」.
41 『皇城新聞』 1903.2.18, 외보 「電氣生命復活機의 發明」.
42 『皇城新聞』 1902.11.18, 외보 「電害의 豫防」.
43 『皇城新聞』 1902.12.8, 논설 「論泰西人補助學會勸賞學藝호報」.
44 『皇城新聞』 1902.11.15, 외보 「帝王中大學者」.

라 '과학(科學)'이라는 용어와도 직접 관계를 맺으면서 자연과학적 성격을 더욱 강화하였다. 예컨대, 일본 유학생이 발간한 『태극학보』라는 잡지에는 국민 상식의 발달을 위해 과학을 시급히 보급해야 한다고 주장하는 글이 있는데 여기에서 실학과 과학의 개념적 상호 관계가 잘 드러나 있다. 이에 따르면 '과학은 즉 실학이니 공리공론도 아니며 상상도 아니오 실제의 학문이니 차(此)를 실제상에 응용ᄒ면 국가사회의 각종 사업을 발달케 ᄒᄂᆫ 동시에 일반 국민의 상식을 발달케 ᄒᆯ 기초가 되나니'라고 하여 과학을 곧 실학이라 정의하고 있다. 농시에 'ᄂᆷ일은 국민의 상식을 급급히 장려발달ᄒᆷ이 가ᄒᆫ더 차(此)를 실행ᄒᄶᅡ면 공리공론을 몰수배척ᄒᆞ야 실학을 존상ᄒ라. 실학은 즉 과학이니 고로 과학의 보급이 금일 급무라 위(謂)ᄒᆯ지라.'라고 하여 실학을 곧 과학이라 정의하고 있다. 과학이 곧 실학이고 실학이 곧 과학이라는 단언이다. 이 구도에서 본다면 과학 보급을 목적으로 하는 특별한 학교를 설립하자고 제언하면서 이 학교를 '실학교'라고 부른 것은 매우 자연스럽게 들린다.[45]

3) 실업학으로서의 실학

격치학으로서의 실학과 더불어 한국 근대 실학 개념에서 중심적인 영역을 차지하고 있던 실학의 의미가 실업학으로서의 실학이다. 실업학이란 글자 그대로 실업에 관한 학문이고 여기서 실업은 기본적으로 사농공상과 같은 전통적인 직분에 따른 생업, 곧 직업을 의미한다. 따

---

45 『太極學報』 20, 논설 「科學의 急務」 1908.5.

라서 실업학으로서의 실학은 무엇보다 학문과 직업의 관계에 일차적인 관심을 가진다. 이 점은 김광제(金光濟)가 지은 호서 동포에게 고한 글에서 나타난다. 이에 따르면 학(學)은 업(業)의 어머니이고 업은 민(民)의 근원이라서 학이 중요하며, 실학과 실업이 없는 사람은 그야말로 실업인(失業人)이었다.[46] 생업을 떠난 학문이 존재하지 않는다는 관점에서 실업은 물론 실학이 없는 사람을 실업인으로 본 점이 이채롭다.

그런데 실업을 직분에 따른 생업으로 볼 경우 실학은 전통적인 사농공상의 구도에서 사의 직업을 위한 실학과 농상공의 직업을 위한 실학으로 대별될 수 있었다. 많은 경우 실학은 사의 직분과 관련하여 자주 언급되었다. 한국의 사농공상 모두 경쟁심이 사라져 전국적인 생업의 빈곤이 초래되고 있음을 개탄한 『황성신문』 기자는 사의 문제점으로 실학 연구의 폐기와 허문의 숭상을 꼽았다.[47] 사농공상을 구성하는 엄연한 직분의 하나가 선비이니 놀고먹는 선비가 있어서는 안되고 정치 실학과 경제 사무를 공부해서 나랏일을 하는 진품 선비가 되어야 한다는 주장[48]이 나온 것도 같은 맥락에서였다.

그런데 사(士)의 학문을 실학이라 부르기 위해서는 그 학문이 근대적인 교육 제도에 의해 보증을 받았다는 증거가 필요했다. 즉, 세계 만국의 대학교에서 가르치는 각종 분과 학문들을 훌륭하게 섭렵하고 졸업한 사람의 학문이 실학이었으며, 따라서 실학이란 법률대학을 졸업한 법률학사, 공업대학을 졸업한 공업학사, 그 밖에 농상이나 전광 학교 졸업자들과 같이 근대 사회에 출현하는 학사(學士)의 학문을 의미하였

---

46 『皇城新聞』1907.9.16, 잡보「再告湖西同胞」.
47 『皇城新聞』1907.3.11, 논설「生存之機在競爭」.
48 『믹일신문』1898.9.16, 론셜.

다.[49] 아직 학사의 신분을 획득하지 못한 유림 같은 구식 선비라 할지라도 세계사를 섭렵해 시국 형편을 고찰하고 각종 실학을 연구하여 실업을 발명하며, 학교를 설립하여 자제를 교육하고 사회를 단결하여 동포를 친애한다면 그는 실학의 주체가 될 수 있었다.[50]

이처럼 실학을 근대에 출현하는 새로운 사(士)의 학문으로 볼 경우 여성의 학문도 실학에 포함될 수 있었다. 이를테면『황성신문』은 시국 상황과 세계 변천이 국문보에 자세히 실려 있으니 모든 국민이 보아야 한다고 주장하면서 특히 부녀가 국문보를 읽으면 무익한 탄식을 그치고 시대를 구원하는 실학을 얻을 것이라고 보았다.[51] 실학의 주체에 여성이 포함될 수 있음을 인정한 것이다. 여성이 새로운 사(士)로서 취할 수 있는 직분은 우선 교육의 관점에서 제시되었다. '남녀가 음양은 수(殊)ᄒ나 인류는 일야(一也)라 여자인들 엇지 남자의 사(事)를 행치 못ᄒ리오'라고 하는 진보적인 여성관에 서서 특히 여성에게 고유한 특별한 교육 능력을 감안할 때 가족의 단위에서부터 '문명충애'를 실현할 수 있는 교육의 적임자가 여성이라는 것이었다.[52] 이런 의미에서 여성의 실학은 가족에게 '문명충애' 교육을 고취하는 사의 학문으로 재정의되는 것이었으며 여학교 설립의 논거도 여기에서 확보되었다. 나아가 여학교는 여성이 자립할 직업을 보장하였다. 평양 기녀들이 '매신(賣身)'의 직업을 버리고 여학교에서 실학을 공부하여 조직(組織), 침선(針線), 의학, 잠상 등의 '완업(完業)'을 수학하기로 다짐하였다는 기사[53]가 있는데, 여기서 실학은 여성의 직업을 위한 학문을 뜻하는 것이었다.

---

49 『太極學報』23, 논설「士習의 腐敗」1908.7.
50 『皇城新聞』1905.9.16, 논설「警告儒林」.
51 『皇城新聞』1906.9.7, 논설「國文報를 宜人人讀之」.
52 『皇城新聞』1898.11.3, 논설.
53 『大韓每日申報』1907.4.10, 잡보「平妓志學」.

하지만 이와 더불어 농상공의 직업을 위한 실학 역시 실학 개념의 중요한 부분이었으며, 실제로 실학의 내포를 대개 자연과학과 실업학이 주도한다고 했을 때 그 실업학이 함축하는 실질적 의미는 농업, 공업, 상업 등에 관한 학문이었다. 이처럼 농학, 공학, 상학 등을 중심으로 실학을 언급하는 사례가 언론 매체에 곧잘 보인다. 예를 들어 농업실학에 근면한 사람이 곡식을 많이 얻고 게으름이 습관된 사람은 추수할 희망이 없다는 기사,[54] 일본 농업학자, 상업학자들이 농상대신을 방문해 실학을 설명한다는 기사,[55] 앞서 '실학ᄒ다'라는 어휘를 설명하며 제시한 바 있지만 '다년 청국에셔 잠업 실학ᄒ던 최학선씨'라는 표현이 등장하는 기사, 태서의 담배 농법, 곧 배양법, 적취법(摘取法), 쇄건법(曬乾法), 증열법(蒸熱法) 등에 관한 실학에 힘써서 좋은 담배 품종을 만들어 외국에 수출하자는 기사[56]에서 언급되는 실학은 농학이다.

이와 더불어 실학은 상학과 공학의 성격을 지니고 있었다. 영어를 전문으로 교수하던 광화신숙에서 경제학, 부기학, 산학 등의 교과를 더 설치해서 학생들에게 가르치기로 결정했을 때에 『대한매일신보』는 이를 '실지학문 교수'라고 높이 평가하였다.[57] 상학을 실지학문, 곧 실학으로 본 것이다. 대동서관(大同書館)에서 출매한 책자를 소개하는 광고 기사를 보면 부문별로 다양한 책자가 소개되고 있는데, 이 가운데 공학부에 속하는 책으로 『실학편(實學篇)』이 거론되고 있음이 확인된다.[58] 실학을 제목으로 표방한 책자가 다름 아닌 공학 분야에 속한다는

54   『皇城新聞』 1908.2.13, 잡보 「韓會演說」.
55   『皇城新聞』 1904.4.9, 잡보 「實學說明」.
56   『皇城新聞』 1899.12.16, 논설 「勸烟草興業」.
57   『대한미일신보』 1908.8.20, 잡보 「실지학문교슈」.
58   『大韓每日申報』 1906.6.13, 광고 「大同書觀出售書目: 工學部에 속하는 책으로 『藝學通考』, 『政藝新書』, 『西學大成』, 『西學十六種』, 『西學三種』, 『西學通考』, 『電報別

것은 실학의 개념적 색채가 무엇인지 단도직입적으로 예시하는 것이라 하겠다. 같은 맥락에서 평안도 영변의 신사 명이항(明以恒)이 철공조합소를 발기하자 서북학회에서는 관련 업자들에게 이곳에서 실학을 얻으라고 권유하였다.[59]

농학, 상학, 공학은 국가의 부강을 만드는 학문으로서 특히 각별한 의미가 있었다. 미국은 농업이 발달하고 영국은 상업이 발달하고 스위스는 공업이 발달하여 세계 부강국이 되었다는 견지에서 국가 부강의 근원이 실업에 있고 실업의 주안점이 농상공에 있음을 주장하는 논설이 발표되었다.[60] 이는 국가 부강의 시야에서 실업학의 가시적인 지표들이 무엇보다 농상공에 있었으며, 실업학으로서의 실학 역시 동일한 시야에서 농학, 상학, 공학의 형태로 표현되었음을 의미하는 것이라 하겠다.

4. 실학의 로컬리티

1) 만청 중국과 메이지 일본에서 유입된 실학

지금까지 한국 근대 실학 개념에 관하여 실학의 외연이라는 측면에

制』, 『電報新編』, 『洋務경림』, 『實學篇』 등이 소개되었다.

59 『西北學會月報』 17, 논설 「今日은 吾人의 活動時代」, 1909.11.

60 『西北學會月報』 12, 논설 「喜車君豊鎬遊學日에 實業注意」, 1909.5.

서 근대 교육으로서의 실학을 검토하고 실학의 내포라는 측면에서 근대 학문으로서의 실학을 검토하였다. 이와 같은 실학 개념의 외연과 내포는 거시적으로 한국 근대 국가 수립을 위한 신교육운동과 신문화 운동의 전개 과정에서 산출된 것이었으며, 역사를 초월하거나 역사로부터 고립된 실학 개념 그 자체의 자기 운동으로 설명될 수 있는 것은 아니었다.

이 지점에서 실학의 로컬리티라는 문제가 대두한다. 근대 개념에 역사가 개입하는 방식을 설명하는 다양한 관점이 있을 수 있다면 로컬리티 역시 그러한 관점에서 실학 개념의 역사적 현장성을 잘 드러낼 수 있는 범주라고 판단되기 때문이다. 한국 근대 개념사에서 볼 때 한국의 역사적 시공간은 공간적으로 동아시아에서 중국과 일본을 거쳐 근대 개념이 도착하는 곳, 시간적으로 조선시대의 내발적 전통 개념이 외래적 근대 개념과 동시적으로 접합하는 곳이었다. 실학 개념 역시 예외가 아니었으며 한국이라는 로컬리티의 현지적 특성을 강하게 발현하고 있었다.[61]

이 가운데 실학 개념의 공간적 외래성의 측면을 본다면, 먼저 대한제국기 실학 개념의 형성에 개입한 외래적 요인으로 청말 선교사 집단이 중국에서 발행한 『만국공보(萬國公報)』를 거론할 수 있다. 예컨대 『만국공보』에 실린 글 가운데 「광신학이보구학설(廣新學以輔舊學說)」은 1906년 『대한매일신보』에 연재되었음이 확인되는데, 이 글에서 서술한 중국 학술사에 관한 내용에 실학이 언급되어 주목된다. 즉, 이에 따르면

---

61 한국 근대 개념사에서 공간적 현지성과 시간적 동시성의 중요성을 제기한 최근 성과로 다음 문헌이 참조된다. 한림과학원 편, 『두 시점의 개념사—현지성과 동시성으로 보는 동아시아 근대』, 푸른역사, 2013.

진 시황과 한 무제에 의해 중국 고래의 유용한 학문이 폐지된 이후 중국의 학문은 점차 허무에 빠져 실학이 구비되지 않았는데 여기에 편승하여 온갖 미신과 잡술이 성행하였다.[62]

반면 태서의 학문은 실학을 숭상하여 신구약을 연구하는 이외에 온갖 기예를 연구하였고 이와 같은 태서의 학문이 이미 명말청초 서양 선교사들에 의해 중국에 유입되어 역법 제정과 지도 제작에서 성과를 냈다. 이는 이천 년 실전된 중국의 격치기예지학(格致技藝之學)이 서사(西士)에 의해 더욱 정밀한 모습으로 재현되었음을 의미하는 것이있다.[63] 물론 유럽의 격치기예는 고애급(古埃及)에서 기원한 것으로 중국에서 전래된 것은 아니었다. 중요한 것은 중국의 격치기예가 진한(秦漢)을 거치며 실전된 것과 달리 유럽의 경우 비록 북적(北狄)과 동궐(突厥)의 침입에 따른 혼란을 겪었어도 실학이 끊임없이 전승되며 발전하였다는 점이다. 서양 근대 과학기술이 발달한 까닭이 여기에 있었다.[64]

이렇게 실학은 서학과 중학의 학술적 대비라는 구도 위에 있었다. 이구도는 서학의 영역에 신(新), 실(實), 행(行)이 투입되고 중학의 영역에 구(舊), 허(虛), 불행(不行)이 투입되어 있는 이분법적인 성격을 띠고 있었다. 그러나 중요한 것은 실학의 현실적 실체가 서학에서 발현되고 있었지만 실학의 이념적 지향은 중서의 구분을 넘어 만국에 공통된 보편적 학문이라고 제시되고 있었다는 사실이다. 실학이 실제를 추구하고 허탄을 물리쳐 자연 질서와 인간 질서를 하나로 꿰뚫는 학문이라고 하였을 때에 그것은 계몽주의적인 보편 학문의 가치 판단이 개입해 있는 것

---

62 『大韓每日申報』1906.2.11, 雜報「廣新學以輔舊學說」.
63 『大韓每日申報』1906.2.26, 雜報「廣新學以輔舊學說」.
64 『大韓每日申報』1906.3.7, 雜報「廣新學以輔舊學說」.

이었다.[65] 이런 의미에서 실학이란, 특히 '박통(博通)'의 실학이란 계몽사상의 영향으로 고인으로부터 해방되어 고인보다 진보해 나가는 근대적 학문이라는 함의를 내포할 수 있었다.[66] 이렇듯 청말 중국에서 유입된 실학 개념은 격치학 또는 격치기예학을 의미하였고 학문적 진보주의에 기초해 있었으며 서학을 수용하여 국가를 부강하게 하자는 메시지를 함축하고 있었다.

이와 더불어 실학 개념은 메이지유신 같은 근대 일본의 역사적 경험과 연결되어 한국에 유입되고 있었다. 『황성신문』에 연재된 「일본유신삼십년사(日本維新三十年史)」를 보면 특히 메이지 일본의 사상가 복택유길(福澤諭吉)과 관련하여 실학이 언급되고 있음을 발견할 수 있다. 이를테면 복택유길이 설립한 경응의숙(慶應義塾)이 명치 초년 이래 '서양 실학'을 양성하는 일대 연원이었다고 소개되고 있으며,[67] 복택유길이 당시 일본의 세인이 허명을 흠모하고 실학을 폐기하여 실생활에 어둡다고 비판한 대목이 소개되어 있다.[68] 그 밖에 메이지 초기 일본에 서양 문물과 서양 풍속이 크게 유행하는 가운데 가나회(假名會), 로마자회(羅馬字會)가 설립되어 한자나 가나까지 폐지하려 하였고 실학 뿐만 아니라 문학과 미술까지 온통 서양을 추종하는 풍조가 일어났음을 소개하는 대목도 있다.[69]

---

65 『大韓每日申報』1906.3.10, 雜報 「廣新學以輔舊學說」.
66 『大韓每日申報』1906.3.13, 雜報 「廣新學以輔舊學說」.
67 『皇城新聞』1906.12.5, 「日本維新三十年史」.
68 『皇城新聞』1906.5.2, 「日本維新三十年史」 : 예를 들어 福澤諭吉은 학교에서 하는 산수는 잘 하면서 부기의 가감을 못 하고 고인의 문장은 잘 외우면서 편지글 하나 못 짓고 궁리를 공부해도 밥지을 줄 모르고 화학을 공부해도 두부를 만들 줄 모르는 세태를 문제 삼고 있다.
69 『皇城新聞』1906.5.9, 「日本維新三十年史」.

복택유길이 갈파한 실학은 재일 한국인 유학생 단체에서 지속적인 관심을 받았다. 가령 『태극학보』를 보면 학문이란 어려운 글자나 구절을 공부하는 '무실(無實)의 문학'이 아니라 인생의 일용사물에 보편적으로 통용되는 학문이라는 내용, 그리고 일용사물에 통용되는 최근의 실학, 가령 지리학, 구리학(究理學), 역사학, 경제학, 수신학을 먼저 학습해야 한다는 내용이 소개되어 있다.[70] 일본이 중국과 달리 신학을 탐구하고 실용지학에 정성을 들였기 때문에 동아시아의 강국이 되었다는 인식[71]은 이런 맥락에서 나왔을 것이다.

『대한흥학보(大韓興學報)』는 메이지 일본 교육사의 지형 위에서 복택유길의 실학을 설명하였다. 즉, 메이지유신의 국시가 다름 아닌 '개국진취(開國進取)'였고 당시 사상계를 풍미했던 흐름이 '실학'의 존중이었는데 그 결과 일본에서 복택유길을 중심으로 하는 '실학주의' 교육파가 형성되었다는 것이다.[72] 이에 따르면 복택유길은 『서양사정(西洋事情)』을 지어 서양의 문물제도를 간명하게 소개함으로써 메이지 사상계를 진동시켜 실학사상의 조류를 만들었고, 『학문을 권함(學問の勸め)』역시 일본의 허문을 일소하고 일용상행에 필요한 실학을 주창함과 동시에 인권평등의 원리를 설파하여 평민의 자각을 촉구함으로써 메이지 실학주의의 형성에 절대적으로 기여했다.[73] 그 결과 서구를 숭배하는 기풍이 사상계에 팽배하여 이를 배경으로 메이지 정부에서 '실리주의' 교육에 의한 학제를 반포하였다는 것이다.[74]

---

70 『太極學報』25, 논설「勸學論」, 1908.10.
71 『大韓每日申報』1906.11.7, 잡보「東華書舘趣旨書」.
72 『大韓興學報』13, 「日本 敎育界 思想의 特點」, 1910.5.
73 『大韓興學報』13, 「日本 敎育界 思想의 特點」, 1910.5.
74 『大韓興學報』13, 「日本 敎育界 思想의 特點」, 1910.5. : 메이지 정부의 학제의 요지는 小學校 교육, 師範學校 개설, 女子 교육, 常法學校 개설, 反譯 등으로 요약되고 있었다.

그런데『대한흥학보』의 진정한 관심사는 복택유길의 실학을 소개하는 데 그치지 않고 융희년간 한국 교육의 방향성을 모색하는 데 있었다. 대한제국 교육계는 메이지 일본처럼 실학을 존중해서 이학, 화학, 농업, 공업 등을 연구해야 하지만, 동시에 역사, 지리, 법제, 경제 등을 이용하여 '공민적 교육'을 시행하는 일이 시급하다고 보았다.[75] 즉, 대한제국의 신교육이 실학 교육과 공민 교육으로 구성된다고 보고, 메이지 일본에서 복택유길이 일으킨 실학주의 교육만이 능사가 아니라 한국 공민의 정체성을 심어주는 공민 교육도 중요하다는 주장이었다. 메이지 일본에서 유입된 실학 개념이 전면적인 서구화를 지향하는 실용학이었고 전통을 타파하는 근대학이었는데, 그 이면에는 한국 병합을 앞두고 실학이라는 미명으로 한국 교육을 실업주의로 몰아가려는 일본의 한국 지배정책이 도사리고 있음을 간파한 것이었다.

2) 대한제국 사회의 이념적인 실학들

앞에서 청말 중국의 실학 개념과 메이지 일본의 실학 개념이 유입되는 외래 개념의 도착지로서 한국의 로컬리티를 성찰해 보았다. 그런데 근대 개념사의 시야에서 한국의 로컬리티가 전파론적 시각에서 상정되는 외래 개념의 도착지로서의 성격을 지닌 것만은 아니었다. 그곳에는 동일한 개념이라 하더라도 서로 다른 전략을 지닌 상이한 주체에 의해 개념들의 정치적인 운동이 치열하게 벌어지고 있었다. 특히 실학이라는 어휘는 그 반의어로 상정되는 허학 또는 허문과 비교해서 극명히

---

75   『大韓興學報』 13, 「日本 敎育界 思想의 特點」, 1910.5.

알 수 있듯 가치중립적인 성격이 아니라 가치판단적인 성격을 지니고 있었기 때문에 동일한 실학 개념이라 하더라도 발화자의 정치적 입장에 따라 서로 다른 가치가 탑재될 수 있었다. 이런 견지에서 한국 사회 내부의 실학 개념들의 정치적 운동이라는 각도에서 근대 실학의 로컬리티를 탐색할 수 있을 것이다.

먼저 수구와 개화의 구도에서 한국 근대 실학의 정치적 의미를 반추할 수 있다. 앞에서 논했듯이 실학이란 제도적으로 근대 교육 제도에 의해 국내외 신식 학교에서 교수되는 학문을 가리키는 것이있다. 하지만 사상적으로 보면 실학은 이성주의적 시각에서 신학문의 확산을 저해하는 구습과 미신을 비판하고 계몽하는 역할을 담당하였다. 가령 신식 학교가 확대되고 해외 유학이 증가함에 따라 실학의 주체로 청년이 자연스럽게 부상하였는데, 이들 청년이 학계에 나아가 실학을 연구하고 신지식을 확장하여 시의에 적합하게 신사업을 개발하기 위해서는 청년의 학교 입학을 방해하는 지역 사회 유교 문화의 '완뇌(頑腦)'를 벽파하는 일이 중요하다는 논의가 개진되었다.[76] 실학의 확장이 유교적 구습의 극복에 달려 있다는 발상이다. 마찬가지로 실학의 확장이 허황된 미신의 통절에 달려 있다는 발상도 있었다. 예언비기 신앙이 유행하여 진인(眞人)이 나오면 외국인이 자연히 물러갈 테니까 학교나 학회가 쓸모없다는 분위기가 향촌 사회에 팽배해 있음을 우려하는 시선이었다. 이러한 허탄한 미신을 통절하고 실지정황·실지학문·실지사업에 힘써야 자유를 얻을 것이라는 호소가 나왔다.[77]

그러나 실학 개념의 운동 과정에서 실학과 충돌하는 대상이 구습이

---

76 『畿湖興學會月報』5, 논설 「時勢論」, 1908. 12.
77 『皇城新聞』 1908. 2. 9, 논설 「我同胞는 切勿迷信虛誕」.

나 미신과 같은 '수구'의 영역에 한정된 것은 아니었다. 실학 개념은 '개화'의 영역에도 침투하여 이성주의의 시선에서 역시 개화의 문제점을 비판하고 있었다. 즉, '긔화라 ᄒᆞ는 사롬은 실학은 무엇인지 모로고 머리 ᄭᅡᆨ고 양복만 ᄒᆞ면 다 된 줄노 아'는 이른바 개화의 무실(無實)함이 지적되고 있었다.[78] 개화란 '째를 혀아려 편리 ᄒᆞ도록 ᄒᆞ야 실샹으로 힘써 빅셩으로 ᄒᆞ여곰 힝ᄒᆞ야 가는 것'에 불과한데, 실상 개화가 무엇인지 모르는 사람들이 집에 유리창 하나만 박아도 개화라고 이르는 '개화병'이 지적되고 있었다.[79] 외국의 개화는 예모를 숭상하는데 한국은 개화한 후 더욱 예모가 없어져 반지 끼고 궐련 빨며 개화의 겉모양만 꾸미며 외국의 실학은 물론 한국의 법률과 사정도 모르는 한심한 작태가 지적되고 있었다.[80] 특히 외모 번드르한 신진 소년이 '본원 실학'은 알지 못하고 외국만 자랑하면서 자기가 제일 슬기롭다고 여기는 세태가 지적되고 있었다.[81] 그렇기에 '참 개화'에 유의하는 사람은 '개화 실학'에 힘써야 할 것이라는 주장이 나왔고,[82] '실지 실학'에 힘써서 '외모 개화'를 극복하자는 주장이 나왔다.[83] 이처럼 근대 한국에는 향촌의 수구 세계를 실학의 미달로 간주하는 시선과 도시의 개화 풍조를 실학의 일탈로 간주하는 시선이 병존하였으며, 실학의 이념적 지향점은 한국의 수구와 한국의 개화를 양자택일하는 것이 아니라 양자 모두 지양하는 지점에 놓여 있었다.

아울러 한국 근대 실학 개념의 정치적 의미는 구학과 신학의 구도에

---

78 『믹일신문』 1898.7.28, 론셜.
79 『믹일신문』 1898.12.7, 론셜.
80 『믹일신문』 1899.1.23, 론셜.
81 『믹일신문』 1899.3.28, 론셜.
82 『믹일신문』 1898.12.7, 론셜.
83 『믹일신문』 1899.3.28, 론셜.

서도 반추할 수 있다. 대한제국 후기 자강운동이 확산되면서 신식 학교가 지역별로 증가하자 전통적 교육기관에서 교수하는 구학과 새로운 교육기관에서 교수하는 신학 사이의 충돌이 빈번히 발생하였다. 이에 따라 구학과 신학 양자의 대립을 해소하려는 시도가 나타났는데 실학 개념 역시 그러한 맥락에서 전개되고 있었다. 예를 들어 경기도 양근군 용문학교(龍門學校) 중건 취지서에는 구학문의 핵심이 기송, 사장이 아니고 신학문의 주지가 어학, 산술이 아니며, 지육과 덕육이 구학에도 있고 신학에도 있으니, 실학을 강마하고 실지를 이행하여 본연지성(本然之性)을 확충하고 활발지기(活潑之氣)를 양성하는 것이 학교의 목적이라는 내용이 있다.[84] 여기서 실학은 구학과 신학의 화해와 겸비를 지향하고 있다. 이와 달리 구학의 실학이 신학이라는 견지에서 신구학 대립을 해소하자는 주장도 있었다. 학문에는 고금의 차이가 없고 신구의 차이가 없어서 신학을 통해서도 충분히 성인의 가르침을 얻을 수 있으니 구학에서 실학을 추구하여 신학과 더불어 문명을 함께 하자는 주장이었다.[85] 동일한 맥락에서 실학이 반드시 서양 학문이 전유하는 것이 아니요 동양의 성현도 중시하였다는 설명도 있었다. 동양의 성현은 결코 난해한 성리만 강론하지 않았고 실용적인 산업도 빠뜨리지 않았다는 것이다.[86] 이와 달리 신학과 구학 모두 허학이라는 견지에서 신구학의 문제에 접근하는 논의도 있었다. 논의의 출발은 신식 학교에서 교수하는 신학이 피상적인 공론만 제공하고 심절한 실리(實理)를 제시

84　『皇城新聞』 1908.4.22, 잡보 「龍校重建」.
85　『畿湖興學會月報』 7, 논설 「學無新舊로 勸告不學諸公」, 1909.2. : 이 글에서 實學의 수사적 양상을 보면 實事求是, 實業求是, 實學求是, 實地求是 등이 연이어 나오고 있는데, 실사구시의 본래적 표현에 실업, 실학, 실지 등을 첨가하여 새로운 어구를 조형한 것이라 주목된다.
86　『大韓自强會月報』 1, 殖産部, 1906.7.

하지 못해서 국민주의에 입각한 애국사상을 효과적으로 고취하지 못하고 있다는 자기 점검이었다. 이것은 순전히 이론만 고상하게 보고 실지 사물은 천근하게 보았던 '허(虛)'라고 하는 오랜 학문적 멘탈리티가 구학은 물론 신학에도 지속되고 있다는 자기 비판으로 이어졌다. 이것은 나아가 실학을 버리고 허리(虛理)를 찾으며 실행을 잊고 허업(虛業)을 즐기며 실리를 잃고 허복(虛福)을 구하며 실력을 소진하고 허식(虛式)을 옹호하는 총체적인 '허'의 문화가 한국 사회를 지배해 왔다는 통절한 자기 반성에 도달하였다.[87] 이처럼 실학은 구학과 신학을 접붙이는 방향, 구학을 신학으로 끌어올리는 방향, 신학을 구학으로 떨어뜨리는 방향 등 다양한 방법으로 신구학 문제에 개입하면서 한국의 학문에서 실의 가치를 구현하고자 하였다.

끝으로 한국 근대 실학 개념의 문제적 지점으로 대동학회(大東學會)의 실학을 거론할 필요가 있다. 실학은 대동학회의 중요한 키워드였는데, 단적으로 대동학회는 실학을 강명하여 민국을 진흥하기 위해 창립되었다고 하였다.[88] 대동학회는 자신이 추구하는 실학을 두 가지 맥락에서 제기하였다. 하나는 국체의 존엄과 사회의 질서를 유지하는 중차대한 책무를 지닌 한국의 '귀족'이 실학이 없이 문지만 과시하다 비귀족에게 공격 받고 있다는 현실 인식이었다. 이 경우 실학은 귀족의 실지학문이라는 의미를 지녔다. 다른 하나는 실학이 강구되지 않아 성인의 도를 곡해하고 빈말로 오해하여 국시를 어기고 민복(民福)을 저해하는 풍조가 확산되고 있다는 위기의식이었다. 이 경우 실학은 자강운동을 비판하고 통감부 체제에 순응하기 위해 조명된 유교의 실지학문이라

---

87 『畿湖興學會月報』 11, 논설 「學典」, 1909. 6.
88 『大東學會月報』 1, 「第一回 講研會 講義錄」 1908. 2.

는 의미를 지녔다.[89] 대동학회는 조선시대에는 실학이 나올 수 없었다고 보았는데, 예송과 당쟁으로 가득한 세계에서 실학을 강론하고 경제에 치력하는 것이 불가능했다는 것이다.[90] 대신 실학은 더 멀리 공맹의 가르침에 있다고 보고 유습(儒習)을 통절하고 공맹의 실학을 발견할 것을 추구하였다.[91] 대동학회가 공자의 실학을 다시 발견하고자 했을 때 그것은 한국이라는 국가가 실종되고 조선이라는 유교 전통이 부정된 근대 '동아세계'의 그것이었으며, 이 새로운 세계에서 실심으로 실학에 힘쓰고 실지를 밟아 실업에 힘쓰자는 것이 대동학회의 주장이었다.[92] 다시 말해 공자의 도란 다름 아니라 충효를 실천하고 실학에 힘쓰고 실업을 영위한다는 것이었다.[93] 대동학회는 유학을 실학 개념으로 만들기 위해 주자학을 떠나 공맹 유학을 지향하였지만 정작 공맹 유학의 핵심적 가르침인 인의는 외면하고 충효를 강조하였다. 사실상 일본 통감부의 한국 지배에 대해 인의로 비판하지 말고 충효로 복종하라는 뜻이었다.

---

89 『大東學會月報』1, 논설「會說」, 1908.2.
90 『大東學會月報』2, 논설「道學源流」, 1908.3.
91 『大東學會月報』2, 「成均館摠會時講說」, 1908.3.
92 『大東學會月報』19, 논설「論持世」, 1909.8.
93 『大東學會月報』20, 논설「記支那遠東報一則」, 1909.9.

5. 맺음말

이상으로 실학의 외연과 내포, 그리고 로컬리티라는 세 가지 시점에서 전환기의 실학 개념을 역사적으로 논구하였다. 전환기의 실학 개념은 근대적인 학제를 배경으로 성립한 개념이었다는 점에서 조선시대 유교 사회의 실학 개념과는 판연히 구별되는 것이었고, 대한제국의 역사적 현재 및 그 동시대에 존재한 근대 학문을 지칭하였다는 점에서 조선 후기의 새로운 학풍을 의미하는 오늘날의 '실학' 개념과도 명확히 구별되는 것이었다. 조선시대의 유교적인 실학 개념과 한국 현대의 학술적인 '실학' 개념의 사이에 있는 근대적인 개념이 곧 대한제국기의 실학 개념이었다.

근대 실학 개념은 제도적으로 근대적인 국가 교육제도의 수립과 더불어 형성되었고 실학 개념의 외연 역시 그러한 방향에서 확장되었다. 실학이란 대한제국의 출범을 전후한 시기에 국가 독립을 위한 교육정책적인 시야에서 제기되었는데, 특히 대한제국 학부는 신식 학교에서 실학을 교수하여 서양 각국과 경쟁하며 독립의 기업을 확립할 인재 양성을 추구하였다. 이는 기본적으로 갑오개혁 기간에 고종이 교육 조서에서 지덕체 교육의 시행을 밝히면서 실용 교육을 강조한 정신을 계승하는 것이었고, 그것이 구체적으로 신식 학교 관제에 반영되어 「상공학교관제」, 「광무학교관제」, 「농상공학교관제」는 학교 교육 내용이 실학임을 명시하였고 「중학교관제」 역시 학교 교육의 목표가 실업의 취업임을 밝혔다.

국가 교육정책이 실학 교육의 성취를 중시하고 이에 따라 설립된 신식 학교가 증가함에 따라 실학 교육은 신식 학교에서 교수되는 교과 교육을 의미하게 되었다. 실학 개념의 외연이 국가의 교육정책에서 학교의 교과교육으로 확장됨에 따라 학교 교육이라는 제도적 시야에서 중국의 고전적인 교학, 조선시대의 전통적인 교학, 서양의 근대적인 교학이 통합적으로 연결되면서 실학은 다층적 의미를 띨 수 있었지만 그 중심은 역시 신식 학교에서 교수되는 교과 학문으로서의 실학이었다. 신식 학교의 실학은 실학을 드러내는 포인트의 차이에 따라 시국학문, 시무학문, 실지학문 등 다양한 명칭으로 표현되었고, 정규 교과 교육 이외에 이를테면 운동회처럼 문명을 표상하는 이벤트가 근대 문명에 관한 학문으로서 실학의 감각을 제고하는 데 기여하였다.

아울러 실학은 국내는 물론 외국의 신식 학문을 가리키는 개념으로 사용되었다. 세계 열강이 실학을 발달시켜 국가 부강의 토대를 마련했기 때문에 외국의 실학을 학습하고 수입하자는 맥락에서 제기된 것이다. 이를테면 세계 열강의 실학으로 경학, 법학, 지학(智學), 의학의 4과에 속하는 교과 학문, 또는 농학, 상학, 이학, 화학, 광학, 의학, 기계학, 조직학, 법률학, 경제학, 정치학 등의 전문 학문이 거론되었는데 모두 국가를 부강하게 하는 학문으로 설명되었다. 그와 같은 실학은 세계 열강에서 생산하는 동시에 한국에서 수입할 학문으로 상정되었고, 이에 따라 외국 유학이 실학 개념을 둘러싼 제도적 맥락으로 부상하였다. 특히 주목할 것은 '실학ᄒ다'라고 하는 어휘의 출현인데, 한국의 해외 유학생이 현지에서 배우는 외국의 선진 학문을 지시하는 맥락에서 '실학ᄒ다'라는 동사가 사용되었다. '실학하다'의 행위적 의미가 사실상 '유학하다'의 의미를 획득한 결과 나타난 것으로 생각된다.

근대 실학 개념의 특징은 제도적 외연과 더불어 학문적 내포에서도 명징하게 드러난다. 실학이란 대한제국 당대의 근대 분과 학문들을 모두 지칭하는 것으로 이해되고 있었고, 세계의 신학문이며 특히 나라를 부강하게 만드는 다양한 실지 학문으로 여겨졌다. 그런데 실학은 근대 분과 학문들 중에서도 자연과학과 실업학을 중심으로 하고 있었으며 실학 하면 떠오르는 학문들은 바로 이 분야의 학문들이었다. 특히 광의의 실학은 근대 분과 학문들이지만 협의의 실학은 자연과학을 가리키는 사례도 있었다. 그러나 실학의 주안점이나 강조점에 따라 부각되는 특정한 분야가 있었다 할지라도 실학의 범위는 실상 모든 근대 분과 학문에 걸쳐 있는 것으로 인식되었는데, 여기에는 전문적인 학회에서 생산하는 학문을 곧 실학으로 보는 관점도 작용하고 있었다.

실학 개념의 학문적 내포에서 자연과학이 그 중심에 놓였던 사실은 실학이 격치학과 연동되어 발화되고 있었던 당대의 맥락에서 주목할 필요가 있다. 청말 중국에서 한역 서학 문헌이 확산되면서 격치는 전통 주자학의 어법에서 벗어나 자연과학을 의미하는 어휘로 변화하였고, 이와 같은 근대 격치 개념을 배경으로 실학이 격치학의 의미를 차용하는 사태가 발생하고 있었다. 실학은 이를테면 '격치의 실학'이라는 어구로 표현되고 있었고, 단순히 서양 과학을 소개하는 차원이 아니라 한국 사회의 변화를 위해 제시되고 있었다. '격치의 실학'은 한국의 전통 학술로 상정된 허담 또는 허학과 대비되는 서양 자연과학의 학문정신을 지시하였다. 주의할 점은 '격치의 실학'이라는 어구를 쓰지 않고 단독으로 '실학'이라는 어휘만으로도 격치학을 의미하고 있었다는 사실이다. 실학은 격치학과 연결되어 자연과학의 의미를 확충했을 뿐만 아니라 나아가 과학이라는 용어와도 직접 관계를 맺으면서 자연과학적 성격을 더욱 강화하였다.

격치학으로서의 실학과 더불어 실업학으로서의 실학 역시 실학 개념의 중심에 있었다. 실업학이란 글자 그대로 실업에 관한 학문이고 여기서 실업은 기본적으로 사농공상과 같은 전통적인 직분에 따른 생업을 의미하였다. 실업을 직분에 따른 생업으로 볼 경우 실학은 전통적인 사농공상의 구도에서 사의 직업을 위한 실학과 농상공의 직업을 위한 실학으로 대별될 수 있었다. 사의 학문을 실학이라 부른 것은 유교적인 실학 개념에서 출발한 것이었지만 근대에 들어와 근대 교육 제도에 의해 형성된 새로운 사의 학문이 곧 실학으로 간주되었다. 곧 세계 만국의 대학교에서 가르치는 각종 분과 학문을 섭렵하고 졸업한 학사의 학문이 실학이라는 것이다. 새로운 사의 학문을 실학으로 볼 경우 여성의 실학도 가능해졌다. 여성이 새로운 사로서 취할 직분은 교육의 관점에서 마련되어 여성의 실학은 가족에게 문명층애 교육을 고취하는 사의 학문으로 정의되었다. 그 밖에 여성의 실학이 여성의 경제적 자립을 위한 직업적 학문을 의미하기도 하였다. 그러나 농상공의 직업을 위한 실학 역시 실학 개념의 중요한 부분이었으며, 실제로 실학 개념의 중심에 자연과학과 실업학이 있다고 할 때 그 실업학이 함축하는 실질적 의미는 농학, 상학, 공학이었다. 농학, 상학, 공학은 직접적으로 국가의 부강과 관계되는 중요한 학문이었기 때문에 언론 매체의 많은 관심을 받아 이와 관련된 실학의 용례가 자주 출현하였다.

한국 근대 실학 개념을 독해하는 또 다른 중요한 포인트가 개념의 로컬리티이다. 실학의 외연과 내포가 각각 학제와 학문을 향하고 있었다면 실학의 로컬리티는 대한제국이라는 지역을 향하고 있었다. 대한제국이라는 지역은 외래적인 실학 개념의 도착지로서의 성격을 지니고 있었고, 동시에 이념적인 실학 개념의 생성지로서의 성격을 지니고 있었다. 전자의 경우 청말 중국의 실학 개념과 메이지 일본의 실학 개념이 유입되는 외래 개념의 도착지로서의 대한제국을 뜻하는 것이고, 후자의 경우 개화와 수구, 신학과 구학 등 대한제국 사회 내부의 정치적 지형을 투과하는 이념적인 실학 개념의 생성지로서의 대한제국을 뜻하는 것이다.

먼저 청말 중국 실학 개념이 유입된 대표적 사례로『만국공보』에 실린「광신학이보구학설」이 대한제국의 언론 매체에 연재된 사실을 들수 있다. 이 글은 학문적 진보주의의 견지에서 중국이 서학을 수용해 국가를 부강하게 해야 한다는 메시지를 전하고 있었는데, 그 과정에서 서학의 중심적 속성으로 격치학 또는 격치기예학을 의미하는 실학을 강조하고 있었다. 메이지 일본 실학 개념이 유입된 대표적 사례로는 메이지 일본의 사상가 복택유길의 실학사상이 대한제국의 언론 매체에 소개된 사실을 들 수 있다. 복택유길이 설립한 경응의숙이 메이지 시기 '서양 실학'의 생성 공간이었으며 복택유길의 주도 하에 실용적인 실학주의 교육이 번창하여 일세를 풍미한 것처럼 소개되었다.

대한제국의 로컬리티는 청말 중국 및 메이지 일본과의 관계 속에서 형성되는 것 이상으로 제국 내부의 이념적인 지형 위에서 형성되고 있었다. 실학 개념은 먼저 개화와 수구의 이념적 대립을 투과하며 이성주의의 시선에서 개화와 수구의 문제점을 모두 비판하고 있었다. 근대 한국에는 향촌의 수구 세계를 실학의 미달로 간주하는 시선과 도시의 개화 풍조를 실학의 일탈로 간주하는 시선이 병존하였으며, 실학 개념의 정치성은 양자의 택일이 아닌 양자의 지양을 지향하였다. 실학 개념은 또한 신학과 구학의 이념적 대립을 투과하면서 양자의 대립을 해소하기 위한 정치적 역할을 담당하였다. 실학은 신학과 구학을 접붙이는 방향, 구학을 신학으로 끌어올리는 방향, 신학을 구학으로 떨어뜨리는 방향 등 다양한 방법으로 신구학의 대립을 해소하고 실의 가치가 구현되는 참다운 학문을 창조하고자 하였다. 특기할 것은 구학으로 규정된 유교를 실학으로 바꾸고자 했던 대동학회의 친일적 실학이다. 대동학회는 실학의 강명을 모토로 내걸고 주자에서 공자로 유교 전통을 소급하여 공자의 실학을 실현하고자 했다. 그것은 인의를 외면하고 충효를 강조하는 기형적인 유학이었다. 일본의 한국 병합이 임박한 현실에서 한국이라는 국가가 실종되고 조선이라는 유교 선동이 부정된 근대 '동아세계'라는 새로운 정치적 공간을 추구한 대한제국 '귀족' 계급의 이념적 지평이 대동학회의 실학에 서려 있었다.

전환기 실학 개념은 오늘날 거의 망각된 상태에 있고 거의 단절된 상태에 있다. 망각된 개념을 다시 기억하고 단절된 개념을 다시 접속하는 것은 한국의 개념적 자원을 풍요롭게 만드는 일이다. 더구나 유교적인 실학 개념과 학술적인 '실학' 개념으로 양분된 실학의 지식세계에 대한 제국기의 역사적 현재성을 복원한 근대적인 실학 개념을 투입함으로써 실학 개념의 복잡성이라는 무기로 '실학' 개념의 학술성을 제고하는 길을 개척할 수 있을 것이다. 이 글이 실학 또는 '실학' 인식의 새로운 국면을 위하여 근대 개념으로서의 실학에 대한 역사적 성찰의 중요성을 일깨우는 어떤 계기가 되기를 바란다.

제2장 신채호의 '아' 개념의 재검토

1. 머리말

이 글은 신채호의 '아(我)'에 관한 개념사 연구이다. '아'는 신채호의 역사인식에서 핵심적인 위치에 있다. 그는 『조선사(朝鮮史)』「총론(總論)」(1924년)에서 역사를 '인류사회의 「아(我)」와 「비아(非我)」의 투쟁이 시간부터 발전하며 공간부터 확대하는 심적(心的) 활동의 기록'이라고 정의하였으며, 간단히 줄여 '아와 비아의 투쟁의 기록'이라고 언명하였다.[1] 그는 역사의 주체를 명확히 '아'라고 호명하고 주체의 활동을 '투쟁'이라 단언하였다.

역사를 아와 비아의 투쟁으로 보는 신채호의 역사관은 한국 근대 역사학의 성립과 관련하여 일찍부터 학계의 주목을 받았다. 신채호가

1　『朝鮮上古史』「第一編 總論」(『改訂版 丹齋申采浩全集』上, 螢雪出版社, 1987, 31면).

「총론」에서 제시한 아에서 민족과 더불어 계급을 투시하고 신채호를 한국 근대 역사학의 완성자로 평가하는 관점[2]도 있었지만, 대개의 경우는 신채호 역사학의 일의적인 키워드를 민족으로 보고 민족을 곧 아와 등치시키는 관점이었다.[3] 「총론」에서 아의 주관적 상대성을 예시하는 대목에서 민족적 범주에 속하는 조선과 계급적 범주에 속하는 무산계급이 함께 거론되기도 했지만, 「총론」에서 조선사 서술을 위한 아의 단위를 분명히 '조선민족'으로 규정한 것은 부인할 수 없는 사실이다.[4]

신채호가 아의 역사 단위로 조선민족을 설정한 것은 「총론」에 나타난 그의 역사인식이 아직 아나키즘보다는 내셔널리즘 위에서 구축되었다는 주장[5]의 타당성을 높여 주는 측면이 있다. 그런 면에서 1920년대 '아와 비아의 투쟁'이란 발상은 기본적으로 약육강식의 국제질서를 배경으로 국가 또는 민족의 생존경쟁을 추구한 1900년대 한국 자강사상의 연속으로 독해하는 편이 합당해 보이기도 한다. 자강의 세계관에 놓여 있는 '아/비아'는 전통적인 동아시아 질서에서 상정하는 계서적인 중화/이적에 상응하지 않는다. 아와 비아가 구성하는 국제적 권역의 구성 원리는 화이론에서 도출되는 단일중심의 원리가 아니라 아의 주관적 상대성에서 기인하는 다중심 또는 무중심의 원리이다.[6]

---

2   김용섭, 「우리나라 근대 역사학의 성립」, 『한국의 역사인식』下, 창작과비평사, 1976, 437~446면.

3   申一澈은 「총론」에서 제기된 '아'와 '비아'의 투쟁을 국제관계 속에서 진행되는 국가 간 또는 민족 간 투쟁으로 보았고, 韓永愚는 1920년대 신채호 역사학의 주안점이 계급이 아니라 민족, 민중사가 아니라 민족사라고 보았으며, 愼鏞廈는 역사의 주체를 민족으로 명시한 「독사신론」을 신채호의 역사민족주의를 보여주는 획기적인 작품으로 강조하였다(신일철, 『신채호의 역사사상 연구』, 고려대 출판부, 1981, 113면; 한영우, 『한국민족주의역사학』, 일조각, 1994, 21~24면; 신용하, 『(증보) 신채호의 사회사상 연구』, 나남출판, 2003, 179~182면).

4   『朝鮮上古史』 「第一編 總論」(『改訂版 丹齋申采浩全集』上, 螢雪出版社, 1987, 33면).

5   申一澈·千寬宇·金允植, 1979, 「丹齋 申采浩論」 『韓國學報』15, 一志社, 194면.

6   신일철, 앞의 책, 113~116면.

신채호의 역사 테제에서 발견되는 이와 같은 원리를 아와 비아가 참여하는 근대 국제질서의 다자적 구성 원리로 보는 대신 탈민족과 탈근대의 시선에서 아 그 자체의 유동적인 구성 원리로 보는 견해도 있다. 이에 따르면 비아인 타자와의 끊임없는 투쟁 과정에서 모든 아의 자기동일적인 완성은 언제나 분쇄될 수밖에 없으며,[7] 아라는 민족적 아이덴티티는 원초석 자아가 아니라 변화하는 관련 표상들에 의해 만들어지는 주관적인 위치에 불과하다.[8] 더구나 아 내부에 다시 아와 비아가 설정되고 비아 내부에도 아와 비아가 설정됨으로써 '민족'의 체현에 모순이 발생하여 '탈민족'의 인식론이 성립하고,[9] 이와 같은 아 / 비아 대립의 중층성, 특히 아 내부의 비아와의 투쟁의 문제성에서 사회진화론과 국민국가론을 넘어서는 민중적 시공간의 발견을 기약할 수 있다.[10]

물론 아의 구성 원리에 대한 논의가 반드시 탈민족과 탈근대의 맥락에서만 도출되는 것은 아니다. 신채호의 아는 자기 동일성을 지닌 철학적 실체라기보다 국가 수호 투쟁을 위해 세력화된 사회적인 집합체라고 보는 관점[11]은 신채호의 아를 실질적으로 민족으로 간주한다. 이 관점은 사회적 집합체로서 아를 구성하는 아의 아와 아의 비아에 주목하고, 그 결과 신채호의 역사 테제가 아와 비아에 의한 민족 간 투쟁인 동시에 아의 아와 아의 비아에 의한 민족 내 투쟁임을 부각하였다.[12]

이상의 논의들을 통해 현재 신채호의 아를 해석하는 일치된 견해가

7   조관자, 「(반)제국주의 폭력과 멸죄(滅罪)의 힘」, 『문화과학』 24호, 2000, 175면.
8   김현주, 「신채호의 '역사' 이념과 서사적 재현 양식의 연관성에 대한 연구」, 『상허학보』 14, 2005, 309면.
9   Henry H. Em, "Nationalism, Post−Nationalism, and Shin Chae−ho", *Korea Journal* Vol.39. No.2. 1999, pp.310~311.
10   윤해동, 『식민지의 회색지대』, 역사비평사, 2003, 218~220면.
11   신정근, 「신채호의 투쟁적 자아관」, 『철학』 109, 2011, 85면.
12   위의 글, 88면.

없음을 알 수 있다. 주된 원인은 신채호의 아에 접근하는 민족과 탈민족의 상반된 관심이다. 민족을 중시하는 관점은 1900년대 신채호의 중심사상을 민족주의로 규정하고 이로부터 신채호의 아를 자명하게 민족으로 간주한다. 탈민족을 중시하는 관점은 1920년대 신채호의 중심사상이 민족주의에서 벗어났음을 전제하고 신채호의 아에서 탈민족의 인식론을 투시한다. 양자 모두 신채호의 아가 이미 1900년대부터 그 자체로 신채호의 사상에서 독자적인 위치를 차지한 개념이었음에도 불구하고 그 개념적 성격을 경시한 채 민족 또는 탈민족의 영역으로 이를 쉽사리 환원시키고 있다.

특히 후자의 경우 「총론」이 조선사의 도론이라는 엄연한 사실, 「총론」에서 아를 조선민족으로 명시했다는 명백한 사실을 애써 외면하면서 「총론」 서두의 역사 테제를 고립적으로 탈민족과 연결시키고 있다. 이 역사 테제가 1920년대 「총론」에서 비로소 출현하는 것이 아니라 1900년대 신채호의 여러 역사물에서 이미 공통적으로 검출되고 있다는 사실에 전혀 무관심하다. 본문에서 설명하겠지만 신채호가 아를 처음으로 제창하고, 역사를 아와 비아의 투쟁으로 나타내고, 아 내부에 다시 아와 비아를 설정하고, 아의 본질과 내부적 비아의 본질을 탐구했던 것은 모두 그가 민족주의를 견지했던 1900년대의 일이었다.

이에 이 글은 「총론」의 역사 테제에 나타난 신채호의 아를 둘러싼 사상사 연구의 문제점을 해결하기 위해 개념사적 방법으로 새롭게 신채호의 아를 탐구하고자 한다. 먼저 1장에서는 아의 형성 배경으로 그간 민족/탈민족의 시선에서 포착하지 못했던 '사회'라는 내부적 비아의 출현에 주목하여 신채호의 아가 사회에 대한 대응이었음을 논하고자 한다. 2장에서는 신채호의 역사물을 분석 대상으로 삼아 각각의 역사

서사에서 발견되는 아와 비아의 투쟁, 아의 본질, 비아의 본질을 검토하고자 한다. 3장에서는 신채호의 역사물에서 아가 언어적으로 발화되는 양상을 관찰하여 아의 복합어를 계열별로 분류, 아의 의미망을 추적하고자 한다. 이 글에서 탐구하는 신채호의 아는 자료 전산화의 여건상 비록 대한제국기에 한정되어 있지만, 이를 통해 민족 / 탈민족의 과도한 목적의식으로부터 신채호의 아를 구출하여 역사적 실세와 부합하는 아의 개념을 정초하는 데 작은 보탬이 되기를 희망한다.

2. '아'의 형성 배경

신채호는 '아(我)'의 사상가이다. 그는 대한제국기에 아와 비아의 투쟁을 내용으로 하는 아의 역사를 생산했을 뿐 아니라 대한제국의 현실을 배경으로 직접적으로 아 그 자체에 관하여 사유하는 논설들을 작성하였다. 이를테면 『대한매일신보』에 게재된 「아(我)와 사회에 관계」(1908.3.3.), 「대아(大我)와 소아(小我)」(1908.9.16.~17.), 「아(我)란 관념을 확장홀지어다」(1909.7.24.) 등의 글이 그것이다. 『대한매일신보』의 모든 논설들을 통틀어 아에 관한 전론(專論)을 개진하고 있는 것은 오직 이것들일 뿐이다. 이것은 신채호가 발신한 아의 담론이 융희연간이라는 특정한 역사적 국면에서 형성된 사회적인 미디어 현상으로 읽혀야 할 것임을 시사한다. 즉, 미디어 담론으로서 아론은 융희년간에 들어와 신채호에 의해 비로소 형성된 역사적인 것이다.

그렇다면 신채호는 무엇 때문에 아론을 개진했는가? 융희연간의 대한제국에서 무엇이 문제였기에 아를 추구한 것일까? 이를 위해 신채호가 아를 논한 첫 번째 논설「아와 사회에 관계」를 보도록 하자. 이 논설은 사회에 진입하여 사회를 구성하는 아의 무기력함에 대한 질타이다. 현실의 아는 사회의 부패를 개량하는 적극적인 구성원이 아니라 사회의 풍조를 추수하는 소극적인 구성원으로, 사회가 부패하면 아도 부패하고 사회가 침체되면 아도 침체되는 있으나마나한 사물(死物)로 진단된다. 그러나 이것이 과연 본래적인 아이던가? 부패한 사회에 흡수되어 존재성을 상실하는 무기력한 현실의 아와 구별되는 본래적인 아란 무엇인가? 이 논설에서 고발한 무기력한 아는 이 논설을 계승한「일인과 사회의 관계」에 이르러 급기야 '사회세력의 노예'로까지 언명된다.[13]

아를 압도하고 속박하는 부패한 사회라는 관념은 신채호의 아론을 지배하는 중요한 관념이다. 이것은 신채호가 아를 논한 마지막 논설「아란 관념을 확장홀지어다」에서도 그대로 이어진다. 이 논설의 작성 동기는 대한제국 사회에서 쏟아지는 논설과 연설에서 아란 관념이 너무나 박약하다는 위기의식이다. 즉, 대한제국 사회에서 생산되는 동양 담론이 언제나 일본을 위주로 하는 '일본의 동양'에 매몰되어 있어 '비열'하기 짝이 없고, 대한제국 사회에서 생산하는 국권 회복 담론이 언제나 시세를 위주로 하는 '세계대세의 변동'에 매몰되어 있어 관망파만 증가한다는 것이다. 신채호는 동양흥망이 일본에 좌우되고 국권회복이 시세에 달려있다고 말하는 한국 사회의 담론에서 추방된 아의 행방을 묻고 있다.

이처럼 신채호의 아론에서 아와 사회는 항상 대립 관계에 있다. 이

---

13 『大韓每日申報』1909.7.20, 논설「一人과 社會의 關係」.

것은 신채호의 아를 이해하는 중요한 포인트이다. 그는 사회에 흡수된 무기력한 아를 극복하고자 하였고 사회에 의해 추방된 본래적 아를 회복하고자 하였다. 그렇다면 그가 아를 논하면서 드러낸 부정적인 사회 인식은 무엇 때문이었을까? 그는 사회에서 무슨 문제를 발견한 것일까? 그가 「아와 사회에 관계」에서 사회의 부패를 언급하고 있다는 사실에 착안하여 일단 『대한매일신보』 논설에 출현하는 부패라는 어휘의 추세에 대해 살펴보면 다음 표와 같다.[14]

14　『大韓每日申報』 1905.9.30, 논설 「淸議保護」; 1905.10.6, 논설 「人當自信이오 不可信人」; 1905.10.22, 논설 「敎育의 要務」; 1905.11.3일, 논설 「國家의 性質과 精神」; 1905.11.25, 논설 「皇城矜憐」; 1905.12.6, 논설 「後運」; 1905.12.10, 논설 「韓國實情」; 1905.12.12, 논설 「讀日本人對韓政策」; 1905.12.30, 논설 「後運」; 1906.1.13, 논설 「來猶可追」; 1906.3.2, 논설 「一進會及天道敎」; 1906.3.7, 논설 「韓國現今苦難」; 1906.3.16, 논설 「滿州內英國商業」; 1906.3.30, 논설 「恭讀大詔」; 1906.4.8, 논설 「日本政治上大隈伯爵演說」; 1906.4.28, 논설 「異常事務」; 1906.5.17, 논설 「本報意思」; 1906.5.18, 논설 「兩人不合」; 1906.5.31, 논설 「韓國」; 1906.6.2, 논설 「自衛」; 1906.7.12, 논설 「肅淸宮禁」; 1906.8.1, 논설 「共立協會」; 1906.8.7, 논설 「痛哭弔韓國之民」; 1906.8.16, 논설 「論西班牙王앨픈소氏라」; 1906.8.28, 논설 「統監과陛見問題」; 1906.9.8, 논설 「格別論述」; 1906.9.28, 논설 「對韓報筆」; 1906.10.10, 논설 「對官吏貪虐 흐야 歎國民昧弱」; 1906.12.1, 논설 「韓國內日本治蹟」; 1906.12.13, 논설 「是其改良耶」; 1907.2.23, 논설 「在於隱密」; 1907.2.27, 논설 「日本及한國」; 1907.3.2, 논설 「改良」; 1907.4.11, 논설 「共立協會의 詳報」; 1907.5.3, 논설 「한國內改良」; 1907.5.18, 논설 「提議于伊藤侯爵」; 1907.5.25, 논설 「韓國新內閣」; 1907.6.28, 논설 「普通意志及寬容의 辨辭」; 1907.7.27, 논설 「新協約」; 1907.8.17, 논설 「將有大成功」; 1907.10.6, 논설 「淸廷改革의 好望」; 1907.10.23, 논설 「淸國內改良」; 1907.11.8, 논설 「美國內財政恐慌」; 1907.11.9, 논설 「韓國의 將來文明을 論홈」; 1907.12.1, 논설 「韓國內에 惡行者」; 1907.12.4,5, 논설 「葡萄牙國에 危機」; 1908.1.10, 논설 「不勝迷惑」; 1908.1.14, 논설 「韓日關係」; 1908.1.16, 논설 「警告儒林同胞」; 1908.3.3, 논설 「我와 社會에 關係」; 1908.3.26, 논설 「言論之難」; 1908.4.3, 논설 「讀壬辰誌有感」; 1908. 5.3, 논설 「警告各團體社會」; 1908.5.16, 논설 「學界의 花」; 1908.5.17, 논설 「南鄕來客의 談」; 1908.5.31, 6.2, 논설 「悲淸議之掃地」; 1908.6.9, 논설 「記南州之一頑固生」; 1908.6.14, 논설 「舊書蒐集의 必要」; 1908.7.5, 논설 「家庭及社會」; 1908.7.8, 논설 「近今國文小說著者의 注意」; 1908.7.17, 논설 「先進의 責任」; 1908.7.26, 논설 「醫國如醫人」; 1908.8.7, 논설 「告少年同志會」; 1908.8.8, 논설 「許多古人之罪惡審判」; 1908.9.1, 논설 「士習의 腐敗」; 1908.9.6, 논설 「苟有其志면 事無難易」; 1908.10.8, 논설 「探偵과 通譯의 行悖」; 1908.10.18, 논설 「平壤의 磁器發明」; 1908.10.24, 논설 「畿湖學會의 一大光線」; 1908.11.12, 논설 「小學敎科書를 宜精製」; 1908.11.26, 27, 29, 논설 「光緖及西太后崩逝後 支那問題의 對ᄒ 硏究」; 1908.12.10,

『대한매일신보』 논설의 '부패' 일람

	A.국가 부패	B.정치 부패	C.사회 부패	D.인민 부패	E.기타
	韓國(3)國家(2),	政治(4)官吏(2),大官			
	國內,國力,西班牙	大臣(4),官吏(3),官人(3),政府(3),政治(3),官僚(2)統監,宦族,內閣		人心	
	我國,韓國	政府(3),警察,官吏,官人,官司,觀察使,內閣,政界		其人,淸人,韓國民,韓人	
	國力(2),國,國家	政府(3),政治(3),官人,國政,大臣,秘政	社會(13),舊學者,團體,士,士氣,惡習,風俗	國民(2),人心(2)民氣,民德,民心	家庭,公德,道德,我,陳談,學問
	國家(6),伊太利,韓國	政治	學生(7),社會(3),儒林(2),習俗,新學者,一進會	人物(3),國民(2),民智,韓人	時代(2),空氣,道德,史論,史筆,書籍,陳編
		政治(4),法令	習慣(2),儒敎(2),氣習	民俗,民志	道德(3),客,棟梁

논설「奴隷解放의 大慈悲」; 1908.12.12, 논설「我國學生諸氏여」; 1908.12.19, 논설「舊書刊行論」; 1909.1.19, 논설「分利ㅎ는 人은 國民이 賊」; 1909.2.3, 논설「社會의 中軸」; 1909.2.4, 논설「救世軍」; 1909.2.9, 논설「口碑上偉人」; 1909.2.23, 논설「一進會解散令」; 1909.2.28, 논설「儒敎界에 對ᄒ 一論」; 1909.3.16, 논설「國家를 滅亡케 ᄒ는 學部」; 1909.3.21, 논설「人民은 法律을 自知ᄒ야 權利를 自護ᄒ이 可홈」; 1909.3.24, 논설「學生界의 惡光景」; 1909.3.30, 논설「秋聲子의게 答홈」; 1909.4.20, 논설「先進社會의 缺点」; 1909.7.9, 논설「書籍界一評」; 1909.7.20, 논설「一人과 社會의 關係」; 1909.8.4, 논설「奴性을 去ᄒ 然後에 學術이 進홈」; 1909.9.4, 논설「與法學生諸君」; 1909.9.16, 논설「敬賀達城親睦會」; 1909.10.19, 논설「儒敎를 賣ᄒ는 賊」; 1909.11.13, 논설「各學生親睦會에 對ᄒ 勸告」; 1909.11.17, 논설「女子敎育에 對ᄒ 一論」; 1909.11.21, 논설「個人主義로 生을 求치 말지어다」; 1909.11.23, 논설「此魔聲을 何術로 打破」; 1909.11.25, 논설「今日韓國人士의 中庸」; 1910.1.5, 논설「新年一感」; 1910.1.7, 논설「韓日合倂論者에게 告홈」; 1910.1.16, 논설「基督敎徒同胞의 警醒홀바」; 1910.1.25, 논설「地方稅와 民情」; 1910.1.28, 논설「鴉片吸者의 增加홈을 歎홈」; 1910.2.23, 3.3, 논설「二十世紀新國民」; 1910.3.13, 논설「韓國振興策」; 1910.5.27, 논설「重商主義를 唱道홈」; 1910.6.9, 논설「支那關係」; 1910.6.15, 논설「變遷의 時機」; 1910.6.18, 논설「頑固輩의 狀態」; 1910.7.1, 논설「少年의 韓國」; 1910.7.26, 논설「守舊派에게 警告」; 1910.7.30, 논설「破壞의 時代」; 1910.8.9, 논설「大韓의 過渡時代」.

〈표 1〉에서 보듯 『대한매일신보』 논설에서 발화된 부패의 주체는 1905~1907년의 시기에는 'B.정치 부패'가 절대 다수를 차지했으나 1908~1910년의 시기에는 'C.사회 부패'가 'B.정치 부패'를 능가하고 다수를 구성하고 있음이 특징적이다. 특히 1908년 '사회'의 부패가 급부상한 것이 논설 공간에서 부패의 주체가 정치 영역에서 사회 영역으로 전환한 결정적인 원인이 되었다. 사회의 부패에 수반되어 습(習), 속(俗), 덕(德)의 부패가 1908년부터 지속적으로 출현하고 있음도 중요하다. 흥미로운 점은 1905년 9월 30일자 논설 「청의보호(淸議保護)」에서 1908년 1월 14일자 논설 「한일관계(韓日關係)」에 이르기까지 49건의 부패 발화 논설에서는 거의 모두 관(官), 정(政), 국(國)의 부패를 말하고 있을 뿐 단 한번도 사회의 부패가 언급된 일은 없었는데, 1908년 1월 16일자 논설 「경고유림동포(警告儒林同胞)」에 이어 「아와 사회에 관계」(1908.3.3.)에서부터 사회의 부패가 본격적으로 발화되어 「일인과 사회의 관계」(1909.7.20.)에 이르기까지 이 기간 안에 사회 부패를 언급하는 논설들이 집중적으로 분포해 있다는 사실이다.[15] 그리고 이 기간이 신채호의 첫 번째 아론이 개진된 논설 「아와 사회에 관계」(1908.3.3.)와 신채호의 마지막 아론이 개진된 논설 「아란 관념을 확장홀지어다」(1909.7.24.) 사이의 기간과 거의 일치한다는 사실이다.

---

15 사회의 부패를 논한 논설을 거례하면 다음과 같다. 『大韓每日申報』 1908.1.16, 논설 「警告儒林同胞」; 1908.3.3, 논설 「我와 社會에 關係」; 1908.3.26, 논설 「言論之權」; 1908.5.16, 논설 「學界의 花」; 1908.6.2, 「悲淸議之掃地」; 1908.6.9, 논설 「記南州之一頑固生」; 1908.7.5, 논설 「家庭及社會」; 1908.7.17, 논설 「先進의 責任」; 1908.8.7, 논설 「告少年同志會」; 1908.9.6, 논설 「苟有其志면 事無難易」; 1908.10.8, 논설 「探偵과 通譯의 行悖」; 1908.12.19, 논설 「舊書刊行論」; 1909.2.4, 논설 「救世軍」; 1909.2.23, 논설 「一進會解散令」; 1909.4.20, 논설 「先進社會의 缺点」; 1909.7.20, 논설 「一人과 社會의 關係」.

이것은 융희 연간 『대한매일신보』 논설 공간에서 발생한 아 개념의 형성 배경에 관하여 중요한 힌트를 제공한다. 신채호의 아가 사회와의 대립 관계에서 논의되고 있었다는 점, 정치 영역의 부패에서 사회 영역의 부패로, 특히 '사회'의 부패로 부패에 관한 관심이 전이하는 전환점에서 아론이 시작되고 있었다는 점, 아론의 논설 구간과 사회 부패의 논설 구간이 거의 서로 일치하고 있었다는 점은 신채호가 사회에 대한 반성에서 개인의 새로운 집합체로서 아의 개념을 모색했음을 일깨워 준다.

여기서 신채호가 사회의 대안으로 모색하는 아의 개념에 대해서는 후술하기로 하고 일단 1908년 이후 『대한매일신보』 논설 공간에서 사회 부패가 집중적으로 논의되는 현상을 설명하기 위하여 이번에는 동일한 공간에서 사회 개념 그 자체가 어떻게 전개되고 있었는지 간략히 살펴보기로 한다.[16]

〈표 2〉는 『대한매일신보』에서 '사회'라는 어휘가 5건 이상 검색되는 단회 또는 연속 논설들을 선별하여 사회가 포함된 어절에서 사회 복합어 및 사회 관계어를 추출한 것이다. 선별된 15개의 논설들은 『대한매일신보』 논설에서 발견할 수 있는 사회 개념 관련 논설들 중에서 질적으로도 가장 우수한 것들인데, 논설들의 분포 구간이 '사회정신'(#1)의 시점(始點)과 '아와 사회에 관계'(#8)의 중점(中點)과 '일인과 사회의 관계'(#15)의 종점(終點)으로 구성되어 있음을 볼 수 있다. 매우 흥미롭게도 이 구간의 중점과 종점은 앞서 살펴본 바 『대한매일신보』에서 사회 부패가

---

16 『大韓每日申報』 1905.10.14, 논설 「社會精神」; 1906.3.23, 논설 「論社會」; 1906.4.4, 논설 「告自强會發起諸君子」; 1906.4.12, 논설 「駁政友會」; 1906.4.25, 논설 「別報譯載」; 1907.7.31, 8.1, 논설 「保種策」; 1907.9.29, 논설 「韓國之進化程度」; 1908.3.3, 논설 「我와 社會에 關係」; 1908.5.31, 6.2, 논설 「悲淸議之掃地」; 1908.7.5, 논설 「家庭及社會」; 1909.2.3, 논설 「社會의 中軸」; 1909.3.10, 논설 「三大自由의 功」; 1909.3.23, 논설 「同化의 悲觀」; 1909.4.20, 논설 「先進社會의 缺点」; 1909.7.20, 논설 「一人와 社會의 關係」.

〈표 2〉『대한매일신보』 주요 논설의 '사회' 일람

#	연도	항목	어휘
1	1905	논설 제목	社會精神
		복합어	社會(5), 社會力, 文明國社會, 大韓社會
		관계어	精神(4),政府,新發起,新成立,專一業務,國家富强,天文學會,地理學會,礦學會,商學會,農學會,工學會,史學會,知識學問,實學,新學問,專門學業會
2	1906	논설 제목	論社會
		복합어	社會,韓國社會,社會名稱,社會事業,社會盛,社會紛起
		관계어	紛紛而起,耶蘇敎會,天主敎會,天道敎會,淨土敎會,一進會,靑年會,國民敎育會,開進敎育會,驚怪,開進,自主,才俊,智能,人心靖,國步進,現今時代,開明國,智識進,事業新,箇人自治,國家自立,今日,時運
3	1906	논설 제목	告自强會發起諸君子
		복합어	大韓社會(2),社會,社會結合,社會盛衰,龍頭蛇尾社會,各種社會
		관계어	保種保國,開明進步,上古,自保自存,人類生存,天下事業,衆智衆力,讀書,農工商業,發達,開明進步機關,紛紛而起,趣旨違反,外人卑屈阿附,國人憑藉侵侮,大韓自强會發起,扶起大韓獨立,好消息,風氣開明
4	1906	논설 제목	駁政友會
		복합어	天然的上等社會,社會架疊設立,社會規模,辭官職入社會,非法社會
		관계어	政府,同心團體,共濟國事,世界各國,會入政府,會員辭免,大官入會員,官職卸免,韓廷諸公,組織此會,諸公權位鞏固,此結社,私慾,韓人結社集會,日本司令部認許,文明國法律
5	1906	논설 제목	別報譯載
		복합어	下流社會(6)
		관계어	蒙養學堂?知識開通,知識蒙昧,韓淸兩國,病痛,朝廷注意,飢寒,今日開通,不識字,鋪啟聰明,長睡長夜
6	1907	논설 제목	保種策
		복합어	社會團合(6),國民社會
		관계어	敎育殖産(7)自田權(5)他人妨害(3),保種策(2)三種事業(2),國權可復(2)宗敎(2),團體結合,諸般事業,同心力,着着做去,民智開進,力養成,目的到達,根本田地,進步上障碍,標準建立,團體結合,大韓人民,國權全失,耶蘇敎,全國二千萬人衆,障碍不被,着着進就,大韓人民,耶蘇敎崇信,我韓國權隊地,種族滅絶,告我同胞,一般人士,同聲讚美,國權大去,人種垂減,人心維繫,國情融通,團合,敎育,他人沮戲,殖産,他人箝制,耶敎歸依,目的得達
7	1907	논설 제목	韓國之進化程度
		복합어	上流社會(3),下流社會(3)
		관계어	進化(3),變動,羞愧
8	1908	논설 제목	我와 社會에 關係
		복합어	社會(2),社會腐敗(2),社會不死,社會不滅,社會無限,社會出現,社會風潮追隨,社會頑陋,社會萎靡,社會陵夷,社會中一贅肉,社會一員,社會補助又改良,社會不滅,社會不壞
		관계어	我(3),一小色身,暫來倏去,過去現在未來,長存不壞,我死,我滅,我有限,太倉一米,泰山一壤,我身,仁義道德,庸人下士,薪米鹽漿,達觀自稱,悲歌縱酒,經世自任,束身寡過主義,當初何意,我腐敗,我頑陋,我萎靡,我陵夷,彼茫茫大海推移,我一身,責任,天職,我不滅,我不壞
9	1908	논설 제목	悲淸議之掃地
		복합어	社會成,社會在,壹般社會,腐敗社會,今日壹般社會,社會衰頹
		관계어	淸議(2),人民,一種生氣,空氣,兩間在,空氣無,萬物消鑠,淸議無,人類減絶,道德心培養,國家斧化維持,淸議功,士氣頹敗,隨波逐浪,邪僞卑劣,鄕愿世界,淸議不振遺禍,奸僞者橫行,荒誕者橫行,奸細賣國奴橫行,白鬼夜行活畫,淸議隆落,道德腐敗,淸議振作
10	1908	논설 제목	家庭과 社會
		복합어	社會腐敗(2),社會改良(2),社會造,腐敗社會改良,社會出現
		관계어	家庭(2),人物泯然,今日有志者,劈頭第壹着,故代偉人傑士歷史,道德倫理新說,家庭腐敗改良,子弟敎導方法,旁觀曲遷,求仕手段,浮僞詐媚,處世秘訣,鄙夫黠奴,富貴歷史,鄕愿俗士,爲我主義,魔談鬼話,幼稚時代,腦髓敗壞,遞傳遞授,惡果種,家庭敎育注意

11	1909	논설 제목	社會의 中軸
		복합어	社會中軸(5),社會(2),壹人社會,韓國數百年來社會,過去社會遺傳性繼續,今日社會
		관계어	中軸,不動,全國民族,此處頹,彼處頹,邊幅散裂,中軸固,進步發達,意氣,名譽,志士團,彼邊幅人物,頑固,腐敗,思想陋劣,氣力茇劣,中軸完整,國家大害無,中軸據者,頑腐儒生,貪饕勳戚,放狂蕩子,卑劣遊宦,猜暴私黨,諂媚鄕愿,此退彼進,彼退此進,牛耳迭執,今日惡果,國家盛衰,民族存滅,熱心家,理想家,腐儒僻見,遊宦鄙習,高尙瑩潔,愛國心,國民先導者參參,邊幅淸淨安全,虛想癡想,綱領
12	1909	논설 제목	三大自由의 功
		복합어	社會美俗(2),人類社會,社會風俗,社會發達
		관계어	三大自由(2),國家福利,思想發表(2),穴居時代狀態,國家運命,文明發展,自强,自立,忠君,愛國,正義,奮勵,勇敢,忍耐,敎育,實業,政法,經濟,文明抹殺孟賊,惡俗,國家發達,禍孽,文明掃地
13	1909	논설 제목	同化의 悲觀
		복합어	外國社會(4),韓國社會(3),外國社會模仿
		관계어	模仿(3),同等의思想(2),同化의思想,文明進,我文明進,自由愛,我自由愛,學術發揮,我學術發揮,武力奮興,我武力奮興,標準自變,標準自减,彼竪子輩,逢別禮語,사요나라,곤니지와,書信往復,某方某殿,悲
14	1909	논설 제목	先進社會의 缺点
		복합어	先進社會(2),後進社會(2),先進社會責任,先進社會或腐敗,先進社會餘習發現,先進社會出沒橫行,後進社會影響,後進社會責任,後進社會模範,後進社會前途,社會廢物
		관계어	重大艱難,滔滔流風,妖怪凶慘劣弱暗懶人物,國家盂賊,名譽氣魄,眼界卑,行動劣,先進責任墮落,先進罪,此腐敗劣慣,新鮮事業鼓舞
15	1909	논설 제목	一人과 社會의 關係
		복합어	社會勢力(3),社會勢力奴隷,社會中心點活動,社會原動力
		관계어	我(2),慘酷法蘭西壓制破壞,共和政治建立,盧梭壹學士,腐敗伊太利改革,世界列强並馳,瑪志尼壹少年,壹人壹國,孔聖,亞東列國,儒敎思想,耶穌,歐米諸洲,精神界王者,壹人壹世界,斯人,自己悲觀,世事閑擲,世人,池面浮萍,國民,山阿頑石,步步前進,壹身位置自覺,人類責任自擔,時勢造,民俗導,上天愛ᄌ,國民great大師,天旋地幹,龍拏虎捕,志士,奴隷,改良先鋒

언급되는 논설들의 구간의 시점과 종점에 해당한다. 그러면 혹시 이 구간의 중점 '아와 사회에 관계'(#8)가 어쩌면 『대한매일신보』 논설 공간의 전체 사회 개념의 전개 과정에서도 어떤 결정적인 전환점에 위치한 것은 아니었을까?

이러한 물음으로 사회 복합어와 사회 관계어의 흐름을 살펴볼 때 확실히 1905~1907년에 작성된 '사회정신'(#1)에서 '한국지진화정도(韓國之進化程度)'(#7)까지의 전기 논설들과 1908~1909년에 작성된 '아와 사회에 관계'(#8)에서 '일인과 사회의 관계'(#15)까지의 후기 논설들은 사회에 관한 관점이 서로 다르다. 즉, 사회 복합어의 경우 전기 논설에는 사회분기(社會紛起), 사회사업(社會事業), 사회결합(社會結合), 사회단합(社會團合), 사회력(社會力), 사회정신(社會精神), 상류사회(上流社會), 하류사회(下流

社會) 등이 출현하지만, 후기 논설에는 사회부패(社會腐敗), 사회개량(社會改良), 사회쇠퇴(社會衰頹), 사회세력(社會勢力), 선진사회(先進社會), 후진사회(後進社會) 등이 출현한다. 사회 관계어의 경우 전기 논설에는 개명(開明), 개진(開進), 보호(保種), 지식(知識), 학문(學問), 정부(政府) 등이 출현하지만 후기 논설에는 부패(腐敗), 비열(卑劣), 사위(詐僞), 향원(鄕愿), 도덕(道德), 사상(思想) 등이 출현한다. 이것은 정부를 대신해 사회가 새롭게 자강의 주체가 되어 교육과 식산의 자강운동으로 국권 회복을 도모했던 기간의 사회 개념과 그렇게 결성된 사회가 정치사회적으로 타락하거나 침체됨에 따라 사회에 대한 반성과 대안을 추구했던 기간의 사회 개념 사이에 중요한 간극이 존재했음을 의미한다.[17] 물론 전기 논설에도 일진회(一進會)와 정우회(政友會)를 가리켜 각각 '용두사미사회(龍頭蛇尾社會)'와 '비법사회(非法社會)'로 비판한 사례는 확인된다. 그러나 사회를 향한 주조는 여전히 '보종보국(保種保國)'과 '개명진보(開明進步)'의 기대에 있었으며 후기 논설에서 보이는 전면적인 사회 비판은 나타나지 않았다. 따라서 사회 복합어와 사회 관계어의 흐름으로 볼 때에도 '#8 아와 사회에 관계'는 사회 개념이 변화하는 결정적인 전환점이라고 볼 수 있으며, 따라서 신채호가 이 논설에서 처음 아론을 개진한 것은 사회 개념의 전환점에서 사회를 비판하고 아를 제창한 역사적 사건이었다고 하겠다.

---

17 『大韓每日申報』의 광무 연간의 사회관은 사회를 정부와 구별하여 新學問과 新精神의 발신처이자 국가 발전의 원동력으로 보거나(『대한매일신보』 1905.10.14, 논설「社會精神」), '保種保國의 基礎'이자 '開明進步의 機關'(『대한매일신보』 1906.4.4, 논설「告自强會發起諸君子」), 한국 '開進의 權輿'이자 '自主의 原因'(『대한매일신보』 1906.3.23, 논설「論社會」)으로 보는 관점이었다. 반면, 융희 연간의 사회관은 한국 사회의 부패가 극심하니 사회의 개량이 시급하다(『대한매일신보』 1908.7.5, 논설「家庭及社會」), 한국 사회의 부패는 과거 수백 년간 頑腐, 貪鄙, 卑劣 등의 유전에서 기인한다(『대한매일신보』 1909.2.3, 논설「社會의中軸」), 先進社會의 부패 때문에 後進社會까지 영향을 받고 있으니 후진사회는 선진사회를 본받지 말라(『대한매일신보』 1909.4.20, 논설「先進社會의 缺點」)는 관점이었다.

융희 연간에 처음 출현하는 '가지사(假志士)'는 이 시기 사회 개념의 변화를 상징하는 문제적 어휘이다. 대한제국기에 형성된 사회라는 결사체에서 사회사업을 수행하는 활동가, 곧 사회의 실질적 주체를 당대에 '유지사(有志士)'(또는 '유지(有志)', '지사(志士)')라고 칭했는데 가지사란 유지사의 부정적 존재, 곧 사회의 부정적 주체를 의미했다. 따라서 가지사의 출현은 바꾸어 말하면 사회에 관한 부정적 관념이 시작되었음을 뜻하는 중요한 징표일 수 있다. 가지사의 구체적 양태를 살펴보면 〈표 3〉과 같다.[18]

〈표 3〉『대한매일신보』의 '가지사' 관계어 일람

연도	A.개인	B.사회	C.정치
1905			
1906			
1907			
1908	慷慨(2),假飾,奸險,奸諂,口辯,禽獸,鄙悖,小人,猜疑,阿附,外飾,鷹犬,利慾	社會(12),名譽(10),演說(3),國家思想(2),功名,教育,團會,發起,病根,社團,事業,風俗	官職(4),權門(3),仕宦(3),外人(2),有力家(2),官吏,觀察使,郡守,大官,政界,政府
1909	慷慨,私慾	社會(3),演壇(2),愛國,熱心,盜名	傀儡,仕宦
1910	怪異,哀乞	假巡査,假女徒,假偵探,演壇	權門

18 『大韓每日申報』 1908.1.23, 「多錢善賈」; 1908.2.15, 「月朝一評」; 1908.3.3, 「老少問答」; 1908.4.10, 「醉生夢死」; 1908.4.30, 기서, 「國家前進初刑에 急先糞減者假志士」; 1908.5.7, 「歷數人物」; 1908.6.13, 「黨派相分」; 1908.6.17, 「仙廚金丹」; 1908.7.4, 「形形色色」; 1908.7.25, 「依舊人物」; 1908.9.8, 「八隊病身」; 1908.9.26, 기서 「敬呈一劑」; 1908.10.7, 「月下聽謠」; 1908.10.11, 「獨自由歌」; 1908.10.15, 「猛鞭光陰」; 1908.10.24, 「病中看花」; 1908.11.21, 논설 「責假志士文」; 1908.11.21, 「寒江釣魚」; 1908.11.25, 「斜陽聽謠」; 1909.2.11, 「酒後劍舞」; 1909.3.30, 「博覽會出品」; 1909.5.15, 「屛門酬酌」; 1909.8.3, 기서 「今日志士를 弔ᄒ노라」; 1909.9.15, 「秋聲」; 1909.9.21, 「祝每日報」; 1909.12.18, 「魍魎世界」; 1910.7.20, 「片玉有聲」; 1910.7.22, 「秋波閣人」; 1910.7.28, 「猩猩能言」.

위 표에서 보듯 『대한매일신보』에서 묘사되는 가지사의 관계어는 크게 'A.개인', 'B.사회', 'C.정치'의 영역으로 분류된다. 개인의 영역에서 금수(禽獸), 소인(小人), 응견(鷹犬) 등의 어휘, 사회의 영역에서 사회(社會), 명예(名譽), 연설(演說) 등의 어휘, 정치 영역에서 권문(權門), 외인(外人), 관직(官職), 사환(仕宦) 등의 어휘가 가지사의 개념을 구성하는 주요 어휘임을 볼 수 있다. 각 영역의 어휘들을 종합하면 '가지사'는 사회에서 연설과 사업으로 명예를 획득한 뒤 외세 및 고관과 연결하여 정치적 이득을 노리는 금수 같은 속물임을 알 수 있다.[19]

주목할 점은 『대한매일신보』에서 처음 가지사가 출현하는 시점이 이 신문 논설에서 사회의 부패가 처음 언급된 시점과 동일한 1908년 1월이었다는 사실이다. 그리고 이 시점 이후 『대한매일신보』 지면에서는 '가지사'에 대한 비판이 돌출적으로 증가하고 사회의 부패가 적극적으로 발화되었으며 전반적으로 사회가 부정적으로 인식되었다는 사실이다. 이는 가지사의 준동이 사회 부패의 증가와 사회관의 악화에 기여했음을 가리킨다. 일본 통감부와 친일 정치권력의 본격적인 대한제국 철거가 진행되는 과정에서 사회 세력은 자강의 주체로서 사회 본연의 이상을 잃고 부정적으로 정치화되며 사익을 추구했던 것이다.[20]

---

19 桂奉瑀의 「社會의 假志士」는 가지사의 구체적인 양태의 이해에 요긴하다. 가지사는 살갗은 신라의 박제상인데 창자가 송의 한탁주 같은 사람, 말은 고려의 정몽주 같은데 마음은 진의 조고 같은 사람으로, 이들이 정치를 개선한다, 교육을 확장한다, 실업을 개발한다며 요란하게 떠들고 다니지만 실제로는 '사회'에 자기 근거지를 마련하고 정치권력에 접근하여 사리사욕을 채우면서 교육과 실업을 붕괴시키고 있다고 경고하였다(『太極學報』25, 論壇, 「社會의 假志士」, 1908.10.).

20 사회 주체의 부정적 정치화의 색조에 대해서는 申采浩의 「日本의 三大忠奴」에서 거론된 一進會, 東亞開進教育會, 大東學會 등 친일 사회단체의 짙은 색조로부터 박은식의 「舊習改良論」에서 거론된 전통적인 行世家 집단과 방불한 옅은 색조에 이르기까지 다양한 편차가 있었을 것이다(『대한매일신보』 1908.4.2, 논설 「日本의 三大忠奴」; 『西友』 2, 논설, 「舊習改良論」, 1907.1.).

이러한 상황에서 신채호는 사회에 대한 대안적인 개념으로 아를 찾아 나섰다. 그는 명논설 「대아와 소아」에서 그가 찾는 아를 '정신적 아(精神的我)', '영혼적 아(靈魂的我)', '진아(眞我)', '대아(大我)'라 부르며 아의 전체성을 강조했고 아의 부분성을 실현하는 '물질적 아(物質的我)', '구각적 아(軀殼的我)', '가아(假我)', '소아(小我)'를 이와 대비시켰다. 이것은 개인이 사회에 의해 물질화되고 사회에 의해 신체화되어 사회 속에서 존재하는 가짜와 부분자가 되지 말라는 것, 반대로 사회로부터 해방된 정신화된 개인, 영혼화된 개인이 되어 사회 밖에서 손재하는 신싸와 진체자가 되라는 것, 그것이었다. 부분자(小我)가 아니라 전체자(大我)로서의 아란 정신(精神), 사상(思想), 주의(主義)를 가리키는데, 이는 개인과 개인의 물질적 결합으로 창출되는 사회적인 집합체가 아니라 이를테면 개인의 애국심과 개인의 애국심이 정신적으로 접속되어 현시되는 이념적인 생명체이다. 그것은 천지와 더불어 영원하고 무한히 자유자재하며 만사만물에 편재하는 낭만적인 생명력이다.[21] 이 생명체 속에서 이 생명력을 얻은 개인은 융희 연간 한국 사회를 지배하는 일본 정치권력 및 그에 밀착된 '부패'한 사회세력을 대상으로 가열찬 투쟁을 전개할 수 있다. 이로써 그는 아와 비아의 투쟁에 대한 기획을 마쳤다. 신채호의 아는 더 이상 사회에 결집한 물질화된 개인이 아니라 사회의 반성으로부터 발견된 정신화된 개인이었다. 그는 이 자유로운 개인을 주체로 삼아, 대한제국을 철거하고 일본제국의 식민지를 건설하는 정치권력과 그 정치권력에 밀착한 사회 세력에 대한 투쟁에 돌입한 것이다.

---

21 『大韓每日申報』 1908.9.16, 17, 논설 「大我와 小我」.

3. '아'의 역사 서사

앞에서 융희 연간 '사회' 개념의 부정적인 변화를 배경으로 신채호의 아론이 대두하였음을 살펴보았다. 신채호의 아론과 사회의 상관관계는 아론의 적시성(適時性)의 관점에서 보면 더욱 뚜렷해진다. 신채호의 최초의 아론인 「아와 사회에 관계」가 발표된 1908년 3월 3일은 『대한매일신보』 논설에서 부정적인 사회 개념이 처음 정립된 날이자, 사회의 부패가 2번째로 논급된 날이자, 사회의 부정적 주체인 '가지사'의 비판이 3번째로 제기된 날, 곧 아와 부정적인 사회 개념과 사회부패와 가지사가 동일 매체에서 최초로 동시적으로 정렬된 중요한 날이었다.

이 적시성은 동시기 신채호의 역사 저술의 집필 시기와도 연결된다. 그는 이 시기 『대동사천재 제일대위인 을지문덕(大東四千載第一大偉人乙支文德)』(이하 '『을지문덕』')(1908.5. 발행),[22] 「수군 제일위인 이순신(水軍第一偉人李舜臣)」(이하 '「이순신」')(1908.5.2.~1908.8.18.), 「독사신론(讀史新論)」(1908.8.27.~1908.12.13.), 「동국거걸 최도통(東國巨傑崔都統)」(이하 '「최도통」')(1909.12.5.~1910.5.27.) 등 한국의 역사전기와 역사평론을 차례로 집필하였는데, 신채호가 아론을 개진한 1908년 3월에 『을지문덕』이 완성되었고[23] 이후 차례로 역사물이 계속

---

22 대한제국기 신채호가 지은 『乙支文德』은 국한문본과 국문본의 2종류가 있다. 국한문본 『乙支文德』은 1908년 5월 30일 광학서포에서 발행된 도서이고, 국문본 『을지문덕』은 1908년 7월 5일 역시 광학서포에서 발행된 도서이다. 국한문본에 책의 부제로 설정된 '大東四千載第一大偉人'이라는 어구는 국문본에 보이지 않는다. 이 글에서는 『단재신채호전집』 제4권에 수록된 국한문본 『을지문덕』을 연구 대상으로 삼았다.

23 국한문본 『乙支文德』의 발행 시기는 1908년 5월이지만 卞榮晚, 李基燦, 安昌浩의 서문이 1908년 4월에 작성된 것으로 보아 신채호는 적어도 3월까지는 이 작품을 완성했을 것으로 생각된다. 그는 1908년 5월 2일부터 이순신에 관한 연재물을 시작하였

집필된 것은 신채호의 아론과 일련의 역사물 사이의 강한 연속성을 암시한다. 그는 아의 제창에서 그치지 않고 동시에 직접적으로 아의 창조를 시도하고 있었던 것이다.

신채호의 역사물에서 발현되는 아의 역사 서사는 개별 작품별로 세부적인 차이가 있을 수 있지만 역사적 인물이나 사건을 통해 아의 정립을 목적으로 한다는 점에서, 그리고 이를 위한 전략적인 서사 방법을 창안하고 있다는 점에서 공통적이다. 여기서 신채호가 아의 정립을 위해 채택한 서사 방법이란 한국의 실재했던 역사를 아와 비아의 투쟁의 역사로 온전하게 재구성함으로써 아를 억압하거나 말살했던 비아의 역사학을 파괴하고 비아에 의해 은폐되거나 망각되어 왔던 아의 역사학을 건설하는 것을 말한다. 주의할 점은 신채호의 역사 서사에서 아와 대립하는 비아는 아의 외부적 대립자인 동시에 아의 내부적 대립자이기 때문에 신채호의 아를 이해함에 있어서 비아의 양면성에 대한 충분한 고려가 필요하다는 점이다.

『을지문덕』은 아와 비아의 투쟁이라는 그의 역사 기획이 만족스럽게 달성된 전기이다. 이 책은 그러한 기획에 걸맞게 책의 시작부터 단군 이래 '한한양민족(韓漢兩民族)'이 대치하였고[24] 마침내 고구려와 수(隋) 사이에 '피아불양립(彼我不兩立)'의 형세가 성립하였음[25]을 서술하였다. 남북조를 통일한 최대최강의 수를 맞이하여 오직 고구려만 굳건히 독립을 유지하고 대항했음을 서술하면서 이를 유럽 전역을 제패한 나폴

는데, 『大韓每日申報』 1908.4.3, 「讀壬辰誌有感」이 실린 것으로 보아 그는 이미 연재 시작 한 달 전에 관련 자료를 정독하고 있었음을 알 수 있다. 그가 4월 3일 이미 새 연재물을 위해 『임진지』를 완독하고 독후감을 발표할 정도였다면, 『을지문덕』의 집필은 적어도 3월에는 완료되었다고 보아야 할 것이다.

24 『乙支文德』「第一章 乙支文德以前의 韓漢關係」.
25 『乙支文德』「第二章 乙支文德時代의 麗隋形勢」.

레옹에 대해 오직 영국이 굴복하지 않고 대항하는 상황으로 해석하여 고구려를 '18세기 영길리(英吉利)'로 비유하였다.[26] 양국의 전쟁은 을지문덕의 기민한 외교수완[27]과 철저한 군사방비,[28] 대담한 적진 방문[29]과 극적인 살수대첩[30]을 거쳐 고구려의 승리와 수의 패배로 귀착되었음을 서술하였다.

『을지문덕』은 한국 고대사에서 가장 극적인 아와 비아의 투쟁을 성공적으로 재현했을 뿐만 아니라 을지문덕과 고구려를 통해 '아'의 본질에 대해서도 적극적으로 논단하였다. 을지문덕의 인격을 진성(眞誠), 강의(剛毅), 특립(特立), 모험(冒險)으로 집약하여[31] 아의 이상적인 인성을 제시하였고, 무엇보다 을지문덕을 진정한 의미에서 국가와 민족을 처음 만들고 후인에게 '독립' 정신을 일깨운 성신(聖神)이라 찬미하였다.[32] 고구려의 독립 정신이란 원, 명, 청에게 굴종하여 치욕의 역사를 살았던 후대인의 노예정신과는 판연히 다른 것이었고,[33] 아무리 적이 강대해도 '아필진(我必進)'의 정신으로 적과 투쟁하여 끝내 중국의 석권까지 도모하는 정신, 곧 '을지문덕주의(乙支文德主義)'와 일치하는 것이었다.[34] 신채호는 '을지문덕주의'를 '제국주의(帝國主義)'[35] 또는 '강토개척주의(疆土開拓主義)'[36]라고 언급하여 이것이 군사적 팽창주의로 이해될 여지도

---

26 『乙支文德』「第三章 乙支文德時代의 列國狀態」.
27 『乙支文德』「第六章 乙支文德의 外交」.
28 『乙支文德』「第七章 乙支文德의 武備」.
29 『乙支文德』「第十章 龍變虎化의 乙支文德」.
30 『乙支文德』「第十一章 薩水大風雲의 乙支文德」.
31 『乙支文德』「第十四章 乙支文德의 人格」.
32 『乙支文德』「第十五章 無始無終의 乙支文德」.
33 『乙支文德』「第四章 乙支文德의 毅魄」.
34 『乙支文德』「第五章 乙支文德의 雄略」.
35 위의 글.
36 『乙支文德』「第十二章 成功後의 乙支文德」.

있지만, 을지문덕주의의 본질은 아필진으로 적과 맞싸우는 상무적 독립 정신에 있었으며, 실제로 을지문덕의 살수대첩이 주는 역사적 교훈으로 그는 독립을 꼽았다.[37] 을지문덕은 독립의 영웅이었다.

『을지문덕』은 비아의 주체 및 본질에 대해서도 논하고 있다. 이 책은 아=한족(韓族)의 외부적 비아로서 한족(漢族)을 명확히 아와 대립하는 '피(彼)'로 호칭하고, '피아'의 부단한 상호 침입과 민족 감정의 악화가 누적되어 왔다고 인식하였다.[38] 아의 내부적 비아로는 수 양제의 고구려 침입 당시 고구려에서 예상되는 주화 세력을 제시하였다. 첫째는 '매국적신(賣國賊臣)'으로 이들의 현실 타개 방법은 '할토헌읍(割土獻邑)'이다. 둘째는 '비열일파(卑劣一派)'로 이들의 현실 타개 방법은 '비사후폐(卑辭厚幣)'이다. 이 가운데 후자의 문제점은 치욕을 알면서도 전화(戰禍)를 막기 위해 결단한 일시적인 굴복이 점점 장기화되어 '노예'의 멘털리티가 형성된다는 사실이었다. 신채호는 여몽관계, 조명관계, 조청관계를 그러한 멘털리티의 역사로 보았고, 신채호 당대의 사회운동에서도 그러한 멘털리티가 지속되고 있음을 개탄하였다.[39] 아울러 그는 후대의 '비열정객(卑劣政客)'과 '무치우유(無恥迂儒)' 때문에 을지문덕의 진면목이 전해지지 않았다고 비판했는데,[40] 이 역시 비열일파와 상통하는 내부적 비아이다.

『을지문덕』의 역사 서사에서 발견되는 위와 같은 특징적인 요소들, 곧 아와 비아의 투쟁, 아의 본질, 비아의 본질은 이후 신채호의 여타 역사물에서도 공통적으로 검출된다. 『을지문덕』은 아와 비아의 투쟁을

---

37 『乙支文德』「第十一章 薩水大風雲의 乙支文德」.
38 『乙支文德』「第一章 乙支文德以前의 韓漢關係」.
39 『乙支文德』「第四章 乙支文德의 毅魄」.
40 『乙支文德』「第十五章 無始無終의 乙支文德」.

한족(韓族)과 한족(漢族)의 투쟁, 구체적으로 을지문덕의 시대에 고구려와 수의 투쟁으로 나타냈고, 아의 본질을 독립으로 아의 내부적 비아의 본질을 비열로 나타냈다. 이와 비슷하게 「최도통」에서는 아와 비아의 투쟁을 '아족(我族)'과 '외족(外族)', 곧 부여족과 지나족(제일 적국), 유연(柔然)·선비(鮮卑)·거란(契丹)·말갈(靺鞨)·몽고(蒙古) 등족(제이 적국), 일본족(제삼 적국) 사이의 투쟁, 구체적으로 최영의 시대에 부여족의 고려와 몽골족의 원조(元朝), 지나족의 홍건적(紅巾賊), 일본족의 북조(北朝) 사이의 투쟁으로 나타냈다.[41]

또한 아의 상징이라 할 최영을 비열마(卑劣魔) 또는 비열국민(卑劣國民)으로 가득한 '부패비열(腐敗卑劣)'의 시대에 국가의 독립을 절규한 영웅으로 제시했는데,[42] 이는 흥미롭게도 『을지문덕』의 관점을 계승하여 아의 본질을 독립으로, 아의 내부적 비아의 본질을 비열로 나타낸 것이다. 다만 을지문덕과 최영 모두 '독립'을 체현하는 영웅이지만 을지문덕의 역사적 사명이 중국을 아우르는 '동방대제국'을 건설하여 고구려의 동방을 창출하는 웅대한 것으로 설정되었다면, 최영의 그것은 고려의 민족적 위기를 극복하고 부여족의 발상지를 회복하고자 하는 '북벌'의 실천으로 설정된 점에서 차이가 있다. 『을지문덕』과 「최도통」은 신채호가 대한제국기에 착수한 역사전기의 처음과 마지막이 되는 작품으로, 두 작품 모두 아와 비아의 투쟁의 역사를 재현하였고, 아와 내부적 비아의 본질로 각각 '독립'과 '비열'을 강조하였다. 이는 융희 연간 신채호의 역사 서사에서 발현되는 아 개념의 역사적인 이해를 위한 중요한 열쇠가 된다.

---

41 『大韓每日申報』1909.12.17~1910.1.8, 「東國巨傑 崔都統」 '第二章 崔都統以前의 我族과 外族'.
42 『大韓每日申報』 1909.12.11, 「東國巨傑 崔都統」 '第一章 緒論'; 『大韓每日申報』 1910.2.17, 「東國巨傑 崔都統」 '第三章 崔都統의 前半生'.

「이순신」역시 서론(緒論)에서 아와 비아의 투쟁으로 아민족(我民族)과 일본의 투쟁을 간단히 개관하였다. 을지문덕과 최영의 전기는 아와 비아의 역사적 관계를 개관하기 위해 본론을 시작하면서 각각 '을지문덕 이전의 한한관계(韓漢關係)'와 '최도통 이전의 아족(我族)과 외족(外族)'이라는 별도의 장을 붙였지만 이 연재물에서는 이를 생략하였다. 그 대신 임진왜란 기간 이순신의 활동에 집중하여 조선 수군과 일본 수군의 전투를 통해 아와 비아의 투쟁을 구체적으로 전달하였다. 이 연재물은 이순신의 본질을 생사관(生死關)을 초월한 정신,[43] 곧 '무사적 정신' 또는 '대동무사적(大東武士的) 정신'[44]으로 보았는데, 이것은 을지문덕의 상무적 독립 정신과 일치한다. 상무(尙武)의 진의가 '불기독립(不羈獨立)의 정신을 발휘함'으로 간주되고 있음에 유의할 필요가 있다.[45] 또한 이순신의 죽음을 무한한 민족을 위해 유한한 개아(個我)를 희생한 행위,[46] 곧 대아를 위해 소아를 희생한 행위로 보았다. 이순신과 대립하는 내부적 비아로는 임진왜란 이전 이순신의 무신으로서의 성장을 방해한 조정의 '비열의 노배(奴輩)',[47] 임진왜란 기간 이순신을 파면하고 하옥시킨 조정 신하들의 '사당(私黨)',[48] 이순신 사후 수백 년간 민기를 꺾고 민지를 막고 문약사상을 주입했다는 '비열정객(卑劣政客)'[49]이 제시되었다. 역시 을지문덕, 최영의 전기와 마찬가지로 내부적 비아의 본질이 비열로 형용되고 있다.

---

43 『大韓每日申報』1908.8.11,「水軍第一偉人 李舜臣」'第拾八章 李舜臣의 諸將과 李舜臣의 還跡及其奇談'.
44 『大韓每日申報』1908.6.23,「水軍第一偉人 李舜臣」'第拾七章 李舜臣의 喪還과 及其遺恨'.
45 『大韓每日申報』1908.4.10, 논설「尙武敎育의 必要」.
46 위의 글.
47 『大韓每日申報』1908.5.6,「水軍第一偉人 李舜臣」'第三章 李舜臣의 出身과 其後困蹇'.
48 『大韓每日申報』1908.5.27,「水軍第一偉人 李舜臣」'第拾二章 李舜臣의 拘拿'.
49 『大韓每日申報』1908.8.18,「水軍第一偉人 李舜臣」'第拾九章 結論'.

「이순신」을 이어서 곧바로 연재된 「독사신론」은 역사의 주체를 민족으로 이해하되 민족의 주객을 변별하여 '주족(主族)'을 중심으로 한국 고대사를 통론한 사론이다. 이 사론은 '동국민족'의 주족을 부여족으로 정하고 부여족의 발달 단계로 한국사를 통관하였다.[50] 따라서 이 관점에서 아와 비아의 투쟁이란 자연스럽게 부여족과 주변 종족의 투쟁을 의미하게 되는데, 삼국시대를 '아민족(我民族) 발달의 제2기'[51]이자 '부여족 대발달 시대'[52]로 언명한 이 사론에 있어서 이 시기 부여족의 대외 투쟁의 중심은 고구려와 선비족, 고구려와 지나족 사이의 투쟁이다.[53] 이 사론은 고구려와 수의 대결을 '한한 양 민족'의 투쟁으로 독해하고 동국 제일의 위인 을지문덕의 위업을 찬양했던 『을지문덕』의 견해를 수정하여, 고구려와 수의 대결은 부여족과 선비족의 투쟁으로 옮기고, 대신 부여족과 지나족의 진정한 투쟁을 고구려와 당의 대결에서 독해하여 이 대결의 주역이었던 천개소문(泉蓋蘇文)을 표트르 대제, 나폴레옹, 크롬웰의 미덕을 겸비한 아동(我東) 제일의 영웅으로 찬미하였다.[54]

「독사신론」에서 '아'의 본질은 삼국과 발해에 대한 논평에서 구할 수 있다. 고구려와 백제가 망국의 길을 걸었음에도 고구려는 발해로 부흥했으나 백제는 부흥에 실패한 원인을 이 사론은 '독립심'이 풍부한 고구려의 민기와 일본의 원조에만 의지한 백제의 민기의 차이에서 구하였다. 신라와 백제가 외세를 빌렸음에도 흥망의 결과가 다르게 나타난 원인을 이 사론은 신라는 '자강'을 기본으로 외세를 이용했으나 백제는

---

50 『大韓每日申報』1908.8.27, 29, 30, 9.1, 「讀史新論」'敍論'.
51 『大韓每日申報』1908.8.30, 「讀史新論」'敍論'.
52 『大韓每日申報』1908.10.30~11.3, 「讀史新論」'第三章 扶餘族大發達時代'.
53 『大韓每日申報』1908.11.13~24, 「讀史新論」'第七章 鮮卑族支那族과 高句麗'.
54 『大韓每日申報』1908.11.18, 「讀史新論」'第七章 鮮卑族支那族과 高句麗'.

자강이 없이 외세에 의지했기 때문이라고 설명하였다.[55] 발해의 역사역시 '아발해선왕(我渤海先王)'이 십여 년의 혈전 끝에 적국들을 모두 물리치고 독립을 이룩한 데에 일차적 의미를 부여하였다.[56] 독립과 자강을 아의 본질에 관한 중요한 키워드로 제시한 것이다.

이 사론에서 제시한 아의 또 다른 본질은 '단군구강(檀君舊疆)'이다. 이 단군구강은 단순히 잃어버린 옛 영토 이상의 어떤 상징성을 함축한다. 그것은 '아가선조(我家先祖) 단군(檀君)·부루(扶婁)·동명성제(東明聖帝)·대무신왕(大武神王)·부분노(扶芬奴) 광개토왕(廣開土王)·장수왕(長壽王)·을지문덕(乙支文德)·천개소문(泉蓋蘇文)·대중상(大仲象) 대조영(大祚營) 등(等) 제성제철제웅제걸(諸聖諸哲諸雄諸傑)이 심(心)을 갈(竭)ᄒ며 혈(血)을 쇄(灑)ᄒ야 만세상전(萬世相傳)의 기업(基業)으로 아자손(我子孫)에게 수(授)ᄒ신 일대토지(壹大土地)'이다.[57] 단군 이래 부여족의 영웅들이 활동했던 강토, 고구려와 발해의 독립 정신이 약동하는 강토이다. 따라서 단군구강을 되찾고자 최영이 북벌을 추진한 것은 아의 본질을 회복하는 행위였으며, 김부식(金富軾)이 『삼국사기』에서 발해의 역사를 제외한 것은 아의 본질을 망각하는 행위다.[58]

이 맥락에서 비아의 대표자로 김부식이 전면화된다. 아의 본질을 망각하고 '아사(我史)'에서 발해를 제거한 김부식의 『삼국사기』는 본질적으로 탄망비열(誕妄卑劣)한 내용으로 가득하다.[59] 김부식 뿐만 아니라 중국사를 맹신하여 한국사를 편찬한 한국 '중세'의 역사가들은 '비열역

---

55 『大韓每日申報』1908.11.25~12. 2,「讀史新論」'第八章 三國興亡'의 異轍'.
56 『大韓每日申報』1908.12.9,「讀史新論」'第拾章 渤海國의 存亡'.
57 『大韓每日申報』1908.12.11,「讀史新論」'第拾章 渤海國의 存亡'.
58 『大韓每日申報』1908.12.11~13,「讀史新論」'第拾章 渤海國의 存亡'.
59 『大韓每日申報』1908.12.12~13,「讀史新論」'第拾章 渤海國의 存亡'.

사(卑劣歷史)'를 만들어 민기를 추락시킨 주범으로 비판된다.[60] 신채호는 다른 논설에서 이들을 독립정신 말살자로 비판하였다.[61] 김부식과 더불어 「독사신론」에서 비아로 해석되는 인물은 천개소문에게 살해된 고구려 영류왕이다. 「독사신론」은 영류왕을 당에 대한 비열정책을 추구하고 비사후폐로 당과 내통하여 천개소문을 제거하려 하였던 반국가적인 인물로 묘사하였다. 그리고 그러한 영류왕을 처단한 천개소문을 영국사에서 청교도혁명을 일으켜 찰스 1세를 처형한 크롬웰에 비견함으로써 비아=영류왕에 대한 아=천개소문의 투쟁을 혁명의 개념으로 독해하였다.[62]

이처럼 아와 내부적 비아의 투쟁을 혁명으로 접근하는 관점은 최영의 전기에서도 나타난다. 최영(崔瑩), 정세운(鄭世雲), 현린(玄麟)이 홍건적 소탕의 근본적 대책을 논의하는 장면에서 현린은 최영에게 먼저 정변을 일으켜 내적(內賊)을 평정해 북벌의 토대를 구축한 다음 외적(外賊)을 토벌하기를 권하였으나 최영은 이를 받아들이지 않았다.[63] 이를 두고 신채호는 최영이 천개소문과 달리 외적을 토벌하기에 앞서 용군(庸君)을 축출하지 못했음을 개탄하였다.[64] 혼약(昏弱), 우겁(愚怯)한 공민왕과 비열한 정신(廷臣)이 모인 고려 조정[65]에 대한 최영의 혁명을 염원했던 것이다. 이 점은 중요하다. 비록 이 시기 신채호의 혁명 개념이 아직 서양 근대 시민혁명, 특히 19세기 이탈리라 혁명운동에 머무르고 있었

---

60 『大韓每日申報』1908.11.8,「讀史新論」'第六章 新羅百濟와 日本의 關係'.
61 『大韓每日申報』1908.8.8, 논설 「許多古人之罪惡審判」.
62 『大韓每日申報』1908.11.18,「讀史新論」'第七章 鮮卑族支那族과 高句麗'.
63 『大韓每日申報』1910.5.22, 24,「東國巨傑 崔都統」'第七章 兩次紅賊變亂의 崔都統'.
64 『大韓每日申報』1910.5.25,「東國巨傑 崔都統」'第七章 兩次紅賊變亂의 崔都統'.
65 『大韓每日申報』1910.4.6, 9,「東國巨傑 崔都統」'第五章 崔都統北伐政策의 始着手와 王의 反覆'.

음은 부인할 수 없는 사실이지만,[66] 국가를 장악한 비아에 대한 아의 투쟁을 혁명으로 접근하는 사유 구조가 이미 수립되어 있었기 때문에 그는 후일 아나키즘의 영향 하에 민중 직접 혁명을 선언할 수 있었다고 생각된다.

특기할 점은 신채호의 아의 역사 서사에서 발견되는 '치(恥)'의 기능이다. 치는 아와 비아의 투쟁의 결과 발생한 수치심인 동시에 다시 아와 비아의 투쟁을 촉발시키는 수치심이다. 치의 반복을 통해 아와 비아의 투쟁은 영속적인 메커니즘을 얻는다. 이런 관점에서 본다면 고구려의 한사군(漢四郡) 수복은 한 무제가 가한 '전치(前恥)'를 '쾌설(快雪)'한 응전이고,[67] 을지문덕의 고구려가 수에 승리한 것은 수의 모욕적 국서를 받고 고구려가 전쟁 준비에 들어간 '지치(知恥)'의 결과였다.[68] 최영에게 주어진 역사적 책무는 대몽항쟁을 포기하고 원에 복속한 고려의 '백년래국치(百年來國恥)'[69]를 자각하여 자강을 도모하고 국치를 씻어내[70] 최영 이전의 '치욕적역사(恥辱的歷史)'를 최영 이후의 '명예적역사(名譽的歷史)'[71]로 바꾸는 것이었다. 이순신의 해전 역시 '국치를 쾌설코자'[72] 하는 행동이었는데, 그 국치는 단기적으로는 임진왜란 기간 일본군에게 입은 '아대동민족(我大東民族)의 치욕',[73] 장기적으로는 오랜 기간 연해에서 빈번히 왜구에게 피해를 입어 왔던 '단군자손의 유치(遺恥)'[74]

66 양진오, 「신채호 문학에서의 혁명 개념 연구」, 『국어교육연구』52, 국어교육학회, 2013.
67 『乙支文德』「第一章 乙支文德以前의 韓漢關係」.
68 『乙支文德』「第二章 乙支文德時代의 麗隋形勢」.
69 『大韓每日申報』1910.4.3, 「東國巨傑 崔都統」'第四章 支那의 風雲과 崔都統의 北行'.
70 『大韓每日申報』1910.4.3, 「東國巨傑 崔都統」'第四章 支那의 風雲과 崔都統의 北行'.
71 『大韓每日申報』1910.5.25, 「東國巨傑 崔都統」'第八章 崔都統의 禦蒙古'.
72 『大韓每日申報』1908.5.12, 「水軍第一偉人 李舜臣」'第八章 李舜臣의 第二戰(唐浦)'.
73 『大韓每日申報』1908.6.19, 「水軍第一偉人 李舜臣」'第拾七章 李舜臣의 喪還과 及其遺恨'.
74 『大韓每日申報』1908.5.2, 「水軍第一偉人 李舜臣」'第一章 緒論'.

였다. 이와 반대로 쿠빌라이나 누르하치에게 치욕을 입고도 '기치무치(其恥無恥)'했던 고려와 조선의 군신들,[75] 을지문덕 같은 대외투쟁의 위인들을 외면했던 '무치(無恥)'의 유자들[76]은 아의 대외 투쟁의 원동력인 치를 무화시킨 내부적 비아인 셈이었다.

이상 신채호가 창작한 역사물에서 아의 역사 서사를 구성하는 삼내 특징으로 아와 비아의 투쟁, 아의 본질, 비아의 본질을 검토하였다. 그는 비아를 내부와 외부로 구별하여 아와 비아의 투쟁을 기본적으로 외부적 비아에 대한 투쟁으로 읽되 이를 저해하는 내부적 비아에 대한 투쟁도 투쟁의 범위에서 제외하지 않았다. 그는 아의 본질을 '독립'으로 보고 내부적 비아의 본질을 '비열'로 보았는데, 앞에서 보았듯이 그의 아론이 융희년간의 한국 사회에 대한 비판과 대안으로 개진되었음을 고려할 때, 그의 역사 서사에서 아와 비아의 본질로 제시된 독립과 비열 역시 이 맥락에서 검토될 필요가 있다. 먼저 독립을 보자.[77]

---

75 『乙支文德』「第四章 乙支文德의 毅魄」.

76 『乙支文德』「第十五章 無始無終의 乙支文德」.

77 『大韓每日申報』1905.10.27, 논설「獨立名實」; 1905.12.1, 논설「信敎自強」; 1905.12.3, 논설「讀桂庭閔輔國遺書」; 1906.6.6, 논설「獨立性質」; 1907.7.4, 논설「萬國平和會議에 韓國提議」; 1907.8.6, 논설「韓日協約에 對ᄒ야 何에 從事ᄒ고」; 1907.8.21, 논설「吾人의 力이 他國援助에 不在ᄒ고 吾人의게 自在홈을 信홀 것이라」; 1907.10.1, 논설「貴重ᄒᆫ줄을 認ᄒ여야 保守ᄒᆯ줄을 認ᄒ지」; 1908.1.1, 논설「新年頌祝」; 1908.2.8, 논설「精神이 有ᄒ면 事實이 必現」; 1908.10.9, 논설「休矣休矣어다 魔報여」; 1908.11.22, 논설「少年의 立志」; 1909.1.30, 논설「敎育主務者에게 告홈」; 1909.6.18, 논설「韓人의 當守ᄒᆯ 國家的主義」.

〈표 4〉『대한매일신보』주요 논설의 '독립' 일람

#	연도		
1	1905	논설 제목	獨立名實
		복합어	大韓獨立(2), 大韓獨立保全, 大韓獨立名義, 今日獨立名義, 友邦獨立, 韓人獨立, 國家獨立之實
		관계어	甲午戰役, 露日開仗, 各國公佈聲言, 十分完固, 一朝撓改, 自反自勉, 終始扶植, 自立之實, 他人仰恃, 大韓人民, 自立之志確立, 自立之行勉勵, 完全鞏固
2	1905	논설 제목	信教自強
		복합어	美國獨立, 希臘獨立, 獨立精神, 國家獨立不失, 大韓獨立根基
		관계어	有形自強(2), 無形自強(2), 信教力(2), 自強力, 財力武力, 自國宗教, 自國歷史, 耶蘇信教徒上天祈禱, 同胞勸諭
3	1905	논설 제목	讀桂府閔輔國淸書
		복합어	自由獨立(2), 美國獨立黨, 獨立光輝, 大韓帝國獨立, 復我自由獨立, 自由獨立恢復
		관계어	千萬人衆, 死守不失, 一心團結, 百難不避, 大業竟成, 世界震耀, 公之一身, 二千萬同胞兄弟自由, 我國同胞兄弟, 志氣, 學問, 結心戮力, 大韓人民, 閔公忠魂義魄, 志氣堅固, 學問勉勵, 大韓人民, 遺書, 銘心, 血心
4	1906	논설 제목	獨立性質
		복합어	獨立性質(4), 獨立的思想(2), 獨立國基礎, 獨立之實力, 獨立性, 韓國獨立確實成立
		관계어	韓國, 從來事大習慣, 韓人, 社會之權力, 政府幾箇人壓制, 韓人屈服淸國, 讒斥淸人, 悍然不服之意, 全國人心, 憤發激昂, 一死淺憤, 捐軀立節, 倡義擧事, 乙未年間不幸之大變, 俄人之庇助, 日人激致, 依賴俄人, 歷史, 社會之風氣發達, 人民之學識開明, 全國言論氣聚一致團合, 强硬之實力, 廷臣좀幾箇輩, 擅行不容
5	1907	논설 제목	萬國平和會議에 韓國提議
		복합어	自主獨立(2), 回復獨立之基因, 將來回復獨立之긔因, 獨立仇讐
		관계어	韓國將來, 韓人之擧訟, 目下之奏功, 昔意太利建國英雄嘉富耳, 巴里列國會議之席, 奧國我鐵鎖, 自由公敵, 名譽的歷史, 意太利全國自由民族叱賊, 奧國蠻行, 意太利, 此會議發言, 列國興論喚起, 一般國民, 勿少失望, 大目的得達
6	1907	논설 제목	韓日協約에 對ᄒᆡᆼ 何에 從事ᄒᆞ고
		복합어	我獨立이 愈益減少, 我國獨立愈少, 國家獨立, 우리獨立, 獨立建設
		관계어	韓日新協約, 二年前新條約, 統監府意志, 日本人, 我國諸官吏, 戰爭死, 義擧戰爭成事, 禍敗加, 戰爭無益, 戰爭, 機會遭遇, 眞實勸告
7	1907	논설 제목	吾人의 力이 他國援助에 不在ᄒᆞ고 吾人의게 自在ᄒᆞᆷ을 信홀 것이라
		복합어	我獨立(3), 獨立保存, 獨立, 完全獨立, 獨立尋得, 大韓獨立酌定, 我獨立甚危殆
		관계어	他國援助(2), 他國我援助(2), 戰爭邦國無, 要緊力, 自力不足, 國事, 改良, 平和會, 援助價値, 完全利
8	1907	논설 제목	貴重ᄒᆞᆷ을 認ᄒᆞ여야 保守ᄒᆞᆯ줄을 認ᄒᆞ지
		복합어	獨立(8), 大韓獨立(3), 國家獨立(2), 獨立歷史(2), 獨立完全, 獨立墮落, 獨立遺失, 獨立二字, 獨立聲輝, 獨立性質資格價値, 獨立基礎鞏固, 獨立貴重, 完全獨立成就, 完全獨立, 獨立國新建築
		관계어	世界上第一貴重, 人民權利, 人民生活完全, 人民權利墮落, 人民生活遺失, 國民父母, 國民性命, 國民手足, 國民資本, 世界第一無上貴重底物, 全邦人民存亡生滅之關係者, 美洲合衆國, 歐洲希臘意太利, 幾多志士, 慘澹經營, 困難境遇, 幾多人民產業波盪, 生命犧牲, 彼二三邦國, 轟轟全球, 혼耀四海, 隣人供獻, 天賜奇福, 大韓國民, 初不知道, 晏坐而受, 世界上第一貴重, 猝然我歸, 禍福之機關, 韓人保守思想, 政界社會, 一心協力, 維新事業, 文明制度, 亦怵然着手做去, 無量福樂享有, 自修自强不圖, 優遊玩揭, 虛送歲月, 天下之貴重者, 韓人, 他人奪去, 合衆國希臘意太利, 全國人士, 無恨困楚, 無恨困難, 幾十年歲月, 幾十萬生命, 相當價値, 相當幸福, 大韓人自力獲得, 自力保守, 父母, 性命, 手足, 資本, 百難不屈, 萬折不撓, 壓制검勤, 人類資格發表

9	1908	논설 제목	新年頌祝
		복합어	獨立ㅎ게(3), 獨立獨立, 何力今日獨立, 後來韓國獨立史, 韓國獨立萌芽始生, 韓國獨立種子始播, 어셔獨立, 獨立萬歲
		관계어	檀君四千二百四十一年某月日, 世界萬國史, 西歷一千九百八年某月日, 今年一月一日--一大紀念年紀念日, 어서어셔, 어셔自由, 自由萬歲, 大韓帝國万万歲
10	1908	논설 제목	精神이 有ㅎ면 事實이 必現
		복합어	其國國民獨立精神存亡, 獨立名譽, 獨立幸福, 獨立國, 獨立民, 獨立精神缺乏, 獨立精神
		관계어	此精神(7), 國家興亡, 悲境慘遭, 强國羈絆暫被, 刀鋸鼎鑊施, 其氣不挫, 地獄不滅火投, 其身不死, 十七世紀法國, 列國同盟軍擊退, 十八世紀美國, 羈絆脫却, 十九世紀伊國, 强敵排斥, 波蘭埃及比律賓, 滅亡終歸, 壓力所迫, 悲憤猝發, 狂人客氣
11	1908	논설 제목	休矣休矣어다 魔報여
		복합어	獨立二字(3), 他日獨立養成, 今日獨立言論, 他日獨立妨害, 他日獨立會, 他日獨立養成, 獨立回復
		관계어	今日日本保護, 彼能紀憶, 今日壹進會, 依附的思想, 對抗的態度, 彼從生, 多幸, 彼會諸般行動, 該會前身, 東學黨, 斥洋斥倭目的, 銃穴生水神技妙術, 彼行動說出, 倡家讀禮, 屠兒拜佛
12	1908	논설 제목	少年의 立志
		복합어	獨立民族(2), 獨立自尊, 少年獨立, 國獨立
		관계어	亡國民(2), 强大國鑄造(2), 劣弱國鑄造(2), 人(2), 禽獸(2), 國家敗滅, 牛馬奴隷魚肉慘禍, 少年當, 宇內雄飛, 全球主盟光榮, 少年享, 少年前途, 少年雄, 國雄, 少年强, 國强, 少年自由, 國自由, 少年進步, 國進步, 少年責任, 前途責任, 立志全在, 少年立志, 少年者, 立志選擇謹愼
13	1909	논설 제목	敎育主務者에게 告홈
		복합어	愛國獨立自主義俠, 愛國獨立自主義俠, 字字獨立獨立, 獨立種子, 獨立心不泯
		관계어	韓人(2), 學部, 敎科用圖書檢定規程, 敎科書, 壹切無効, 最可驚最可怖, 諱言 奴隷種子, 교科書中, 句句愛國愛國, 奴隷悲境, 太山可移, 東海可轉
14	1909	논설 제목	韓人의 當守홀 國家的 主義
		복합어	獨立造(2), 國家獨立造, 富强後獨立造, 美國希臘伊太利等獨立史, 富强獨立前提, 獨立富强前提
		관계어	兼實力主義可, 單實力主義不可, 實力富强, 富强實力無, 高妙理想正大目的無, 實力壹部大要素, 實력富强倚賴, 實力全無不可, 實력富强要不可

〈표 4〉는『대한매일신보』에서 '독립'라는 어휘가 5건 이상 검색되는 단회 또는 연속 논설들을 선별하여 '독립'이 포함된 어절에서 복합어 및 관계어를 추출한 것이다. 선별된 14개의 논설들은『대한매일신보』 논설에서 발견할 수 있는 독립 개념 관련 논설들 중에서 질적으로도 가장 우수한 것들인데, 대한제국의 역사적 국면에 따라 크게 ① 을사늑약의 충격과 그 여파 속에서 작성된 1905~1906년의 논설들, ② 고종퇴위의 충격과 그 여파 속에서 작성된 1907년의 논설들, ③ 신채호가 작성한 1908년 이후의 논설들로 구분된다. 복합어의 추이를 보면 ①, ②, ③ 모두 대한독립(大韓獨立), 국가독립(國家獨立), 아독립(我獨立)을 설파했고, ①과 ③ 모두 독립정신(獨立精神)과 자유독립(自由獨立)을 강조했음을 볼 수 있다. 다만 ①에 비해 ②와 ③의 논조가 격렬해져 ②에 보이는 독립구수(獨立仇讐), 독립타락(獨立墮落), 독립유실(獨立遺失), 아독립유익감소(我獨立愈益減少), 아독립심위태(我獨立甚危殆)나 ③에 보이는 독립독립(獨立獨立), 독립ᄒ게(獨立ᄒ게), 독립만세(獨立萬歲), 독립방해(獨立妨害)는 ①에 없던 어구이다. 관계어의 추이를 보면 ①에 보이는 자립(自立), 자강(自强), 학문(學問), 사회(社會), 단합(團合), ②에 보이는 자력(自力), 자강(自强), 유신(維新), 문명(文明)은 ③에 보이지 않는다. ③은 '독립종자'의 파종과 '독립사'의 개시(#9), 일시 '비분'과 차원이 다른 '독립정신'의 본질 창출(#10), 일진회와 같은 사회단체에 대한 규탄(#11), 기성 사회세력과 다른 '소년'이라는 미래세력에 대한 기대(#12), '노예종자'를 기르는 학부 교과서 검정 규정의 비판(#13), '독립'과 '부강'의 병행 추진(#14)을 내용으로 한다. 이것은 ①과 ②가 사회를 통해 자강을 추구하여 독립을 회복한다는 매개적, 단계적 독립을 추구하고 있음과 달리 ③은 사회라는 매개, 부강이라는 단계로부터 벗어나 독립정신과 독립종자를 중심으로 직접

적 독립을 추구하고 있음을 의미하는 것이다.[78] 이 맥락에서 볼 때 신채호가 ③의 시기에 아의 본질을 독립으로 명시한 아의 역사 서사를 창안한 것은 이 시기 독립 개념의 변화에 상응하여 수행된 역사적 실천이었다고 하겠다. 아의 역사 서사에서 제시된 상무적 독립 정신은 그가 추구한 직접적 독립과 부합하는 것이었다.

다음으로 신채호의 역사 서사에서 독립의 대극에 있던 비열을 보도록 하자.

〈표 5〉『대한매일신보』 논설의 '비열' 일람

#	연도	어구
1	1905	
2	1906	大臣(見識卑劣), 內閣(卑劣不免), 키낸(卑劣備忘錄), 人民(卑劣之態不多)
3	1907	宮闕內(卑劣阿諛), 支那官人(卑劣意思), 其國(地位卑劣), 셔울프리쓰報(本報卑劣稱)
4	1908	日人警吏(卑劣蠻行), 無恥者-賣國賊鷹犬(卑劣魔), 韓政府奸賊(卑劣), 師範學生(卑劣自陷), 腐敗社會(詐僞卑劣), 壹團體(腐敗卑劣), 梟雄賊臣鄙夫庸臣腐儒經生輩(內壓勒外卑劣), 奸夫民賊(卑劣思想鼓吹), 金氏諸人(卑劣政策讚美), 東國君主(卑劣者), 高麗明宗元宗(最卑劣者), 韓國各新聞紙(卑劣歷史), 吾人(卑劣的仕宦慾), 韓國仕宦家(所爲卑劣, 處身卑劣), 韓國-世界不衛生國(國家狀態卑劣)
5	1909	童蒙先習(卑劣句語, 卑劣的教科書), 伊太利國民(思想卑劣), 韓國社會中軸(卑劣遊宦), 一進會(卑劣面目), 統監府報告書(氣色卑劣), 歷史人物(卑劣妖怪凶惡), 團體界(卑劣思想), 韓國同胞(卑劣的人物拜), 韓國國是(卑劣), 彼(薄裝卑劣者), 學校設立者(卑劣), 書籍卑劣-國民卑劣, 崔都統(朝廷卑劣哀), 文士辯士(卑劣), 賣國者(卑劣大臣), 新學者(腐敗卑劣性質傳染), 今人-皮相的文明心醉(舊時代卑劣歷史), 奴隷頭顱者(卑劣根性), 韓人(思想卑劣), 日本人新聞記者團(韓人貪利鄙陋者鄙劣無義者結合)
6	1910	大韓歷史(鄙劣奴掃-獨立國民造)

위 표는 『대한매일신보』 논설 공간에서 발견되는 비열의 복합어와 비열의 주체를 연도별로 정리한 것이다. 이 공간에서 비열이 본격적으로 발화되는 시점은 역시 아가 제창되고 사회가 비판되며 독립 개념이

---

78 사회라는 매개 없이 부강이라는 단계 없이 추진되는 직접적 독립이란 발상은 후일 신채호가 『조선혁명선언』에서 천명한 민중의 직접적 혁명이란 발상과 상통한다.

변화하는 1908년이다. 그 이전에도 정치 비판의 취지에서 내각과 대신의 비열이 간간이 언급되었으나, 1908년 이후 비열에 대한 비판이 전면적으로 분출하였다. 비열의 주체는 한정부간적(韓政府奸賊), 비열대신(卑劣大臣), 한국사환가(韓國仕宦家) 등 정치의 영역에도 있었으나 다수의 주체는 매국적응견(賣國賊鷹犬), 사범학생(師範學生), 부패사회(腐敗社會), 일단체(一團體), 한국각신문지(韓國各新聞紙), 한국사회중축(韓國社會中軸), 일진회(一進會), 단체계(團體界), 학교설립자(學校設立者), 문사변사(文士辯士), 신학자(新學者) 등 사회의 영역에 있었다. 나아가 오인(吾人), 한국동포(韓國同胞), 금인(今人), 한인(韓人) 등으로 비열의 주체가 확대되어 급기야 전체 한국인을 '비열노(卑劣奴)'와 '독립국민(獨立國民)'으로 양분하는 시각까지 나왔다. 아울러 비열의 주체는 한국사의 '간부민적(奸夫民賊)', 예컨대 김부식 같은 역사가나 명종, 원종 같은 고려의 군주, 그리고 최영 당시 고려 조정, 『동몽선습』 같은 초학서 등 역사의 영역에도 있었다. 이 맥락에서 볼 때 신채호가 '아'의 역사 서사를 창안하면서 내부적 비아의 본질을 비열로 제시한 것은 1908년 이후 비열의 발화가 사회 영역을 중심으로 전면화되고 역사 영역과도 연계되어 있던 상황과 일치하는 것이었다. 융희 연간 형성된 독립국민 대 비열노라는 이분적 사태는 실로 신채호의 역사 서사에서 아와 비아를 개념적으로 체현하는 것이었다. 그리고 여기에는 비열이 생산되는 비아로서 사회에 대한 강렬한 비판의식이 내재해 있었다.

4. '아'의 의미망

지금까지 신채호의 '아'를 형성 배경과 역사 서사의 두 시점에서 검토하였다. 신채호는 융희 연간 사회 개념이 부정적으로 변화하는 전환점에서 사회의 대안으로 아를 제창하였고 직접 아를 창조하는 과업에 돌입하여 일련의 역사물을 창작하였다. 신채호의 역사물에서 발현된 아의 본질은 독립 정신인 바, 그것은 을지문덕·최영·이순신 같은 위인이나 부여족과 같은 민족, 고구려·발해와 같은 국가에 의해 체현되는 것으로 나타났다. 그런데 신채호의 아는 한국사에 실재한 역사적 존재이기에 앞서 신채호의 역사 서사에서 구현되는 언어적 존재이다. 따라서 그것의 의미론적 질서를 전체적으로 고찰하기 위해서는 그것을 상징하는 역사적인 실체를 향해 곧바로 텍스트 밖으로 건너뛸 것이 아니라 아직은 텍스트 안에 머물러 그것의 언어적 양상을 끈기 있게 관찰할 필요가 있다. 즉, 신채호의 역사 서사에서 아의 발화 양상을 전체적으로 검토함으로써 아의 의미망을 추적할 수 있다는 것이다.

이에 이 장에서는 신채호의 역사물인 『을지문덕』, 「이순신」, 「독사신론」, 「최도통」에 나오는 모든 '아'를 조사하여 얻은 554건의 어휘를 분석 대상으로 삼아 아의 의미망을 검토하고자 한다. 554건의 어휘는 『을지문덕』 61건, 「이순신」 160건, 「독사신론」 189건, 「최도통」 144건으로 분포되어 있어 아의 빈도수 순위가 독사신론 > 이순신 > 최도통 > 을지문덕임을 알 수 있다. 그런데 각 작품의 낱말 수는 『을지문덕』 3172건, 「이순신」 8237건, 「독사신론」 6260건, 「최도통」 5706건으로, 낱말 1개당 '아'의 빈도수는 『을지문덕』 0.0192건, 「이순신」 0.0194건,

「독사신론」 0.0301건, 「최도통」 0.0252건으로 집계되어 아의 실질 빈도수 순위가 '독사신론 > 최도통 > 이순신 > 을지문덕'임을 알 수 있다. 또, 아 전체 빈도수 554건 중에 아 단독형이 120건(『을지문덕』25건, 「이순신」 51건, 「독사신론」 15건, 「최도통」 29건), 아 복합형이 434건인데, 아 복합형 중에서 아가 복합어의 첫머리에 접두사로 사용되는 경우가 424건으로 절대 다수를 차지한다.

아 복합형은 아에 여러 가지 다양한 어휘가 결합된 형태이다. 이들 아와 결합하는 어휘들 중에서 상위 빈도수를 보이고 있는 삼대 어휘가 '국(國)', '족(族)', '사(史)'이다. 아와 국(및 '방(邦)')이 결합된 나라 계열 아 복합형은 133건이고(『을지문덕』 4건, 「이순신」 23건, 「독사신론」 43건, 「최도통」 63건), 아와 족이 결합된 겨레 계열 아 복합형은 80건이며(『을지문덕』 7건, 「이순신」 4건, 「독사신론」 47건, 「최도통」 22건), 아와 사가 결합된 역사 계열 아 복합형은 47건이다(『을지문덕』 2건, 「이순신」 1건, 「독사신론」 47건, 「최도통」 2건). 나라 계열, 겨레 계열, 역사 계열 모두 「독사신론」이 강세를 보이지만, 나라 계열은 「최도통」의 빈도수가 가장 높고, 겨레 계열도 「최도통」이 「독사신론」에 버금가며, 역사 계열의 경우 거의 「독사신론」에서만 나타나는 현상이다. 이 세 계열의 아 복합형이 중복 19건을 제하면 모두 241건으로 전체 434건 중에서 55.5%를 차지한다. 이를 표로 나타내면 다음과 같다.

〈표 6〉에서 보듯 나라 계열 아 복합형의 경우 전체 복합어의 종류는 47종으로 집계되는데, 이 가운데 아국(我國) 계열이 30종, 아동(我東) 계열이 8종, 아방(我邦) 계열이 3종, 아조국(我祖國) 계열이 2종, 기타 4종(아적국(我敵國), 아속국(我屬國), 아부모국(我父母國), 아백제고방(我百濟故邦))이다. 아국 계열 내부에서 빈도수가 높은 어휘는 아국(我國)(54건), 아국민(我國

〈표 6〉 나라 계열 '아' 복합형 일람

#	키워드	독사신론	을지문덕	최도통	이순신	사론	전기	1908	1910	계
1	我國	10	2	34	8	10	44	20	34	54
2	我國家	0	1	1	0	0	2	1	1	2
3	我國近世	0	0	2	0	0	2	0	2	2
4	我國旗	0	0	0	1	0	1	1	0	1
5	我國文獻	1	0	0	0	1	0	1	0	1
6	我國民	1	0	4	3	1	7	4	4	8
7	我國兵家	0	0	0	1	0	1	1	0	1
8	我國備禦	0	0	0	1	0	1	1	0	1
9	我國史	4	0	1	0	4	1	4	1	5
10	我國史家	1	0	0	0	1	0	1	0	1
11	我國四千載史	1	0	0	0	1	0	1	0	1
12	我國西北一帶	1	0	0	0	1	0	1	0	1
13	我國船	0	0	0	1	0	1	1	0	1
14	我國歷代史	1	0	0	0	1	0	1	0	1
15	我國歷史	4	0	1	0	4	1	4	1	5
16	我國歷史家	2	0	0	0	2	0	2	0	2
17	我國偉人乙支文德	1	0	0	0	1	0	1	0	1
18	我國威令	0	0	1	0	0	1	0	1	1
19	我國衣冠	0	0	0	1	0	1	1	0	1
20	我國人	1	0	1	1	1	2	2	1	3
21	我國人風	0	1	0	0	0	1	1	0	1
22	我國人被擄生還者	0	0	0	1	0	1	1	0	1
23	我國一寸土	1	0	0	0	1	0	1	0	1
24	我國壬辰時	0	0	0	4	0	4	4	0	4
25	我國殘敗	0	0	1	0	0	1	0	1	1
26	我國將相十五人	0	0	2	0	0	2	0	2	2
27	我國地形	1	0	0	0	1	0	1	0	1
28	我國八方	0	0	0	1	0	1	1	0	1
29	我國學士	1	0	0	0	1	0	1	0	1
30	我南部百濟故邦	0	0	1	0	0	1	0	1	1
31	我大東全國	0	0	1	0	0	1	0	1	1
32	我東國	1	0	3	0	1	3	1	3	4
33	我東國巨傑崔都統傳	0	0	1	0	0	1	0	1	1

34	我東國萬世基業	1	0	0	0	1	0	1	0	1
35	我東國民族	1	0	0	0	1	0	1	0	1
36	我東國山河	0	0	1	0	0	1	0	1	1
37	我東國絶代巨傑崔都統	0	0	1	0	0	1	0	1	1
38	我東國土地	1	0	0	0	1	0	1	0	1
39	我民族四千載對外敵國	1	0	0	0	1	0	1	0	1
40	我邦	1	0	2	0	1	0	1	2	3
41	我邦人	2	0	2	0	2	0	2	2	4
42	我邦政治界	0	0	1	0	0	1	0	1	1
43	我父母國	0	0	1	0	0	1	0	1	1
44	我屬國	1	0	0	0	1	0	1	0	1
45	我祖國	2	0	0	0	2	0	2	0	2
46	我祖國史	1	0	0	0	1	0	1	0	1
47	三千年我國	0	0	1	0	0	1	0	1	1
	계	43	4	63	23	43	90	70	63	133

民)(8건), 아국사(我國史)(5건), 아국역사(我國歷史)(5건), 아국임진시(我國壬辰時)(4건), 아국인(我國人)(3건) 등이다. 동국 계열 내부의 아동국(我東國)(4건), 아방 계열의 아방인(我邦人)(4건)도 상대적으로 빈도가 높은 편이다. 국(國)을 표상하는 어휘로는 동(東)과 삼천년(三千年)이 주목된다. 나라 계열 전체 빈도수 중에서 과반에 육박하는 수치가 「최도통」에 있는데, 이는 전적으로 「최도통」에서 아국(我國)의 빈도수(전체 54건 중 34건)와 동국(東國) 및 그 복합어의 빈도수(전체 11건 중 7건)가 다른 작품들의 빈도수를 압도하기 때문이다.

다음 〈표 7〉에서 보듯 겨레 계열 아 복합형의 경우 전체 복합어의 종류는 21종으로 집계되는데, 이 가운데 아민족(我民族)이 6종, 아부여(我夫餘)가 5종, 아족(我族)이 4종, 기타 6종(아남민족신라(我南民族新羅), 아남부민족(我南部民族), 아대동민족(我大東民族), 아동국민족(我東國民族), 아북부민족(我北部民族), 아신성종족(我神聖種族))이다.

#	키워드	독사신론	을지문덕	최도통	이순신	사론	전기	1908	1910	계
1	我南民族新羅	1	0	0	0	1	0	1	0	1
2	我南部民族	0	0	1	0	0	1	0	1	1
3	我大東民族	0	0	0	1	0	1	1	0	1
4	我東國民族	1	0	0	0	1	0	1	0	1
5	我民族	7	6	2	3	7	11	16	2	18
6	我民族發達	3	0	0	0	3	0	3	0	3
7	我民族四千載對外敵國	1	0	0	0	1	0	1	0	1
8	我民族性質	0	1	0	0	1	0	1	0	1
9	我民族歷史	1	0	0	0	1	0	1	0	1
10	我民族活動	1	0	0	0	1	0	1	0	1
11	我扚扚尙武의夫餘族	0	0	1	0	0	1	0	1	1
12	我夫餘民族	3	0	0	0	3	0	3	0	3
13	我夫餘族	12	0	11	0	12	11	12	11	23
14	我夫餘族發達	1	0	0	0	1	0	1	0	1
15	我夫餘族始祖	1	0	0	0	1	0	1	0	1
16	我北部民族	0	0	1	0	0	1	0	1	1
17	我神聖種族檀君子孫	1	0	0	0	1	0	1	0	1
18	我族	9	0	6	0	9	6	9	6	15
19	我族再蘇	1	0	0	0	1	0	1	0	1
20	我族祖先	2	0	0	0	2	0	2	0	2
21	彼我兩族	2	0	0	0	2	0	2	0	2
계		47	7	22	4	48	33	59	22	80

전체 복합어에서 빈도수가 가장 높은 어휘들은 차례로 아부여족(我夫餘族)(23건), 아민족(我民族)(18건), 아족(我族)(15건) 등이다. 족을 표상하는 어휘로는 남부(南部), 대동(大東), 동국(東國), 북부(北部), 신성(神聖), 발발상무(扚扚尙武), 사천재(四千載)가 사용되었다. 겨레 계열 전체 빈도수 중에서 과반을 넘는 수치가 「독사신론」에 있다. 「독사신론」의 상위 빈도수어휘는 아부여족(12건), 아족(9건), 아민족(7건)인데, 이 자체로 보면 「최도통」의 '아부여족'(11건)과 '아족'(6건), 「을지문덕」의 '아민족'(6건)과 백중

해 보이지만, 「독사신론」에는 이것들을 기본형으로 하는 몇몇 복합어들이 추가적으로 발화되어 있다. 한편 '아민족'의 사례처럼 「을지문덕」이 단일 어휘에서 「최도통」이나 「이순신」보다 우세한 것은 다른 어휘에서는 찾기 어려운 예외적인 현상으로 주목된다.

〈표 8〉 역사 계열 '아' 복합형 일람

#	키워드	독사신론	을지문덕	최도통	이순신	사론	전기	1908	1910	계
1	我古代史	2	0	0	0	2	0	2	0	2
2	我國史	4	0	1	0	4	1	4	1	5
3	我國史家	1	0	0	0	1	0	1	0	1
4	我國四千載史	1	0	0	0	1	0	1	0	1
5	我國歷代史	1	0	0	0	1	0	1	0	1
6	我國歷史	4	0	1	0	4	1	4	1	5
7	我國歷史家	2	0	0	0	2	0	2	0	2
8	我東史	1	0	0	0	1	0	1	0	1
9	我東歷史	1	0	0	0	1	0	1	0	1
10	我民族歷史	1	0	0	0	1	0	1	0	1
11	我史	16	1	0	0	16	1	17	0	17
12	我神聖歷史	1	0	0	0	1	0	1	0	1
13	我歷代	4	0	0	0	4	0	4	0	4
14	我歷史	2	0	0	1	2	1	3	0	3
15	我祖國史	1	0	0	0	1	0	1	0	1
16	我韓四千載神聖歷史	0	1	0	0	0	1	1	0	1
계		42	2	2	1	42	5	45	2	47

〈표 8〉 역사 계열 '아' 복합형의 경우 전체 복합어의 종류는 16종으로 집계되며, 주로 국사(國史)(3종)와 역사(歷史)(7종)의 어휘로 구성되어 있다. 복합어의 빈도수는 아사(我史)(17건), 아국사(我國史)(5건), 아국역사(我國歷史)(5건), 아역대(我歷代)(4건), 아역사(我歷史)(3건)의 순서이다. 사를 표상하는 어휘로는 사천재(四千載), 신성(神聖)이 사용되었다. 역사 계열 '아'

복합형의 전체 빈도수 중에서 절대 다수가 「독사신론」에 있으며, 다만 '아한 사천재 신성 역사(我韓四千載神聖歷史)'라는 어휘, 곧 아한역사(我韓歷史)라는 기본형에 상징어 2개(사천재, 신성)를 모두 사용한 특별한 수사적 어휘가 다른 작품에서는 전연 보이지 않고 『을지문덕』에서만 나타났음은 예사롭지 않은 사실이다. 사천재와 신성은 겨레 계열에서 족의 표상어로 쓰였지만 역사 계열에서도 사의 표상어로 쓰였음을 볼 수 있다.

국, 족, 사의 삼대 어휘 이외에도 아 복합형을 구성하는 어휘들이 적지 않다. 이것들은 외관상 산만해 보이지만 내용상 사람 계열, 전투 계열, 인명 계열로 집약된다. 즉, 사람 계열의 아 복합형이 69건이고(『을지문덕』 8건, 「이순신」 26건, 「독사신론」 23건, 「최도통」 12건), 전투 계열의 아 복합형이 41건이며(『을지문덕』 1건, 「이순신」 34건, 「독사신론」 1건, 「최도통」 5건), 인명 계열의 아 복합형이 39건이다(『을지문덕』 3건, 「이순신」 9건, 「독사신론」 22건, 「최도통」 5건). 사람 계열과 전투 계열의 빈도수는 모두 「이순신」이 가장 높은데, 특히 전투 계열은 거의 전적으로 「이순신」에서 출현한다. 인명 계열의 빈도수는 상대적으로 「독사신론」이 높다. 이 세 계열이 중복 9건을 제하고 모두 139건으로 전체 아 복합형 434건의 32.0%를 차지하고, 다시 나라·겨레·역사 계열의 241건과 더하면 중복 20건을 제하고 모두 360건으로 전체 434건의 82.9%를 차지한다. 즉 이 여섯 계열의 어휘들이 아 복합형의 대부분을 점유하는 것이다. 이 세 계열을 표로 나타내면 다음과 같다.

〈표 9〉에서 알 수 있듯 사람 계열 아 복합형의 경우 전체 복합어의 종류는 32종으로 집계되며, 복합어에 등장하는 주요 어휘는 아배(我輩)(11건), 아조선(我祖先)(6건), 아국민(我國民)(5건), 아등(我等)(5건), 아방인(我邦人) 아선민(我先民), 아민(我民)(각 4건), 아국인(我國人)(3건) 등이다. 사람 계열의 빈

〈표 9〉 사람 계열 '아' 복합형 일람

#	키워드	독사신론	을지문덕	최도통	이순신	사론	전기	1908	1910	계
1	我國民	1	0	1	3	1	4	4	1	5
2	我國人	1	0	1	1	1	2	2	1	3
3	我國人被擄生還者	0	0	0	1	0	1	1	0	1
4	我家先祖	1	0	0	0	1	0	1	0	1
5	我國偉人	1	0	0	0	1	0	1	0	1
6	我國人風	0	1	0	0	0	1	1	0	1
7	我國將相十五人	0	0	2	0	0	2	0	2	2
8	我家兄弟	0	1	0	0	0	1	1	0	1
9	我檀君子孫	0	0	1	0	0	1	0	1	1
10	我檀君後裔	1	0	0	0	1	0	1	0	1
11	我東國巨傑	0	0	1	0	0	1	0	1	1
12	我東國絶代巨傑	0	0	1	0	0	1	0	1	1
13	我等	1	0	0	4	1	4	5	0	5
14	我民	1	0	0	3	1	3	4	0	4
15	我邦人	2	0	2	0	2	2	2	2	4
16	我輩	0	0	0	11	0	11	11	0	11
17	我輩後人	1	1	0	0	1	1	2	0	2
18	我邊民	0	0	1	0	0	1	0	1	1
19	我父母	0	0	0	1	0	1	1	0	1
20	我北道人士	1	0	0	0	1	0	1	0	1
21	我善男信女	0	0	0	1	0	1	1	0	1
22	我先民	2	2	0	0	2	2	4	0	4
23	我聖祖檀君	0	1	0	0	0	1	1	0	1
24	我小子	0	0	0	1	0	1	1	0	1
25	我數千年後人	1	0	0	0	1	0	1	0	1
26	我子孫	1	0	1	0	1	1	1	1	2
27	我絶代名將	1	0	0	0	1	0	1	0	1
28	我絶代偉人	0	1	0	0	0	1	1	0	1
29	我絶代豪將	0	0	0	1	0	1	1	0	1
30	我絶世英雄	1	0	0	0	1	0	1	0	1
31	我祖先	5	1	0	0	0	1	1	0	6
32	我天授偉人	1	0	0	0	1	0	1	0	1
계		23	8	12	26	23	46	57	12	69

도수는 「이순신」에서 가장 높지만 작품마다 큰 편차 없이 비교적 고르게 분포하고 있음이 특징적이다. 흥미로운 것은 각 작품별로 주인공을 찬미하기 위해 거걸(巨傑), 위인(偉人), 영웅(英雄), 명장(名將), 호장(豪將)과 같은 특정한 어휘들이 선택되었다는 사실이다. 그리고 여기에 절대(絶代), 절세(絶世)와 같은 형용어가 부가되기도 한다는 사실이다. 위의 어휘들을 제외하고 가장 많이 사용되는 어휘들은 아배와 아등을 논외로 하면 성조(聖祖), 선조(先祖), 조선(祖先), 선민(先民), 부모(父母), 형제(兄弟), 소자(小子), 자손(子孫), 후예(後裔)와 같이 가족공동체 혹은 친족공동체에 어울리는 것들이다. 북도인사(北道人士), 변민(邊民)을 제외하고 신분, 계층, 지역, 성별로 분화된 어휘들이 거의 발견되지 않는다. 아의 상징물로 사용되는 특별한 어휘들, '아'에 대한 공동체적 일체감을 상상케 하는 어휘들, 사람 계열은 이를 벗어나지 않는다.

〈표 10〉 전투 계열 '아' 복합형 일람

#	키워드	독사신론	을지문덕	최도통	이순신	사론	전기	1908	1910	계
1	我軍	0	0	1	8	0	9	8	1	9
2	我軍將士	0	0	0	1	0	1	1	0	1
3	我國船	0	0	0	1	0	1	1	0	1
4	我東武士	0	0	1	0	0	1	0	1	1
5	我兵	1	1	0	4	1	5	6	0	6
6	我兵北伐	0	0	1	0	0	1	0	1	1
7	我師	0	0	0	3	0	3	3	0	3
8	我船	0	0	0	14	0	14	14	0	14
9	我船諸將	0	0	0	1	0	1	1	0	1
10	我將士	0	0	1	0	0	1	0	1	1
11	我陣	0	0	0	1	0	1	1	0	1
12	我板屋船	0	0	0	1	0	1	1	0	1
13	我訓練節制의 師	0	0	1	0	0	1	0	1	1
계		1	1	5	34	1	40	36	5	41

〈표 10〉에서 볼 수 있듯 전투 계열 아 복합형의 경우 전체 복합어의 종류는 13종으로 집계되며, 복합어에 등장하는 주요 어휘는 아선(我船)(14건), 아군(我軍)(9건), 아병(我兵)(6건) 등이다. 전투 계열의 전체 빈도수 중에서 절대 다수가 「이순신」에 있는데, 이는 「이순신」이 다른 작품과 달리 구체적인 전투 장면들을 갖추고 있기 때문이다. 특이점이 있다면, 「최도통」에 보이는 '아병북벌(我兵北伐)'인데, 북벌은 「최도통」아의 본질이라 할 단군구강을 회복하고자 수행하는 군사 행동을 상징하는 어휘인바, 이 어휘는 북벌의 수행 주체를 최영은 물론 아병으로까지 확산시켰다는 의미가 있다.

다음 〈표 11〉에서 보듯 인명 계열 아 복합형의 경우 전체 복합어의 종류는 31종으로 집계되며, 복합어에 등장하는 인물로는 단군(檀君)(7종, 10건), 이순신(李舜臣)(4종, 9건), 천개소문(泉蓋蘇文)(4종, 4건), 을지문덕(乙支文德)(3종, 3건), 최영(崔瑩)(3종, 3건), 대중상(大仲象)·대조영(大祚榮) 부자(3종, 3건), 동명성제(東明聖帝)(2종, 2건), 부분노(扶分奴)(2종, 2건), 광개토왕(廣開土王)(2종, 2건), 조선 태조(2종, 2건), 기타(부루(扶婁), 대무신왕(大武神王), 고국양왕(故國壤王), 장수왕(長壽王), 온달(溫達), 고려 태조(太祖), 조선 정조(正祖))가 있다. 아와 결합되는 가장 친근한 인물이 단군과 이순신임을 알 수 있으며, 역사전기의 주인공인 을지문덕과 최영보다 주인공이 아닌 천개소문의 빈도수가 높다는 사실이 이채롭다. 또한 아와 결합하는 전체 인물들은 국가별로 편차가 크고 시대별로 편차가 크다는 점이 특징이다. 백제·신라·가야의 인물들이 전혀 아와 결합하지 못했다는 사실, 고려·조선의 인물들도 「최도통」과 「이순신」의 주인공을 제외하면 고려 태조, 조선 태조, 조선 정조만 아와 결합했다는 사실은 아를 접두사로 발화하는 신채호의 언어 감각이 철저히 '단군-부여-고구려-발해'의 역사

〈표 11〉 인명 계열 '아' 복합형 일람

#	키워드	독사 신론	을지 문덕	최도통	이순신	사론	전기	1908	1910	계
1	我家先祖檀君扶婁東明聖帝大武神王扶芬 奴 廣開土王長壽王乙支文德泉蓋蘇文大仲象 大柞榮等諸聖	1	0	0	0	1	0	1	0	1
2	我廣開土王	1	0	0	0	1	0	1	0	1
3	我國偉人乙支文德	1	0	0	0	1	0	1	0	1
4	我檀君	3	1	0	0	3	1	4	0	4
5	我檀君時代	1	0	0	0	1	0	1	0	1
6	我檀君子孫	0	0	1	0	0	1	0	1	1
7	我檀君後裔	1	0	0	0	1	0	1	0	1
8	我檀祖舊疆	1	0	0	0	1	0	1	0	1
9	我大兄愚溫達	1	0	0	0	1	0	1	0	1
10	我東國巨傑崔都統傳	0	0	1	0	0	1	0	1	1
11	我東國絶代巨傑崔都統	0	0	1	0	0	1	0	1	1
12	我東明聖帝	1	0	0	0	1	0	1	0	1
13	我莫離支泉蓋蘇文	1	0	0	0	1	0	1	0	1
14	我渤海先王	1	0	0	0	1	0	1	0	1
15	我聖祖檀君	0	1	0	0	0	1	1	0	1
16	我水陸軍都統制崔瑩	1	0	0	0	1	0	1	0	1
17	我神武絶世ᄒ故國壤王	1	0	0	0	1	0	1	0	1
18	我李舜臣	0	0	0	4	0	4	4	0	4
19	我李舜臣傳	0	0	0	1	0	1	1	0	1
20	我李忠武	0	0	0	3	0	3	3	0	3
21	我絶代名將扶分奴	1	0	0	0	1	0	1	0	1
22	我絶代偉人乙支文德	0	1	0	0	0	1	1	0	1
23	我絶代豪將李舜臣	0	0	0	1	0	1	1	0	1
24	我正廟朝	1	0	0	0	1	0	1	0	1
25	我泉蓋公	1	0	0	0	1	0	1	0	1
26	我泉蓋蘇文	1	0	0	0	1	0	1	0	1
27	我天授偉人大仲象父子	1	0	0	0	1	0	1	0	1
28	我崔道統	0	0	0	0	1	0	1	0	1
29	我太祖	1	0	0	0	1	0	1	0	1
30	我太祖高皇帝	1	0	0	0	1	0	1	0	1
31	我太祖神聖大王	0	0	1	0	0	1	0	1	1
계		22	3	5	9	22	17	34	5	39

인물을 아의 본질로 보는 역사인식과 결부되어 있음을 보여 준다. 즉, 신채호가 인명 계열 아 복합형에서 구사하는 아는 우발적으로 발화된 아가 아니라 의도적으로 발화된 아였음을 뜻하는 것이다.

이상으로 신채호의 역사물에서 보이는 아 복합형의 어휘들을 분석하여 아의 의미망을 살펴보았다. 아 복합형의 어휘들은 대개 아와 결합하는 어휘에 따라 나라 계열, 겨레 계열, 역사 계열, 사람 계열, 전투 계열, 인명 계열 등으로 분류된다. 신채호의 역사물이 한국 고대사에 관한 평론이자 을지문덕·최영·이순신에 관한 전기임을 고려한다면 이들 텍스트 안에서 발화되는 아 복합어가 주로 나라, 겨레, 역사, 사람, 전투, 인명 계열에서 형성된 것은 당연한 일일 수 있다. 그러나 신채호가 이 계열의 어휘들에 적극적으로 아를 붙여 주었다는 것은 역사평론 내지 역사전기라는 텍스트의 성격에서 유래하는 단순한 서사적인 문제로만 볼 것은 아니다. 그는 그 이상으로 자신이 세운 아의 사유에 충실하여 심지어 접두사 아를 사용하는 언어 구사 방식에서까지 아의 개념을 이상적으로 실현하고자 한 것은 아니었을까?

흥미로운 것은 나라, 겨레, 역사, 사람, 전투, 인명 계열의 아 복합어에서 아의 중요한 표상어로 공통적으로 '동(東)'이라는 어휘가 사용되고 있다는 사실이다. 이 어휘는 아의 의미망에서 모든 계열의 복합어에 참여하여 표상어로서 아에 특별한 색채를 부여하고 있다. 여기서 전체 아 복합어에서 '동'이 포함된 어휘들을 표로 나타내면 다음과 같다.

〈표 12〉에서 보듯 동 계열 아 복합형의 경우 전체 복합어는 17종 25건으로 집계된다. 아와 결합하는 단일 어휘 중에서 최상위에 분포하는 국(國)(40종 125건), 족(族)(21종 80건), 사(史)(15종 43건)에 버금가는 규모이다. 종수로는 3위이고 건수로는 부여(夫餘)(7종 30건)에 이어 5위를 차지한다.

#	키워드	독사신론	을지문덕	최도통	이순신	사론	전기	1908	1910	계
1	我大東民族	0	0	0	1	0	1	1	0	1
2	我大東四千載	0	1	0	0	0	1	1	0	1
3	我大東全國	0	0	1	0	0	1	0	1	1
4	我東	4	0	2	0	4	2	4	2	6
5	我東國	1	0	3	0	1	3	1	3	4
6	我東國巨傑崔都統傳	0	0	1	0	0	1	0	1	1
7	我東國萬世基業	1	0	0	0	1	0	1	0	1
8	我東國民族	1	0	0	0	1	0	0	0	1
9	我東國山河	0	0	1	0	0	1	0	1	1
10	我東國絶代巨傑崔都統	0	0	1	0	0	1	0	1	1
11	我東國土地	1	0	0	0	1	0	1	0	1
12	我東武士	0	0	1	0	0	1	0	1	1
13	我東史	1	0	0	0	1	0	1	0	1
14	我東四千載	1	0	0	0	1	0	1	0	1
15	我東歷史	1	0	0	0	1	0	1	0	1
16	我東全土	0	0	1	0	0	1	0	1	1
17	我東土	1	0	0	0	1	0	1	0	1
계		12	1	11	1	12	13	14	11	25

동 계열의 복합어들은 대개 아동(我東), 아동국(我東國), 아대동(我大東)의 형태를 취하고 있으며, 개별 어휘 중에서는 아동(我東)의 빈도수(6건)와 아동국(我東國)의 빈도수(4건)가 높다. 주로 『독사신론』과 「최도통」에서 출현하고 있다.

　신채호의 아의 의미망에서 동이 특별한 위치에 있는 것은 근대의 국가의식과 관계있다. 동국은 근대 이전에도 우리나라 역대 왕조를 통칭하는 별호로 사용된 바 있지만, 대한제국기에 이르면 왕조와 국가의 구별의식 하에 자국사 서술에서 조선, 삼한, 고구려 등과 같이 과거에 명

멸했던 특정한 개별 왕조의 이름 대신 역사의 기원에서 현재까지 지속하는 민족국가로서 동국이라는 국가의 이름을 사용하자는 주장이 제기되었음에 주목해야 한다.[79] 신채호가 자신이 지은 일련의 역사물에 곧잘 동을 기입했던 것은 이 주장에 충실했기 때문이다. 곧 최초의 역사물 『을지문덕』의 부제가 '대동 사천재 제일대위인(大東四千載第一大偉人)'이었고, 국망 직전 『대한매일신보』에 연재된 마지막 역사물의 이름이 '동국거걸 최노동(東國巨傑 崔都統)'이었으며, 『독사신론』과 더불어 그의 초기 역사학 세계를 보여주는 최근에 발굴된 역사책의 이름이 '대동역사(大東歷史)'(일명 '대동제국사(大東帝國史)')[80]였던 것은 신채호가 동이라는 상징성으로 새롭게 민족국가의 역사를 포착하고자 했음을 의미한다. 이런 맥락에서 근대 민족국가의 상징적 표상어로서 동의 근대적 성격에 주목할 필요가 있으며, 신채호의 역사 서사에서 발견되는 아와 동의 긴밀한 관계 역시 이와 연결시켜 해석될 필요가 있다. 신채호 이외에 박은식의 경우 『대동고대사론(大東古代史論)』에서 대동(大東)을 '만한통칭(滿韓統稱)'이라고 명시한 사실을 확인할 수 있는데,[81] 향후 신채호의 동을 박은식의 동과 비교하는 작업, 나아가 한국 근대 역사의식의 중요한 표상 개념으로서 동을 종합적으로 연구하는 작업이 진행될 필요가 있다.

---

79 『大韓每日申報』 1908년 6월 17일, 기서 「歷史에 對훈 管見二則」
80 김종복·박준형, 「大東歷史(古代史)」를 통해서 본 신채호의 초기 역사학」, 『동방학지』 162, 2013.
81 백암박은식선생전집편찬위원회, 『白巖朴殷植全集』 제4권, 2002, 362면.

5. 맺음말

이상으로 신채호의 역사인식에서 핵심적인 위치에 있는 '아'의 개념을 살펴보았다. 신채호는 『조선사』 「총론」 도입부에서 역사를 아와 비아의 투쟁이라 언명하였는데, 신채호의 이 역사 테제는 일찍부터 학계의 주목을 받아 다양한 논의가 있었지만 아직 일치된 견해가 나오지 못했다. 주된 원인은 민족과 탈민족의 상반된 연구 관심 때문인데, 양자 모두 이 역사 테제에서 핵심적인 위치에 놓여 있는 아에 대한 개념사적 이해가 부족한 가운데 아를 해석함에 있어서 연구자가 신봉하는 민족 또는 탈민족의 일방향의 관점만을 고집하는 경향이 있었다. 이 글은 이로부터 벗어나 역사적 실제와 부합하는 신채호의 아를 규명하고자 하는 문제의식에서 나왔다.

이를 위해 이 글은 3가지 전략적인 연구 방법을 사용하였다. 하나는 「총론」의 역사 테제를 구성하는 아가 실은 대한제국기 신채호가 주도했던 『대한매일신보』의 담론으로서 출현하였음에 주목하여 이 담론 질서 위에서 아와 그 대립자인 비아를 검출해 보자는 연구 방법이었다. 다른 하나는 신채호가 이와 동시에 지었던 일련의 역사물들, 곧 『을지문덕』, 「수군제일위인 이순신」, 「독사신론」, 「동국거걸 최도통」의 역사 서사에서 발견되는 아의 본질, 비아의 본질, 아와 비아의 투쟁 등을 검출해 보자는 연구 방법이었다. 다른 하나는 신채호의 역사물에서 아가 언어적으로 발화되는 양상을 관찰하여 아의 복합어들이 드러내는 아의 의미망을 복원, 신채호의 역사 서사에서 출현하는 아의 심층적 이해를 도모하자는 연구 방법이었다.

이 가운데 아의 담론 질서에 대한 연구는 신채호가 『대한매일신보』에 최초로 아를 제창한 논설 「아와 사회에 관계」(1908.3.3.)와 최후로 아를 제창한 논설 「아란 관념을 확장홀지어다」(1909.7.24.)를 분석하여 이 논설들에서 공히 아와 사회가 대립관계에 있음을 발견하는 데서 출발하였다. 전자에서 사회의 부패가 논급되고 있음에 주목하여 『대한매일신보』 논설에 등장하는 부패라는 어휘를 모두 검색한 결과 사회의 부패가 발화되는 구간이 신채호의 아 담론의 시점과 종점 사이의 구간과 거의 일치함을 발견하였다. 이에 『대한매일신보』에서 사회가 5회 이상 발화된 15개 논설을 선별하여 사회의 복합어와 관계어를 중심으로 사회에 대한 관념의 변화를 살펴본 결과 신채호의 아 담론이 시작되는 「아와 사회에 관계」가 긍정적인 사회 관념에서 부정적인 사회 관념으로 사회 관념이 전환하는 중요한 논설임을 발견하였다. 이에 사회에서 활동하는 부정적인 주체를 일컫는 가지사를 『대한매일신보』 전체 기사에서 검색한 결과 가지사가 처음 발화되는 시점이 『대한매일신보』 논설에서 사회의 부패가 발화되는 시점, 곧 아가 제창되는 시점과 거의 일치한다는 사실을 발견하였다. 이것은 1908년 이후 신채호의 현실인식에서 아와 사회가 크게 대립하고 있었음을 의미한다. 이런 맥락에서 신채호의 명논설 「대아와 소아」는 개인이 사회 속에서 물질화된 부분자로 존재하지 말고 사회 밖에서 정신화 된 전체자로 존재하라는 메시지를 발신한 것으로 해석하였다.

다음으로 아의 역사 서사에 관한 연구는 신채호의 역사물에서 아와 비아의 투쟁이 어떻게 형상화되고 있는가, 아의 본질과 비아의 본질이 어떻게 개념적으로 제시되고 있는가 하는 물음에 입각하여 출발하였다. 그 결과 『을지문덕』은 아와 비아의 투쟁을 한족(韓族)과 한족(漢族)

의 투쟁, 구체적으로 을지문덕의 시대에 고구려와 수의 투쟁으로 나타냈고, 아의 본질을 독립으로 아의 내부적 비아의 본질을 비열로 나타냈음을 발견하였다. 「동국거걸 최도통」의 경우 아와 비아의 투쟁을 아족과 외족, 곧 부여족과 지나족, 유연·선비·거란·말갈·몽고 등족, 일본족 사이의 투쟁, 구체적으로 최영의 시대에 부여족의 고려와 몽골족의 원조, 지나족의 홍건적, 일본족의 북조 사이의 투쟁으로 나타냈음을 발견하였다. 또, 『을지문덕』과 마찬가지로 아의 본질을 독립으로 아의 내부적 비아의 본질을 비열로 나타냈음을 발견하였다. 「수군제일위인 이순신」의 경우 아와 비아의 투쟁을 아민족과 일본의 투쟁으로 나타냈고, 아의 본질과 내부적 비아의 본질을 역시 각각 상무적 독립과 비열로 나타냈음을 발견하였다. 「독사신론」의 경우 아와 비아의 투쟁을 주족에 해당하는 부여족과 객족에 해당하는 주변 종족, 특히 선비족과 지나족 사이의 투쟁으로 나타냈음을 발견하였고, 아의 본질을 고구려와 발해의 역사가 보여주는 독립으로 비아의 본질을 발해의 역사를 우리나라 역사에서 제외한 김부식 같은 역사가의 비열로 나타냈음을 발견하였다. 특기할 점이 있다면 「독사신론」은 아와 비아의 체현자를 천개소문과 영류왕으로 설정하여 영류왕에 대한 천개소문의 투쟁을 혁명의 개념으로 독해하였다는 사실이다.

　신채호의 역사 서사에서 공히 아의 본질이 독립으로 제시되고 비아의 본질이 비열로 제시되고 있음에 착안하여 이번에는 독립과 비열이 『대한매일신보』의 논설 공간에서는 어떻게 전개되고 있었는지 살펴보았다. 그 결과 독립의 경우 1907년까지는 사회를 통해 자강을 추구하여 독립을 회복한다는 매개적, 단계적 독립을 추구하였으나 1908년 이후 사회라는 매개, 부강이라는 단계로부터 벗어나 직접적 독립을 추구하는 변화가 발생하였음을 발견하였다. 비열의 경우 1907년까지 간간이 정치 비판의 취지에서 발화되었다가 1908년 이후 사회 영역을 중심으로 전면적으로 발화되고 이것이 역사 영역과도 연계되었음을 발견하였다. 결국 1908년 이후 신채호의 역사물에서 아와 비아의 본질로 제시된 독립과 비열은 실상 앞에서 살펴본 아와 사회의 대립 구도와 일치하는 현상임을 확인하였다.

　다음으로 아의 의미망에 관한 연구는 신채호의 역사물에서 발화되는 아의 복합어들을 계열별로 분류하고 그 특징을 살펴보는 데서 출발하였다. 신채호의 역사물에서 확인되는 전체 '아'의 빈도수 554건 중에 아 단독형 120건을 제외한 434건이 아 복합형인데, 이것들 중에서 나라 계열이 47종 133건, 겨레 계열이 21종 80건, 역사 계열이 16종 47건, 사람 계열이 32종 69건, 전투 계열이 13종 41건, 인명 계열이 31종 39건으로 이 여섯 계열의 전체 건수 360건이 전체 434건의 82.9%로 대부분을 차지함을 발견하였다. 각각의 역사물에서 발견되는 아의 복합어들은 이 여섯 계열에 고르게 분포하지는 않았는데, 나라 계열의 경우 아 복합어 전체의 과반에 가까운 어휘들이 「동국거걸 최도통」에 있었고, 겨레 계열의 경우 전체의 과반을 넘는 어휘들이 「독사신론」에 있었고, 역사 계열의 경우 전체의 절대 다수가 「독사신론」에 있었다. 사람 계열의 경우 비교적 고른 분포를 보이면서도 상대적으로 「수군제일위인 이순신」에 어휘들이 많았고, 전투 계열의 경우 전체의 절대 다수가 「수군제일위인 이순신」에 있었으며, 인명 계열의 경우 전체의 과반을 넘는 어휘들이 「독사신론」에 있었다. 아 복합어들 중에서 겨레 계열, 역사 계열, 인명 계열이 「독사신론」에서 우세하고, 사람 계열, 전투 계열이 「수군제일위인 이순신」에서 우세하고, 나라 계열이 「동국거걸 최도통」에서 우세한 것으로 나타난 것은 각각의 역사물의 특징이 반영된 역사 서사의 문제로 볼 수도 있다. 그럼에도 역사물 사이의 세부적인 차이에 관계없이 신채호가 이 여섯 계열의 어휘들에 대하여 적극적으로 아를 붙여서 아의 복합어를 만들었다는 것은 단순한 서사적인 문제가 아니라 그 이상으로 그가 아의 사유에 충실하여 아의 발화를 이상적으로 추구했을 가능성을 생각하게 한다.

흥미로운 점은 신채호의 역사물에서 발견되는 아의 의미망, 곧 여섯 계열의 아 복합어에서 아의 중요한 표상어로 동이라는 어휘가 사용되고 있다는 사실이다. 동이라는 어휘가 아의 의미망에서 여섯 계열 모두에 참여하여 표상어로서 아에 특별한 색채를 부여하고 있음을 발견할 수 있다. 이는 근대 민족국가의 상징적 표상어로서 동의 근대적 성격을 상상케 하는 것으로 신채호의 역사 서사에서 발견되는 아와 동의 긴밀한 관계는 향후 박은식이 동을 만한통칭이라 명시한 사실까지 시야에 넣어 한국 근대 역사인식의 중요한 표상 개념으로 동을 종합적으로 연구할 필요성을 제기한다.

이렇듯 1900년대 민족주의자 신채호의 신문 논설에서 아와 사회의 기본 대립이 설정되고, 신채호의 역사 서사에서 아와 비아의 투쟁, 아의 본질로서의 독립, 내부적 비아의 본질로서의 비열이 검출되고, 다시 독립과 비열이 아와 사회의 본질로서 확인된다는 사실을 통해 우리는 그간 1920년대 탈민족주의자 신채호의 전형적 사유 방식으로 맥락화해서 이해했던 아에 대하여 이를 탈맥락화하고 1900년대 민족주의자 신채호의 전형적 사유 방식으로 재맥락화해서 이해할 필요성을 느낀다. 아니, 사실은 연구자가 부과했던 민족주의자 / 탈민족주의자의 전형성으로 신채호를 양분할 수 없다는 것이 정확한 표현일 것이다.

1900년대 신채호의 아가 사회에 결집한 물질화된 개인이 아니라 사회의 반성으로부터 발견된 정신화된 개인이었고, 그가 이 자유로운 개인을 주체로 삼아 친일 세력에 대한 투쟁에 돌입했을 때, 그것은 1920년대 신채호의 사상과 크게 다르지 않았다. 그가 「조선혁명선언」을 작성한 것은 1920년대였지만, 그는 이미 1900년대 역사물에서 '아=독립'과 '내부적 비아=비열'의 투쟁으로서 연개소문에 의한 고구려 혁명, 최영에 의한 고려 혁명을 구상하고 있었다. 신채호가 제창한 '아'는 독립, 비열, 사회, 혁명 등 핵심적인 어휘와의 관계 속에서 해석해야지, 『조선사』 「총론」의 특정 테제를 단장취의하듯 해석해서는 곤란할 것이다.

보론 『음빙실자유서』의 일독법
한국사상사에서 보는 양계초

1.

이 글은 양계초(梁啓超)의 『음빙실자유서(飮冰室自由書)』가 한국근대사
상사에서 어떠한 문헌이었는지 시론하기 위해 작성된, 한국사상사에
서 보는 양계초에 관한 작은 스케치이다. 양계초의 저술이 한국 사회
에 수용되어 이른바 애국계몽운동의 유력한 사상적 동력으로 작용했
던 점에 대해서는 기존의 많은 연구 업적들이 축적되어 있다. 그럼에
도 이 문제에 대한 입체적인 해석과 거시적인 전망은 여전히 열려 있는
상태라고 판단된다. 이에 『음빙실자유서』를 중심으로 한국 사회에 수
용된 양계초 저술에 대한 독법을 아래와 같이 구상해 본다.

2.

『음빙실자유서』가 한국 사회에 대중적으로 알려진 것은 아마도 1906년 무렵이었을 것으로 보인다. 『황성신문』 1906년 11월 20일부터 동년 12월 3일까지 서적 광고 기사에 '음빙실자유서(飮冰室自由書)'라는 이름이 처음으로 나온다. 이 기사는 상해 등지에서 신학문 서적들을 수입하게 되었음을 알리면서 그 첫번째 서명으로 '음빙실문집'을, 두번째 서명으로 '음빙실자유서'를 명기하였는데, 이로 보아 양계초의 이 두 출판물이 당시 한국 사회에서 상당히 지명도가 높았을 것임을 추측할 수 있다. 아울러 한국 독자들에게 『음빙실자유서』가 『음빙실문집』과 더불어 양계초의 대표작으로 각인되었을 것임을 추측할 수 있다.

『음빙실자유서』가 신문 광고 기사에 다시 나오는 것은 1908년이다. 역시 『황성신문』 서적 광고 기사에서 1908년 5월 1일부터 7월 7일까지, 다시 11월 6일부터 12월 6일까지, 다시 1909년 6월 29일부터 8월 6일까지 모두 3회에 걸쳐 『음빙실자유서』 광고 기사를 발견할 수 있다. 광고 기사에 나오는 『음빙실자유서』의 이름은 제1회의 경우 '한문음빙실자유서'와 '국한문자유서', 제2회의 경우 '한문자유서'와 '국한문자유서', 제3회의 경우 '한문자유서'이다. 여기서 1908년에 『음빙실자유서』 광고 기사가 재개된 원인은 동년 『음빙실자유서』에 대한 한문본과 국한문본이 한국의 탑인사(塔印社)에서 출판되었기 때문이다. 국한문본의 경우 번역자는 전항기(全恒基), 교열자는 변영중(邊瑩中)이다. 한국에서 출판된 한문본과 국한문본의 2가지 종류의 『음빙실자유서』는 한국 사회에서 상당한 인지도를 높인 듯 제2회 광고 시기부터는 '음빙실자유서'라는 본래 이름을 간편하게 '자유서'라고 줄이고 있음을 볼 수 있다. '자유서'라는 약칭만으로 '음빙실자유서'의 전칭이 전달되는 환경이 조성되었다는 의미로 해석된다.

　흥미로운 사실은 『음빙실자유서』 한국본에 관한 제1회 『황성신문』 광고 기간과 거의 비슷한 기간인 1908년 5월 31일부터 6월 28일까지 양계초의 글을 모은 또 다른 편집물인 『중국혼(中國魂)』에 대한 광고 기사가 『황성신문』에 보인다는 사실이다. 이 서적은 장지연(張志淵)이 번역한 국한문본 『중국혼』을 가리키는데, 『중국혼』과 『음빙실자유서』의 서적 광고가 모두 1908년 5월이라는 동시성을 안고 있다는 것은 양계초의 저술에서 신지식을 얻고자 하는 한국 사회의 어떤 지성사적 적시성을 암시하는 것으로 생각된다. 양자는 출판 시점도 1908년 4월로 서로 같다. 그것은 양계초의 기본적 저술인 『음빙실문집』에 대한 광고가 앞서 살펴본 바 『황성신문』에서는 『음빙실자유서』와 함께 1906년에 나타났고, 이어서 『대한매일신보』에도 1907년 10월 17일부터 11월 17일까지 신간 서적 광고에 나타났다가, 이후 더 이상 신문 광고에 나오지 않는다는 사실과도 연결시켜 생각할 필요가 있을지 모르겠다. 1907년까지 양계초의 기본 저술인 『음빙실문집』에 대한 사회적인 수요가 어느 정도 충족되면서 이번에는 양계초의 부가적 저술인 『음빙실자유서』와 『중국혼』에 대한 사회적 수요가 상승하여 1908년 양자의 한국본 내지 한국어 번역본이 등장했다고 볼 수 있지 않을까 조심스럽게 상상해 본다. 그러나 한국 사회에서 양계초가 수용되는 과정과 양계초의 저술이 수용되는 과정의 상관성에 대한 검토, 그리고 양계초의 저술이 실질적으로 한국 사회에 미친 사상적 영향력에 대한 검토, 그리고 한국 사회에서 양계초의 각각의 저술의 상호관계에 대한 검토에 대해서는 정밀한 분석이 요구된다.

3.

『음빙실자유서』는『음빙실문집』,『중국혼』과 더불어 대한제국에 유입된 양계초의 여러 저술의 하나이다. 대한제국 지식인이『음빙실자유서』를 읽고 어떤 반응을 보였는지를 직접적으로 확인할 수 있는 자료는 발견하기 어렵지만『음빙실문집』에 대한 반응과 크게 다르지는 않았을 것으로 생각된다.『음빙실자유서』와 달리『음빙실문집』의 경우는 한국인의 반응을 알려주는 관련 자료들이 산견되는데, 이를 통해 양계초의 사상에 대한 한국인의 관점이 구학과 신학의 구도에서 양극단으로 양분되었음을 알 수 있다.

먼저 신학을 지지하는 부류의 관점이다. 널리 알려진 사례이지만 안창호는 평양에 설립한 대성학교(大成學校)에서 한문 교과서로『음빙실문집』을 사용했으며, 삼남 지방의 유지가 찾아와 나라를 위하는 길을 묻자 삼남 지방의 학자들에게『음빙실문집』을 읽히라고 권유했다는 일화가 전해지고 있다. 이 일화는 안창호와『음빙실문집』의 관계에서도 의미가 있지만, 삼남 지방 유림과『음빙실문집』의 관계에서도 의미가 있다. 실제로『음빙실문집』이 구학을 고수하고 신학을 배척하던 삼남 지방 유림의 사상을 변통하는 데 상당히 기여했음을 알려주는 기사들이『황성신문』에 나타난다. 지역의 선각자들이『음빙실문집』을 다수 구매하여 배포함으로써 지역 유림들의 사상 계몽을 촉진하고 있다는 내용,[1] 특히 영남에서는 곽종석(郭鍾錫) 문하의 유림이『음빙실문집』을 읽고 시국과 시무를 깨달아 해외 유학을 뜻하게 되었다는 내용이다.[2]

---

1   『皇城新聞』1907.11.29, 잡보「金氏有志」;『皇城新聞』1908.1.21, 잡보「南儒向明」.

『몽견제갈량(夢見諸葛亮)』을 지은 유원표(劉元杓)는『음빙실문집』을 바라보는 신학 측의 관점을 가장 선명히 알려 준다. 1907년 9월 그가『황성신문』과『대한매일신보』에 보낸 기서(寄書)를 보면, '금일 우리나라 온갖 제도 개량하는 중에 최급선무로 개량할 것이 상류 사람들의 심성을 개량하는 것'인데, 이들의 심성을 개량할 적합한 교과서가 다름 아닌『음빙실문집』이니, '속성과(速成科)로 저 청국 철학박사 양계초가 저술한 음빙실문집 18책을 실심으로 숙독하여 그 의리를 통절히 알게 되면 천하 형세와 국치(國治) 방향과 인도 취서(就緖)의 대방침이 자연 생겨나서' 위망에 빠진 한국의 국세를 회복할 것이라는 의론과 만날 수 있다.[3] 이것은 구국을 위한 새로운 주체 형성을 위한 사상적 토대로『음빙실문집』의 중요성을 설파한 것이다. 대한제국의 독립을 상징하는 고종이 헤이그 밀사 사건으로 강제 퇴위하고 대한제국의 군대가 해산되어 사실상의 망국을 체감하는 사회적 분위기에서 제기된 주장이라는 점에서도 의미가 있다. 동년 10월과 11월『대한매일신보』신간 서적 광고에『음빙실문집』이 출현한 것은 유원표의 이와 같은 주장에 접맥된 미디어 현상으로 볼 수도 있다.

그러나 구학을 지지하는 부류의 관점은 이와 달랐다. 대한제국기의 유림 종장으로 손꼽히는 전우(田愚), 곽종석, 유인석(柳麟錫), 김복한(金福漢) 모두 양계초에 비판적이었다. 전우는 강유위, 양계초 등이 학술은 석가와 예수를 이성(二聖)으로 존숭하고 경제는 왕도와 패도를 한길로 섞어 본말과 체용이 모두 어그러졌다고 비판하였다.[4] 곽종석도 강유

---

2 『皇城新聞』1908.9.22, 잡보「南儒東渡」.
3 『皇城新聞』1907.9.6, 기서「蜜啞子經歷」.
4 田愚,『艮齋集前編』권15「論裴說書示諸君」.

위, 양계초 등이 육상산(陸象山)에 입각하고 야소교에 중독되었다고 비판하였다.[5] 유인석의 경우 양계초의 『음빙실자유서』가 한 고조, 명 태조를 대도(大盜)라 비난하고, 예악을 강제(强制)라 비판하는 등 참으로 고금에 듣지 못할 괴패(怪悖)한 책자이기 때문에 이를 던져 버리고 다시는 읽지 않았다고 고백하였다.[6] 김복한의 경우 양계초가 주자를 훼척하는 것도 모자라 만고의 대성인인 공자를 기척하고 있다고 분노하면서 양계초가 실로 천지에 용납되기 어려운 역적이라고 규탄하였다.[7]

이 가운데 전우는 양계초를 비판하는 데서 그치지 않고 직접 양계초의 『음빙실문집』을 읽고 이를 조목조목 학술적으로 비판한 보기 드문 성과를 남겼다. 『간재집(艮齋集)』에 수록된 「양집제설변(梁集諸說辨)」이 그것이다. 이 글은 '논양씨공교론(論梁氏孔教論)', '제파사달소지(題斯巴達小志)', '논물주의위주의(論勿主義爲主義)', '제통론(題通論)', '강씨전(康氏傳)', '양씨고시부세(梁氏高視富勢)', '양씨전상명리(梁氏專尙名利)', '중인륜(重人倫)', '중왕도(重王道)', '여존남비(女尊男卑)', '천지부모(天地父母)', '시황연원(始皇淵源)', '대시파론(待時派論)', '권독서명(勸讀西銘)', '산록(散錄)', '부제이순보전(附題李純甫傳)', '부답김택술(附答金澤述)', '부양집제설변후제(附梁集諸說辨後題)' 등으로 구성되어 있다.[8] 전우가 서해 바다 군산도(群山島)에서 『음빙실문집』을 비판하는 문자를 지은 지 한 달이 지난 1909년 5월 전우의 고족 유영선(柳永善) 역시 군산도에서 「신서론(新書論)」을 지어 전우의 『음빙실문집』 비판에 가세하였다.[9] 전우와 유영선의 관점은 양계초가 인류라는 보

---

5   郭鍾錫, 『俛宇集』 권74 「答河叔亨」 '제20서'.

6   柳麟錫, 『毅菴集』 권33 「散言」.

7   金福漢, 『志山集』 권4 「與林公羽」 '제6서'.

8   田愚, 『艮齋集私箚』 권1 「梁集諸說辨」.

9   柳永善, 『玄谷集』 권9 「新書論」.

편적인 도덕을 저버리고 국가주의적인 사고방식에 매몰되어 있으며 인간의 이욕에 사상의 중심을 두고 있다는 것이었다.

양계초와 그의 저술에 대한 한국의 신학 측과 구학 측의 상반된 평가는 대한제국 말기 한국 사상사의 문제적인 지점으로 주목할 필요가 있다. 그간 한국근대사상사에서 양계초 사상의 수용과 영향의 문제는 주로 신학 측의 시야에서만 검토되었고 구학 측의 시야와 자료는 거의 논의에서 배제되어 있었기 때문에 신학 측과 구학 측의 시야를 모두 통괄하는 전체적인 입론이 성공적으로 마련되지는 못했다. 언론 매체에 내재하는 신학 측의 자료와 언론 매체에 외재하는 구학 측의 자료는 공히 양계초 사상에 대한 한국 사회의 중요한 반응으로 동등하게 검토될 필요가 있다. 이 점 한국 사회에 유입된 양계초 저술에 관한 역사적인 독법으로 제안하는 바이다.

4.

한국근대사상사에서 양계초 사상에 대한 올바른 이해에 도달하기 위해서는 다른 한편으로 연구 범위를 대한제국 말기에 한정하지 말고 그 이상으로 시야를 확대할 필요가 있다. 즉, 양계초의 저술과 사상이 대한제국 사회에 본격적인 영향을 미쳐 사회적인 파장이 일어난 대한제국 말기의 역사적인 맥락에만 집착해서 양계초를 독해하는 습관을 탈피해야 한다는 것이다.

한국근대사상사에서 양계초는 언제나 대한제국 말기 자강운동의 전개와 신사상의 형성이라는 맥락에서 접근되는 경향이 있었다. 그러나 양계초는 아직 자강운동이 일어나지 않았던 대한제국 초기부터 한국사상계와 연결되어 있었고, 대한제국이 멸망한 후 일제식민지시기에도 그 사상적 영향력이 유지되고 있었으며, 심지어 제2차 세계대전이 종결되고 찾아온 해방공간에서도 그 사상적 영향력이 보존되어 있었다. 따라서 적어도 대한제국 초기부터 한국전쟁 이전까지 넓은 시야에서 한국 사회의 양계초 현상을 관찰하는 것이 바람직해 보인다.

아울러 대한제국 말기 신학 측의 계몽주의 어법으로 전달되는 양계초 사상의 다소 과장된 모습에 친숙한 결과 양계초가 마치 처음부터 한국 사상계에 절대적인 위치에 있었던 것처럼 오해되어서는 곤란하다는 점을 지적하고 싶다. 양계초의 저술이 유입되기 이전에 중국발 한문 신서적들이 이미 한국 사회에 유입되어 신사상의 형성에 상당한 영향을 미치고 있었음에 충분히 유의할 필요가 있다. 양계초의 저술이 한국 사회에 유입된 최초의 신서적은 아니었던 것이다.

양계초의 저술이 유입되기 이전 청말 중국 문헌이 한국근대사상사에 미친 영향은 지대했다. 조선 후기 중국 문헌의 유입은 조선 사절단의 정기적인 연행을 통해 지속적으로 이루어졌는데, 이를테면 비록 『사고전서(四庫全書)』의 수입은 성사되지 못했지만 『고금도서집성(古今圖書集成)』이나 『황청경해(皇淸經解)』 같은 거작들이 이미 조선에 들어와 있었다. 이러한 전통이 있었기에 제1차 중영전쟁 이후 중국에서 해방론(海防論)이 강화되어 위원(魏源)의 『해국도지(海國圖志)』와 서계여(徐繼畬)의 『영환지략(瀛環志略)』 등이 출현하자, 그것들이 곧 조선에 유입되어 서양 지식의 확대를 초래하였고, 이에 힘입어 윤종의(尹宗儀)가 『벽

위신편(闡衛新編)』을 편찬하고 최한기(崔漢綺)가 『지구전요(地球全要)』를
편찬하였다.

개항 이후에도 조선의 개화정책에 참고가 되었던 것은 『만국공법(萬
國公報)』,『이언(易言)』,『조선책략(朝鮮策略)』 등 주로 중국 문헌이었다. 제
2차 중영전쟁 결과 북경 함락의 참상을 목격한 조선 역관 김경수(金景遂)
는 『만국공보』의 중요성을 깨닫고 1879년 조선의 실정에 맞게 『공보초
략(公報抄略)』을 완성하였다.[10] 조선 최초의 근대적 신문으로 평가받는
『한성순보(漢城旬報)』의 경우 대외정보의 주요 뉴스원은 『신보(申報)』를
포함하여 상해와 홍콩의 중국발 매체인 것으로 알려져 있다.[11]『내각장
서휘편(內閣藏書彙編)』에 따르면 고종이 개화정책을 위해 중국에서 구입
한 신서적은 『만국공보(萬國公報)』,『격치휘편(格致彙編)』 등 주로 재중 서
양 선교사가 간행한 중국발 한문 서학 문헌들이었다.[12]

갑오개혁 이후에도 독립협회의 기관지 『대조선독립협회회보(大朝鮮
獨立協會會報)』에서 적극적으로 주목한 신서적들은 『만국공보』,『격치휘
편』,『태서신사남요(泰西新史攬要)』,『시사신론(時事新論)』 등 청말 중국에
서 서양 선교사가 간행한 한문 문헌들이었다. 이 가운데 『태서신사남
요』는 대한제국 학부에서 국역본으로 발간되기까지 하였다. 『만국공
보』의 시사 평론이나 『격치휘편』의 과학 계몽, 『태서신사남요』의 역사

---

10 송만오, 「김경수의 『공보초략』에 대하여」,『역사학연구』 9, 전남사학회, 1995.

11 한보람, 「1880년대 조선정부의 개화정책을 위한 국제정보수집 - 『한성순보』의 관
     련기사 분석」,『진단학보』 100, 진단학회, 2005.

12 『內閣藏書彙編』에 대해서는, 연갑수, 「『내각장서휘편』 해제」,『규장각』 16, 서울대
     규장각, 1994 참조. 1880년대 조선에 수입된 한역 과학기술서는 대략 220종으로 집
     계되고 있으며(김연희, 「1880년대 수집된 한역 과학기술서의 이해 : 규장각 한국
     학연구원 소장본을 중심으로」,『한국과학사학회지』 38-1, 한국과학사학회, 2016),
     고종의 집옥재의 도서목록에서 확인되는 전체 개화서적은 약 260여종으로 확인된
     다(장영숙, 「『집옥재서목』 분석을 통해 본 고종의 개화서적 수집 실상과 활용」,『한
     국근현대사연구』 61, 한국근현대사학회, 2012).

계몽, 『시사신론』의 부강 정책은 양계초의 저술이 대한제국에 유입되기 이전 한국 지식인들에게 사상적 영향을 미치고 있었다. 이를테면 『만국공보』에서 일본, 이집트, 타이, 한국의 근대화정책을 비교한 기사는 『독립신문』에 「중흥론」으로 소개되어 진보 담론에 기여하였고,[13] 나폴레옹 전쟁 이후 19세기 서양이 흥성한 역사를 서술한 『태서신사남요』는 박은식, 김구, 안중근 등 상당수 한국인들에게 감명을 주었다.[14] 따라서 한국에서 양계초 사상 수용의 초기 국면의 역사적 이해를 위해서는 이들 문헌의 본격적인 검토가 필수적으로 요청된다.

한편 양계초의 저술은 1910년 대한제국이 멸망한 후에도 지속적으로 한국 지식인에게 영향을 미쳤다. 가장 잘 알려진 사례로 양계초의 『중국역사연구법(中國歷史研究法)』(1922년)과 신채호의 『조선사(朝鮮史)』「총론(總論)」을 거론할 수 있다. 『중국역사연구법』은 서양 근대 역사이론을 도입하고 여기에 웰즈의 문화사관을 소개하여 중국 역사학의 혁신을 추구한 책인데, 신채호는 거의 전적으로 이 책의 목차를 차용하여 「총론」을 구성할 정도로 양계초의 신사학에 경도되어 있었다.[15] 양계초의 사학정신은 식민지 조선의 유학자도 공명하고 있었다. 영남 청도 유학자 박장현(朴章鉉)은 양계초의 「신사학(新史學)」을 차용하여 조선의 구사

13 한림과학원 편, 『두 시점의 개념사』, 푸른역사, 2013, 142~146면.
14 노관범, 「1875~1904년 박은식의 주자학 이해와 교육자강론」, 『한국사론』 43, 서울대 국사학과, 2000.
15 『중국역사연구법』의 목차는 '第1章 史的意義及其範圍', '第2章 過去之中國史學界', '第3章 史之改造', '第4章 說史料', '第5章 史料之蒐集與鑑別', '第6章 史蹟之論次'이다. 「총론」의 목차는 '1. 史의 意義와 朝鮮史의 範圍', '2. 史의 三大要素와 朝鮮舊史의 缺點', '3. 舊史의 種類와 그 得失의 略評', '4. 史料蒐集과 選擇', '5. 史의 改造에 대한 愚見'이다. 『중국역사연구법』의 제1장부터 제5장까지의 목차와 「총론」의 목차는 서로 대응 관계에 있다(신일철, 『신채호의 역사사상연구』, 고려대 출판부, 1981, 104면).

학을 비판한 「구사학론(舊史學論)」을 지었다. 양자는 구사학의 문제점으로 사실의 역사학, 조정의 역사학을 지적하고, 신사학의 지향점으로 이상의 역사학, 국가 또는 민간의 역사학을 제시하였다.[16]

1940년대 이관구(李觀求)가 지은 『신대학(新大學)』은 양계초의 저작물을 편집해 민족과 신민을 키워드로 하는 정치사상을 제시한 것으로, 한국에서 양계초 사상의 하한선을 해방 이후까지 끌어내린 문제작으로 평가된다. 『신대학』은 해방 후 미국과 소련의 제국주의를 극복하고 진정한 민족주의를 구현하기 위해서는 한반도의 전체 주민이 새로운 국민 도덕, 국민 정신, 국민 지식을 갖추어 신민으로 거듭나야 한다고 보았고, 양계초의 「신민설(新民說)」에서 제시된 공덕, 자유, 권리사상, 국가사상 등을 국민 도덕과 국민 정신으로 부각하고, 『음빙실문집』에서 소개된 서양의 과학, 철학, 경제학 등을 국민 지식으로 강조하였다.[17]

이상의 사례들은 양계초의 사상이 1910년 이후에도 비록 중심적인 위치는 아니었다 할지라도 여전히 한국 사회에 영향력을 행사하고 있었음을 보여 준다. 대한제국기와 해방정국기 사이는 불과 40~50년 안팎이기 때문에 대한제국기에 청년기를 보내며 양계초 사상의 세례를 받은 많은 인물들이 해방정국기에 생존하고 활동하고 있었을 것으로 예상되므로 20세기 중반까지 한국 사회의 사상적 저류로서 양계초 사상의 자취를 탐사하는 것은 여러 모로 의미가 있다고 생각된다.

---

16 朴章鉉, 『文卿常草』 권6 「舊史學論」; 梁啓超, 『飮冰室文集』 9, 「新史學」
17 노관범, 「1940년대 후반 한국에서 양계초 정치사상의 재현」, 『한국사상사학』 41, 한국사상사학회, 2012.

5.

　양계초의 저술이 한국 사회에 본격적으로 유입된 시기는 대한제국기인데, 그 유입 양상에 따라 크게 2가지 흐름이 관찰된다. 하나는 양계초의 단행본 작품들이 국역되어 유입되는 양상이고, 다른 하나는 양계초가 지은 소품들이 국역되어 유입되는 양상이다. 전자의 경우『청국무술정변기(淸國戊戌政變記)』(현채(玄采) 역, 1900),『월남망국사(越南亡國史)』(현채 역, 1906),『라란부인전』(역자 미상, 1907),『이태리건국삼걸전(伊太利建國三傑傳)』(신채호 역, 1907),『흉아리애국자갈소사전(凶牙利愛國者葛蘇士傳)』(이보상(李輔相) 역, 1908),『음빙실자유서』(전항기 역, 1908),『중국혼』(장지연 역, 1908) 등의 작품들이 발견된다. 이들 작품은『라란부인전』을 제외하고 모두 국한문본이고,『월남망국사』와『이태리건국삼걸전』의 경우 별도로 국문본이 발간되었다. 흥미로운 사실은 양계초의 단행본 작품의 수용 과정이 초기에 나온『청국무술정변기』같은 시사물을 제외하면 시종일관 역사·전기 분야의 단행본이었다는 점, 그리고『음빙실자유서』와『중국혼』같은 문집류는 전체적인 수용 과정에서 볼 때 마지막에 위치하고 있다는 점이다. 수용 기간 역시 1900년에 출판된『청국무술정변기』를 제외하면 1906년에서 1908년 사이에 집중하고 있다는 점이 특징적이다.

　후자의 경우 양계초가 지은 소품이 최초로 국내에 알려진 것은『대조선독립협회회보』제6호(1897.2)에 실린 「청국형세의 가련(淸國形勢의 可憐)」이라는 기사인데, 양계초가 자강을 도모하지 않고 외국 보호에 의지하면 멸망하고야 만다는 의론을 파란국멸망사(波蘭國滅亡史)에 탁의

(托意)하여 펼쳤다는 내용이 담겨 있다. 또, 『황성신문』(1899.3.17.~18.)과 『독립신문』(1899.7.27.~28.)은 『청의보(淸議報)』에 실린 양계초의 「애국론(愛國論)」을 발췌하여 전재하였다. 그러나 양계초의 소품들이 한국 사회에 본격적으로 번역되어 소개된 것은 1906년 이후 『대한자강회월보(大韓自强會月報)』, 『태극학보(太極學報)』, 『조양보(朝陽報)』, 『서우(西友)』, 『대한협회회보(大韓協會會報)』, 『서북학회월보(西北學會月報)』, 『호남학보(湖南學報)』, 『기호흥학회월보(畿湖興學會月報)』, 『교남교육회잡지(嶠南敎育會雜誌)』 등 여러 학회지가 등장한 이후이다. 각각의 학회지에 수록된 양계초의 소품들은 『시무보(時務報)』, 『청의보(淸議報)』, 『신민총보(新民叢報)』 등에 출처를 두고 있다.[18]

이상의 학회지 중에서 양계초의 소품을 매우 적극적으로 등재한 것은 『서우』(1906.12.~1907.12.)였다. 『서우』는 창간호에 게재한 「대동지학회서(大同志學會序)」를 필두로 「학교총론(學校總論)」, 「애국론(愛國論)」, 「논보관유익어국사(論報舘有益於國事)」, 「동물담(動物談)」, 「논학회(論學會)」, 「유심론(唯心論)」, 「사범양성의 급무(師範養成의 急務)」, 「논유학(論幼學)」 등 지속적으로 양계초의 작품들을 소개하였는데, 이것은 다른 학회지와 비교하여 상당히 특별한 현상으로 『서우』의 주필인 박은식의 의중이 강하게 반영된 것으로 보인다. 박은식은 『서우』에 소개된 양계초의 소품 중에서 「대동지학회서」을 매우 아낀 듯 후일 그가 편찬한 『고등한문독본(高等漢文讀本)』에 양계초의 명문으로 삽입한다. 그는 또한 양계초의 『덕육감(德育鑑)』을 중시하여 후일 「왕양명실기(王陽明實記)」를 지을 때에 고뢰무차랑(高賴務次郎)의 『양명상전(陽明詳傳)』과 더불어 중요한 참조 문헌으로 삼는다. 그는 강유위, 양계초, 담사동(譚嗣同) 등이 무

<hr />

18   葉乾坤, 『양계초와 구한말문학』, 법전출판사, 1980; 牛林杰, 『한국 개화기 문학과 양계초』, 박이정, 2002.

술변법의 주역으로 양명학을 숭배하였다고 보았고,[19] 역시 증국번(曾國藩), 강유위, 양계초, 장건(張謇) 등이 도덕, 경세, 구시(救時)에 두루 통하였음을 선망하였는데,[20] 이로 보아 양계초에 대한 평가가 남달랐을 것으로 보인다.

박은식과 더불어 장지연도 양계초의 소품을 중시하였다. 그는 『대한자강회월보』에 「교육정책사의(教育政策私議)」를 게재하였고 『조양보』에 「멸국신법론(滅國新法論)」을 게재하였는데,[21] 박은식이 『서우』를 창간하여 양계초의 소품을 집중적으로 소개하기 이전 단계에 한국의 잡지에 소개된 양계초의 대표적인 소품이 바로 이 두 작품이다. 장지연은 특히 「교육정책사의」를 역술하면서 양계초를 '선생'으로 호칭하고 양계초의 학술언론이 정밀하고 해박하여 일세의 표준이 되는데 특히 교육 분야에 일가견이 있다고 소개하였다.[22] 장지연은 1908년 양계초의 문집 『중국혼』을 번역하여 양계초의 사상을 전파하는 데 기여하였다. 그가 『중국혼』의 번역 출판을 시도한 것은 한국 사회에서 양계초의 역사·전기 단행본이 이미 사회적으로 주목받고 있고, 양계초의 소품들도 이미 『서우』 등을 중심으로 여러 차례 소개되고 있어서 한국 독자들에게 친숙한 상태이니 양계초의 새로운 문집을 출판해도 좋겠다는 판단에서 나온 듯하다. 또한 『공립신보』에서 1907년 12월부터 양계초의 『중국혼』을 역술하고 있었던 사정도 그가 『중국혼』을 번역 대상

---

19 『皇城新聞』 1909.1.30, 논설 「舊學改良의 意見」.
20 『皇城新聞』 1909.4.24, 논설 「存乎其人」.
21 장지연은 『조양보』 제8호부터 주필이 되어 잡지의 논설을 담당했는데, 양계초의 「멸국신법론」은 有賀長雄의 「保護國論」과 함께 장지연의 주필 재임 기간 지속적으로 연재되었다. 장지연이 「멸국신법론」을 매우 중시했음을 알 수 있다(노관범, 「대한제국기 장지연 저작목록의 재검토」, 『역사문화논총』 5, 역사문화연구소, 2008).
22 『大韓自強會月報』 3, 教育部, 「教育政策私議」 1906.9.

으로 선택하는 데 자극이 되었을 것이다. 전우는 장지연이 매양 유학자는 조롱하면서도 성현을 모욕하는 양계초는 찬양하였다고 비판한 적이 있는데,[23] 역시 양계초에 대한 장지연의 수용 태도가 남달랐음을 가리키는 것으로 보인다.

이처럼 양계초의 저술은 대한제국기에 단행본의 형태와 소품의 형태로 수용되었는데, 제국 초기에도 『청국무술정변기』 같은 시사물이 번역되어 출간되고 「애국론」 같은 소품이 『황성신문』과 『독립신문』에 발췌역으로 게재되기도 하였으나, 대개의 경우 자강운동이 전개되기 시작한 1906년 이후 집중적으로 수용되었다. 이 기간 한국 사회에 출간된 양계초의 저술은 역사 · 전기 분야의 단행본에 집중되어 있었으나 1908년에 이르러 『음빙실자유서』와 『중국혼』 같은 문집류가 번역되어 출간되었는데, 여기에는 양계초의 소품들이 여러 학회지에 활발하게 소개되고 있었음이 주요한 배경이 되었다. 『음빙실자유서』의 번역, 출간이 이처럼 대한제국기 한국 사회의 양계초 수용 과정에서 마지막 국면에 위치하고 있음에 유의할 필요가 있다.

6.

양계초의 단행본 저술들이 한국 사회에 수용된 것은 대한제국을 둘러싼 역사적 현실에 대한 해법을 찾고자 하는 실천적 관심 때문이었다.

---

23 田愚, 『艮齋集後編』「華島漫錄」'張志淵新聞'.

이것은『청국무술정변기』,『월남망국사』,『라란부인전』,『이태리건국 삼걸전』,『흉아리애국자갈소사전』모두 그러하다. 한국 사회에서 양계초를 수용하는 이러한 실천적 관심은 양계초의 단행본 저술에 대한 한국의 번역서와 양계초의 원작, 그리고 양계초 원작의 기본 바탕이 되는 서양과 일본의 원작을 비교, 검토함으로써 분명히 드러난다.

먼저 현채가 번역한『청국무술정변기』를 보자. 이 책은 민영환(閔泳煥)의 서문과 함께 대한제국 학부에서 공식 출판한 것인데, 양계초의『무술정변기』을 단순히 번역한 것이 아니라 1900년 현재 중국의 정세를 이해하기 위해 내용을 재구성한 것이 특징적이다. 전편은『무술정변기』의 번역인데, '광서황제성덕기(光緒皇帝聖德記)', '변법실정(變法實情)', '폐위시말(廢位始末)', '정변전기(政變前記)', '정변정기(政變正記)', '정변후론(政變後論)', '순난육열사전(殉難六烈士傳)', '변법기원(變法起源)', '호남광동정형(湖南廣東情形)' 등으로 구성되었고, 후편은 '지나지리총론(支那地理總論)', '동양전쟁실기절역(東洋戰爭實記節譯)', '아국약사(俄國略史)' 등으로 구성되었다. 후편은 양계초 원본에 없던 것으로 독자의 이해를 돕기 위해 중국의 지리, 중국의 최근 역사(청일전쟁과 북청사변), 만주에 군대를 주둔하고 있는 러시아의 간략한 역사를 제시한 것이다. 한국도 변법하지 못하면 중국처럼 위망에 빠진다는 메시지를 극대화하기 위해 원본에 없던 후편을 추가하였고, 전편의 경우도 원본의 순서를 바꾸어 '광서황제성덕기'를 맨 앞에 배치하여 황제의 변법 의지를 부각하였다.[24]

다음으로 현채가 번역한『월남망국사』를 보자. 이 책은 베트남의 민족운동가 판보이쩌우(潘佩珠)의 구술을 바탕으로 양계초가 편찬하여 1905년 출간한『월남망국사』를 번역한 것인데 단순히 번역한 것이 아

---

24 한림과학원 편,『동아시아 개념연구 기초문헌해제』III, 도서출판 선인, 2015, 31~35면.

니라 1906년 현재 한국의 '망국'을 이해하기 위해 내용을 재구성한 것이 특징이다. 본문은 양계초의 원본과 같이 '월남망국사전록(越南亡國史前錄)'과 '월남망국사(越南亡國史)'로 구성되었지만, 부록의 경우 양계초의 원본에 있던 '월남소지(越南小志)'를 대부분 삭제하여 '월법양국교섭(越法兩國交涉)'만 남기고 그 대신 '멸국신법론(滅國新法論)', '일본지조선(日本之朝鮮)' 등을 추가하였다. 이것은 1906년 현재 한국의 상황이 일본에 의한 망국임을 확인하고 그것이 프랑스에 의한 베트남의 망국과 동일한 사태임을 알리고자 한 것이다. 부록에 편입된 '멸국신법론'과 '일본지조선', 그리고 본문에 첨가된 '조선망국사략(朝鮮亡國史略)'은 모두 원본에 없던 양계초의 다른 저술로 한국인 독자를 위해 양계초가 들려주는 멸국과 망국의 메시지였다.[25]

다음으로 『근세제일여중영웅 라란부인전』을 보자. 이것은 프랑스혁명 당시 지롱드파의 핵심 인물의 하나인 롤랑 부인(Madame Roland)의 전기로 『The Queens of Society』(G.Wharton, 1860), 『淑女龜鑑 交際之女王』(坪內逍遙, 1886), 「佛國革命の花」(德富蘆花, 1893), 『近世第一女傑 羅蘭婦人傳』(梁啓超, 1902) 등의 여러 선행 작품에 이어 한국 대한매일신보사에서 연재, 출간된 작품이다. 쓰보우치 쇼요가 민권운동의 퇴조기에 근대 신여성의 모델로서 롤랑부인의 삶을 소개했다면, 도쿠토미 로카는 프랑스혁명에 집중하여 상대적으로 그녀의 삶에서 혁명적 성격을 강화하였다. 반면 양계초는 도쿠토미의 작품을 저본으로 하면서도 서사 방식을 남성화시키고 프랑스혁명의 부정성을 강조하는 어조를 취하였다. 그런데 양계초의 작품을 순국문으로 번역한 대한매일신보 번역본은 이 책의 본질을

---

25 정환국, 「근대계몽기 역사전기물 번역에 대하여」, 『대동문화연구』 48, 성균관대 대동문화연구원, 2004.

애국사상의 배양으로 보면서 양계초와 달리 도리어 낡은 전통 사회의 혁명적인 변화를 기대하였다.[26]

다음으로 『이태리건국삼걸전』을 보자. 이것은 19세기 이탈리아 통일 운동의 주역인 마찌니(Giuseppe Mazzini)・카부르(Camilo Benso di Cavour)・가리발디(Giuseppe Garibaldi)의 전기로 『The Makers of Modern Italy』(J. A. R. Marriot, 1889), 『伊太利國三傑』(平田久, 1892), 『伊太利建國三傑傳』(梁啓超, 1902) 등의 여러 선행 작품에 이어 한국에서 신채호의 번역으로 출간된 작품이다. 히라다 히사시는 영어본의 보수적 시각을 계승하여 국왕 중심의 온선한 개혁가인 카부르 중심으로 이탈리아 근대사를 독해하고 메이지유신 이후 일본의 현재성을 이탈리아 근대사의 성공담과 동일시하는 관점이었다. 양계초 역시 배만혁명에 반대하는 보수개혁의 입장에서 카부르 중심의 삼걸전을 유지했으며 카부르와 대비되는 공화주의 혁명가 마찌니는 단지 중국 인민의 자각을 위해 필요한 '무명의 영웅' 정도로 긍정하였다. 반면 한국의 정치적 변혁을 위한 혁명가적 영웅을 염원한 신채호는 애국을 강조하면서, 양계초까지 계속된 카부르 중심의 삼걸전을 마찌니 중심의 삼걸전으로 변형시켰다.[27]

다음으로 『흉아리애국자갈소사전』을 보자. 이것은 헝가리 독립운동가 러요시 코슈트(Lajos Kossuth)의 전기로 『The Life of Louis Kossuth』(P. C. Headley, 1852년), 『ルイ、コツスート』(石川安次郎, 1899년), 『凶牙利愛國者葛蘇士傳』(梁啓超, 1902년) 등의 여러 선행 작품에 이어 한국에서 이보상 번역으로 출간된 작품이다. 이시카와 야스지로의 일문본은 일본과 인종

---

26 손성준, 「번역과 원본성의 창출─롤랑부인 전기의 동아시아 수용 양상과 그 성격」, 『비교문학』 53, 국제비교문학회, 2011.

27 손성준, 「국민국가와 영웅서사 ─『이태리건국삼걸전』의 서발동착(西發東着)과 그 의미」, 『사이間SAI』 3, 국제한국문학문화학회, 2007.

적 기원이 동일하다고 믿어지는 용맹한 흉노의 후예 헝가리의 독립 투쟁과 정치적 승리를 서술한 것이 특징이다. 반면 양계초는 코슈트의 투쟁의 결과가 헝가리의 독립이 아닌 오스트리아-헝가리 이중국체의 형성임을 부각하고 코슈트를 급진적인 혁명가가 아니라 온건한 개혁가로 새롭게 해석하였다. 이보상은 양계초의 작품을 그대로 직역하였는데, 대한매일신보 광고 기사에서 강조된 지점은 코슈트가 '오흉연방(奧匈聯邦)의 쌍립국체(雙立國體)'를 성립시킨 영웅이라는 것이었다.[28] 1908년의 시점에서 이 작품의 키워드로 읽힌 '쌍립국체'는 한일관계의 시야에서 볼 때 '병합'을 막기 위한 대안적인 국체의 모색을 의미할 수 있었다.

한국 사회에 수용된 양계초 단행본들은 이처럼 시기별로 서로 다른 키워드를 발산하고 있었다. 『청국무술정변기』의 '변법', 『월남망국사』의 '망국', 『라란부인전』, 『이태리건국삼걸전』, 『흉아리애국자갈소사전』의 '애국'은 대한제국의 역사적 국면의 변화에 따라 발생한 핵심적인 키워드였다. '변법'에서 출발하여 '망국'을 거쳐 '애국'으로 도달하는 방식으로 키워드가 전개된 것은 한국 사회에서 국면별로 양계초 수용의 실천적 관심의 변화를 적실하게 보여주는 것이라 하겠다. 한국 사회에서 『음빙실자유서』가 출판되기까지 양계초의 단행본들은 주로 이런 방식으로 읽히고 있었다.

---

28 손성준, 「영웅서사의 동아시아적 재맥락화―코슈트(傳)의 지역간 의미 편차」, 『대동문화연구』 76, 성균관대 대동문화연구원, 2011.

7.

『음빙실자유서』는 한국 사회에서 어떤 방식으로 읽혔을까? 한국의 독자들 중에는 한국에서 출판된 양계초의 역사·전기류 저술들 또는 한국의 대중 매체에 소개된 양계초의 소품들과 접하기 이전부터 일찍이 중국본『음빙실자유서』를 읽은 사람들도 있었을 것이고, 그러한 작품들을 접한 이후에야 비로소 한국본『음빙실자유서』를 읽은 사람들도 있었을 것이다.『음빙실자유서』의 초기적인 영향은 중국본『음빙실자유서』의 신문 광고가 처음 실리는 1906년 이전부터 있었겠지만,『음빙실자유서』의 대중적인 영향은 한국본『음빙실자유서』가 출간된 1908년 이후에야 출현했을 것이다. 한국본『음빙실자유서』의 등장, 특히 국한문체 번역본의 등장은『월남망국사』를 위시하여 양계초의 역사·전기류 저술이 한국 사회에서 널리 읽힌 결과 양계초에 대한 대중적인 열기가『음빙실자유서』로까지 확장된 결과로 생각된다.

『음빙실자유서』는 양계초가 고백했듯이 그가 일본 망명기에 책을 읽고 떠오른 단상들을 자유롭게 기록한 에세이와 같은 책이다. 전통적인 한문 형식으로 말한다면 만필(漫筆), 만록(漫錄)과 같은 친근한 글쓰기 방식이다. 이 책에서 다루는 주제들이 비록 문명, 자유, 자조, 독립, 국권, 민권, 강권, 애국, 영웅, 유신 등 사상적으로 가볍지 않은 키워드로 구성되어 있음에도 불구하고 이 책이 어렵지 않게 읽힐 수 있는 것은 이 때문이다. 또 책 자체가 양계초의 소품 모음집이기 때문에 독자들은 책을 처음부터 끝까지 완독하는 수고를 기울이지 않고 그때그때 눈길을 끄는 제목의 소품을 골라서 읽어도 되는 편리함이 있다. 책의 목차는 '국한문자유서'의 경우 1899년에 나온 「성패(成敗)」, 「비사맥여격란사돈(卑士麥與格蘭斯頓)」부터 시작해서 1904년에 나온 「기월남망인지언(記越南亡人之言)」, 「기일본일정당영수지언(記日本一政黨領袖之言)」에 이르기까지 양계초의 소품 65수의 제목이 연대순으로 기록되어 있다.

『음빙실자유서』에 실린 소품들 중에서 사회적 영향이 컸던 글이 무엇이었는지를 찾아내기는 쉽지 않다. 다만 앞에서 언급했지만 유인석의 경우 『음빙실자유서』가 한 고조, 명 태조를 대도(大盜)라 비난했다며 예민한 반응을 보였는데, 실제 관련 내용이 『음빙실자유서』의 「독립」에서 확인된다. 이는 유인석이 『음빙실자유서』의 여러 소품들 중에서 「독립」을 유심히 읽었음을 의미하는 것으로, 『음빙실자유서』에서 논한 여러 가지 키워드 중에서도 '독립'이 한국 의병운동 지도자의 관심을 끌었음을 알 수 있다. 다만 「독립」에서 해당 부분은 한 고조와 명 태조에 대한 인신공격의 차원에서 나온 것은 아니었고, 몽테스키외가 지적한 바 군주국의 인민에게 보이는 정치적, 사회적 노예 근성을 부연설명하는 맥락에서 중국의 사대부들이 대도, 찬적(纂賊), 천종(賤種) 출신 황제에게 아무 부끄러움 없이 보호를 받으며 노예처럼 살았다는 내용으로 서술된 것이었다. 이 과정에서 '대도(大盜) 유방(劉邦), 주원장(朱元璋)'이 거론된 것이다. 물론 '한 고조, 명 태조'로 표상되는 조선 유학자의 세계관과 '대도 유방, 주원장'으로 표상되는 양계초의 세계관의 본질적인 차이는 심대한 것이었고, 어쩌면 유인석은 이 차이를 상징적으로 표현하고자 하는 의도에서 「독립」의 여러 어구 중에서 이것을 선택했을지도 모른다.

「독립」에는 양계초가 전달하고자 하는 독립 개념을 읽을 수 있는 상관 어휘들이 적지 않게 존재한다. 「독립」의 서두는 '국한문자유서'에서 다음과 같이 시작한다. '독립자(獨立者)는 하(何)오 타력의 부조롤 불자(不藉)ᄒ고 흘연(屹然)히 세계에 자립흔 자(者)ㅣ라 인(人)이 능히 독립지 못ᄒ면 왈(曰) 노예니 민법상에 공민으로 불인(不認)ᄒ고 국(國)이 능히 독립지 못ᄒ면 왈(曰) 부용이라 ᄒ야 공법상에 공국(公國)으로 불인ᄒ나니 차호(嗟乎)아 독립을 가(可)히ᄡᅥ 이(已)치 못홈이 여시(如是)ᄒ도다' 독립을 정의하는 이 구절에서 독립 개념과 직결되는 주요 어휘들이 유사어로 자립, 공민, 공국 등이 등장하고 대립어로 노예, 부용 등이 등장함을 볼 수 있다. 독립에 관한 설명 중에서도 가장 중요한 독립에 관한 정의가 「독립」이라는 텍스트의 서두에 곧바로 시작하고 있다는 사실, 이 정의에 담겨 있는 위 어휘들은 이 사실로 보더라도 양계초의 독립 개념 연구를 위해 주목된다.

이어서 양계초는 자신의 독립 개념을 친근하게 전달하기 위해 『역』과 『맹자』의 관련 구절을 인용했다. 곧 『역』에 기록된 '군자이(君子以), 독립불구(獨立不懼)'라는 구절, 『맹자』에 기록된 '약부호걸지사(若夫豪傑之士), 수무문왕(雖無文王), 유흥(猶興)'이라는 구절, 또는 '피장부야(彼丈夫也), 아장부야(我丈夫也), 오하외피재(吾何畏彼哉)'라는 구절이 그것이다. 이를 통해 그는 독립의 주체, 독립성을 체현하는 존재로 군자, 호걸, 장부 등 주체적 인간을 가리키는 전통적인 어휘를 제시하였다.

이어서 양계초는 인간의 등급을 '구풍기(舊風氣)'에 속박된 자, '구풍기'에서 벗어난 자, '구풍기'에서 벗어나 '신풍기(新風氣)'를 만든 자로 삼분하고, 이 가운데 세계 진화의 원인을 신풍기의 조성에서 구하면서 신풍기를 만든 선구자를 독립의 주체로 제시하였다. 이 맥락에서 독립은 시간적으로 여러 사람이 함께 하는 '동(同)'의 단계와 구별되는 '선지선각(先知先覺)'에 의한 '독(獨)'의 단계로 이해된다. 곧 '동(同)에 선(先)흔 자(者)인즉

독(獨)이라 위(謂)하'는 것이다. 그러나 신풍기를 향한 '동'은 '독'과 대립하지 않으나 구풍기를 향한 '동'은 '독'과 대립한다. 이를테면 양계초는 고인의 법언이 아니면 감히 말하지 못하고 고인의 법행이 아니면 감히 행하지 못한다는 속론을 노예적 근성에서 나왔다고 비판한다. '고인은 고인이오 아(我)는 아(我)'라는 것이다.[29] 이 맥락에서 독립은 '법고(法古)'의 대립적 개념이 된다. 독립의 주체는 고인과 결별한 '아(我)'가 된다.

이어서 양계초는 양명학의 진수를 지행합일로 꼽으면서 '독립자(獨立者)는 실행(實行)을 위(謂)함이라'고 하였다. 그리고 행하고 싶어도 남의 도움을 받지 못해 행하지 못한다는 태도를 독립과 대립하는 노예근성으로 비판하였다. 이 맥락에서 그는 독립을 자조(自助)로 호명하였다. 그는 독립을, 포위망에 겹겹이 포위된 외로운 군대가 감행하는 필사적인 전투에 비유하였고, 이와 같은 자조 정신으로 무장해 '구풍기'와 맞싸워 승리했을 때 독립이 실현되는 것으로 보았다. 그러나 그는 자조 정신이 없이 '남의 도움을 바라는 자'보다 더 심각한 부류로 '남의 비호를 바라는 자'를 거론하고 이를 '진노예(眞奴隸)'라고 극언하였다. 그리고 중국의 노예근성을 바로 여기에서 구하였다.

이어서 양계초는 중국의 노예 근성이 몽테스키외가 지적한 군주국

---

29 田愚가 1908년 朴升奎에게 보낸 편지로 보건대 전우 역시 『飮冰室自由書』 「獨立」의 이 대목을 읽었음이 분명해 보인다. 그는 양계초가 고인의 法言法行이 아니면 감히 말하거나 행하지 못하는 것을 노예성이라고 비난한 것이 전혀 무지의 소치라고 보았다. 법언법행은 그 이치가 하늘에서 나와 사람에게 구비된 보편적인 것으로 시대적인 차이도 없고 신분적인 차이도 없다고 보았다. 전인이 잘 알아서 사용한 것을 후인이 몰라서 잃어버렸기 때문에 經傳에서 이를 찾아 마음으로 공부하고 몸으로 실천하는 것이니, 비록 往哲의 노예가 되는 듯하지만 실제로 나의 법언을 말하고 나의 법행을 세우는 셈이라고 하였다. 그는 陸象山이 '六經은 모두 나의 注脚이다'라고 말한 것을 '自尊'이라 평하고 王陽明이 '능히 보고 듣고 말하고 행동할 수 있는 것이 곧 性이다.'라고 말한 것을 '自用'이라 평하며, 양계초가 이 둘을 계승하여 '法古'를 천하게 보았다고 통찰하였다(田愚, 『艮齋集前篇』 권11 「與朴升奎」).

의 인민의 태도보다 백 배나 심각하다고 보면서, 중국의 이른바 사대부들이 부귀이달(富貴利達)을 위해 축견(畜犬)이나 유기(遊妓)와 다름없는 행동을 지속했다고 비판하였다. 그는 사대부들의 이와 같은 행동의 근원으로 중국의 왕정 체제에서 수천 년 누적된 '앙비(仰庇)'의 멘털리티를 지적하였다. 사람은 하루라도 남의 비호를 받지 않으면 안 된다는 생각, 오늘 갑의 비호를 받지 못하면 내일 을의 비호를 받는다는 생각, 그런 생각으로 유방·수원깅 같은 '대두'에게, 조비(曹操)·조광윤(趙匡胤) 같은 '찬적'에게, 유연(劉淵)·석륵(石勒) 같은 '천종'에게 아무 부끄럼 없이 꼬리를 치고 분을 발랐다는 것이다. 이 노예근성을 타파하지 않는 못한다면 사람의 독립도 나라의 독립도 난망한 일이라고 보았다.

『음빙실자유서』「독립」에는 이처럼 독립의 중층적 개념들이 발견된다. 양계초는 독립을 정의하면서 '자립'이라 하였고, 독립의 주체를 '군자', '호걸', '장부' 같은 주체적 인간상과 유비하였으며, 다시 '신풍기'를 만드는 선구자로 제시하였다. 그는 독립의 주체를 '선지선각'에서 구하여 '동'에 선행하는 '독'이라는 독립의 시간적 영역을 창출하였고, 독립의 주체를 '고인'과 결별한 '아'에서 구하여 '법고'의 대립적 가치로서 독립의 가치적 영역을 창출하였다. 그는 양명학의 지행합일에 입각해 독립을 '실행'으로 정의하고 실행의 구체적인 정신으로 '자조'를 강조하였는데, 그가 생각한 독립이란 자조 정신으로 무장하여 '구풍기'와 맞싸워 승리하는 실행이었다. 그는 독립의 대립자를 '노예'로 규정했는데, 자조 정신이 없이 남의 도움을 바라는 자도 문제이지만 남의 비호를 바라는 자를 특히 문제시하고 이를 '진노예'라고 언명하였다. 그는 중국의 오랜 왕정 체제에서 누적된 중국 사대부의 '앙비'의 멘털리티를 '축견'과 '유기'의 노예 근성으로 규탄하고 이것의 타파를 주장하였다. 이처럼 독립과 한편에 자립, 군자, 호걸, 장부, 신풍기, 선지선각, 아, 실행, 자조 등이 배열되고, 독립의 반대편에 노예, 법고, 진노예, 앙비, 축견, 유기 등이 배열되는 양상을 확인할 수 있다. 이들 독립 개념 관련 키워드들이 실제로 한국의 대중 매체에 얼마나 유포되었는지 또 어떻게 활용되었는지 조사함으로써 우리는 『음빙실자유서』「독립」이 한국 근대 독립 개념의 형성에 미친 영향력을 예증할 수 있을 것이다. 『음빙실자유서』에는 독립 이외에도 여러 가지 개념어들이 존재한다. 『음빙실자유서』에서 양계초가 설파하는 여러 가지 키워드를 이용하여 한국 근대 개념사 연구가 더욱 확장되기를 바란다.

| 참고문헌 |

신문·잡지

『독립신문』
『미일신문』
『皇城新聞』
『大韓每日申報』
『대한미일신보』
『每日申報』

『大朝鮮獨立協會會報』
『大韓自强會月報』
『大韓協會會報』
『西友』
『西北學會月報』
『畿湖興學會月報』
『太極學報』
『大韓興學報』
『大東學會月報』

개인문집

孔聖學, 『春圃詩集』(국회도서관 소장본)
郭鍾錫, 『俛宇集』(한국문집총간 영인본)
金福漢, 『志山集』(한국역대문집총서 영인본)

金時鐸, 『梨湖遺稿』(한국문집총간 영인본)

金堉, 『潛谷遺稿』(한국문집총간 영인본)

金履祥・金鍊光・金斗文, 『心適堂松巖敬勝齋遺稿』(규장각 소장본)

金麟厚, 『河西集』(한국문집총간 영인본)

金澤榮 編, 『燕巖續集』(국립중앙도서관 소장본)

金澤榮 編, 『燕巖集』(국립중앙도서관 소장본)

金澤榮 編, 『重編朴燕巖先生集』(국립중앙도서관 소장본)

金澤榮, 『韶濩堂集』(한국문집총간 영인본)

金平黙, 『重菴集』(한국문집총간 영인본)

金憲基, 『重編金堯泉先生集』(국립중앙도서관 소장본)

金憲基, 『初庵集』(한국문집총간 영인본)

金澤榮, 『金澤榮全集』(아세아문화사 영인본)

柳應斗, 『豊西集』(국립중앙도서관 소장본)

朴文逵, 『天游詩集』(국립중앙도서관 소장본)

朴文逵, 『天游集古』(국립중앙도서관 소장본)

朴世采, 『南溪集』(한국문집총간 영인본)

朴殷植, 『朴殷植全書』(단국대학교 동양학연구소 간행본)

朴薺陽 편, 『新編圃隱集』(국립중앙도서관 소장본)

徐敬德, 『花潭集』(한국문집총간 영인본)

徐命膺, 『保晚齋集』(한국문집총간 영인본)

成大中, 『靑城集』(한국문집총간 영인본)

孫鳳祥, 『韶山集』(한국역대문집총서 영인본)

申采浩, 『(改訂版)丹齋申采浩全集』(형설출판사 간행본)

申欽, 『象村稿』(한국문집총간 영인본)

梁啓超, 『飮冰室合集』(中華書局, 1989)

梁在淳, 『眞山集』(국립중앙도서관 소장본)

魚有鳳, 『杞園集』(한국문집총간 영인본)

王性淳, 『尤雅堂稿』(한국역대문집총서 영인본)

柳永善, 『玄谷集』(국립중앙도서관 소장본)

柳麟錫, 『毅巖集』(한국문집총간 영인본)

尹東源, 『敬菴遺稿』(한국문집총간 영인본)

尹淳, 『白下集』(한국문집총간 영인본)

李慶昌, 『西村集』 (국립중앙도서관 소장본)

李觀求, 『華史遺稿』 (경인출판사, 2011)

李得英, 『警拙集』 (국립중앙도서관 소장본)

李炳憲, 『李炳憲全集』 (한국학문헌연구소 영인본)

李祖憲, 『蓮士遺稿』 (규장각 소장본)

李春英, 『體素集』 (한국문집총간 영인본)

林圭永 編, 『雲山韶護堂詩選』 (국립중앙도서관 소장본)

林昌澤, 『崧岳集』 (한국문집총간 영인본)

田愚, 『艮齋集私箚』 (한국문집총간 영인본)

鄭惟一, 『文峯集』 (한국문집총간 영인본)

曹兢燮, 『巖棲集』 (한국문집총간 영인본)

趙文奎, 『惺齋詩集』 (국립중앙도서관 소장본)

趙有善, 『蘿山集』 (한국문집총간 영인본)

曺好益, 『芝山集』 (한국문집총간 영인본)

車佐一, 『四名子詩集』 (규장각 소장본)

崔繼林·崔齊華·崔命三·崔進大·崔星景, 『崔氏五世遺稿』 (규장각 소장본)

韓敬儀, 『菑西集』 (한국문집총간 영인본)

韓錫鎬·韓在洙·韓在濂·韓在洛, 『西原家稿』 (국립중앙도서관 소장본)

韓履源, 『基谷雜記』 (국립중앙도서관 소장본)

洪直弼, 『梅山集』 (한국문집총간 영인본)

기타

孔聖求 編, 『香臺紀覽』 (국립중앙도서관 소장본)

孔聖學, 『中游日記』 (규장각 소장본)

金澤榮, 『崧陽耆舊傳』 (국립중앙도서관 소장본)

金澤榮, 『新高麗史』 (국립중앙도서관 소장본)

內藏院, 『雜書』 (규장각 소장본)

石之珩, 『五位龜鑑』 (규장각 소장본)

崧陽文藝社, 『崧陽集』 (동아대학교 소장본)

崧陽文藝社, 『中京科譜續』 (국립중앙도서관 소장본)

安鼎福, 『東儒性理說』(규장각 소장본)

王性淳, 『閨門軌範』(국립중앙도서관 소장본)

王性淳, 『麗韓十家文鈔』(국립중앙도서관 소장본)

禹德麟 『二禮演輯』(국립중앙도서관 소장본)

李炳憲, 『中華遊記』(규장각 소장본)

林鳳植 『開城誌』(국립중앙도서관 소장본)

林鳳植, 『高麗人物誌』(국립중앙도서관 수장본)

張志淵, 『朝鮮儒敎淵源』(아세아문화사 영인본)

崔基鉉, 『東國通鑑』(국립중앙도서관 소장본)

崔基鉉, 『善士列傳』(국립중앙도서관 소장본)

崔南善 編修, 『中京誌』(국립중앙도서관 소장본)

연구서

고영진, 『호남 사림의 학맥과 학풍』, 혜안, 2007.

권오영, 『최한기의 학문과 사상 연구』, 집문당, 1999.

금장태, 『유교개혁사상과 이병헌』, 예문서원, 2003.

_____, 『퇴계학파와 리철학의 전개』, 서울대 출판부, 2000.

박영석, 『화사 이관구의 생애와 민족독립운동』, 선인, 2010.

박희병, 『한국의 생태사상』, 돌베개, 1999.

小川晴久, 하우봉 역, 『한국실학과 일본』, 도서출판 한울, 1995.

신용하, 『(증보) 신채호의 사회사상 연구』, 나남출판, 2003.

_____, 『박은식의 사회사상 연구』, 서울대 출판부, 1982.

신일철, 『신채호의 역사사상 연구』, 고려대 출판부, 1981.

葉乾坤, 『양계초와 구한말문학』, 법전출판사, 1980.

牛林杰, 『한국 개화기 문학과 양계초』, 박이정, 2002.

유봉학, 『연암일파 북학사상 연구』, 일지사, 1995.

_____, 『조선 후기 학계와 지식인』, 신구문화사, 1998.

윤해동, 『식민지의 회색지대』, 역사비평사, 2003.

이광린, 『개화파와 개화사상 연구』, 일조각, 1989.

이우성 · 강만길 편, 『한국의 역사인식』 하, 창작과비평사, 1976.

정옥자, 『조선 후기 중인문화 연구』, 일지사, 2003.

조기준, 『한국기업가사』, 박영사, 1983.

Paul Cohen, 장의식 역, 『미국의 중국근대사 연구』, 고려원, 1995.

한림과학원 편, 『두 시점의 개념사—현지성과 동시성으로 보는 동아시아 근대』, 푸른역사, 2013.

한영우, 『한국민족주의역사학』, 일조각, 1994.

현광호, 『한국 근대 사상가의 동아시아 인식』, 선인, 2009.

홍이섭, 『한국사의 방법』, 탐구당, 1968.

논문

강만길, 「개성상인 연구」, 『한국사연구』 8, 한국사연구회, 1972.

고동환, 「조선시대 개성과 개성상인」, 『역사비평』 54, 역사비평사, 2001.

_____, 「조선 후기 개성의 도시구조와 상업」, 『지방사와 지방문화』 12-1, 역사문화학회, 2009.

권순철, 「실학을 다시 생각한다」, 『전통과현대』 11, 전통과현대사, 2000.

권연웅, 「한국성리학의 지방학적 성격」, 『국학연구』 7, 한국국학진흥원, 2005.

김경일, 「문명론과 인종주의, 아시아연대론」, 『사회와역사』 78, 한국사회사학회, 2008.

김남이, 「20세기 초 한국의 문명전환과 번역」, 『어문논집』 63, 민족어문학회, 2011.

_____, 「20세기 초~중반 '연암'에 대한 탐구와 조선학의 지평」, 『한국실학연구』 21, 한국실학학회, 2011.

김덕수, 「영재 이건창의 한시 비평 연구—『운산소호당시선』을 중심으로 」, 『한국한시연구』 17, 한국한시학회, 2009.

김도형, 「대한제국기 계몽주의 계열 지식층의 '삼국제휴론'」, 『한국근현대사연구』 13, 2000.

_____, 「의암 유인석의 정치사상 연구」, 『한국사연구』 25, 한국사연구회, 1979.

김선희, 「격물궁리지학, 격치지학, 격치학, 그리고 과학」, 『개념과 소통』 17, 한림대 한림과학원, 2016.

김성은, 「한말 일제시기 엘라수 와그너(Ellasue C. Wagner)의 한국 여성교육과 사회복지사업」, 『한국기독교와 역사』 41, 한국기독교역사연구소, 2014.

김승룡, 「우아당 왕성순의 현실인식과 문학에 대하여」, 『한문학보』 7, 우리한문학회, 2002.

_____, 「창강 김택영 연구의 현황과 과제」, 『한국인물사연구』 5, 한국인물사연구소, 2006.

김신재, 「독립신문에 나타난 '삼국공영론'의 성격」, 『경주사학』 9, 경주사학회, 1990.

김연희, 「1880년대 수집된 한역 과학기술서의 이해－규장각 한국학연구원 소장본을 중심으로」, 『한국과학사학회지』 38-1, 한국과학사학회, 2016.

김영희, 「대한제국시기 개신유학자들의 언론사상과 양계초」, 『한국언론학보』 43-4, 한국언론학회, 1999.

김용섭, 「우리나라 근대 역사학의 성립」, 『한국의 역사인식』 下, 창작과비평사, 1976.

김윤조, 「연암 문학의 계승 양상에 관한 한 고찰」, 『한문학연구』 10, 계명대 계명한문학회, 1995.

김윤희, 「러일대립기(1898~1904) 『황성신문』의 이중지향성과 자강론」, 『한국사학보』 25, 고려사학회, 2006.

김종석, 「한말 영남 유학계의 동향과 지역별 특징」, 『국학연구』 4, 한국국학진흥원, 2004.

김진균, 「실학 연구의 맥락과 정인보의 '의독구실'」, 『민족문화논총』 50, 영남대 민족문화연구소, 2012.

김항수, 「조선 유림의 곡부 공묘 방문」, 『한국사상과문화』 16, 한국사상문화학회, 2002.

김현주, 「신채호의 '역사' 이념과 서사적 재현 양식의 연관성에 대한 연구」, 『상허학보』 14, 상허학회, 2005.

노관범, 「1875~1904년 박은식의 주자학 이해와 교육자강론」, 『한국사론』 43, 서울대 국사학과, 2000.

_____, 「대한제국기 장지연 저작목록의 재검토」, 『역사문화논총』 5, 역사문화연구소, 2008.

_____, 「청년기 장지연의 학문 배경과 박학풍」, 『조선시대사학보』 47, 조선시대사학회, 2008.

_____, 「『한국통사』의 시대사상－자강, 인도, 혁명의 삼중주」, 『한국사상사학』 33, 한국사상사학회, 2009.

_____, 「『한국통사』의 한국근대사론」, 『백암학보』 3, 백암학회, 2010.

_____, 「대한제국기 진보 개념의 역사적 이해」, 『한국문화』 56, 서울대 규장각한국학연구원, 2011.

_____, 「근대 한국유학사의 형성」, 『한국문화』 74, 서울대 규장각한국학연구원, 2016.

노대환, 「신촌 황필수(1842~1914)의 사상적 행보」, 『한국학연구』 37, 인하대 한국학연구소, 2015.

류준필, 「곤혹과 패론」, 『한국학연구』 27, 인하대 한국학연구소, 2012.

문중섭, 「의암 유인석 위정척사사상의 논리적 기반과 민족주의적 특성」, 『한국시민윤리학회보』 21-2, 한국시민윤리학회, 2008.

박민영, 「국치 전후 이상설의 연해주 지역 독립운동」, 『한국독립운동사연구』 29, 독립기념관 한국독립운동사연구소, 2007.

박정심, 「신채호의 아와 비아에 관한 연구」, 『동양철학연구』 77, 동양철학연구회, 2014.

박학래, 「19세기 호남 성리학의 전개와 특징」, 『국학연구』 9, 한국국학진흥원, 2006.

박환, 「화사 이관구의 민족의식과 항일독립운동」, 『숭실사학』 23, 숭실대 사학회, 2009.

박희병, 「신흠의 학문과 그 사상사적 위치」, 『민족문화』 20, 민족문화추진회, 1997.

배경한, 「중국망명 시기(1910~1925) 박은식의 언론 활동과 중국 인식」, 『동방학지』 121, 연세대 국학연구원, 2003.

백동현, 「대한제국기 언론에 나타난 동양주의 논리와 그 극복」, 『한국사상사학』 17, 한국사상사학회, 2001.

백영서, 「대한제국기 한국 언론의 중국 인식」, 『역사학보』 153, 역사학회, 1997.

서근식, 「상촌 신흠의 선천역학에 관한 연구」, 『동양고전연구』 20, 동양고전학회, 2004.

설석규, 「진암 이병헌의 현실인식과 유교복원론」, 『남명학연구』 22, 경상대 남명학연구소, 2006.

손성준, 「국민국가와 영웅서사―『이태리건국삼걸전』의 서발동착과 그 의미」, 『사이間SA』 I3, 국제한문학문화학회, 2007.

_____, 「번역과 원본성의 창출―롤랑부인 전기의 동아시아 수용 양상과 그 성격」, 『비교문학』 53, 한국비교문학회, 2011.

_____, 「영웅서사의 동아시아적 재맥락화―코슈트전의 지역간 의미 편차」, 『대동문화연구』 76, 성균관대 대동문화연구원, 2011.

송만오, 「김경수의 『공보초략』에 대하여」, 『역사학연구』 9, 전남사학회, 1995.

송명진, 「『월남망국사』의 번역, 문체, 출판」, 『현대문학의 연구』 42, 한국문학연구학회, 2010.

송혁기, 「연암문학의 발견과 실학의 지적 상상력」, 『한국실학연구』 18, 한국실학회, 2009.

신병주, 「화담학과 근기사림의 사상」, 『국학연구』 7, 한국국학진흥원, 2005.

신승하, 「구한말 애국계몽운동시기 양계초 문장의 전입과 그 영향」, 『아세아연구』 41-2, 고려대 아세아문제연구소, 1998.

신일철, 「박은식의 「국혼」으로서의 국사개념」, 『한국사상』 11, 한국사상연구회, 1974.

신일철·천관우·김윤식, 「단재 신채호론」, 『한국학보』 15, 일지사, 1979.

신정근, 「신채호의 투쟁적 자아관」, 『철학』 109, 한국철학회, 2011.

양정필, 「1910년대 일제의 삼업정책과 개성 삼포주의 활동」, 『역사문제연구』 24, 역사문제연구소, 2010.

_____, 「1930년대 중반 개성자본가의 만주 진출과 농업 투자」, 『역사문제연구』 29, 역사문제연구소, 2013.

_____, 「19세기 개성상인의 자본전환과 삼업자본의 성장」, 『학림』 23, 연세대 사학연구회, 2002.

_____, 「대한제국기 개성 지역 삼업 변동과 삼포민의 대응」, 『의사학』 18-2, 대한의사학회, 2009.

양진오, 「신채호 문학에서의 혁명 개념 연구」, 『국어교육연구』 52, 국어교육학회, 2013.

연갑수, 「『내각장서휘편』 해제」, 『규장각』 16, 서울대 규장각, 1994.

오영섭, 「의암 유인석의 동양문화 보존책」, 『강원문화사연구』 9, 강원향토문화연구회, 2004.

오종일, 「호남 유학사상의 특질」, 『동양철학연구』 36, 동양철학연구회, 2004.

오주환, 「지방사 연구 : 그 이론과 실제-영국을 중심으로」, 『대구사학』 30, 대구사학회, 1986.

원유한, 「실학 요람으로서 개성의 위치」, 『충북사학』 11·12, 충북대 사학회, 2000.

원유한·박재희, 「'개경학'의 성립 및 실학과 연계」, 『실학사상연구』 21, 무악실학회, 2001.

유봉학, 「조선 후기 개성지식인의 동향과 북학사상 수용」, 『규장각』 16, 서울대 규장각, 1994.

유준기, 「진암 이병헌의 유교개혁론」, 『한국사연구』 47, 한국사연구회, 1984.

유한철, 「1910년대 유인석의 사상 변화와 성격-「우주문답」을 중심으로」, 『한국독립운동사연구』 9, 독립기념관 한국독립운동사연구소, 1995.

윤병희, 「백암 박은식의 역사의식-「한국통사」와 「한국독립운동지혈사」를 중심으로」, 『수촌박영석화갑기념 한민족독립운동사논총』, 1992.

이광린, 「개화기 한국인의 아시아 연대론」, 『한국사연구』 61·62, 한국사연구회, 1988.

이나미, 「일본제국주의에 대한 협력과 저항의 논리」, 『담론 201』 9-2, 한국사회역사학회, 2006.

이만렬, 「박은식의 사학사상」, 『숙대사론』 9, 숙명여대 사학과, 1976.

이상익, 「'유교의 이중성'과 '근대의 이중성'-진암 이병헌의 '유교복원론'을 중심으로」, 『한국철학논집』 21, 한국철학회, 2007.

이애희, 「의암 유인석의 연해주에서의 의병투쟁과 사상적 변이에 관한 연구」, 『동양철학연구』 69, 동양철학연구회, 2012.

이은주, 「1923년 개성상인의 중국 유람기 「중유일기」 연구」, 『국문학연구』 25, 국어국문학회, 2012.

_____, 「일제강점기 개성상인 공성학의 간행사업 연구」, 『어문학』 118, 한국어문학회, 2012.

이태훈, 『실학 담론에 대한 지식사회학적 고찰─근대성 담론을 중심으로』, 전남대 박사논문, 2004.

이헌주, 「1880년대 전반 조선 개화 지식인들의 '아시아 연대론' 인식 연구」, 『동북아역사논총』 23, 동북아역사재단, 2009.

이항지, 「초기 근대 유교 계열이 민족주의 서사에 대한 연구」, 『문화와 사회』 11, 한국문화사회학회, 2011.

장영숙, 「『집옥재서목』 분석을 통해 본 고종의 개화서적 수집 실상과 활용」, 『한국근현대사연구』 61, 한국근현대사학회, 2012.

장유승, 「개성 문인의 자의식과 유민의식」, 『한국한시작가연구』 15, 한국한시학회, 2011.

장인성, 「'인종'과 '민족'의 사이─동아시아연대론의 지역적 정체성과 '인종'」, 『국제정치논총』 40, 한국국제정치학회, 2000.

장현근, 「중화질서 재구축과 문명국가 건설─최익현·유인석의 위정척사사상」, 『정치사상연구』 9, 한국정치사상학회, 2003.

전동현, 「대한제국시기 중국 양계초를 통한 근대적 민권개념의 수용」, 『중국근현대사연구』 21, 한국중국근현대사학회, 2004.

정문상, 「'중공'과 '중국' 사이에서」, 『동북아역사논총』 33, 동북아역사재단, 2011.

_____, 「19세기말~20세기초 '개화지식인'의 동아시아 지역연대론」, 『아세아문화연구』 8, 경원대 아시아문화연구소, 2004.

_____, 「근현대 한국인의 중국 인식의 궤적」, 『한국근대문학연구』 25, 한국근대문학회, 2012.

_____, 「냉전 시기 한국인의 중국 인식」, 『아시아문화연구』 13, 경원대 아시아문화연구소, 2007.

정용화, 「근대 한국의 동아시아 지역 인식과 지역질서 구상」, 『국제정치논총』 46, 한국국제정치학회, 2006.

정우락, 「강안학과 고령 유학에 대한 시론」, 『퇴계학과 한국문화』 43, 경북대 퇴계연구소, 2008.

_____, 「성주지역 도학의 착근과 강안학파의 성장」, 『영남학』 21, 경북대 영남문화연구원, 2012.

정욱재, 「화사 이관구의 『신대학』 연구」, 『한국사학사학보』 10, 한국사학사학회, 2004.

정종현, 「일본제국기 '개성'의 지역성과 (탈)식민의 문화기획」, 『동방학지』 151, 연세대 국학연구원, 2010.

정해득, 「조선시대 관북 유림의 형성과 동향」, 『경기사학』 2, 경기사학회, 1998.

정환국, 「근대계몽기 역사전기물 번역에 대하여」, 『대동문화연구』 48, 성균관대 대동문화연구원 2004.

조관자, 「(반)제국주의 폭력과 멸죄의 힘」, 『문화과학』 24호, 문화과학사, 2000.

조동걸, 「대한광복회 연구」, 『한국사연구』 42, 한국사연구회, 1983.

조성산, 「18세기 영·호남 유학의 학맥과 학풍」, 『국학연구』 9, 한국국학진흥원, 2006.

조재곤, 「한말 조선 지식인의 동아시아 삼국 제휴 인식과 논리」, 『역사와현실』 37, 2000.

조준희, 「대한광복회 연구―황해도지부와 평안도지부를 중심으로」 『국학연구』 6, 국학연구소, 2001.

조창록, 「조선조 개성의 학풍과 서명응 가의 학문」, 『대동문화연구』 47, 성균관대 대동문화연구원, 2004.

최영옥, 「창강 김택영의 중국 망명과 출판사업 의식」, 『한국사상사학』 40, 한국사상사학회, 2012.

_____, 『김택영 문집의 간행경위와 이본고』, 성균관대 박사논문, 2011.

최재목, 「일제강점기 정다산 재발견의 의미」, 『다산학』 17, 다산학술문화재단, 2010.

최혜주, 「한국에서 김택영 연구 현황」, 『사학연구』 55·56, 한국사학회, 1998.

칭쯔천, 「『향대기람』에 기록에 투영된 일제 강점기 대만의 모습」, 『동아시아문화연구』 56, 한양대 동아시아문화연구소, 2014.

한보람, 「1880년대 조선정부의 개화정책을 위한 국제정보수집―『한성순보』의 관련기사 분석」, 『진단학보』 100, 진단학회, 2005.

한희숙, 「조선시대 개성의 목청전과 그 인식」, 『역사와 담론』 65, 호서사학회, 2013.

_____, 「조선초기 개성의 위상과 기능」, 『역사와현실』 79, 한국역사연구회, 2011.

함영대, 「〈우주문답〉과 유교적인 문명의식」, 『태동고전연구』 27, 한림대 태동고전연구소, 2011.

현광호, 「대한제국기 삼국제휴 방안과 그 성격」, 『한국근현대사연구』 14, 한국근현대사학회, 2000.

홍원식, 「영남 유학과 '낙중학'」, 『한국학논집』 40 계명대 한국학연구원, 2010.

Henry H. Em, "Nationalism, Post-Nationalism, and Shin Chae-ho", *Korea Journal* Vol.39. No.2. Korean National Commission for UNESCO, 1999.

Kim Yun-hee, "The Political Nature of the Oriental Discourse of the Hwangsong sinmun", *International Journal of Korean History* vol 17 No 2, 고려대 한국사연구소, 2012.

Noh Kwan Bum, "Academic Trends within Nineteenth-Century Korean Neo-Confucianism", *Seoul Journal of Korean Studies* 29-1, Kyujanggak Institute for Korean Studies, 2016.

1부 / 근대 중국의 발견

노관범, 「대한제국기 『황성신문』의 중국 인식」, 『한국사상사학』 45, 한국사상사학회,
　　2013.

노관범, 「1910년대 한국 유교지식인의 중국 인식」, 『민족문화』 40, 한국고전번역원,
　　2012.

노관범, 「1940년대 후반 한국 사회에서 양계초 정치사상의 재현」, 『한국사상사학』 41,
　　한국사상사학회, 2012.

2부 / 개성 유학의 전개

노관범, 「조선 후기 개성의 유학 전통」, 『한국문화』 66, 서울대 규장각한국학연구원,
　　2014.

노관범, 「김택영과 개성 문인」, 『민족문화』 43, 한국고전번역원, 2014.

노관범, 「근대 초기 개성 문인의 지역 운동」, 『한국사상사학』 49, 한국사상사학회, 2015.

3부 / 조선 개념의 현장

노관범, 「대한제국기 실학 개념의 역사적 이해」, 『한국실학연구』 25, 한국실학학회,
　　2013.

노관범, 「대한제국기 신채호의 '아' 개념의 재검토」, 『개념과소통』 14, 한림대 한림과학
　　원, 2014.

노관범, 「『음빙실자유서』의 일독법 : 한국사상사에서 보는 양계초」, 미발표, 2015.

조선 후기 실학자 연암 박지원은 '법고창신'이라는 학문정신의 소유자였다. '법고창신'이란 고전을 본받으면서도 변통할 줄 알고 신법을 창안하면서도 능히 전아한 경지를 말한다. 고전에만 얽매여 있거나, 신법만 쫓아다니는 것은 모두 바람직하지 않다는 뜻이다. 박지원이 말한 '법고창신'은 오늘날 학문하는 학자들에게도 귀감이 된다. 규장각 한국학연구원은 '법고창신'의 학문정신에 입각해 한국학 연구를 수행하고 있으며, 축적된 성과들을 '규장각 학술총서'라는 이름으로 출간하고 있다.

우리 연구원은 실록과 같은 세계기록문화유산을 필두로 전근대로부터 근대에 이르기까지 다양한 영역에 걸쳐 귀중한 고문헌을 다수 소장하고 있다. 때문에 우리 연구원은 고문헌의 보존관리와 수리복원을 통해 고문헌의 원형을 잘 보존하고 적절하게 관리하며 수명을 연장시키는 데 최선을 다하고 있으며, 동시에 규장각 고문헌을 기반으로 새로운 한국학을 창조하고자 '법고창신'의 학문정신으로 한국학 연구를 강화하고 있다. 규장각 고문헌에 담겨 있는 인간의 기억과 사상, 삶의 규범과 일탈, 국가의 운영과 갈등, 세계와의 만남과 교류에 관한 다양한 사실들은 우리 연구원이 추구하는 '법고창신'의 한국학의 중요한 바탕이 될 것이다.

우리 연구원에서 발행하는 '규장각 학술총서'에는 다양한 형식과 다채로운 주제의 학술서적이 들어갈 것이다. 전문적인 연구서를 기본으로 하면서도 고문헌의 번역서나 자료집도 포함되어 있을 것이다. 미개척 분야를 새롭게 개척하는 주제도 있을 것이고 이미 개척된 분야를 깊이 파고 들어가는 주제도 있을 것이다. 어느 형식이든 어느 주제이든 '법고창신'의 학문을 통해 한국학을 선도하고자 하는 우리 연구원의 열망이 독자에게 전달되기를 희망한다. 총서 하나하나가 한국 학계의 발진에 기여하는 소식이 되고, 이를 통해 일반인들에게도 규장각 한국학의 새로운 성과들이 확산되기를 기대한다.

2016년 규장각한국학연구원장 이상찬